珍藏本
纪念版

汉译世界学术名著丛书

利息理论

〔美〕欧文·费雪 著

陈彪如 译

商务印书馆
SINCE 1897
The Commercial Press

2017年·北京

Irving Fisher

THE THEORY OF INTEREST

The Macmillan Company

New York 1930

本书根据麦克米伦公司 1930 年版译出

汉译世界学术名著丛书

（120年纪念版·珍藏本）

出 版 说 明

2017年2月11日，商务印书馆迎来120岁的生日。120年前，商务印书馆前贤怀揣文化救国的理想，抱持“昌明教育，开启民智”的使命，立足本土，放眼寰宇，以出版为津梁，沟通中西，为中国、为世界提供最富智慧的思想文化成果。无论世事白云苍狗，潮流左右激荡，甚至战火硝烟弥漫，始终践行学术报国之志，无改初心。

迻译世界各国学术名著，即其一端。早在20世纪初年便出版《原富》《天演论》等影响至今的代表性著作，1950年代后更致力于外国哲学和社会科学经典的译介，及至1980年代，辑为“汉译世界学术名著丛书”，汇涓为流，蔚为大观。丛书自1981年开始出版，历时三十余年，迄今已推出七百种，是我国现代出版史上规模最大、最为重要的学术翻译工程。

丛书所选之书，立场观点不囿于一派，学科领域不限于一门，皆为文明开启以来，各时代、各国家、各民族的思想与文化精粹，代表着人类已经到达过的精神境界。丛书系统译介世界学术经典，引领时代思想，为本土原创学术的发展提供丰富的文化滋养，为推动中国现代学术和现代化进程做出了突出的贡献。

为纪念商务印书馆成立120周年，我们整体推出“汉译世界学术名著丛书”120年纪念版的珍藏本，寄望既利于文化积累，又便于研读查考，同时向长期支持丛书出版的译者、编者和读者致以敬意。

两甲子后的今天，商务印书馆又站在了一个新的历史时间节点上。我们不仅要铭记先辈的身影和足迹，更须让我们的步伐充满新的时代精神。这是商务人代代相传的事业，更是与国家和民族的命运始终紧密相连的事业。我们责无旁贷，必须做好我们这代人的传承与创造，让我们的努力和成果不仅凝聚成民族文化的记忆，还能成为后来人可以接续的事业。唯此，才能不负前贤，无愧来者。

商务印书馆编辑部

2017年10月

序　言

在第一次世界大战期间和第一次世界大战后，因筹措战费以及战后的赔款、复兴及工商业的重建而引起惊人的信用膨胀，使经济学家和生意人又重新注意资本主义以及利息的性质和起源等问题。所以本书是为金融界、实业界的领导者以及经济学教授与学者写的。

战时与战后的通货膨胀造成物价的暴涨，德国和其他国家的实际利率远远跌到零下，从而使许许多多的投资人陷于穷困的境地。在所有的国家里面，由于货币变动对实际利率的影响，收益固定的头等证券变得带有高度的投机性质。大战以后，各国人民寅吃卯粮借钱花费的焦躁心理，加上获取大量投资报酬的机会，使得利率提高并保持在较高的水平上。国民收入的增长使美国成了一个债权国。在国内，由于新的科学、工业与农业各方面的革命，实际收入获得了惊人的增长。1920 年后，利率曾有稍许下降，但是因为投资报酬还是很大，所以利率仍然是高的。人们急于花费的不耐，可拿消费者信贷组织作为例证。这种组织是采取金融公司的形式特别设立起来的，它的目的在于适应和鼓励分期付款的赊卖并求得消费的标准化与稳定化。

《利息理论》这本书的写作，初意在于修订《利率论》，后者发表于 1907 年，久已绝版。读者时有重印该书的请求，但我却一年年地拖下来，拖了20多年，因为我希望修改一下表达的方法，并根据各方面的批评意见，把该书中不为人所理解的部分，加以重写。

对《利率论》一书的批评意见，凡是我看到的我都考虑过了，因此这一次，我对表达方式做了重大的改变。虽然实质上我的利息理论简直没有丝毫的改变，但是把它阐述得如此详尽、写法上如此改动，所以我想从前误解我的《利率论》的人会比我感到变动得更大。把这一本书完全重新改写，并补充了新的材料，结果《利息理论》成了一本新的书。

这本有关利息理论新解说的写作，曾得到许多经济学家和商界知名人士的鼓励，特别是出席凡尔赛和平会议的英国代表之一O. T. 法克先生。法克先生很恳切地说，他从《利率论》一书所获得的对经济理论的深刻理解要多于从其他任何一本书所得到的。

《利率论》发表后若干年，我曾建议用"不耐"这一比较通俗的名词来代替"贴水"或"时间偏好"。这一新名词得到广泛的采用，但出乎我意外的是，它竟引起一种普遍的、错误的想法，以为我完全漏掉或忽视了生产力或投资机会方面。它又使许多人认为，我之使用不耐这个新名词是意味着提出一种新的思想。于是我发现我被称为"不耐说"的创始人，其实我不是的；而缺少新名词来表达的另外一些思想却又不算是我创始的了。正是由于这种误解，才促使我在探索多时之后采用"投资机会"这一新名词来代替"生产力"这一通用的然而不适当的名词。①

① 投资机会这一名词看来是通俗话中最接近于表示本书所用的技术量 γ 的一个名词。γ 的全名是收获超过成本率，其中收获与成本是比较两个任意收入（接下页注）

在经济学中，要证明学说的创始性是不容易的；因为一切新思想都可在早期的作者中重复不断地找到它的萌芽。就我来讲，只要人们相信我的结论是正确的，我就满意了，纵使批评家将这些结论的缘起全部归功于早期的作者。我虽然希望我称得起有相当的创始性，但每个精通这个问题的学者都将会在我所阐述的利息理论中看到他自己的特殊论点。我自己的理论多少也是大家的理论。我的理论的每一个根本部分至少J.雷在1834年都已经有所启示了。

如果这一个“不耐—机会”结合的理论能够说是有所不同于所有其他理论的话，这是因为它对投资机会做了明确的分析，并把不耐、机会与收入等概念结合了起来。在利息理论中，收入的概念是起着根本作用的。我敢大胆地希望，人们将发现本书提出的理论，与其说是推翻以前的理论，不如说是把以前的理论贯穿起来，它使阐释的体系变得更加完备而有力了。

第1章是新增加的，它是拙著《资本与收入的性质》一书内容的简单提要，是为不曾读过那本书的读者作参考的。

我是初次在一本纯经济理论的著作中在正文里面引用了数学，而不是将它放到附录里面去。这样做是由于看到数学的应用日广和学者中了解数理经济和统计学的人数日益增多的缘故。

第2章的一部分与第19章的一部分曾以不同形式发表于我

(接上页注)川流所得的差数。就我所知，还没有一个利息问题的作者使用过收入川流及其差数，或收获超过成本率这些术语。最接近于这一用法的好像是H.J.戴文波教授，特别是他的“企业经济学”(纽约，1913年，麦克米伦公司)第368、379、381、394、395、396、410、411页。

的《增值与利息》这篇专论中。感谢美国经济学会允许我原封不动地引用这篇专论中的一部分。这篇专论发表于30年前，其中陈述的意见(即货币价值的增值与贬值将会在一定程度上降低或提高利率)已获得不少的信任，并由战时经验予以说明和证实了。

第19章基本上是对物价与利率间存在的关系进行新的深入研究后写成的。我用新的严谨的统计分析方法来测验这些关系。虽然由这些分析所得到的结论只是试验性质的，可是我认为，这些结论还值得我们做进一步的统计调查，即一方面利率和另一方面物价、企业活动、银行准备与银行贷款之间究竟有怎样的关系。

在写原来那本《利率论》的过程中，我得到许多人的重要帮助。财政部长庞巴维克关于利息问题的著作与历史是人所共知的，他欣然校阅专门研究他的利息理论的一章而且提出了批评。此后，在他的《资本正论》及其《补编》的第三版中，他用100页以上的篇幅来讨论与批评最初形成的《利率论》，有同意的地方也有不赞成的地方。我在第20章中考虑了他的批评意见。

在本书的写作过程中，我曾得到国内外为数甚多的经济学家和各方面人士的建议及帮助，以致不能一一列名致谢。我的同事R.米克尔博士、M.萨苏里博士与B.P.怀特克先生襄助搜集材料、编排付印与校对稿样并提出了有益的批评。我的弟兄H.W.费雪先生对本书论述方式方法的建议和H.G.布朗教授对我所述机会原理的批评，是我要特别表示感谢的。此外，L.D.伊迪教授、C.O.哈迪先生、R.G.霍屈莱先生、F.H.奈特教授、J.S.罗棱斯教授、A.W.马格特教授、H.B.米克教授、W.C.米契尔教授、C.E.饶朴夫人、H.舒尔兹教授、H.R.席格尔教授、H.席蒙斯先生、C.

施奈得先生和 J. 韦奈尔教授等都曾给我不少的帮助。

我的分配经济学班上的学生，H. 比鲁哈姆、A. G. 别勒尔、F. W. 霍布金、R. A. 李斯特、D. T. 席尔哥、A. 斯蒂文森和 L. B. 魏尔芝等也提供了许多有价值的建议。

欧文·费雪

1930 年 1 月于耶鲁大学

目　录

第一篇　引论

第二篇 理论的文字说明

第三篇　理论的数学论证

第四篇　进一步的讨论

第一篇

引　论

1. 收入与资本[①]

1.1 主观的或享用的收入

收入是一系列的事件。[②]

依据现代的相对论,基本现实不是物质、电、空间、时间、生活或精神,而是事件。

对每一个个人说来,只有那些在他的经验范围内所经历的事

① 拙著《资本与收入的性质》(1906 年初版),原来打算作为随后出版的这本《利率论》的基础。我希望读者能先看前一本书,再来读这后一本书。

但现在为了不愿花时间去读《资本与收入的性质》的读者们方便起见,我将该书的内容扼要写成本书的第 1 章。我顺便利用这个机会,做了一些进一步研究后认为必要的重点上的重新安排,以及讲法上的一些修正。

有一位善意的批评家 J. B. 坎宁教授建议:《资本与收入的性质》应称为《收入与资本的性质》,书中的内容也应该依相反的顺序来阐述,因为收入是资本价值概念的基础,而且事实上也是经济科学中最根本的概念。

在《资本与收入的性质》一书中,我的目的在作一全面的阐述,因而采取相反的顺序或许不易做到,但在这一章我采纳了坎宁教授的建议,因为这一章比较简短,可以适当地采用一些教条的形式。叙述方法的这个重大改变,将促使读过那本书的人,现在再依本章所采的相反顺序复习一次。同时我也希望还未读过的人,看完本章后,能够得到启发,将《资本与收入的性质》全部阅读一遍。在这一章,我尽力局限于某一些结论,这些结论是准备考察利率的起源、性质与决定所必不可少的。

② 将事件的概念应用到利息理论中作为根本概念的第一个作者,好像是 J. 雷,他的书最初发表于 1834 年,对该书我将另在别处加以评论。

件,才是他所直接关心的。正是这些事件——个人精神上的体验——构成了他的最后收入。对他来说,外部事件只有成为精神感受的内部事件的手段时,才算是有意义的。人的神经系统,像架收音机,是个伟大的感受器。我们的头脑将我们所遭遇的以及刺激我们神经系统的外界事件转变成为我们精神生活的川流。

但是,通常并不把人体看做是占有物,只有人类意识中的那些事件,可追溯到人体以外的占有物时,一般才认为是精神收入。然而人这部机器还是起了一定的作用,当它通过有目的的活动,生产或有助于生产其他占有物时,这些东西便构成我们所想望的事件的物质泉源——食物、房屋、工具及其他财货,它们转而带动一连串的活动,其最终效果就记录在我们的意识川流中了。根据这个观点,可以得到一个重要的结论,即人类借占有与利用自然界的物质与力量,一向致力于控制他们的精神生活的川流。

在人类历史初期,人对环境没有什么支配能力。他大半是听凭自然力量——风和电、雨和雪、冷和热——的摆布。但在今天,人用房屋、衣服及火炉等设备来保护自己。用避雷针来防止闪电的袭击。利用占有的土地、农场建筑物、犁以及其他工具来增加食物的供应。然后他又借面粉厂、碾磨机、烹饪炉与其他装置以及人体劳动(包括他自己在内)来改制食物了。

无论上述的创造与改造的中间过程或随后的货币交易,除非是精神收入——人类享受——之必要的或有用的准备行为,否则就没有意义了。我们必须注意,不要因为注视这些准备行为,特别是货币交易,而忽略了更为重要的享受,这些准备行为的任务就在于提供享受。

为成千上万的人提供收入的董事与经理们，有时认为他们的公司仅只是一部巨大的赚钱机器。在他们的心目中，这部机器的一个目的就是为股东赚取货币股利，为公司债券持有人赚取货币利息，为职工赚取货币工资与薪金。在这些支付以后所发生的事情似属个人私事而与他们无关了。可是，这却是全部活动的关键。只有我们从市场带到家庭与私生活中的那些东西才真正算数。货币在花费以前是没有用处的。最后的工资不是用货币而是用货币买到的享受来支付的。股利支票，也只有当我们用来购买食物、衣服或汽车然后进行享受时，才成为最后的收入。

1.2 客观的或实际的收入(我们的“生活”)

享用收入是心理的实体，是无法直接衡量的。然而我们可以退回去一步，经由所谓实际收入来间接求得一个近似值。实际工资以及一般的实际收入，是由外部世界中那些最后物质事件所构成，这些物质事件给予我们内部的享受。

这种实际收入包括有房屋的居住、留声机或收音机播送的音乐、衣服的穿着、食物的享用、报纸的阅读以及无数其他的事件，我们便是经由这些事件来使周围的世界对我们提供享受的。打个比喻，我们有时把这些东西，我们的实际收入，称作我们的“面包与牛油”。

这些最后的外部事件，也就是我们所谓“生活”，我们平常所谓“生活费用”和“谋生活”这些短语中所说的“生活”，便是这个含义。最后的外部事件和它所引起的内部事件是密切平行的，或者讲得更确切些，内部事件在时间上一般是紧随外部事件之后发生的。音乐几乎是在钢琴或歌唱者演奏时便立即能享受到，食物在食用时或食用后不久就可享受到了。

这些外部事件，例如食物或衣着的享用，与它们所引起的内部事件一样，是极不容易加以衡量的。它们多半发生在家庭中，往往难以用任何标准单位来表示。它们没有公分母。即使一个人亲自体验到了，也无法对它们进行直接衡量。他所能做到的只是计算他为获得这些东西所支付的货币是多少。

1.3　生活费用，实际收入的尺度

因此，正如我们从一个人的享用收入退转到他的实际收入一样，现在我们从他的实际收入，或他的生活，回到他的生活**费用**，即用货币计算的实际收入。当你用晚餐时，你无法用多少元来衡量你吃晚餐的个人享受或吃晚餐这回事，但你能确知这一餐饭花了多少钱。同样，你无法衡量你在看电影时的享受，可是你知道付了多少票价；你无法确切衡量你居住房屋对你有多大的真实价值，可是你能说出你付了多少房租，如果碰巧你住的是自己的房子的话，那你也得算出适当等值的房租。你也无法衡量穿件晚礼服所值几何，可是你知道一件晚礼服的租费，如果碰巧晚礼服是属你所有的话，那你也得算出适当等值的租费。推算这些等值是会计师的工作。

就货币支付的意义讲，生活费用总额是一个负项，它是支出而不是收入；但它是正项的实际收入之最实用的尺度，货币便是为这种实际收入而支付的。因为，我们若要比较一个劳动者的收入同一个不劳动而依资本（他本身除外）收入为生的“食利者”的收入的话，就可从正项实际收入的总价值中减去这个人在同一时期内的劳动痛苦的总价值。

享用收入、实际收入以及生活费用不过是收入的三个不同阶段。它们三者总是密切地相互平行的，虽然在时间上并非恰恰同时发生。前面讲过，在实际收入与享用收入之间的这些差别是微不足道的。而生活费用与生活间的时间间隔通常也是很短促的。在花钱买票与欣赏游艺之间，在支付饭费或房租与享用食物或居住利益之间没有多大的耽搁。在许多场合，甚至货币支付是在享用之后而非在享用之前。

1.4 物品的成本和使用成本

有时，钱用出去，不仅是为了某一物体的暂时使用而是为了整个物体，即同时也是为了它将来一切可能的使用；这时，时间差别就特别值得注意了。如果我们购买而不是租赁一所房屋，我们并不把买价全部算作今年的居住费用。我们预期房屋可以使用多年。因此，我们在全部买价中要计算出适当部分作为今年使用的费用。同样，生活费统计学家应将一个人使用的房屋设备、衣服、乐器、汽车及其他耐久财货的成本分摊在各个时期，而不能由购买年份的收入来全部负担。任一年份只能担负当年的维持费用与重置费用，这种维持费用与重置费用至少可以约略地衡量出这些财货在这一年里所提供的服务。这些财货所提供的真正实际年收入，大致等于它们每年所给予的服务的成本。

严格讲来，在统计我们的收入时，我们应该一律计算服务的价值，绝不可计算提供服务的物品本身的价值。的确，像食物等这些生命短促的物体，我们实际上往往不需要费时去区别它们的总成本与它们的使用成本。一块面包值一角钱，因为它的享用值一角钱。我们不能租赁食物，而只能直截了当地购买它。至于可保藏的食物，如同面粉、腌腊食物与罐装物品，那就有一些时间差别了。我们可在某一年购买而在次年使用，在这种情形下，花费在食物上的钱几乎可说是投资而不算做消费，就如买房子一般。一个人买了一篮水果在一个钟头内就吃掉了，确是将钱用于吃水果的享受。但是，他若在秋季买一桶苹果而留到冬季吃时，他是将钱用于消费还是用于延迟享受的投资？在理论上，这一桶苹果是投资，相当于房屋或其他耐久财货的投资。在实际上，它是划做消费的，虽然这是属于两可的情形。

消费与投资只有程度上的不同，它决定于花费与享受间时间间隔的长短。消费是花钱于很快就要来到的享受。投资是花钱于延迟到日后的享受。我们是将钱消费在每天所需的面包、牛油或戏票上面，而投资在债券、农场、住所、汽车以至成套衣服的购买上面。

1.5　家庭门限上的衡量

实际上，我们通常可相当准确地估计出我们所花费的钱有多少是用之于今年。这就是说，我们能将今年的生活费用很近似地计算出来。我们只需计算一下花费于个人的物品与服务上面的钱——即进入我们住所（或进入我们身体内）的一切东西，例如食品、饮料、衣服、家具、房租、燃料、照明、娱乐等等，也就是我们的“面包与牛油”——而将留待以后各年使用的除外，譬如我们用于证券、机器、不动产的钱，或存入储蓄银行的钱。一般讲来，家庭门限(domestic threshold)是很好的分界线。凡是跨进家庭门限的每一物体的成本都可用来衡量我们的一部分实际收入，而其他花费就不能够了。

由此，在生产经济学或营业经济学的终点，我们还有家庭经济学。当家用钱的主妇采取最后的步骤通过生活费用来获得这一家的实际收入，然后这个家庭才能获得他们的享用收入。

1.6 货币收入

我们方才谈到消费品的货币支付，或货币支出。现在我们再退一步来考察个别消费者所得到的货币，或货币收入。货币收入包括所得到的全部货币，就其性质来讲，它显然不是准备用于再投资的——或像这一用语所表明的，它不是“指拨”(earmarked)为再投资用的。换句话说，所有得到的货币、可用于并且希图用于消费的货币，都是货币收入。它有时与实际收入有很大的区别。举个例子，如果你的薪金是 10 000 元，多于你谋“生”所需要的 6 000 元，你自愿将多余的 4 000 元作为储蓄。这一部分货币收入就被储蓄起来，没有立即变为实际收入。即是说，你没有把全部薪金用于今年的生活，而是把其中 4 000 元用来投资，用做以后各年生活费用的补助。那么这 4 000 元就不仅是作为收入记入贷方，而且也作为支出记入借方。你用这笔款购买耐久物品，如土地、建筑物或土地与建筑物的部分权利，如证券或债券。在这种情形下，你的货币收入就是你的薪金（它或许是股利、地租、利息或利润），它超过实际收入的数额等于你的储蓄。另一方面，你的生活也可能超过你的（货币）收入。拿这里所用的概念来表示，这意味着本年度你的实际收入大于你的货币收入。

用一个人的全部生活费用（即使他是“入不敷出”即花费超过他的货币收入）来衡量他的实际收入，对一些人来讲是很费解的，这些人从不曾对经济概念求得严谨的定义，这种定义既能满足经济理论的要求，又能符合于会计的理论与实践。但是，收入的定义，既要适合经济理论与实践，又要适合会计理论与实践，那就必须把生活费用花费所得的使用、服务算做最基本意义的收入，纵使这些花费超过了货币收入。

现在我们可以看到一个人的收入有三个连续的阶段：享用收入或精神收入，这是由满意的感觉或体验所构成的；实际收入，这是以生活费用来衡量的；货币收入，这就是一个人所得到的货币，用来支付生活费用。

最后一项（货币收入）就是通常所说的收入；第一项（享用收入）则是最基本的。但就会计上的方便而言，以生活费用来衡量的实际收入，则是最为实用的。[①]

扼要重述一遍，我们已经看到，享用收入是心理事件，因而无

① 在本章的后面我们将会看到，这三种收入都只是片断，是以服务和负服务组成的经济整体中的构成部分。三者中何者出自我们的会计学，这要看我们的总计中包括有哪一组的服务和负服务。

法加以直接衡量。于是我们转而观察实际收入，但实际收入又是庞杂的混合体。它里面包括有，比如说，若干夸脱牛奶，看若干次电影等等，这样的形式是不容易衡量的，或不能作为一个整体来衡量。在这里，生活费用就插足进来了。它是实际收入之实用的同质的[①]尺度。由于生活费用是用多少元来表示的，所以它可代替享用收入或实际收入而成为收入的最好尺度。生活费用与实际收入之间，并没有重大的差别，不像货币收入与实际收入之间的那种情况。实际上，货币收入与实际收入是永不会恰相符合一致的，因为，不是储蓄使货币收入高于实际收入，便是亏空使货币收入低于实际收入。

1.7 资本价值

储蓄将我们引导到资本的性质。资本，就资本价值的意义讲，只不过是将来收入的折现，或者说是将来收入的资本化。任何财产的价值，或财富权利的价值，是它作为收入泉源的价值，是由这一预期收入的折现来求得的。如果我们高兴的话，为了逻辑上的方便起见，也可将对我们自身的所有权包括在财产以内，但也可依照习惯，把人类看做单独的范畴。

我认为财富是由人类所占有的实质物体构成的（如果你愿意

① 作为主观享受的尺度，甚至生活费用也并不是同质的；因为穷人的一元和富人的一元在主观上并不相等。参阅拙著《衡量“边际效用”及测定累进所得税公正与否的统计方法》，见《纪念 J. B. 克拉克经济论文集》，第 157—193 页。

的话，也可包括人类本身）。这种所有权可用合伙权利、证券股份、债券、抵押以及其他各种财产权的形式，分由不同的人们所掌握。无论它用什么方法来分配和用什么文件来代表，全部财产权只不过是达到一个目的——收入——的手段而已。收入是经济学的起点和终点。

1.8 利　率

收入与资本之间的桥梁或联系就是利率。我们可对利率下一定义如下：利率是对某一日期的货币所支付的贴水的百分率，这一贴水是以一年后货币来表示的。当然，在理论上我们可以将这一说法中的货币代之以小麦或任何其他种财货。这将在第2章中加以讨论。但实际上，现在与将来之间交换的只是货币。因此，利率有时也叫做货币的价格；依这一价格或贴水来进行现在货币与将来货币交换的市场叫做金融市场。如果今天的100元与一年后收得的105元相交换，那么，对现在货币的贴水（以将来货币表示）就是5元，这5元对100元的百分率是5%，也就是利率了。这就是说，以明年货币来表示的今天货币的价格高于平价5%。永远要记住，利息与利率是不同的。利息是将资本价值乘以利率来计算的。

本书的目的是要表明，利率是怎样形成或决定的。有些作者为说明方便起见，喜欢假定两个有关利率理论的问题，即：(1)为什么会有利率存在，与(2)利率是怎样决定的。然而第二个问题却也包含有头一个问题，因为，要说明利率如何决定，就牵连到利率能不能是零的问题，即是说，利率是否必定是正数的问题。

1.9 贴现是基本的

利率虽可用于两方面——由现在价值计算将来价值，或由将来价值计算现在价值——可是后一过程（贴现）却是更为重要的。当然，会计师经常进行两方面的计算，因为他们需要应付这两类的问题。然而时间估价（这是自然所安排的）的根本问题，往往是变将来为现在的问题，这就是，核定将来收入的资本价值问题。资本价值必须由其估计的将来净收入来计算，而不是**相反**。

乍看起来，这个说法似乎令人迷惑不解，因为我们通常认为在时间上总是先因后果，而不是先果后因。因而好像是，收入必须来自资本，这从某种意义上讲是正确的。收入是来自资本**财货**，但收入的**价值**却不是来自资本财货的**价值**。相反的，资本价值是来自收入的价值。估价是人为的过程，含有预见在内，因为未来事件预先就投下了它们的影子。我们的估价总是含有预期的性质。

这些关系可用下面的图示来表明，其中箭号代表因果关系的顺序——(1)由资本财货到它们的将来服务，即收入；(2)由服务到它们的价值；(3)由服务的价值到资本价值：

资本财货——→服务的流动（收入）
↓
资本价值←——收入价值

除非我们知道一项资本将会带给我们多少收入，我们是不可能对这一资本进行任何估价的。的确，小麦的收获决定于生产小麦的土地。但收获的价值却不是决定于土地的价值。相反的，土地的价值是决定于其收获的预期价值。

任何物品的现值就是买主所愿意支付的和卖主所准备接受的。要使每个人能对他所愿意支付的或接受的作出合乎逻辑的决定，他必须知道：(1)关于这一物品所将提供的将来利益的价值，与(2)将这些将来价值经由贴现变为现在价值所根据的利率。

1.10 成本或负收入

在上面的式子中，也包括有耐久物品或资本财货的生产成本的影响，因为任何成本只不过是负项的收入。将来的负项收入是与将来的正项收入一模一样来折现的。我们必须记住，在一特定时间计算价值时，只有将来成本才能进入财货的估价，过去的成本对价值并没有直接的影响。过去的成本在这里只能起一种间接的作用，因为过去的成本决定了财货的现有供给量，从而也就提高或降低这些财货所提供的服务的价值。

经由这种间接方法，过去成本得以暂时决定财货的现值，直到供求的作用使可用财货的价格与现在的生产成本符合一致时为止。举个例子，生产毛织品的成本在大战结束后猛烈下降，可是价格却有几个月没有下跌，因为成本费低的新毛织品还不足以应付需要，以致高于新生产成本的价格延续了一个时期。再例如：制鞋成本在20世纪的初期增长得很迅速，而鞋价却没有随增加了的成本同程度的上涨，因为原来成本较低的鞋子的供给还很大，并在一个时期内控制了市场价格。还有许多其他力量同样间接地影响到财货所提供的服务的价值，特别是这些服务的代替品。但这种种考虑都不能影响下面这一原理：财货本身的价值，是它所提供的将来服务的价值（不论它是怎样决定的）之贴现价值。

1.11 贴现原理的应用

上述关于如何求得将来金额的现值的原理，在许多商业交易的问题上，都是同样适用的。例如银行资产的估价，这些资产的大部分实在是采取贴现票据或其他种短期放款的形式。票据的价值总是持有人所享有的将来偿付的贴现价值。

证券经纪人编制了许多详细的数学表，用来向顾客们说明一张5%的债券应付多少价格，以便购买人能对所付价格获得5%、4%或其他的利率。债券的价格是由两个项目计算出来的：(1)赚得的利率，与(2)债券提供给投资人的一系列金额或其他利益。撇开风险不谈，在价格的计算中除这两项外绝不会有其他的因素。当然，投资人可拒绝依市场价格来购买一种债券，因为他另有机会去购买别种低廉的债券，以便使他所付购买价格赚得较高的利率。但这一事实并未改变市场价格代表利益贴现的原理。这个人拒绝购买的市场影响只不过产生一种微弱的趋势，即降低前一债券的市场价格和提高另一债券的市场价格，也就是，改变所赚得的利率。以后我们还要对这种交替机会的影响进行更详尽的研究。在这里，我们只是要注意债券的价格仅仅决定于两个因素：(1)它所提供的利益，与(2)这些利益所赖以贴现的利率。

当然，这一原理并不限于债券。它可应用于任何市场中的一切财产或财富——证券、土地（它与其他资本一样有一贴现的资本价值)、建筑物、机器或其他任何东西。撇开风险不谈,每件东西都有一个市场价值,它仅仅决定于同样的两个因素:(1)投资人所预期的利益[①]或收获,与(2)这些利益所据以贴现的市场利率。

他所预期的收入可以是永久的收入(一律的或反复循环的流量),也可以是无数其他类型中的一种。如果我们假定利率为5%,则以下任一收入川流的现值都将是1 000元:每年50元的永久年金;或每年50元的年金连续10年,外加10年终了时的1 000元;或每年100元连续14年,此后便一无所有;或每年25元连续10年,继之以每年187.50元连续10年,此后便一无所有了。

1.12 复式簿记

在这一章,我们是从一个人所得的享用收入开始的,然后倒转来从实际收入、生活费用与货币收入一路谈到资本价值,后者不过是收入的资本化或预期之具体表现而已。这是从收入的享用人逆流而上,追溯到它的泉源。现在我们可以把顺序倒过来,顺流而下地来观察。这样,现在我们考察收入的川流,就不是着眼于它是如

① 这自然包括着占有财富所获得的一切利益或服务,如同现在债券往往附有亲署证券的特权,某些债券附有允许国民银行用做国民银行钞票保证的特权。有些利益是很间接的和属于整体的。一个企图控制选举而获利的人,已占有股份49%,也许为了提高他所保有的股票到51%,而对少数更多的股份支付特别高的价格。或者,一个人将经营业务的乐趣、他所认为的营业所给予他的社会地位、政治上的或其他的权力与势力,或单纯在进一步积累过程中所得到的占有贪婪感或满足,都包括在他的财富利益中。不论利益是多么的间接、稀有或奇怪,资本财货的价值只是来自将来利益的前景这一原理依然是颠扑不破的。

何流向它的享用者，而是着眼于它是如何从它的各个泉源流出来的。[①]

资本价值不是别的，只不过是资本化的收入而已。收入来自或产自资本财货与人类，因而资本价值也就是资本财货的价值。收入是记入这些财货（包括人类）的贷方，支出或成本是记入它们的借方。

每一簿记员都知道，大多数收入项目（正的或负的）都是采取货币支付的形式（这不是货币的存量，而是货币的流动，货币的存量总是资本）。有些是所偿付的活动——生产过程中的事件，例如磨、纺、织、举起、拖拉、犁耕；有些是消费事件，如吃食物、穿衣服、听音乐、看戏剧；再有一些是人心中的，如享受或其反对物——劳动或痛苦。

在将这种种收入项目进行分类与归并时，好像我们无从避免混乱与重复计算，无从避免总计远远超过真实的精神收入或享用收入。但事实是，这里所包括的负项与正项几乎是同样多的，事实

① 如果我们将收入的名称改为收益或生产，对调整我们的心理态度使之适应于改变了的观察点，可能有所帮助。收入意味着走向我们，而收益意味着来自泉源。农场的收益就是它的收获净值；铁路公司的收益就是它的股利等等。

在这新程序下，我们将每项收入作为来自其泉源的收益记入贷方，而将每一负项记入借方。负项收入就是支出。如果我们也能改换这一名称，可称之为耗费，或进货。

像这样将资源所提供的每一服务作为若干收益（或收入）记于它的贷方，并将它所提供的每一负服务作为若干耗费（或支出）记于它的借方，这不过是簿记中的登录事项罢了。

我提出这些新名词以便读者在心中或以铅笔在文字上用来代替旧的名词，然而此后为了简单起见，我仍沿用原有的术语，纵使我们单纯地认为收入是来自其资本泉源而忘掉取得收入者时，还是用收入这一名词。

上，除享用收入与劳动痛苦外，每一正项也就是负项，依其对资源的关系而定。当斯密支付琼斯 100 元（不论来自何处）时，琼斯得到一项 100 元收入，而斯密则担负一项同等数额的支出；当 100 元的息票从一张债券上剪下存入银行时，债券提供了 100 元的收益，而银行账目则表现同等数额的负债。同一原理还应用于最后一张大息票，所谓债券的本金。这一项目也是登记两次，一次记于某个人账簿的贷方，一次记于某个人账簿的借方。

这种成对项目的簿记含义，早已为会计师们所发现，成为复式簿记的基础，虽然它的经济意义大半被忽视了。一个重要意义是，复式簿记法可以防止重复计算；当我们总计社会所有收入项目（包括精神的与物质的）时，除享受与劳动痛苦的精神项目外，所有其他东西就都相互抵消了。

生产、运输、交换或消费的每一活动——事实上，最后享受以外的每一过程——都是双面的，或二项一体。我曾把这一活动叫做“相互作用”，因为它是收入，要记入提供收入的资本的贷方，同时它又是支出，要记入得到收入的资本的借方。例如犁一块地，价值 100 元，在完全的簿记中，一方面要记入犁、农民、犁地的牲畜或摩托车的贷方（联合的），这就是，它们提供了服务；另一方面，要记入所犁土地的借方，这就是，它得到了服务。

如果犁是属于一个人所有，而土地是属于另一个人所有，后者支付前者 100 元，那么犁地的服务，对两个人合并来讲，是自行抵消的相互作用，可是对这两个人单独地来讲，就显然不能置之不问。如果 100 元是支付犁地的服务，这项 100 元就是土地所有主的费用，要从他的总收入中减掉的，至于犁主把这犁地的服务算做收入就与他无关了。所以这项价值100元的犁地，因观点之不同，对于我们的账目的影响也就不一样了。从某一个人的观点来看，它是正项，而从另一个人的观点来看，它是负项。然而当两个账目归并在一起，正项负项相加时，它们的代数和等于零。所以就整个社会来讲，在土地提供了收获并且最后被消费掉之前，犁地并没有产生正项的收入。

这样，我们简单地经由簿记员登录的机械过程，通过相反的顺序，又达到本章开始时所叙述的各个阶段。这就是说，来自一组资源的收入总计自然是不同的，这要看它包括有哪些资源。任何一组资本财货都有一些抵消，其未曾抵消的细数，在这组扩大到其他资本项目并发生新旧资本间的相互作用时，也会经由抵消而依次消失。H. 福特的矿提供一笔净收入，这笔净收入等于某些借方与贷方项目的差额。如果我们将运送产品至工厂的铁路也包括在内，那么矿把产品交付铁路所产生的债权就冲销了，因为这项债权也表现在铁路的借方。如果我们把范围进一步扩大，比如说，把福特的各个工厂都包括进去，这时还有一些其他的项目，作为扩大范围内相互作用的部分，也就同样消失了，余类推。

当然，我们必须将所有的服务都包括在收入以内。一所住宅对自己居住的房主也提供收入，正如他租给别人一样。在第一种情形下，他的收入是庇护身体；在第二种情形下，他的收入是货币租金。存在于任何时刻的财富都是资本，都提供某种形式的收入。有一个生意人曾经对我讲，他的游艇是资本，每星期六下午都给予他一些红利。

1.13 外繁内简

在现今复杂的经济生活中，我们很容易被那许许多多的工业活动和货币交易搞得眼花缭乱。其实，净收入依然是与孤岛上原始式的鲁宾逊完全一样——等于吃食我们所摘浆果的享受减去采摘浆果的痛苦或劳动。唯一区别是，今天的采摘不是且摘且食完全直接的，而是借着复杂的机械和经过多次的货币交换；这就是，在最初的采摘劳动与最后的吃食满足之间穿插进来一长串的居间人、资本与货币交易等。现在继续用摘浆果的事例来说明。我们知道，波加诺山脉的浆果今天是由雇工来摘取的，拣选、定级之后，经由铁路与摩托车运送给纽约市批发商，批发商再转售给零售商，零售商卖给并送交与家庭主妇，在主妇的厨房里经过再度拣选，准备好给予享受的最终使命。一个人的总收入，经过所有借贷一对对的抵消而精细计算出来时，不论这些借贷是属于货币支付或服务的货币价值——生产中或交换中的——必然等于他的享用收入减去同一时期所遭受的劳动痛苦，我们在本章就是从享用收入开始我们的讨论。借助于数学上的抵消，两者的相等是必然的和机械的。

讲来有趣的是，一个公司就其本身而言是不能有净收入的。因为公司是虚构的人而非真实的人，每一项目都毫无例外地要进行复记。它的股东可以从它获得收入，但公司本身，看做股东以外的单独人，却没有任何收入。

一个真人的**总收入**只是他的**享用收入**，只要我们将他自身的借贷都包括在内。严格说来，实质的音乐或钢琴的音响也只是相互作用，要记于他的钢琴的贷方和他的耳朵的借方。在他意识中的音乐还达到听神经的另一端，即头脑。钢琴的乐声奏入他的耳内，由他的耳到他的头脑，由他的头脑到他的意识。他的整个人身机构就是一架传送器，从外部世界经由耳、眼与其他感觉器官传送到他的内部生活。

如果人身机构连同它的借贷省略不计的话，那么总的结果就不是他的享用收入（从主观来考虑的），而是上面所谈的实际收入。若用货币单位来衡量他的实际收入，我们发现它等于他的生活费用的总评价减去他自己的劳动痛苦的总评价。

如何对劳动痛苦进行货币评价是个难题。在会计理论中这是一个重要问题，特别是它关系到衡量人类福利的问题。但好在这种评价的困难对于利率理论并不发生影响，因为这一理论实际上是关系到收入川流在不同时间的差异问题，而与收入总量的精密衡量问题无关。而且实际上，劳动痛苦关系到利息理论的只有一点，即一个工人为获取本人或其家庭的将来满足而遭受现在的劳动痛苦。这种情形属于劳工储蓄的问题；在这里，我们所要做的是求得劳工自己的评价。可以这样假定，当利率是5%时，他为明年的100元而在今年进行的劳动，在他心中的评价约为95元。

但劳工的储蓄在利率的决定中实在是微不足道的要素。劳动影响于劳工以外的人们的唯一重要途径是通过工薪的支付，这是为将来的货币收获而发生的货币费用。一个建筑铁路的劳工不是为铁路的将来股利而工作的。他的当前生活是由雇主的支付来维持的。雇主预期获得将来的股利。于是工资对雇主来讲便是劳动痛苦的一种尺度，不论劳工是否抱有同样的看法。[①]

我们若将劳动痛苦除外，并将来自使用家中家具、衣服、食物等正负收入项目也从劳工的簿记中剔除，那么总收入就不是他的实际收入而是他的货币收入了——假定（通常就是这种情形）他所有的收入都是经由货币支付，而没有实物支付。

1.14 资本收益不是收入

应用上述簿记原理之最有兴味与最有价值的结果是，我们因此使资本与收入自动分离了，这两件不同的东西在许多方面是经常混淆的。研究经济的人错误地将资本收益当做收入，这是屡见不鲜的事。上面已指出，资本收益只不过是将来收入之资本化而已，它们绝不是现在的收入。对特定一组资本项目所提供的收入，或服务与负服务，逐项进行真实的精密计算，将会确切地得出这一真理。该组资本所提供的资本收益绝不会与该组资本所实现的收入相混淆。不论这一特定资本组同它的收入范围大小：它扩展到作为最后净收入的享用收入（正的与负的），或缩小到犁地或货币支付都成为未曾抵消的细数，这点总归是正确的。[②] 我们要知道，会计师总计的结果，只剩有该组所给予的享受或实际分离出来的收入，如同自债券剪下的息票，他绝不会将资本本身的增减记做收入的。

① 在劳动实行计件支付和劳工可自由随时停止工作的情形下，劳工也许会这样来看待工资。

② 参阅《资本与收入的性质》，第 7 至 10 章。

举个例子，债券价格在两次付息之间将随利息的增加而上涨，这种价值的增长不是收入而是资本的增加。只有当息票剪下时，债券才算给予了服务，从而提供了收入。用美国最高法院的话来讲，收入是由这种给予、提供或分离的事件所构成。如果这样剪下的息票再投资于另一债券，这事件就是支出，抵消了从前一债券所实现的同时收入。于是这组资本就没有净收入，而只有资本的增长。最后本金的巨额支付一般不认为是收入（如不用于再投资它就是收入了），而认为是资本，就是因为它通常是用来进行再投资的。

同样，我在储蓄银行的存款因复利而增加，这也不是收入，而只是资本的增值。如果我们假想任何时候银行出纳经由他的窗口将这一增值额交付给我，也就必须假想在同一时间我又经由这一窗口将款交还给他了。如果前一事件是收入，那么后一事件就是支出。不论它是否经过这两道手续，都不能发生净收入。这是好的簿记，又是正确的经济学。我们无法逃避这些数学的结论。没有什么戏法可使我们既有糕点而又吃掉。这好像永恒运动之不可能一样，根本是可笑的。当债券或投资的资本价值增减不是由于预期收入的变化，而是来自利率的变动时，其荒诞无稽就特别明显了。统一公债与租金的价值天天在随金融市场的每一变化而不断波动。可是它们实际所提供的收入是依同一速率而流动的。不过资本价值有时是依 3%计算，有时是依 4%计算罢了。市场价值的增长是资本收益，但不是收入。收入可用于投资，从而转变为资本；资本可用于消费，从而转变为收入。我们已经看到，在前一情形下，资本积累了；在后一情形下，资本缩减了。在前一情形下，一个人的生活限于他的货币收入；在后一情形下，他的生活就超过他的货币收入了。

如果亨利·福特得到1亿元的股利，除5万元外，他全部用于再投资，那么即使他的货币收入是1亿元，但他的实际收入只有5万元。[①] 又例如某一年他改建工厂来制造新车，他没有得到股利，而他的生活用费与其他享用却花了4万元，那么他的实际收入就是这4万元，即使这一年他的货币收入是零。

因此，任何一年所享用的收入与那一年资本价值的涨跌是根本不同的——不论资本价值涨跌是起因于储蓄或负储蓄，利率的变动或所谓偶然性。

在簿记中，可以将我们的储蓄加到我们的实际收入中，而把这一总计叫做收益。但就我本人而论，我情愿不把它叫做收入。因为这一总额的两部分——享用收入与资本的积累或资本化的将来享用——是不一样的。将它们加在一起的唯一论据是，取得收入的人能够将储蓄作为收入来使用而仍保持它的资本不变。不错，他能够如此，可是他不会，否则就没有储蓄了！总之，一部分是收入，另一部分是资本收益。

实际享用的实际收入与资本价值的增值（即将来享受的资本化）间的区别，不仅一般讲来是基本的，而且对本书的理解也是重要的。[②]

① 前面有一个注已经说过，他除这一明显的收入外，还从占有欲、威望、权力等获得其他不可捉摸的和更细微的收入，这是与巨大财富分不开的，这一项没有计算在内。

② 关于这一问题之更详尽的论述，读者可参阅：《资本与收入的性质》，《储蓄是收入吗》，载《美国经济学会杂志》，第3辑，第9卷，第1期，第1—27页；《从经验角度来看收入的概念》，第29页，这篇文章载在《魏沙诞辰纪念论文集——关于现代经济理论》，私人刊印的英译本第3卷，1927年维也纳版。

如果我们对于资本与收入的概念摇摆不定，我们就不能理解利息理论。在利息理论中起主要作用的享用收入，绝不是储蓄或资本的增加。

1.15 资本与收入间的关系

总结起来，我们可以说，资本与收入间的主要关系是：

(1) 资本价值是收入的资本化或收入的折现。

(2) 如果利率下降，则资本价值(预期收入资本化的价值)上涨，反之则下跌。

(3) 资本价值的涨跌，表现在像土地之类的耐久财货上比较大，表现在衣服之类的暂时财货上则比较小。

(4) 资本价值因储蓄而增加，收入所减少的数额等于资本所增加的数额。

(5) 这些由收入转出并回归于资本的储蓄，除发生不幸事件的场合以外，将成为以后实际收入的基础。

1.16 对本书的应用

利率问题完全是消费与投资的问题，是构成收入的各种可能享受间的决定问题，特别是在相对小的但是即刻的享受和相对大的但是延迟的享受之间的决定问题。消费冲动与投资冲动之间存在着永久的矛盾。一个人的消费冲动起因于他急于即刻取得享受的不耐，投资冲动起因于借延迟消费来为自己或别人获取相对多的享受的机会。

从这一观点来研究利息问题，我们需要一幅个人收入川流的图景作为我们的主题内容。如果将一个人的实际收入(即一个人的生活费用)之最精确的统计，逐日、逐月或逐年地制成图表，我们就可非常清楚地得到这幅图景。

如果这一收入是固定地依每月 200 元或一年 2 400 元而流动，这幅图景就像图 1.1 所显示的那样。

如果收入川流是依递增量而流动，这幅图景就像图 1.2 所显示的。

如果它是依递减量而流动，就像图 1.3。①

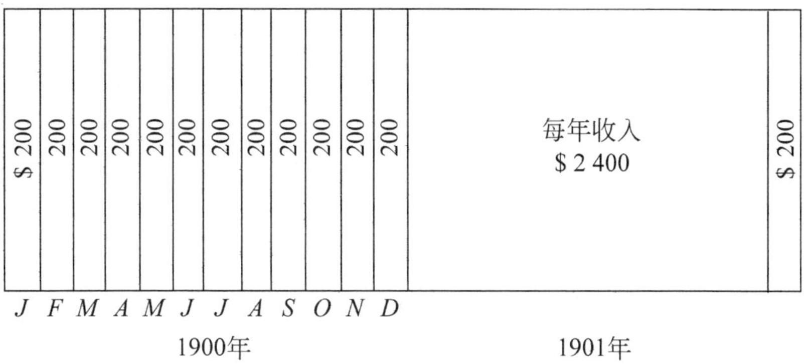

图 1.1　固定的收入川流

当然，这些特定的形式只不过是特殊的类型；此外还可提出无

① 在所有这三个例子中，每月收入是由长方柱或长方条来代表的。最后两图中的每一排长条形成一系列的平顶或阶梯。但若将逐月改为逐日时，它就近似一倾斜的曲线，这是更好的更简单的理想图景。此后我们将用这样连续的曲线。不过这些曲线总要看做是大约由一系列的长柱或长条所构成。关于这些图之更详尽的讨论，请参阅《资本与收入的性质》，第 204 页以下。

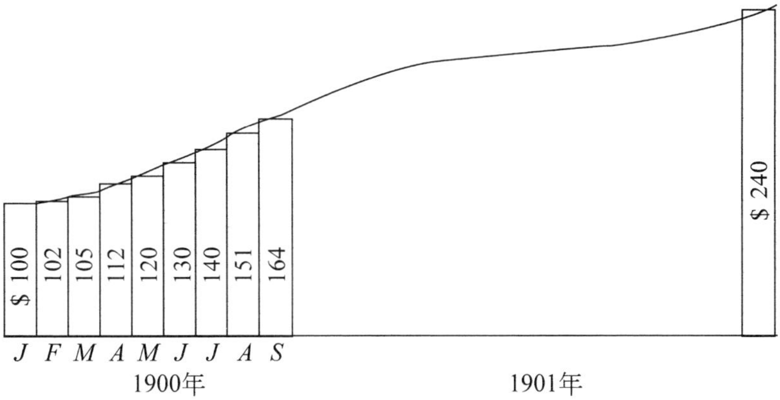

图 1.2　递增的收入川流

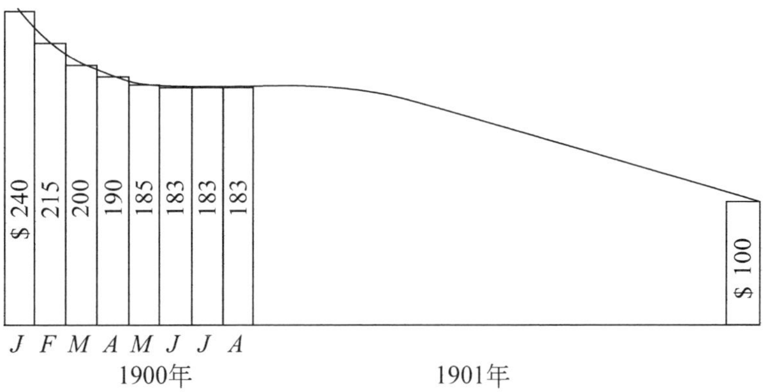

图 1.3　递减的收入川流

数其他的类型。

在利息理论中，我们所论到的收入并不是过去的统计记录而是预期将来的统计记录。因而从可能有的种种收入川流中，选用哪些作为将来的收入川流，就至关重要了。

1.17 要避免的一些混乱

在这方面初学的人，首先要尽力去掉心中关于收入与资本之性质的所有成见。最近我的一个六岁孙子问一家储蓄银行的会计道："请你指给我看看，我长大时将会得到多少钱。"会计严肃地带他到一间后房，举起一袋钱币给他看。这满满一袋钱的景象，做为储蓄银行账款的图景，将要延续到他成年的时期，即使他在大学里已经学习到：银行存款总额远远超过了现金，存款人的资本不是实在的现金，而是对银行资产（不动产、不动产的抵押、证券与债券以及所有其他资产）所提供的服务或利益的权利，这些权利是用现金来衡量的。资本与收入看来好像只是货币而已。我们总是能提示一个货币的样本来，像银行会计那样；如果一个人的资本具有流动性，那么它可以很便当地经由货币（或者不如说信用）从一种形式转变为另一种形式，这就更容易显示出它本身就是货币了。

读者还要尽力忘掉所谓资本的供求是利息的原因的一切旧观念。因为资本不过是把将来的预期收入转变为现在的现金价值，不论我们需要谈论什么供求，都只是将来收入的供求。

关于利息在收入分配中的作用问题，读者头脑中或许会有一些成见。如果能在一开始时就把这些成见去掉，那就会更有好处。这一问题留待第 15 章再讨论；在这里不妨指出，利息并不是和地租、工资及利润并列地构成收入的一个独立分支，像传统学说所说的那样。

收入川流是经济生活中最根本的事实。它是许多要素的联合产物，这些要素可分为许多项目，例如劳动力、土地与（其他）资本。劳动力的租金是工资，土地的租金是地租。那么（其他）资本——房屋、钢琴、打字机等等——的租金是什么呢？它是利息么？肯定不是的。它们的租金显然就是门外汉所谓的房租、钢琴租、打字机租等等。租金是实质物体（土地、房屋、钢琴、打字机等等）与其偿付间的比率——每架钢琴多少元，每亩地多少元，每间房多少元。另一方面，利息是这些东西的货币价值与其偿付间的比率——每100元多少元（或百分数）。在每种情形下，它都是租金资本化的价值与其净租金之间的比率。它可应用于一切范畴——应用于土地，正如同应用于房屋、钢琴、打字机一样。由此，土地的收入既是租金又是利息，正如同打字机或债券的收入一样。我们能够而且的确将地租资本化，正如同我们将房租资本化一样，例如购买年限为20年的土地，提供5%的利息。同样地，不论地租以及房租、钢琴租、打字机租等等彼此之间有怎样的区别，上述原理都是适用的。[①] 而利率问题是把世界各地市场上的一个时间和另外一个时间联系起来的一个价格。在经济学的每个分支中，只要有时间的因素存在，便有利率的问题存在。利率是整个价格结构中之最为普遍的价格。

谈到利润，我相信最有意义的仍是门外汉所持有的概念。任一上述形式的资本——劳动力、土地、房屋、钢琴、打字机等等——

① 参阅F. A. 费特尔：《利息理论的今昔》，《美国经济评论》，1914年3月号，第76、77页；费特尔：《经济学原理》，第122—127页；戴文波：《利息论与利息的各种理论》，《美国经济评论》，1927年12月号，第636、639页。

带有风险时，门外汉将其净收入叫做利润。同样，利润像地租一样可就产生利润的物质单位来衡量，也可像利息一样就这些利润的价值来衡量；这就是，每亩地多少元，每间房多少元，每架钢琴多少元等等；或土地(房屋、钢琴等等)所值的每百元多少元；或这些东西的每股所有权多少元；或这些股份所值的每百元多少元。若主张利息或利润只是土地以外的资本财货的收入而这两个概念不能应用于土地，即主张工资、地租、利息和利润是社会收入川流中的四个互相排斥的部分，等于把一种东西的不同类别，看成俨然是彼此不同的东西。这好像将一块空地说成是由三部分构成的：多少亩地，多少吨土，多少蒲式耳矿砂。这又好比是将一副纸牌分为么点、梅花牌与红付三类，而硬说这三类是互相排斥的。

明显的事实是，任何收入或一切收入都可以资本化，包括人本身所产生出来的收入，从而求得一个人基于资本化的经济价值。W. 法尔，J. S. 尼克松，L. I. 都伯林等人都曾进行过这样的计算。[①]然而我们很少将工资资本化，所以没有实际的必要来将工资或工资的任何部分叫做利息。即在风险是主导因素时，如在利润中，也没有真正的必要将收入叫做利息。譬如预期的股利，随预期的不断变化而在证券市场上每天自动的资本化了，但无必要把它们叫做利息。企业家的利润更毋庸叫做利息。从没有人企图将它们资本化。可是在异常严谨的理论中，一切都可资本化，从而变成为利息。

① 譬如都伯林博士计算美国“人类资本”的总值是 15 000 亿元，约为所有其他资本的价值的 5 倍。

1.18 合用的利率概念

要给纯粹利率下一确切的与实用的定义是不可能的，我们大体可以这样讲，纯粹利率是指没有偶然性的贷款的利率。在这里，特别要消除两种偶然性：其一是倾向于提高利率，即不履行债务的偶然性；另一是倾向于降低利率，即将证券用作现金的代替物的偶然性。总之，我们一方面要排除所有风险性的贷款，另一方面要排除所有即期的银行存款，即使它也得有一些利息。我们使得定期的安全证券在满期前不致于转让或不致于时常转让。这种证券提供我们最近似的纯粹利息，不论是短期的或长期的（依其满期的时间而定）。

在本书中，关于利率的概念，通常将限于安全贷款（就人来讲）的利率，或其他含有在某一日期或某些日期支付特定数额而在另一日期或另一些日期偿还的契约。这一概念的要点是：(1)确切的和有保证的偿付；(2)确切的和有保证的偿还；(3)确切的日期。这一概念包括安全证券（如同在市场上所购买的债券）所实现的利率。我们在本书中所考虑的就是这种利率。我们主要的不是考虑总利息，而是考虑利率。

2. 货币利息与实际利息

2.1 引　论

在前一章的结尾，我们说利率是同种类的将来财货对现在财货的百分比贴水。财货的种类会影响贴水吗？这一重要问题往往被忽视了，现在我们最好一开始就予以适当的注意。以货币表示的利率大小，确是决定于所采用的货币本位。

完全不错，正如人们所常常指出的，一个人为了明年获得 105 元而在今年贷出 100 元，实际上他所牺牲的不是 100 元的真正货币，而是价值 100 元的其他财货，例如食物、衣服、住所或游历等，而他为明年获得的也不是 105 元的真正货币，而是价值 105 元的其他财货。但这一事实并不排除当前问题中的货币因素。货币因素对利率有许多方面的影响。在这里，我们所考虑的一个就是由于货币本位价值变动所发生的影响。

设货币本位相对于财货来讲总是稳定的，那么利率以货币作标准计算与以财货作标准计算将是一样的。然而当货币与财货之相对价值改变时，换言之，即以财货表示的货币本位增值或贬值时，那么以货币作标准计算的与以财货作标准计算的两种利率大小将完全不同。而且，货币利率——市场挂牌的唯一利率——将要受到增值或贬值的影响。

2.2 假定预见性

货币购买力的变动对货币利率的影响，要看人们是否预见到这一变动而有所不同。如果人们没有清楚地预见到货币购买力的变动，则这种货币购买力的变动在开始的时候对于货币利率不致发生重大的影响。而且，变动的方向若是增值，则将损害债务人，因为他偿还债务的本金所支付的财货，要多于他或他的债权人在订约时所预期的。

但当增值是在预料之中时，债务人在偿还本金方面所加重的负担，将由利率减低而获得些许的抵消。可是人们很少认识到这一事实。这是由于有一个暗含的假定：订约双方无法预知因货币本位上下波动所造成的损益，即使预见到这一波动的话。

在理论上，因价值单位的预期变动而进行一定的补偿是可能的，正如同因任何其他单位的预期变动一样。如果长度单位经由立法改变，并定于将来某一日期实行时，那么超越这一日期的契约一定会作相应的修正。我们或者像一个故事所说的那样，假设一码定为国王腰带那样长。如果国王这时还是一个孩童，那么人人都知道，“码”的长度将随国王的年龄而一同增长，一个商人应允10年后交付一千“码”，也要依据他的预期来规定他的条件了。

倘若事前已经知道货币尺度的变动，而竟不能依类似的方法来避免这一变动的影响，那就奇怪了。要抵消预见的增值，只需相应地降低利率，要抵消预见的贬值，只需相应地提高利率。[①]

当19世纪末尚未确定是否实行“银币自由铸造”的时候，一家辛迪加要向美国政府购买6 500万元公债，利率依黄金计算为3%，或依钱币计算为3.75%。大家都知道，后一办法里面外加的0.75%是鉴于钱币可能不会保持十足的黄金价值而降落到白银价值的水准。其实，两种选择如果是在黄金偿还与白银偿还（这不仅是可能的而且是确定的）之间，外加的利息显然要大于0.75%。据说大战后，有一家德国商号请求一家美国银行借予一笔马克贷款，美国银行索取年息100%。德国商号拒绝了，这对美国银行来说倒是件幸事，后来事实表明，不然的话它将遭受损失，而且是重大的损失，因为随后马克的迅速贬值，即使100%这么高的利率亦不能补偿。

关于用两种不同价值标准来衡量的各种利率与一种标准相对于另一标准之预期增值率或贬值率间的确切理论关系，我曾在一篇专门论文[②]和关于利息的第一本书[③]中用许多数字图例予以阐明。用两种不同标准计算的两种利率，在充分的调整下，彼此之间

---

① 事实上，由于愚昧无知和漠不关心的关系，增值与贬值不曾全然预先知道，它们对利息与其他商业现象的关系，人们只有一些模糊的认识，因此，增值与贬值在利率中也只能得到部分的补偿。正如我在《稳定金元》、《货币的错觉》与其他著作中所表明的，最好的补救办法是使金元标准化或稳定化，如同我们将商业中所采用的其他重要尺度单位标准化一样。

② 《增值与利息论》，见美国经济学会丛刊，第3辑，第11卷，第4期，1896年8月，第331—442页。

③ 《利率论》，第5章附录。

相差的数额，等于两种标准间相差的百分数。[①] 例如，为了补偿每1%的增值或贬值，利率就要减少或增加1%；这就是，原为5%的利率将分别改为4%或6%。

2.3 理论中的限度

其次我们要探讨的是用两种不同标准计算的两种利率，以及两种标准间的差数，要受到怎样的限制，如果这种限制存在的话。根据上面所讲的看来，似乎当增值相当迅速时，依上升的标准计算的利率，为了平衡增值的负担，势必成为零，甚至是负数。举个例子，如果以黄金计算的利率是4%，又小麦相对于黄金来讲也是增值4%，在理论上以小麦计算的利率，经过充分的调整，势必要降低到零！但实际上零或负利率几乎是不可能的。设若预先确知，当货币利率是4%时，小麦增值的速度也高达4%，那么小麦将被储蓄起来，许多人都要小麦，从而使得它的现在价格与其明年价格比较，相差不超过4%。这将防止以小麦计算的利率下降到零点的限度以下。

举例来说，如果利息是4%的话，不可能小麦今天价值1元，明年价值1.10元，并且每个人在今天都已预先知道。因为，这种价格若是可能的话，则贮藏小麦以待涨价定可获利10%（栈租

① 这只有在用每一种标准计算的利率随时计算或连续计算时，才是精确的。实际上，利率是按季度、半年或年度来计算的，若是这样，上述等式就要有少许的修正。这一定理的数学论证，参阅《利率论》第5章，第3节附录。关于“连续计算”的意义，参阅《资本与收入的性质》，第12章；及第13章第12节附录。

与其他运输费略而不计)。所以充分知道明年价格的结果,现在小麦可能的最低价格将是预期的 1.10 元依 4% 折现,即约为 1.06 元。

上述可能的利率之应有的限度——即在理论上它不能降到零以下——连带产生任何财货可能的增值率(已预知)在理论上应有的限度。

着重指出下面一点是重要的,即利率与增值所受到的限制,意味着贮藏小麦或其他耐久商品(包括货币)而不受损失的可能性。如果货币是易损坏的商品,如同水果一样,那么这些限制显然将会扩展到负量的范围。我们可以设想,以草莓或桃子计算的一笔货款,夏天订约,冬天交款,利率是负数。[①] 同样,我们认为小麦的贮藏及运输等费用,在这一限度内,许可以小麦计算的利率成为负数。由此,当货币有失掉或被盗窃的相当危险时,像在暴乱或遭受侵略时期那样,甚至以货币计算的利率也可以是负数。

但当我们的货币本位是黄金或其他不易损坏的商品因而总有机会贮藏一些的时候,用这些商品计算的利率是不会降低到零的,更不会降到零以下。这一原理乃是以后所要阐述的更一般的投资机会原理的一个特例。

2.4 实际利息与货币利息

由上所述,利息与增值间的理论关系,意味着利率总是随计算

① 庞巴维克:《资本正论》,第 252、297 页;兰椎:《资本的利息》,第 49 页。

标准之不同而不同的。以货币计算的利息是高的，譬如说15%，我们可以想象这个事实可能反映了一般物价预期将以10%的速度上涨(即货币贬值)，但以实物计算的利率并不算高，不过5%而已。

因此，我们需要区别以货币计算的利息与以其他财货计算的利息。但是两种形式的财货的比价，是不可能保持绝对不变的。所以在理论上，有多少种价值不同的货物，也就有多少种不同的利率(以实物表示)。

那么，是否没有绝对的价值标准可以用来表明实际利率呢？实际收入，即消费财货与消费服务的复合体，换言之，即依第1章所述原理得出的生活费用指数，给我们提供了实用的客观标准。借助于这样的指数，我们可将名义上的或货币的利率转变为实物利率或实际利率，正如同我们将货币工资转变为实际工资一样。在这两种情形中，生活费用起着同样的作用，虽然在利息中这一转变过程与在工资中稍有不同，它是更为复杂的，因为利息包括有两个时间，而不是一个时间；因而我们不仅要将现在借钱时的货币转变为实物，而且须把将来还钱时的货币转变为实物。

收入是我们经济生活中最基本的因素。推算每一耐久要素或财货的价值，都包含有收入的折现或资本化，这是其中的一个步骤。因此，以基本收入计算的利率似乎是我们实际上所能达到的用来计算实际利率的基本标准。

但在实际生活中，生意人所用的利率是以货币计算的，此后本书所提到的利率，除非另有说明，都是指这种货币利率。

货币利率与实际利率通常是完全相等的；上面说过，当以生活费用计算的金元购买力不变或稳定时，它们将是一样的。生活费用不稳定时，利率在一定程度上要估计到货币的增值或贬值，但只是约略地，而且一般说来，是间接地。这就是说，当价格上涨时，利率也倾向于提高，但不会高到足以补偿涨价的程度；当价格下跌时，利率也倾向于降低，但不会低到足以补偿跌价的程度。①

如果我们习惯上能用货币以外的标准来订立借贷契约时，利息随借贷契约中所用标准之不同而不同的原理，就更加明显了。实际上，利率在借贷契约中是用货币计算的，只是在契约履行后才把它化为实物计算(如果有人想这样做的话)，到那时候如果货币价值发生增值或贬值就来不及在契约中规定补偿了。如果货币利率能依货币购买力的变动而进行充分的调整——这实质上等于说，如果完全地普遍地预见到这些变动——则利率与这些变动间的关系并没有实际上的重要性，而只有理论上的重要性。然而事实是普遍缺少预见，所以这种关系在实际上比在理论上更为重要。生意人自以为是依一定利率订约的，可是后来他才恍然大悟，这一利率要以实物计算起来，就完全不同了。

1917 年 3 月至 4 月美国的实际利率曾跌到负 70%以下！德国在通货膨胀的高峰时，即 1923 年 8 月至 9 月，实际利率跌到负

① 货币的增值或贬值确实影响利率，虽然影响是微小的，凡曾注意到这一问题的人现在都充分认识到这一点。参阅马歇尔教授的证词：《印度通货报告》，第 169 页；约翰逊：《货币与通货》，1905 年波士顿版。

99.9%的荒谬水准,这意味着贷款人损失了全部利息,还几乎损失了全部资本;随后物价突然下跌,实际利率就跳到正100%了。①

① 现在进步的会计师都逐渐认识到了收入与资本账之用价值而不用货币单位来表现的必要性。关于这一会计新原理之明白而全面的叙述,读者可参阅E. F.第布鲁所著《账的无意识错误》,载美国成本会计师协会半月刊,第9卷,第1035—1058页,美国成本会计师协会,纽约,1928年版。H. W.施威奈的博士论文《稳定会计》,也阐述了这同一原理,这篇论文曾经哥伦比亚大学通过但未发表。还可参阅他的一篇文章《德国通货膨胀会计》,载会计杂志,1928年2月号,第104—116页;O.马伯格博士的《会计平衡技术与波动持续时期的调节》,莱比锡,G. A.格罗士奈,1923年版;E.施马林巴赫的《动态会计平衡原理的基础》,莱比锡,G. A.格罗士奈,1925年版;托马斯的《货币不稳定时期会计的稳定》,专家版,巴黎,1927年;托马斯:《货币不稳定开始时期会计平衡的调整》,专家版,巴黎,1928年;又参阅F.施米特博士的《工业危机中的错误计算》,商业经济杂志,1927年,又《固定财富价值波动时的盈亏问题》,1928年版。

3. 一些常见的危险

3.1 引　论

我们在前章看到，利率大小决定于计算现在财货与将来财货所用的价值标准，我们又看到，用某一标准（譬如实际收入的标准）计算的利率如何从用另一标准（譬如实际的货币本位）计算的利率推算出来。

利率从一种计算标准改为另一种计算标准时，并不决定**依何种标准计算的利率**；因为它假定我们已经知道依**某一**标准计算的利率，只不过使我们在这已知利率的基础上，能够求得依其他标准计算的利率而已。这种情形有点像温度之从华氏换算为摄氏。经由这一换算我们能够计算出来摄氏的温度，但有一条件，即我们已知华氏温度。联系两者的公式，丝毫不能使我们发现气候是多么冷或多么热。

货币利率与实际利率的背离，固然有巨大的实际重要性，但它们可看做是关系货币方面的问题多，而关系利息方面的问题少，以下各章对于这种背离，除另有说明外，均将略而不论。所以读者在这一理论性的著作中，要记住我们所做的假设，即货币单位的购买力继续不变，从而货币利率与实际利率是一致的。这就是说，假定利率是用明年货币表示的对今年货币的贴水，同时也就是用明年实际收入表示的对今年实际收入的贴水。

简单地讲，这一贴水（即今年收入与明年收入交换的条件）可以说是决定于收入川流中这两部分收入的相对供求；这个说法可解释几乎包括本书关于不耐与投资机会的全部理论。但是像许多简单说法一样，这一供求说法是浅薄的、不充分的。利息问题的周围充斥着这种浅薄而不充分的观念，其中有些已经很流行，而且危险性很大，所以我们在作进一步分析前，似有必要来把这些观念分析研究一下，以免陷入它们的泥坑中。

说利率决定于供求，只是提出问题，而不是解决问题。[①] 每一竞争的价格都是决定于供求。真正的问题是要分析决定利率的特定供求力量。

说利率在某种意义上是货币的价格，这对我们也没有多大启发。因为在另一种意义上，货币的购买力是货币的价格，同样是正确的。可是利率与货币购买力是极不相同的东西。

说利率是对使用货币所支付的价格，也不很高明（特别是借用的货币，通常根本不是货币而是信用）；而且不论货币或信用都不曾在借贷期间继续不断地使用（就使用的本义来讲）。它是始则消失，终又出现。

流通中货币数量的增加使得物价水平提高，从而贬低货币单

① 在第 1 章与第 12 章中，供求曲线是从不耐原理与投资机会原理引申出来的。同时还表明，这并非说不耐关系到需求而与供给无关，或投资机会关系到供给而与需求无关，也不是说，不耐关系到供给而与需求无关，或投资机会关系到需求而与供求无关。

位的价值,这方面已经讲得很多了。贬值又使利率提高。可是有一种根深蒂固的信念,认为流通中货币数量的增加或减少会引起利率的下降或上涨。这一谬误似乎是产生于对普通观察的胡乱解释,普通观察到的是:利率一般是随银行准备比率的降低或提高而上涨或下跌。不错,假使新增货币开始是从造币厂流入银行,它倾向于降低利率,这种影响是暂时的。银行中的货币与流通中的货币两者的失调,不久即因贷款需求赶上供给而得到纠正。就货币总供给量来讲,如果货币供给量增加 1 倍,物价最后也因而上涨 1 倍,于是贷放的货币加了 1 倍,而借款人需要的货币数量也加了 1 倍。当物价加倍时,同样的购买则需要加倍的货币。需求随供给而加倍,而利率则依然如故。

3.2　利息的剥削说

另一根深蒂固的观念是,索取利息就必须是而且总归是对债务人之不公平的勒索。这一观念还不只是说利率像其他价格一样可能会过高(这一观念显然是正确的),争论的是根本不应该有利息。在历史上这种思想一再地发生。似乎只有借多少还多少才是自然的。为什么要附加?所以利息被认为是不自然的。

希腊人用来表示利息或高利贷的文字为 γὸκος,其意是“子孙”。亚里士多德反对索取利息,他的理由是,货币是没有生命的,它不生育子孙。摩西律法禁止犹太人之间索取利息,同样,在罗马也禁止罗马人之间索取利息。许多圣书,无论旧约全书或新约全书,都表现了作者对这一行为的仇视态度。教会的神甫在中世纪对利息进行不断的但是无效的斗争达一千年之久。托马斯·阿奎那说，利息是企图对已用掉的东西（如谷物和酒）的使用勒索一种代价。他又宣称，利息是“对时间的支付”，但这种支付是没有理由的，因为时间是造物主的恩赐，人人共有的自然权利。

事实上，原始社会往往禁止索取利息。在原始社会的条件下，借款一般是用于消费的目的而不是用于生产的目的。当时几乎还没有人懂得工业与贸易，在这样的社会中，借款需求通常象征着借款人的个人灾难。两个人之间的借款谈判是在没有正规市场、相互处于隔绝的状态下进行的，当时也没有像现代金融市场那样能提供防止索取掠夺性代价的保证。因而对于利息的控诉，在许多情形下，是有其正确的道德根据的。但经验表明，完全禁止利息是不会有效的。尽管有法律的禁止，利息不是明显地存在，也还是暗底下存在。它隐藏在所有购买或售卖当中，它是一切契约之不可分割的部分。

今天，剥削观念主要是存在于马克思主义社会主义者中间，他们断言资本家剥削了工人，因为工人只得到他们所生产的一部分，而另一部分则被资本家留作资本的利息了。所以利息被谴责为掠夺。资本家被描述为盗取工人果实的人。

假设树龄 25 年的一棵树价值 15 元，种植成本价值 5 元的劳动。资本家于种树时支付工人 5 元，25 年后获得 15 元，从而享有 10 元价值的增加，这是他 5 元投资（种树成本）的利息。为什么不是种树工人而是资本家获得这增加的 10 元呢？

社会主义的利息剥削论实际上是由两条定理所构成：第一，任何产品的价值，当产品完成时，通常大于生产过程中所耗费的生产成本；第二，任何产品的价值，当产品完成时，“应”恰恰等于生产成本。第一条定理是正确的，第二条定理则是虚妄的；无论如何，它是一种道德的判断，而伪装为科学的经济事实。奇怪的是，经济学家们在回答社会主义者时，往往攻击第一条定理而不攻击第二条定理。社会主义者辩解产品价值大于成本，这是很对的。事实上，这是全部利息理论中的一条基本定理。产品价值没有必要等于生产成本。相反地，它们在正常情形下是绝不会相等的。

在企图证明工人应获得全部产品时，社会主义者的论据，比资本主义制度的热诚保卫者有时承认的要充分些。不能马马虎虎地回答社会主义者，只是简简单单地说资本帮助了劳动、占有犁的资本家从犁的使用获得利息正如使用犁的工人从他的劳动获得工资一样的正当。因为社会主义者可将争辩转向生产的前一阶段，从而辩解说，对犁的使用的支付不应归占有犁的资本家，而应归原来造犁的工人，包括制造机器用来生产犁的工人在内。他们的辩解是很正确的，即犁的使用的价值要归造犁的人们，然而还是归占有犁的资本家而不是过去造犁的工人享有这种使用的价值。因为就某种意义讲，资本家总是依**过去**劳动的产品为生的。一个投资者从铁路、船只或工厂取得收入，而这些东西都是劳动的产品，他取得过去劳动的果实。但投资人并不因此而必然成为掠夺者。无论从经济上、道德上或法律上来讲，他买得了这种权利并支付了代价来享有应归他所占有的资本财货的产品。在自由竞争的情形下，工人的工资，便是对他在取得了工资的期间内所生产的东西的全部报酬。

举种树的例子来说，种树的劳动价值 5 元，25 年后树值 15

元。社会主义者实质上是问,为什么工人没有为他的劳动获得 15 元而只有 5 元?答复是:他可以获得 15 元,只要他等待 25 年。庞巴维克说:①“工人应获得他的产品之全部价值这个完全正确的定理,可以理解为工人现在应获得他的产品之全部现在价值,或是将来应获得他的产品之全部将来价值。但罗培图斯及社会主义者的解释,似乎是指工人现在应获得他的产品之全部将来价值。”

社会主义者将不再认为利息是剥夺,如果他们愿做一次试验的话,即将一批工人移民到西部未开辟的地方去,让他们开发并灌溉那些土地、建筑铁路,而没有借得资本的帮助。这些移民会发现利息绝没有消失,但是他们经由等待,获得了利息的好处。譬如说,他们在土地灌溉和铁路建成以前等待了 5 年。在 5 年终了时,他们占有这两方面的全部收获,而没有资本家掠夺他们。可是他们却发现,现在他们不知不觉地变成了资本家,他们之所以成为资本家是由于这 5 年的节俭,他们不曾预先以食物、衣服和其他实际收入的形式获得铁路的贴现价值。

这种情形可以说在摩门人定居犹他州的实例中差不多都实现了。到那里去的人本来没有什么资本,他们也不使用别人的资本而支付利息。他们创造了自己的资本,从而由工人阶级转为资本家阶级。由此可见,资本家并不因为是资本家而成为劳动的掠夺者,他们是劳动经纪人,在一个时间买进劳动,而在另一个时间出售它的产品。他们交易所得的利润或收益,如果撇开风险不谈,就是利息,就是从支付劳动到资本家出售劳动产品获得收入这一段

① 庞巴维克:《资本与利息》,第 342 页。

时间内等待的报酬。

3.3 利息不曾被反对掉

尽管有着根深蒂固的观念，认为利息是某种不自然的和难以辩护的东西，尽管反抗现行经济制度的社会主义者和其他人反对利息，尽管有禁止利息的种种尝试，但在全部历史记载中，从不曾有一个时间或一个地方没有利息存在。

几世纪前，由于商业活动的重要性增加了，人们从对待利息的无数禁条中获得了某些豁免和例外。当铺、银行和放债的人取得了许可证，购买定期收入与土地抵押贷款也因种种口实而成为合法的了。其中为索取利息辩解的一个口实含有一个正确的观念，即利息是不耐的指标。他们承认，虽然借款不能公然带有利息，可是当债务人延期付款时，他就应当因延期而受到罚款，债权人就应当用利息形式得到补偿。人们利用这一漏洞，通常在事先取得谅解，使借款的偿付一年一年地延期下去，而每延期一次就要支付一定的罚金。

一些新教徒虽不否认索取利息是错误的，但承认利息是不能禁绝的，因而主张容忍利息。这种容忍的精神与今天许多改革家为酒店、赌场与妓院等不良制度的许可而辩护是一样的。

今天，除马克思主义社会主义者和其他少数人以外，都认为索取利息是理所当然的。但认为利息根本是不合理的这一根深蒂固的观念，曾使得这一问题特别迷惑人。它过去是、现在仍然是经济上的一个大谜。

3.4 天真的生产力说

在有关利息的想法中，有一些最常见的肤浅见解，其中一个天真的想法是把利息看做土地、自然或人的物质生产力。当利率是5%时，就是因为资本财货将提供5%的实物，乍一想来，没有比这更为合理的了。有人申辩说，因为果树生产苹果或桃子，因为种下的1蒲式耳小麦能够增加到50蒲式耳，因为一群家畜，如果平安无事的话，每两年可以增加1倍，所以利息是天生的。事实上，我们可以看到，这个生产力是说明利息的一个真实要素，但它不是唯一的要素，而且也不是像表面上看来的那样简单。

本书所建立的理论，在某种程度上，也是生产力的理论。所以我不打算无区别地来驳斥所有生产力的理论，而只要表明庞巴维克所谓"天真的"生产力说之不充分。研究利息问题的谨慎学者并不维护这一理论（或谬论），它是在许多人分析这一问题之前盘踞在他们心中的。它将物质生产力[①]与价值收获混为一谈了。

依据第1章的原理，我们可举一个10英亩果园每年产1千桶苹果为例来说明一下。每年每英亩1百桶的物质生产力本身并没有对果园所产价值的收获率提供什么线索。要求得果园的价值收获，我们必须把物质收入与资本财货（农场）化为共同的价值标准。假定苹果每年的净产值是5千元，而果园值10万元，前者对后者的比率是5%，这就是价值收获率；又假定这一比率能够保持而不

① 《资本与收入的性质》，第11章。

致引起果园的贬值，那么这一价值收获率也就是利率了。可是我们如何能从不同种类的数量进到纯一的价值呢？我们如何能将10英亩果园与1千桶苹果转化为共同的标准——金元呢？这一显然简单的步骤岂不是在兜圈子论证吗？天真的生产力谬论抹煞了一个重要事实，这就是果园的价值决定于其收获的价值；而利率本身便暗含在这一决定关系当中了。

“资本产生收入”的说法，唯有就物质意义讲才是正确的，而就价值意义讲就不正确了。这就是说，**并非资本价值**产生收入价值。相反的，是收入价值产生资本价值。并非因为果园价值10万元，所以每年的收获值5千元；而是因为每年的收获净值5千元，如果利率是5%的话，所以果园值10万元。而这10万元是每年预期净收入5千元的贴现价值；在贴现过程中，5%的利率就已经包含在内了。一般说来，并非因为一个人有价值10万元的财产，所以他每年将得到5千元，而是因为他每年可得5千元，所以他的财产价值10万元——如果原有利率保持不变的话。

总之，我们不得不承认，当我们谈到资本与收入的**价值**时，它们之间的因果联系是与我们谈到它们的**数量**时的因果联系相反。果园是苹果的泉源，但苹果价值却是果园价值的泉源。同样，住所是它所提供的庇护的泉源，但庇护价值却是住所价值的泉源。同样，一部机器、一个工厂或其他种类的资本工具是它所提供的服务的泉源，但这些服务的价值却是提供这些服务的工具的价值的泉源。

如果我们把新建的住所、新的机器、工具以及其他资本的生产成本的作用也考虑进去，上述原理就会变得很复杂，但基本原理仍是一样，并不因此而受到影响。基于将来收入（自然包括负项的将来收入——成本）的原理可应用于任何阶段的现有资本。任何东西的价值（这在第1章已经指出，“资本与收入的性质”中更详尽些）可拿债券作为典型例子来说明，凡经纪人都知道，债券价值完全是依照预期的将来服务（即金额）、利率和风险三者来计算的。这样估价的其他竞争性的房屋或其他资本工具，要是成本发生在将来的话，它们生产时所需的成本是有其重大影响的。过去的成本，经由竞争而影响到房屋的将来服务或负服务，也影响这座房屋的价值、利率或风险。由此，成本是起着重要作用的，但不是像通常所假定的那么简单。

虽然生意人常在买卖的每项财产的估价中使用这种贴现方法，他们却往往抱有一种错觉：好像在什么地方有那么一个资本，资本的价值并非来自将来服务的贴现，而是已经确定了的价值，这种价值产生了利息。他们一直认为利息在时间上是向前推算，而不是作为贴现来向后倒算的。

由于观察到生产率变化的影响，预先假定利率的必要性加强了。如果一个果园能用某种突然的全未料到的方法将每英亩生产量增加为原来的两倍，它的生产，只有就物质生产力的意义讲，将要加倍；它的生产，就利率的意义讲，却根本不一定会受到什么影响，肯定是不会加倍的，[1]因为果园的价值将自动地随其价值生产

① 若已经预见到生产力的增长，则利率将会暂时提高，这是不错的，这在以后我们就更明白了。但在过渡时期过去以后，而所假定的两倍生产力仍依一稳定的比率保持下去，则利率将会回降；事实上，设其他情形不变，它将跌至生产力提高前的水平以下。

力的提高而增加。

物质生产率显然不是利率。它通常甚至是与利率不同种类的量。一英亩所产的小麦(蒲式耳)对一英亩地的比率,与土地收获净值对土地价值的百分率,是完全不同种类的比率。利息是个百分率,一个抽象的数字。物质生产力是一种具体东西对另一种具体东西的比率,而这两者是无法比较的。

3.5 其他两种危险

在本章中,至少我已竭力举出理解利息问题的主要危险或障碍,假使还不曾将它们预先完全消除掉的话。其他两种危险将另在别处讨论,这里不妨提一下,以便读者也能对它们有所警惕。

一是把利息当做成本的观念。利息支付,像其他支付一样,对付款人而言,它是成本或支出,对受款人而言,它是收入。但是利息本身,当它增值时,却是资本收益;因而既不是负收入(成本),也不是正收入。利息是成本的荒谬想法,只不过是利息是收入的荒谬想法之另一面,后者在第1章中已经讨论过了。经济收益有两种:资本收益与收入收益。前者是后者的预期或贴现价值。利息属前一种。它是沿一贴现曲线而逐渐增值,因为它所预期的收入是愈来愈近了。但它本身既不是收入,也不是成本。①

另一危险是这样一种观念,即认为利息是社会收入川流的某一部分,这一部分是属于资本的,其他部分则是地租、工资与利润。

① 更详尽的讨论可参阅《利率论》,第38—51页。又本书第20章第7节附录。

利息与财富分配整个问题间的关系将在第 15 章中加以讨论。关于收入川流的任一部分对利率有其独特关系的观念,在第 1 章中我们就曾经提醒读者不要为它所迷惑,这里我们再度提醒一下,也许是有帮助的。所有收入都要折现或资本化,不论是来自土地,还是来自(其他)资本财货。假使社会的全部收入川流,包括全部工资、全部地租与全部利润,都资本化了,这全部收入依然可看做是百分率。这就是,利息对其本身资本化的百分率,这与把债券持有人或食利者的收入看做百分率是完全一样的。

第二篇

理论的文字说明

4. 时间偏好(人性不耐)

4.1 现在收入优于将来收入的偏好

在前一章我们已经指出了在阐述利息问题上的一些错误。现在我们准备对于决定利率的根本原因,作更深入的考察。这样,各种不恰当的理论中所包含的正确部分,将会得到适当的安排。

许多人认为利息是直接依赖于资本的。如前所述,如果读者能够忘掉资本这个概念,而只想到收入这个概念,那对于他读下面的分析,是会有好处的。因为资本财富不过是一种手段,用来达到收入的目的,而资本价值(利息理论家通常所用的资本这个名词便是指这个意义)不过是预期收入的资本化而已。

利息理论与价格理论是极为相似的,事实上,它是价格理论的一个特殊方面。利率表现为现在财货与将来财货在进行交换时的价格。在一般的价格理论中,任何两种东西的交换比率,有一部分是由心理的或主观的因素决定的,也即是由相对的边际需求来决定的;同样,在利息理论中,利率只是现在财货与将来财货进行交换时的一种贴水,有一部分也是由主观的因素(边际需求的导数)决定的,换句话说,这就是现在财货优于将来财货的边际偏好。这种偏好叫作时间偏好,或者叫做人性不耐。决定利率的另一主要部分是客观因素,即投资机会。现在我们只讨论人性不耐这个因素,而将投资机会这个因素留待以后各章中再加以讨论。

时间偏好,或人性不耐,在利息理论中起着核心的作用。实质上这也就是雷氏所谓"积累的有效需求"和庞巴维克所谓"憧憬中的对未来的低估"。它是指现在财货更多一个单位的现在边际欲望[①]大于将来财货更多一个单位的现在边际欲望的超过部分(以百分率表示)。因此,现在财货优于将来同样财货的时间偏好率或不耐程度就是直接从对相应的现在财货和将来财货的边际需求或欲望计算出来的。[②]

4.2 还原为享用收入

我们所进行比较的这些财货,究竟是一些什么东西呢?乍看起来,似乎任何的财富、财产或服务都可无区别地拿来比较。不

① 关于效用、欲望或对于更多一个单位的欲望,参阅《资本与收入的性质》一书第3章与著者的一些论文,如《"效用"是用来表示这一概念的最适当的名词吗?》见《美国经济评论》1918年6月号,第335—337页;《衡量"边际效用"及测定累进所得税公正与否的统计方法》,见《纪念J.B.克拉克经济论文集》,第157—193页。

② 为了更加详细地说明,我们可采用下列的步骤来求得现在的1元优于1年后的1元的时间偏好率:

(1) 求得对于现在更多1元的现在欲望;

(2) 再求得对1年后更多1元的现在欲望;

(3) 从(1)项减去(2)项;于是最后

(4) 把(3)项的结果作为(2)项的百分率计算出来。

用通常数字说明:假定现在1元值105欲望单位,而1年后的1元现在值100欲望单位,于是两者的差额是5,即为后者的5%。

错,一般的情形是偏好现在的机器胜于将来的机器;偏好现在的房屋胜于将来的房屋;偏好今天占有的土地胜于明年才能利用的土地;偏好现在的衣服或食物胜于将来的衣服或食物;偏好现在的股票或债券胜于将来的股票或债券;偏好现在的音乐胜于将来的音乐等等。但是我们若稍加考察,便可发现以上各种事例中的一些偏好,都可还原为另一些共同的偏好。

当人们将现在的资本财富或资本财产和将来的加以比较而偏好于现在的资本财富或资本财产时,实际上是将这两种资本财富或资本财产的预期收入予以比较而偏好于第一种资本财富或资本财产的预期收入。为什么我们宁要现在的一棵果树而不要十年后同样的一棵,这是因为前一棵果树生产的果实要早于后一棵。为什么一个人在租赁房屋时,总是要立即可以居住的房屋而不要六个月后才可居住的权利,也是因为在前一种情形下,房屋的使用要早六个月。总之,对于种类相同而时间早晚不同的资本财富或资本财产,人们之所以偏好于可早利用的资本财富或资本财产,其唯一的简单理由就是它能较早地提供收入。

由此可见,所有各种时间偏好,最后都可归结为较早的收入优于较晚的或延迟的收入的偏好。并且,较早的或即刻的收入优于较晚的或延迟的收入的偏好,又可归结为较早的享用收入优于延迟的享用收入的偏好。但有些收入项目仅只由相互作用所构成,换个讲法,仅只由准备性质的服务所构成[①](即是说,它一方面是一种资本所产生的收入,另一方面却又是另一种资本的支出),而

① 参阅《资本与收入的性质》,第10章。

人们之所以需要这种收入，是由于它为取得享用收入开辟了道路。所以消费者宁要现在磨面的服务而不要将来磨面的服务，就是因为在前一种情形下，面包的享受要早于后一种情形。制造商宁要现在的织布而不要将来的织布，就是因为织得愈早，则出卖棉布以实现他的享用收入也就愈快。

对制造商来讲，迟卖不如早卖，这并不是因为他希望棉布早日到达最后的目的地，而是因为他将早日获得货款来供个人的使用，例如饮食起居等等，这些享受便构成了他的收入。

在棉布走向最终目标的过程中，制造商仅只意识到这整个过程中的一步，即从经纪人那里取得棉布的货款，他是将棉布卖给经纪人的。但这一货款依次还要作进一步的贴现。对于经纪人来说，他所付的货款是他将从批发商那里所得货款的贴现价值，这样，通过零售商、服装店和穿衣服的人一直贴现下去。结果是每一个人都在不自觉地将穿衣服的人的享用予以贴现，而这一享用却是整个链条中的最后一环。当然，这还不是全面的，但已足表明有关目前问题的主要部分了。

因此，所有现在财货优于将来财货的偏好，最后分析起来，都可归结为早日的享用收入优于延迟的享用收入的偏好。如果过去对于收入有了这样明确的概念，那么，这一简单的定理在经济学史中早已得到一定的注意了。现在非常清楚，将来享用收入的川流是起着重要作用的。

但是，正如第1章中曾经指出的，为了实际方便起见，我们不妨从财富所提供的客观服务谈起，这种客观服务是可以用它的成本——生活费用——来衡量的，这就是家庭预算中用于饮食、衣服、住所、娱乐、虚荣的满足以及其他各项的货币价值。这些收入川流的货币价值正是我们现在要集中注意的地方。从此以后,我们可把时间偏好看作价值1元的早期实际收入优于价值1元的延迟实际收入的偏好。现在我们假定:构成收入的各种财货都归结为共同的货币单位,并且实际收入中所有项目的价格如饮食、住所、衣服、娱乐等的价格都是预先决定了的。

在上述的这些例子中,财货的估价与享受之间,并没有重大的时间间隔,这在前面已经提到了。譬如说,我们花钱购买一篮水果,马上就吃掉了。但是我们花钱购买一棵果树,要等待几年才能结果。所以,在许多其他享用服务——饮食、住所等——的价格中,并不含有贴现的因素,也就是不含有利率的因素,或无论如何,利率是不能像在相互作用的情形下那样直接影响价格的。[①] 这就是说,在现阶段的分析中,为了不使问题复杂化,现在实际收入的价格中不含有多么大的利息,因为这些财货在购买之后就立即消费了;同理,将来实际收入的将来价格中也没有多么大的利息因素。但是,当我们谈到可供享用以外的财货时,它们的价值中就已经包含了利率部分。例如房屋的价格就是它的未来收入的贴现价值。因此,当我们比较现在房屋的价值和将来房屋的价值时,这两种价值的比较就包含有利率了。我们对这个复杂问题,以后还要详加说明,它虽不见得就会是兜圈子的论证,但现在略而不谈,却可使问题简化。

① 的确,在决定经济均衡时,许多因素在理论上自然都是互相影响的,利率作为一个变数,也必须假定它会通过对任何东西的供求的影响,而间接影响到它们的价格。

4.3 不耐决定于收入

时间偏好的概念，是利息的心理基础，它可用来表明任何一种情况：现在财货优于将来财货的偏好，或将来财货优于现在财货的偏好，或者是无所偏好。可是不耐这个名词却含有这样一个假定，即只偏好现在的财货。但我要将时间偏好和不耐看做是两个同义的名词。不过在以后的分析中，我主要是用不耐这个名词，一则它比较简短明显，再则它合乎时间偏好的通常方向。当然，不耐的程度是因人而异的，但就某一个人来讲，他的不耐程度决定于他的全部收入川流，这一收入川流是从现在这一时刻起一直延伸到无限的将来；也就是说，决定于预期实际收入的数量及其在时间上的预期分配情形。它特别是决定于早期收入项目与遥远收入项目数量的相对大小，或可叫做预期收入川流的时间形态。如果将来收入特别多，也就是说，这个人预期他的收入川流将有所增长，他就愿在那个增加额中，以相对多量的将来收入来换取相对少量的现在收入。例如一块草莓地的所有主，在冬天的时候，就愿以六个月后的两箱草莓来换取现在的一箱。反之，如果目前的收入多而将来的收入少，关系就迥然不同了。在草莓季节，草莓丰收，他也许愿以现在的两箱来换取明冬的一箱。这说明，时间偏好不一定都是现在财货优于将来财货的偏好，在一定条件下，它也可以是相反的。不耐可能是而且有时候也确实是这样颠倒的！

因此，我们在开始研究利息时，不必像许多学者那样首先区别：利息是如何产生的原理和利率是怎样决定的原理。关于利息是怎样产生的,那些学者们的意思是指利息为什么总是大于零。我们似乎最好还是将这两个问题的次序倒转过来,先找出决定现在和将来两种财货交换比率的原理,而不要事先局限于这样一个论点,即将来财货交换现在财货总是要贴水的。如果我们的原理能够论证:现在和将来的两种财货交换时,超过平价的差额是可以朝向任何一方的,这就是说,在一定情形下,利率可以是零(即不存在),甚至是负数,那么在后一种例子中,就是现在财货要对将来财货贴水。在这些一般原理一经确立之后,自然会顺序进入特殊的研究,以便发现为什么利率在实际生活中几乎从来不会是零或者是负数的道理。

在第2章中我们曾经指出,当黄金或其他不需保管费用的耐久商品作为比较的标准时,根据这个标准计算的利率是不会降低到零以下的。依据一般的经验,利率总是正数而不是负数,这完全是由于人类本性吗?只有当我们找到决定利率的一般原理,不论它是正数、负数,或者是零,然后才能很好地回答上述那些特殊问题。

4.4 利息与价格理论

一个人对早期的收入比对延迟的收入较为偏好,决定于他的现在收入和预期的将来收入的相对大小。这和普通价格理论是完全一致的。根据普通价格理论,人们对于一件东西的边际欲望决定于那件东西的现有数量。这两条定理在各自的范围内,都是极其根本的定理。

关于这些问题以及其他问题间的相互关系，大致可以概括地用图 4.1 来加以说明如下：

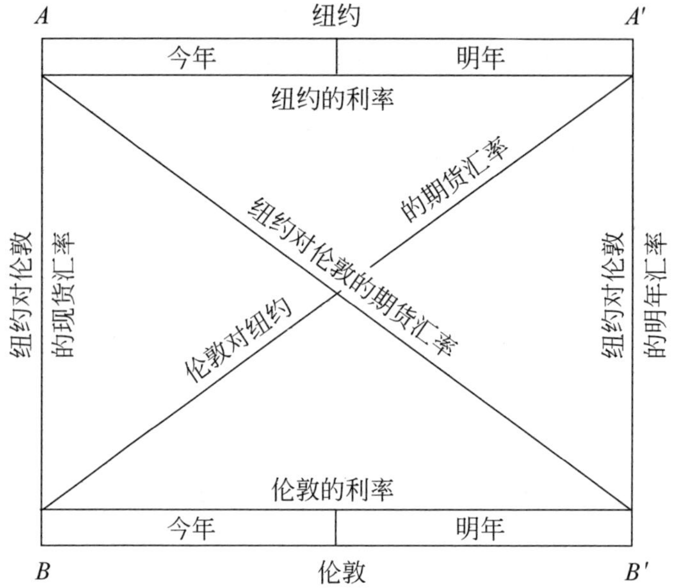

图 4.1　不同年份的利率与不同地区的汇率比较图

在图 4.1 中，A 和 B 代表享用财货的现在价格，A'和 B'代表将来的享用财货的价格。A 和 A'表明同一地区（如纽约）的不同年份的价格；B 和 B'表明另一相同地区（如伦敦）的不同年份的价格。

关于地区价格、汇兑和利息的种种问题，是通过许多不同的途径而互相影响的。例如远期汇兑的问题，在图中是用两根对角线来表示的，它包含着利息和外汇两方面的关系。也就是说，在同一项交易中，包含着不同时间的因素和不同地区的因素。譬如说，现在纽约的小麦是用伦敦的煤炭期货来定价的，那么从理论上讲，就是将汇兑、利息以及地区价格都并在一项交易中了。

在本书中，为了简单明了起见，关于同一地区和同一时间的价格如何决定，我们认为是已经解决了的问题。[①] 这意味着我们的分析是从构成收入川流的各个项目，其价值业已确定的条件下开始的。同时我们也不讨论汇兑问题，而只研究利息问题。

4.5 收入的详细说明

上图关于时间方面仅仅表现了两个时期，而在实际生活中，长短不同的时期却是无限多的。从理论上讲，可以有一个利率来表示任何两个可能的时期的关联。举个例子，可以有一个利率表示今年与明年的关联，另外有一个利率表示明年与后年的关联，依次类推，而这许多利率都是可以在今天的市场上予以确定的。不过事实上，除了联系现在(这自然是仅指接近现在的将来日期)和一些比较遥远的将来日期的利率外，其他利率是完全没有规定的。至于一个为期五年的契约上的利率，我们可以看做是理论上存在着五个利率(即五年中每年都有一个利率)的平均数。

为了简单起见，本书以后所提到的利率，除有相反的特别说明外，都是指的这样一种利率，它可应用于任何长久的期限，即唯一的利率。更确切地讲，它是指联系现在和今后一年的那种利率。这种利率虽是用来表示相距一年的两个日期的关联，但它却不仅

① 关于价格理论的一般阐述，参阅华拉士:《纯粹政治经济学原理》;柏拉多:《政治经济学教程》与《政治经济学手册》。

决定于这两个日期的情况,它还要受到其他日期的影响(用专门的术语讲,它是所有这些情况的函数)。当我们谈到一个人的不耐决定于其将来收入川流时,意思是说,他在比较今年的100元收入和一年后的100元收入时,其不耐程度是决定于其预期收入川流的整个性质,这包括从现在起直到无限将来的时期以及各个不同时期中收入的一定增减。

如果我们想要更加精细地分析,就要注意到一个人的收入川流是由大量的不同要素、纤维或线条构成的,它们有些表现为饮食,有些表现为住所,有些表现为娱乐等等,所有这些便是实际收入的组成部分。若将这些要素全部列举出来,那就要区别各种不同食物的用途,以及其他各种人类欲望的满足。它们分别汇合成为收入的川流,这一收入川流在时间上是从现在起直到无限的将来止,在数量的大小和获得的或然性上,则是随时而不同的。所以从理论上讲,一个人的时间偏好,或者对于收入的不耐,决定于由这些收入要素所构成的整体的大小、时间分配和或然性如何(从现在来观察),这些收入要素可以说是延伸到整个的将来。

总而言之,我们可以说一个人的不耐是由其收入川流的四个特征来决定的:

(1)他所预期的实际收入川流的**大小**(用金元衡量)。

(2)收入在**时间上的预期分配**,或收入的**时间形态**——即收入是固定不变的,递增的,递减的,或者是有时增加,有时减少。

(3)收入的**构成**,即全部收入包括有多少饮食、住所、娱乐和教育等等。

(4)收入的**或然性**,即风险大小或不确定程度。

以上四个特征,我们将在下面依次进行考察。

4.6 收入数量的影响

我们的第一步便是要说明一个人的不耐如何决定于其收入的数量,假定另外三个条件不变。因为这种情形显然是可能的,即两项收入的时间形态、构成与风险都完全一样,而只有数量上的不同,譬如说,在任何一个时期,一项收入比另一项收入大1倍。

一般可以这样讲:在其他条件相等的情形下,收入愈小,则现在收入优于将来收入的偏好愈大;这就是说,尽早获取收入的不耐愈大。不错,如果一个人一直总是只有微小的收入,当然会使他对于将来欲望和对于现在欲望感到同样的重视。贫困对于人生的所有时期都是重大的压力。但是,它加强对即刻收入的欲望却更甚于加强对将来收入的欲望。

贫困的这一影响一部分是理智的,这是由于满足现在需要来延续生命以保持将来奋斗能力的重要性;一部分是非理智的,这是因为现在需要的急迫,往往使人忽视了将来需要。

谈到理智的方面,现在收入是绝对不可少的,这不仅是为了目前的需要,而且也是获取将来收入的先决条件。一个人是必须生存的。在通常情况下,任何一个重视生命的人,至少在生死关头是愿意为目前利益而牺牲将来的。假如一个人仅有一块面包,即使可以得到10倍于本金的利息,他也不会留到明年的;因为他如果这样做的话,他在这个期间内就要挨饿了。生命线上的一个中断就足以断送整个的将来。我们强调现在的重要性就是因为现在是通向将来的道路。所以人们要免于饥饿，不仅要有一个最低限度的现在收入，而且他的收入愈是接近于这个最低限度的水平，那么现在收入比起将来收入就愈显得贵重了。

至于非理智的方面，贫困的结果往往使人削弱了远见与自制能力而“听命”于将来，只要目前的迫切需要能够满足就行了。

现在我们可以看到，在其他条件相等的情形下，微小的收入将会产生高度的不耐，这一方面是由于想到供应目前无论对现在和将来来讲都是必需的，另一方面则是由于缺乏远见和自制的能力。

4.7 时间形态的影响

收入川流的时间形态这一概念①不要与收入数量割裂开来，最好是与它合并起来观察，从而成为各个连续时期内收入数量的全面说明。各种不同的收入形态已经在第1章各图中表明了。图1.1表示固定的收入；图1.2表示递增的收入；图1.3表示递减的收入。波动式的收入则表现在图1.2与图1.3中。

一个人的收入逐渐增加的情况，与收入不变或逐渐减少的情况相比，倾向于提高他对现在收入优于将来收入的偏好；因为递增的收入意味着现在收入的相对微薄和将来收入的相对丰富。例如一个人现在一年收入仅有5千元，但预期10年后的一年收入将为1万元，在这种情形下，他今天对手中的1元的重视要远超过10

---

① 参阅兰椎：《资本的利息》，第10章，第149节，第311—315页；第150节，第315—317页。

年后对1元的重视。他的远大预期使他急于提早实现更丰富的收入。事实上,他也许借款来补充今年的收入,而允以想象中的10年后更丰富的收入来偿还。相反的,当一个人的收入逐渐减少时,即现在收入相对丰富,而将来收入相对微薄时,就倾向于缓和他的不耐,这也就是减少对现在收入的欲望而增加对将来收入的欲望。一个人的现在薪金是1万元,但预料10年后将会在半薪下退休,那么,他对于现在收入是不会比对于将来的收入有更高的偏好的。他甚至要将现在的丰富收入储蓄一部分,以应将来的需要。

当然,以上所谈的只是不同的时间形态对时间偏好的某些影响而已。最重要的一点是,一个人收入的时间形态不同,他的时间偏好也不相同,正如同他的全部收入大一些或小一些,其影响也是不一样的。

当然,影响的程度是因人而异的,而且会有很大的差别。如果两个人具有完全相同的递增收入,可是一个人的时间偏好率,或不耐程度,也许可以用10%来表示,而另一个人也许只有4%。在这里,我们所需要强调的只是,他们中间的任何一个人的收入如果由递增变为递减时,他的不耐将会减低;第一个人或许会由10%降到7%,第二个人或许由4%降到3%。

假若现在我们把收入的数量大小与收入的时间形态合并起来,从而观察它们对时间偏好的联合影响,我们将会看到,低额收入的人比高额收入的人对时间形态的不耐感应更为灵敏。对一个穷人来讲,现在生活的极微小的限制,就足以大大提高他对现在收入的不耐;反之,他的现在收入有极微小的增加,就足以大大减低他的不耐。另一方面,今明两年收入的相对数量要有相当大的变动，才会使一个富人的时间偏好发生显著的变化。

读过庞巴维克著作的人会很清楚地看到，所谓时间偏好决定于一个人的收入川流的时间形态，实际上是和他所谓现在财货优于将来财货的“第一种情况”相同的。他写道：

> “现在财货的价值与将来财货的价值，其所以发生差异的第一个重大原因，是由于对现在财货和将来财货的需求情况不同以及供应情况各异。……假定一个人迫切需要某种财货，或者迫切需要一般财货，而他又有理由相信他将来的情况可以好转，那他对于同等数量的财货进行比较时，必然会对于现在财货给予较高的评价，而对于将来财货给予较低的评价”。①

在这里，庞巴维克的说法与本书的论断只有一点重要区别，那就是，在本书中“供应”这一名词有一定的意义，它是包含在收入这个概念之中的。

我只是为了完整起见，才将收入构成列入影响利息的四个收入特征之内。这是因为事实上，一个人的实际收入，严格讲来，并不是一种单纯的同质的货币流动，而是精神感受中的许多庞杂要素的混合体。同是 5 000 元的收入，但对于某一个人，它可能是由某一系列的享用服务所构成，而对另一个人，它可能是由另外一系列完全不同的享用服务所构成。一国居民，在他们的实际收入中，

① 庞巴维克：《资本正论》，第 249 页。

也许比另一国居民相对地多一些住所而少一些食物。在理论上，这些差别对时间偏好会发生这样或那样的影响。例如食物是主要的必需品，如果减低食物或饮食的比重，即使收入总额没有变化，也会对于不耐发生影响，正如同减少收入总额所发生的影响一样。

然而，为了实际方便起见，我们对于收入构成这一特征，通常可以略而不谈；因为一般讲来，仅只家庭预算结构的变化，很少对利率发生显著的影响。

因此，在以后的分析中，我们将把收入的各个要素总括起来而用货币价值来表示其总额。今后我们要把收入的情景看做是一面旗子，不需注意旗子上面的条纹，只是把它当做向将来展开的一个整体来观察。每个人的小旗都有一定的宽度，这个宽度是随着距离旗杆的长短而变化的。

4.8 风险大小的影响

最后我们要谈到风险这个要素了。将来的收入总有某种程度的不确定性，这种不确定性自然要影响到收入所有主的时间偏好率，即不耐程度。应当记住，所谓不耐程度就是即刻收入中确定的1元优于一年后收入中确定的1元的偏好百分率，即使除这1元外，所有的收入都是不确定的。所以风险对时间偏好的影响，就是指一个人的预期收入的不确定性对收入的现在增加额和将来增加额的相对评价的影响，这里面两个增加额则都是确定的。

风险对时间偏好发生作用的方式，除其他因素外，因将来风险发生的特定时期而不同。如果收入所有主像常常见到的情况一样，认为最近将来的收入是相当靠得住的，但顾虑到更远的将来的收入会不安全或不确定，他就会非常重视那个更远的将来的需要，因而不得不将现在相对确定的丰富收入储蓄一部分来调剂将来相对不确定的收入。拿目前收入中确定的1元与遥远不确定的收入中增加确定的1元比较，他对当前这1元的不耐程度是比较低的。

这种类型的收入实际上是相当普通的。遥远的将来与最近的将来比较，总归是更难以逆料的，这个事实本身就意味着一种风险，即不确定性。人们常常要估计到疾病、意外事故、丧失工作能力或死亡的可能性，但在普通的情形下，这种风险的可能性在遥远的将来比最近的将来要大些。结果，将来的不确定性就有减低不耐的趋势。这一趋势就表现在俗语所说的要“未雨绸缪”。将来雨天的风险愈大，那么，牺牲现在以备将来的动力也就愈大。

但有时这种相对不确定性也会与上面所讲的相反，这就是即刻收入的风险大而将来收入的风险小。譬如在战争、罢工和其他灾祸中就是如此，这些事件都看做是暂时性的。又如一个人保证一定时期后可得到一个永久性的职业，但在这期间他却需要找一临时的糊口处所。在这些例子中，风险的影响就不是降低而是提高对即刻收入的评价。

再说，不单是遥远的时期或当前的时期含有风险，所有时期都可能同样含有风险。这种普遍的风险大体上可以说明，为什么有相当保障的工薪收入一般要低于个体经营者的平均收入，这是因为自己经营是要担负一些风险的。它还可以说明，为什么债券持有人会满足于比股东为低的平均收入。债券持有人宁要固定的、确定的收入，而不要一种变动的、不确定的收入，即使后者一般的要大于前者。总之,带有风险的收入,如果这种风险是均匀地散布在收入川流的所有部分,这就等于是一个低额收入。并且,正如我们在前面所指出的,低额收入将会产生高度的不耐,所以风险如果在时间上是均匀地或相当均匀地分布开来,其作用则是提高不耐程度。

由此可见,风险在一些情况下增加不耐,在另一些情况下则减低不耐,这要看风险发生作用的时间如何而定。但在所有各种不同的情况中,有一条共同的原理,即无论其结果是高度的时间偏好或低度的时间偏好,基本事实是,在大多数人的心目中,某一特定时期丧失收入的风险,实质上便等于那一时期收入的减少,因而提高了那一时期所持有的单位收入的评价。如果这一特定时期是遥远的将来,那么这一时期的风险会使人重视将来的收入;如果是现在(最近的将来),那么它会使人重视即刻的收入;如果风险是同样地分布在所有各个时期,那就实质上等于前前后后的收入都缩减了。

但也有种人是例外的冒险家,他们不够谨慎或曲解谨慎。对这些人来讲,风险将产生相反的效果。好投机的人往往陶醉于美满的将来,因而宁愿牺牲大量的过分夸大的预期收入来换取现在收入的少量增加。换句话说,他们有高度的不耐。对这些人来讲,如果收入在所有时期都带有同样风险的话,其结果也许会违反常规,竟产生一种低度的而非高度的不耐。

当然,带有风险的收入可以是从人身以外的资本物所产生的收入,也可以是由人们(收入的生产者)本身提供的收入。后一种收入往往叫做劳力收入,而丧失收入的风险也就是死亡或残废的风险。这种基于生命、健康和赚钱能力的不确定性的风险,与资本收入的不确定性有所不同：因为生命的结束不仅终止了收入的产生，而且也终止了任何收入的享用——即使他死后有任何收入，也都将归他的后裔享用了。这是因为人是具有双重身份的：他是生产者，又是消费者。

因此，风险的影响是多方面的，这要看风险的程度和它所牵涉到的各个时期。它还决定于风险是否关系到生命的延续问题；如果关系到的话，又要决定于一个人是否关切到他死后的将来。这种种不同的情况如何影响利率的问题，我们将在第 9 章中加以讨论。

4.9　个人的因素

利率理论中的这条定理：一个人对收入的不耐决定于其收入的特点——数量大小、时间形态和或然性——并不否定其他因素对不耐的影响；正如同价格理论中的一条定理：对一件东西的边际欲望决定于这件东西的数量，它也不否定其他要素对边际欲望的影响。

但是，不耐决定于收入却是最为重要的；因为不耐，不论它还受其他什么影响，总归是对于收入的不耐。恰如对面包的边际欲望决定于面包的数量，总比它受其他商品（譬如牛油）数量的影响更为重要。[①]

① 关于各种因素对边际欲望的函数关系在理论上的探讨，参阅拙著《价值和价格理论的数学研讨》。关于收入的连续部分对不耐的函数关系用数学公式来表示，参阅柏拉多：《政治经济学手册》，第 546 页及其下有关各项。

现在我们已经看到,一个人的不耐如何决定于其预期收入川流的特征以及他本身的个人特征。相当于特定收入川流的不耐率,并非每个人都是一样的。这一点我们在前面虽已附带谈到,但在这里还需要仔细地讨论。譬如两个具有同样收入的人,一个人的时间偏好年率或许是6%,而另一个人则是10%。不同的人收入相同而不耐却不一样;同一个人收入不同而不耐也不一样。这种个人的差别至少是由六种个人特征上的差异①所造成的,这就是:(1)远见,(2)自制,(3)习惯,(4)寿命的预期,(5)对他人生活的关怀和(6)习尚。

(1) 一般讲来,远见愈大,不耐愈小;反之亦然。② 例如原始的民族、孩童以及社会上其他未受教育的人,他们对于将来都很少适当的考虑。这可以用一个农民的故事来说明,这个农民从来不修补他那漏了的屋顶。下雨的时候,他不能堵塞漏洞,而不下雨的时候,他又没有漏洞需要堵塞了! 由于这种人对将来的预见比较微弱,因而满足于目前的偏好是很强的。关于远见,雷氏写道:③

① 参阅雷氏:《资本的社会学理论》,第54页;庞巴维克:《资本正论》,第五篇,第3章。

② 然而更确切地说来,我们应注意到,缺乏远见可能增加也可能减少时间偏好。虽然大多数人因缺乏远见而犯了错误,没有适当重视将来的需要,换个讲法,对将来需要的供应,做了过分自信的估计,但犯相反错误的情形也是有的;即是说,一个人夸大了将来的需要,或低估了可能用作将来需要的供应。这种人不必要地过分节省了、甚至在为可怕的将来而努力储蓄时,节衣缩食以致伤害了健康。像这种情形,他们的缺乏远见,错在低估了而非高估了将来收入,这就使他们过于忍耐而非过于不耐。但为了不使本文复杂起见,此后当我们提到缺乏远见的时候,是单指前一种比较普通的错误。在遇到这种情形的时候,读者不难将相反错误的可能性增补进去。

③ 雷氏:《资本的社会学理论》,第54页。

> “我们希望即刻获得的物体，切实地盘踞在心中，刺激我们的注意，鼓舞我们的精神，使我们对之全神贯注，并对马上取得享有的乐趣产生极其生动的想象。这时，也许我们将来可以获得的将来的财货，与那些光彩夺目、唾手可得的物体比较，相形之下，就不免黯淡无光、不易得到重视了。或者没有人认为，今天享用的一件财货同12年后享用的一模一样的一件财货没有重大的不同，即使这两件财货的获得是同样确定的。”

精明的商人代表另一个极端；他是经常地在推测将来。现在许多大的公司、银行和投资信托公司都设有统计部门，主要是为了预测商情的将来发展。通过这种统计工作与其他工作作出的精密预测，势必将减少风险要素并有助于巧妙的投机。

由于远见程度与预测能力的不同，在时间偏好决定于收入的特征方面也就产生相应的差别。例如，对一个具有年收入5千元（而且年年都是如此，没有变动）而不顾将来的人来讲，其不耐程度或时间偏好率也许是10%，而就一个深谋远虑的人来讲，其时间偏好率将只是5%。在这两种情形中，不耐都是决定于收入的数量大小、时间形态和风险；但在这两个例子中，相当于一定收入的一定偏好率将会完全不同。因此，在一个社会中，如果其成员都是些不顾将来的人，则其不耐程度，一般说来，就较高些；反之，如果其成员都是些深谋远虑的人，则其不耐程度就较低些。

(2) 自制虽与远见不同，通常却是与远见相结合，而且其作用也很相似。远见是与思虑相关联的;自制则是与意志相关联的。虽然意志薄弱往往会智虑不周,但非必定如此,也非一律如此。意志薄弱与目光短浅的影响相同。许多人虽然明知将来后果如何,但不能克制现在的放纵自恣的行为,好像禁酒前有些工人在星期六晚上回家的途中不能抗拒酒店的引诱一样。相反的,也有一些人在各种的诱惑下,仍能克制自己而没有什么困难。

(3) 现在我们需要考虑人性的第三个特征,也就是遵守习惯的倾向。习惯的影响是不一定的。富人之子惯于巨额收入的享用,比那些收入相同而出身寒微的人,也许对现在收入,在与将来收入比较时,予以更高的评价。一向奢华的人一旦倒运的时候,常常会比那些资产相同但经济情况上升而非下降的人更难于有节制地生活;即使是这两个例子中远见与自制天生都是一样,也会是如此。前一种人由于享尽奢华,多半是个浪子,即是说,他对于现在收入是更加不耐的。苏格兰人的节约传统抑制了不耐,而黑人之缺少节约传统,因而有高度不耐的倾向。

我们的节约运动,是要通过培养一种经常储蓄一部分收入的习惯来减低不耐。人寿保险的宣传,使用高度的招徕技术,也是为了同样目的。另一方面,分期付款的招徕办法,在最初是起着相反作用的。它使人们能即刻享用一部收音机或汽车,可是不要忽略了,货物成交后,随即有依据协议准备将来付款的新责任,这可以永久增进远见与自制的能力。

(4) 第四种个人情况可以影响对目前实际收入之不耐的,是同取得收入的人的生命不确定性有关。在另一场合我们曾经看到,一个人的时间偏好要受到生命长短的前景的影响,这是因为生命的结束不仅终止了劳动的收入,而且也终止了他对所有收入的享用。

我们在这里,所关心的乃是后一种事实——一个人对生命的预期,对不耐决定于其收入会发生怎样的影响。这对不同的阶级、不同的个人与同一个人的不同年龄是不一样的。死亡时机可以说是增加不耐的最重要的理性的因素;凡能够延长人类生命的东西,同时也能够减低人们的不耐。雷氏这样写道:[①]

"如果生命是永恒的,如果圆满享用生活中各种精神的与物质的财货的能力也随之而延长,如果我们只受理智指挥的话,那么,为满足将来而累积资产会是没有止境的,直至最后的愿望都得到了满足。我们会认为:50 年或 100 年后享受的快乐或遭受的痛苦,就如同 50 分钟或 100 分钟后我们要遭受到似的,值得同样的注意;因而情愿为了更多的将来财货而牺牲少量的现在财货,不论这个将来延迟到什么时期。但是生命以及享受生活的能力,是所有事物中最不确定的,而且我们也不完全是由理智来指挥的。我们不知道死亡降临的时期,但是我们知道:它或许在几天内到来,它必定在几年内到来。那么,为什么要将一些财货留待以后的时期享用,它虽为期不远,却可永不到来,或留待更加遥远的时期,这个时期我们自信是绝不会看到的?假如生命的延续也是不确定的,分离我们与我们所有财产的死亡是不可知的,至少老年的来临是肯

① 雷氏:《资本的社会学理论》,第 53—54 页。

定的了,它日复一日地在削减着每一种乐趣。”

因此生命的短促,强有力地倾向于加强不耐程度,亦即加强时间偏好率,使之比在另一种情形下要高些。当我们进行比较的收入川流很长时,这就特别明显了。一个喜爱音乐的人对一架钢琴是感到不耐的,这即是说,他宁要现有的一架钢琴,而不要明年的一架钢琴,因为,这两架钢琴都比他自己的生命为长,所以现有的一架可使他多享用1年。

(5)但是,生命的短促与不确定,固然倾向于增加不耐,它们的影响却为第5种情况所大大削弱了,这即是对后嗣幸福的关怀。对子女的喜爱和为他们谋求福利的愿望,或许是降低利率的最重要原因。不论什么地方,当这种情感衰退时,像罗马帝国衰亡时那样,就会形成一种风气,人们尽情挥霍而没有东西留给子孙,于是不耐与利率就都趋于增高。在这种时期,正如“遑恤我后”这句格言所表明的,人们有一种狂热的欲望,只顾现在的浪费不计将来的利害。[①]

另一方面,在一个国家,例如在美国,做父母的人认为他们的生命死后是由子女来继续的,就会对将来的需要有高度的评价。这倾向于产生低度的不耐。有子女的人们,鉴于死后没有薪金收入,就更加要为自己的家庭而未雨绸缪。对他们来讲,因死亡而失掉收入的风险同任何普通投资收入中止的风险没有很大的差别;在这种情形下,将来收入中止的风险倾向于降低他们对收入的不耐。这种行

① 雷氏:《资本的社会学理论》,第97页。

为提供了人寿保险的动机。一个有妻子儿女的人愿意支付高额的保险费,为的是死后他的家属仍可继续享有一笔收入。这是人寿保险大量发展的部分原因。现在美国人寿保险超过了 1 000 亿元的数额。这大部分是代表现在一代为下一代所进行的投资。

相反的,一个未婚的人,或一个只知放纵自恣而不顾后代的人,简言之,就是一个“过一天是一天”的人,就不会这样努力来使收入继续到他死后。在这种情形下,生命的不确定特别会产生高度的时间偏好。水手们,尤其是未婚的水手们,可以作为典型的例子。他们天然是浪费的人,只要有钱,就随便滥用。他们随时有船破身亡的危险,所以他们的格言是:“寿命不妨短促,生活必须愉快。”一个未婚的士兵尤其如此。对这种人,丧失生命的危险增加了他们的不耐,因为他们是没有什么将来需要耐心等待的。

不仅对子孙的关怀降低了不耐,而子孙人数的增加多少会有同样的影响。就它增加将来的而不是目前的需要来讲,它的作用是减低不耐,像个递减的收入川流一样。在同样的情况下,家属多的父母与家属少的父母相比,常会感到为以后年代做好准备的重要性。他们更努力于储蓄和提高保险金额;换句话说,他们的不耐比较小。因此,在其他条件相等的情形下,家庭人口平均数量的增加是会降低利率的。

当然,这条定理并不排斥下面一条相反的定理:由于家长责任而慎重地关切将来生活,有减少子孙人数的倾向。所以节俭的法国人与荷兰人都只有少数的家属。

(6)发生作用的各种原因中,最为变动无常的或许是习尚。它在目前时期一方面鼓励人们储蓄以便成为百万富翁,而另一方面又鼓励百万富翁去过富丽豪华的生活。习尚是那些强大而虚幻的社会力量之一,这些社会力量服从于泰德[①]、勒邦[②]、包德温[③]和其他作者所极力强调的模仿规律。习尚的首创者偶然倡导于前,群众将会疯狂地追随于后,以致成为整个社会的趋向。有时习尚成为固定不变的,白芝浩[④]所举的中国事实便是如此;有时群起效尤的结果,会使得首创的人别出心裁来抛弃他的追随者——这说明了时装之所以变化无穷。经济习尚有两种类型——固定的或变动的。雷氏对这两种类型都曾举出一些例证。[⑤] 习尚的趋向对一个社会来讲是非常重要的,因为它对利率以及财富的分配都有一定的影响。举例来说,假如百万富翁觉得"死于富是可耻的",像卡纳基所说的那样,并且认为将大部分财产捐赠给大学、图书馆、医院或其他公共社团是必需的,结果是,通过利益的普及而减少了财富分配的不均,因而也降低了利率。

4.10 个人因素提要

所以,一个人对收入的不耐决定于其收入,即收入的数量大小,时间形态和或然性;但这一因果关系的特定形式,因个人的种

① 泰德:《社会规律》,英译本,麦克米伦公司,纽约,1899年。又《模仿的规律》,热梅·巴利耶公司,巴黎,1895年。

② 《社会主义心理学》,英译本,T. F. 恩文,伦敦,1899年。又《群众》。

③ 《智力发展之社会的与伦理的解说》,麦克米伦公司,纽约,1906年。

④ 白芝浩:《物理学与政治学》,亚普顿公司,纽约,1873年,第3章。

⑤ 参阅《资本的社会学理论》,附录,第一条,第245—276页。

种特征而不同。倾向于增大不耐的特征有:(1)目光短浅;(2)意志薄弱;(3)随便花钱的习惯;(4)强调自己生命的短促和不确定;(5)自私,或不愿为身后的孤寡打算;(6)盲目地追随习尚。相反的情形倾向于减少他的不耐,这就是:(1)高度的远见,这使他能对将来给予应有的注意;(2)高度的自制,这使他能节储现在的实际收入,从而增加将来的实际收入;(3)节约的习惯;(4)强调长寿的预期;(5)有家属并深切关怀家属在他死后的幸福;(6)保持收支适当平衡的独立自主,不受格兰第夫人(Mrs. Grundy)与高强的招徕手段的诱惑,这些手段是无用的,有害的,或使买者将来不胜其负担。

在任何一个人身上,这种种倾向的总的结果,将会决定他在一定时间、一定情形与特定收入川流下的不耐程度。这一结果将因人而异,对同一个人来讲,也将因时而异。

同一个人在他的一生中,也会从不耐的一个极端变到另一个极端。这种变化可起因于个人性格的改变(例如一个浪费的人得到了改造,或一个原来谨慎的人由于放纵而成为不顾将来的奢侈的人),或由于他的收入变动,无论是关于数量大小、时间形态,或不确定性方面。每个人在他一生的某些时候,都会毫无疑问地改变他对收入的不耐程度。在一般的人生过程中,一个人不耐程度的变化大体具有下述的一般特征:童年时,由于缺乏远见和自制能力,他有高度的不耐;青年时,预期将来会有大量的收入,他仍有高度的不耐。他希望立足于社会,而幻想中的将来与目前的现实比较是相对富裕的,所以他的不耐也是高的。当他阅历稍多一点,并且有了家属,这时激励他的是将来的需要而非将来的恩赐了,结果会产生低度的不耐。他不再幻想将来会是如何地富有,相反地,他是惶惶然不知如何来赡养这样多的人口了。他展望妻子儿女的将来用费,抱着为他们打算的念头,这就使他相对地重视将来而忽视现在。后来他更年老一些的时候,如果子女都已成家立业,很能自己照顾自己,他对收入又会有高度的不耐,这时他想到死亡将至,因而觉得,"我为什么不自己享乐余年而要为遥远的将来积累金钱呢?"

4.11 是收入而非资本起主导作用

然而基本的事实是,就任何特定的个人在任何特定的时间来讲,他的不耐是确切地决定于其收入川流的数量大小、时间形态和或然性的。

上述不耐程度(从而利率)决定于收入的见解,需要与通常的见解做一对比,后者认为利率只决定于资本的稀少或丰富。通常都以为,资本稀少的地方利率就高,资本充足的地方利率就低。一般讲来,这种看法无疑地有相当道理;可是它含有对借贷的错误解释。

首先,我们必须区别资本财富与资本价值。当大多数人谈到资本时,他们的意思是指资本价值。但资本价值只不过是资本化的收入。在 10 万元资本的后面,有该资本所代表的收入川流,更确切地说,有在许多可能的收入川流中任取一种的选择。集中注意于 10 万元的资本,而不集中注意于用作资本化的收入,等于把资本作为外衣来掩盖事物中的真正因素。

并且,资本价值本身是决定于事先存在的利率的。我们知道,如果利率降低一半时，农场的资本价值将会增高1倍。在这种情形下，农场里的资本好像是比以前多了；因为社会上的农场，譬如说，将会从1亿元增加到2亿元。但这不是资本价值的增加引起了利率的下降。相反地，这是利率的下降引起了资本的增加。如果我们企图使利率决定于资本价值，那么，由于资本价值决定于两个因素——将来的收入与利率——这样，我们就使得利率一部分决定于收入，一部分又决定于它本身了。说利率决定于利率本身自然是毫无意义的，所以我们仍然要归结为利率决定于收入，这是唯一具有真正意义的事实。因而相互交换的是现在收入与将来收入。

尽管这样加以修正和说明（即资本代表收入），但利率决定于资本数量的命题还是不能令人满意的。因为仅仅是资本数量并不足以说明资本所代表的收入。知道一个人有资本值1千万元，另一个人有资本值2千万元，这明确地表示了后者的收入价值为前者的2倍；可是它完全没有告诉我们这两个实际选取的收入的时间形态；而收入的时间形态，我们已经看到，对其所有主的时间偏好有极深刻的影响，同时，时间偏好又是利率的首要决定因素。

为了举例说明这一重要事实，我们假定两个社会，其资本数量和资本所代表的收入的特征各有不同，除此之外，在所有其他方面都尽可能是一样的。假定一个社会有资本1亿元投在将近枯竭的矿山，比如说在尼瓦达州，另一社会有资本2亿元投于丰产的果园与森林，比如说在佛罗里达州。依据资本多则利率低的理论，我们应料想尼瓦达的利率要比佛罗里达为高。通常这是正确的，如果这两个社会的收入川流只有数量大小的不同而在时间形态和或然性方面都是相同的。但根据我们的假定,若没有其他情况的干扰,实际情形显然是恰恰相反的。尼瓦达,由于矿产日益枯竭,面临着递减的将来收入;为了抵补因此而产生的资本贬值,[①]尼瓦达希图将现在的或最近将来的收入贷出或投放一部分,以便抵补将来矿业的减产。相反地,佛罗里达的农场主则要以其将来收获做抵押来借入款项。设若这两个社会有商业上的联系,尼瓦达将会贷款给佛罗里达,尽管事实上尼瓦达比起佛罗里达,其资本是比较贫乏的。从这个例子可以清楚地看到,单只拿资本价值数量来作为利率高低的标准,不仅容易造成误解,而且也是极不恰当的标准。[②]

为通常的见解(即认为资本丰富会降低利率,资本稀少会提高利率)辩护的人或许要争辩说,这里面应该只包括借贷资本而不是总的资本,上例中尼瓦达的借贷资本要多于佛罗里达。但借贷资本这一名词不过是另一件外衣用来掩盖下面的事实:重要的乃是借入或贷出资本的决定(或资本所代表的收入川流)而不是资本的数量。

因此,我们在本节结束时再度强调一下,我们要集中注意的是收入而非资本,这是很重要的。只有当我们透过资本价值来观察收入时,我们才能接触到影响利率的真正原因。或者因为关于收入一向缺乏明确的概念和明确的理论,以致经济学家们长期地不能认识到这些关系。借与贷在形式上是资本的转移,但在事实上

① 参阅《资本与收入的性质》,第14章。

② 雷氏关于利息的分析有些缺点,其中一个缺点,至少在阐述方面的缺点是,他强调了资本的积累。因为积累只是由于预期将来收入,所以要强调的应是收入。

则是收入的移转，资本只不过是收入的现在价值而已。所以，在我们的利息理论中，我们需要考虑的，首先是资本所代表的将来预期收入，而不是一个社会的资本数量。

4.12 不耐表

在讲解这个问题的时候，遗憾的是，我们却无法将不耐与收入间的关系用一个简单的表或一条简单的曲线来表示，像需求与价格间的关系，供给与价格间的关系，或边际欲望与已消费数量间的关系那样。这是因为收入并不是一个单一的量，而是许多量的混凝体。对收入的不耐决定于收入的特征：数量大小、时间形态和或然性，用数学家的话来说，不耐是所有各种量的函数，在全面阐述收入时，这些量是需要具体说明的。所以，要将时间偏好和构成收入的那许许多多的量之间的依赖关系，用几何图形表示出来，是不可能的。因为一条曲线只有两度空间，因而只能表示一个量对一个自变数的依赖关系。一个面也只能表示一个量对两个自变数的依赖关系。但是根据我们的要求，要表现一个人的不耐对构成其收入川流的无数连续要素的依赖关系，我们需要的不是简单的二度或三度空间，而是n度的空间。

然而我们仍可用一个表来表示时间偏好与收入之间的关系，像普通的需求表与供给表那样，如果我们将收入川流所有可能的数量大小、时间形态和或然性列成一个表的话，以上各种量是说明每一个人收入的所有特征——它的数量大小、时间形态(这就是它在各段连续时期的相对量)，各个不同部分的确定性或不确定性，姑不论其多种多样的构成。像这样将所有可能的收入川流编制成表以后,我们只需对每一收入川流确定一个不耐程度就行了。

这样的表似乎过于复杂和繁难,不易详细制订出来,但下表将会粗略地显示出其中一些主要组别。在这个表里,我用三个横行表示收入的三个不同等级——两个极端类型和一个中等类型——以便使相应的时间偏好率依递减的数字顺序排列。三个直栏表示人们的三个不同等级,其中两个是极端类型的,第三个是混合的或中等类型的。于是,当我们沿表向右及向下前进时,表中数字愈来愈小,在右下角是所有数字中之最小者。这表示一个人的不耐程度只有1%,其所以低,是因为他的收入是大的、递减的、有保障的,同时他的性格是有远见的、能自制的、惯于储蓄的,并愿为后嗣有所准备。

表 4-1 不同收入的人的时间偏好

	目光短浅,意志薄弱,惯于花钱,没有后嗣	混合的或中等的类型	目光远大,能够自制,惯于储蓄,愿为后嗣准备
小的,递增的,不稳的收入……	20%	10%	5%
混合的或中等类型的收入……	10%	5%	2%
大的,递减的,有保障的收入…	5%	2%	1%

上表只是力求其能一般地说明问题,但也只能是大致地说明。我们还可以搞得更具体化一些,比如说,我们可以不把一个人的收入川流在每一点上都看做是不确定的与可变的,而暂时假定除现在和1年后的时间这两个点之外,所有其他时间的收入全是确定的与不变的,或是冻结了的,那么,我们便可以把上表的内容搞得

更加具体一些。

根据这个极端人为的假定，我们就可编制一个人的不耐与需求表和贷款的供求表及利率，就像通常的商品效用表及需求或商品的供给表与价格。比如说这个需求表大体是这样的，某一借款人对其现在收入连续增加的每100元，愿从明年收入中支付以下的代价：

对于第一个100元，愿付120元，所以他的不耐程度是20%

对于第二个100元，愿付115元，所以他的不耐程度是15%

对于第三个100元，愿付110元，所以他的不耐程度是10%

对于第四个100元，愿付106元，所以他的不耐程度是6%

对于第五个100元，愿付105元，所以他的不耐程度是5%

对于第六个100元，愿付104元，所以他的不耐程度是4%

这样的表将在第10章与第11章中用几何图形来表示。

因为一个人的时间偏好是他对现在收入的边际欲望和他对将来收入的边际欲望的导数，上表同样是一种现在收入和将来收入的普通欲望表(效用表)的导数。但前面那个比较一般的表，不限于两年，而且认为这个人的收入川流在所有各点都是不确定的与可变的，却更适合于我们目前的要求。

现在我们看到，每个人都有一个由其个人性格和其收入性质所决定的不耐程度。如果所有人的收入都是固定的，即是说，不能改变的，并且没有借贷或金融市场来沟通目前收入与将来收入的交换，那就不可能有共同的市场利率。每个人都将有各自的时间偏好率。一个人愿为明年的101元而放弃今天的100元，同时另一个人也许要求200元或1 000元。但不会有什么东西来平衡这些分歧的百分率。

但若已有一个借贷市场,那么,在表上端的人倾向于借债;在表下端的人倾向于放款。这些活动的结果是,降低高度的时间偏好和提高低度的时间偏好,一直到大家在共同的利率下都达到了某一中间地带。这一过程将在下章讨论。

5. 利息的第一近似理论

（假设每个人的收入川流已先预知，除非经由借贷不可改变。）

5.1 第一近似理论的假定

在上一章我们得到了三点结论：

(1)时间偏好率，即现在财货优于将来财货的不耐，最后分析起来，就是现在享用收入（或者说，实际收入）优于将来享用收入（或者说，实际收入）的偏好；

(2)任何特定的个人的不耐程度决定于其实际收入川流的特征——特别是，它的数量太小、时间形态和或然性；

(3)这一依赖关系的性质是因人而不同的。

问题马上就发生了：各个人的实际不耐程度岂非必然将有很大的差别吗？如果是这样的话，这些不同的不耐率对于市场利率又有什么关系呢？市场利率是这些个别的不耐程度的一种平均数吗？还是利率会使它们均等起来？

毫无疑问，各个人若不通过一个共同的借贷市场联系起来，他们彼此各异的不耐率是会有很大出入的。在一个隐士的国度里，没有相互的借贷，人们是彼此不相依赖的。但是在我们中间，有着共同的借贷市场，借贷至少倾向于将各个人心中的边际不耐率均等化。可是,即使那些利用这种市场的人们也不可能达到绝对的均等化;这是由于市场的局限性,特别是风险的因素。这一要素将在第三近似理论中予以考虑,为了说明简单起见,在前两个近似理论中我们就略而不谈了。

在这里,我们要假定一个完全竞争的市场,它是这样一个市场,在那里,每个人是如此渺小的一个因素,以致他单独地对于利率不会有显著的影响,并且在那里,除了利率本身的原因外,借贷的数量是没有限制的。因此,一个想要借款的人能够按市场价格——利率——获得他所希望的任何大小数额的借款。当他愿借10万元时,他不会仅仅因为不能提供充足的抵押品或一个满意的保证者而被减至5千元。他能得到一笔借款,如同能买得到糖一样,他爱要多少就能得到多少,只要他肯支付一定的价格。

当然,在现实世界中,这样完全的市场是不存在的。当许多人在纽约市能获得他所希望的那样巨额借款时,却有成千的人根本不能得到任何借款。因为借款的代价,与糖不同,不是在现在支付,而是在将来支付的。当贷款人借出款项时,他所得到的不是价款而是付款的约定,由于将来常是不确定的,所以他需要某种保证使借款人能遵守约定还款。在第一和第二近似理论中,我们假定这种保证是绝不缺少的。这几乎是等于假定世界上没有风险。即关于各个人预期收入川流的确定性以及偿还借款的确定性方面,风险因素假定全不存在。换句话说,我们假定每个人在市场上都可自由将其收入的任何部分在一个时期让给别人,为的是另一个时期在他自己的收入外收得一个增加额。

我们还假定,任何一个人改变其收入川流的唯一方法,就是对其收入川流的各部分所享权利的买卖。现在许多元与将来许多元间的交换，可以是借款的形式，因为借款就是把将来的钱卖成现在的钱；也可以在外表上采取买卖债券或证券的形式，这些债券或证券含有让与一定数额货币的权利。在任何情形下，交换都可归结为对将来收入的权利的买卖。在这种交换前，每个人的收入川流在数量大小和时间分配上假定都是固定的。他所占有的每一资本工具，包括他本身在内，对他的收入川流假定只能提供唯一的确定的一系列服务。每个人都是享有一定收入的人，他是依已预知的表来领取和花费这一收入的——明年若干，后年若干，依此类推。

这样，我们的第一近似理论的假定是：(1)每个人的收入川流在开始时是确定的和固定的；(2)在一广大的和完全竞争的借贷市场上，他是无足轻重的因素；(3)他不论是借款人或贷款人，都可自由进入这一市场，依照市场利率，借入或贷出任何大小的数额；(4)他变更其将来收入川流的唯一方法是通过这种借贷(说得更确切些和概括些，是通过交换收入)。

5.2 规定了的收入

这些假定自然是非常理论性的，它们设想这样一个世界，在那里，收入都是自发产生的，有如矿水之从泉源里涌出一般。在这些假定之下，是把产生收入的东西所提供的收入的川流，看做是按照预知的、固定不变的速度来进行的。任何一件东西所提供的收入的流量，都是没有弹性的，一个人占有的整组东西所提供收入的总流量在结构上也是没有弹性的。他的实际收入总额是事先安排定了的，非经由借贷、买卖[①]就没有修改的可能。

这一假定的抽象性质，由于两点理由而无需我们大感烦恼：第一，假定本身就是充足的理由，当我们进到第二近似理论时，这一假定的大多数要素就要放弃了。我们只是为了说明的便利而暂时采取这些假定。第二，这一假定很容易变得更实际些，但仍不至改变它的基本要点。我们甚至可将硬性规定了的收入川流的假定改为这样一个假定：即收入川流可随意减少，但不能在每一时期增加到一固定数额以上。虽在任何时期都可自由减少其收入，但收入所有主不会这样做的，除非能借此获得其他时期收入的增加。

这样一种假定不仅是很可想象的，或许原始的社会实际上就很接近于这种情形。在我们这个时代，大多数人暂时牺牲一点目前的实际收入，例如投下劳动来建造一所房屋或一部机器，就有机会（向别人放款取息暂置不论）在以后年代里获得许多的实际收入。但是我们很容易假设一种情况，使今年的生产与明年的生产几乎是各自独立的。大多数动物以至渔猎时期的人类就是如此，在这时期以前，当人仅有的工具就是他的双手时，那就更加显著了。但即使在我们这个文明时代，许多人纯粹是靠工薪收入的阶层，他们除放款取息外，事实上是没有机会来增加将来收入的。

所以，第一近似理论所依据的假定的实质是，一个人通过与别人交换的过程，将一年的某些收入与别人交换为另一年的某些收

---

① 这个假定（要掌握住这个假定的实际含义）的一个结果是，一个人的收入依特定利率资本化的价值是不可变的。即是说，他是限于一定数量；任何交换，如借债或抵押将来收入，都不能使他更富一些或更穷一些。他只能改变收入的时间（附带利息）。这一定量的理论意义将在第二近似理论中体现出来。

入，这样来减少他在某一时期的收入，增加他在另一时期的收入，我们不要为了这种可能性而感到不安。

事实上，我们也可为了实际方便起见，认为每个人的收入川流只在几年之内是固定的，同时假定这些年以后的收入很难予以确切的预料，因而对现在的利率没有什么影响。在从前的年代，孤立在西部社会的典型美国兵营就近似这样一种社会，那里的每个居民或家庭都有一个规定了的收入。这样一系列的假定，将使我们通过逐步近似的方法，最后达到真实的情形。

5.3 不耐的均等化

在上述第一近似理论的假设条件下，各个人的时间偏好率是通过借贷过程而与市场利率、并且在彼此之间，完全趋于一致。因为，假使任何特定个人的偏好率与市场利率不同，他将会（如果能够的话）调节他的收入川流的时间形态，来使他的边际偏好率符合于市场利率。一个人在特定的收入川流下，如果他的偏好率高于市场利率，他将会出让若干剩余的将来收入来换取现在微薄收入的增加，即是说，他将借债。其结果是提高他对将来收入更多1元的欲望而减低他对现在收入更多1元的欲望。这一过程将一直继续到这个人的边际偏好率等于利率为止。换句话说，在我们的假定下，一个人的偏好率如果大于当前的利率时，他将会借债，一直到他的偏好率和利率相等时为止。

另一方面，一个人的偏好率，如果由于性格或他的收入川流，或这两方面的关系，而低于市场利率时，他将会把他的若干丰富的现在收入换成将来收入，这就是，他将放款。其结果是增加他的偏好率，直到他的边际偏好率与利率符合一致为止。

现在我们用数字来说明。我们假定利率是5%，而某一特定个人的偏好率开始时为10%。那么依据假定，这个人愿牺牲明年收入的1.10元来交换今年收入的1元。但在市场上，他发现只要放弃明年的1.05元就能取得今年的1元。对他来讲，后一比率是个便宜的价格。他于是为今年借入100元，并同意偿还105元；这就是，当他愿付10%时，他却依5%取得了借款。这一活动通过动支他的将来收入而部分地满足了他对现在收入的急需，从而使他的时间偏好，譬如说，由10%减到8%。在这种情况下，他要再借100元，愿付利息8%，实际只需付息5%。这一活动进一步减低他的时间偏好，依此类推，通过许多连续的阶段，直到它最后降至5%。这时对于最后的或边际的100元，他的时间偏好率就与市场利率符合一致了。①

同理，如果另一个人从相反的方向进入借贷市场，他的偏好率是2%，他将成为贷款人而非借款人。他愿为明年的102元而贷出今年收入的100元。当他愿依2%放款时，他既能依5%放出，他就"抓住机会"，不只投放100元，而是一个又一个的100元。但是，由于这一贷放过程，他的现在收入减少了，因而他对现在收入

① 上述10%和8%的时间偏好率并不是他曾实际经验到的；这只是意味着他将会经验到的一个偏好率，如果他的收入不曾改变为相应于5%的时间分配的话。在一般价格理论中，这一5%的边际率，一旦确定后，就一律适用于所有他对现在收入和将来收入的评价。他对现在收入和将来收入的每一相对评价，实际上可以说是在其实际决定的收入川流的"边际上"进行的。

要比以前看得贵重些;至于他对将来收入,则由于经过追加之后,却没有以前那样珍视了。在放款数额连续增加的影响下,他对现在收入的偏好率不断上涨,直到在边际上它等于市场利率时为止。

所以,在这样一个理想的借贷市场上,每个人都能自由地借款或贷款,那么所有各个人的偏好率或对现在收入优于将来收入的不耐,将会在边际上恰好彼此相等并都等于利率。

5.4 经由借款改变收入

现在用图形来说明这一论证。让我们假定收入川流如图 5.1 所示:收入所有主希望经由借债来获得一小项即刻收入 X',迟些时候以较大项的 X''偿还,X''就是 X'的本利和。经由这一借款,他将其收入川流由 *ABCD* 改为 *EBD* 了。但这一改变显然将会引起其时间偏好的变化。如果相应于实线所代表的收入川流的时间偏好率是 10%,那么相应于虚线的偏好率多少要小一些,譬如说 8%。

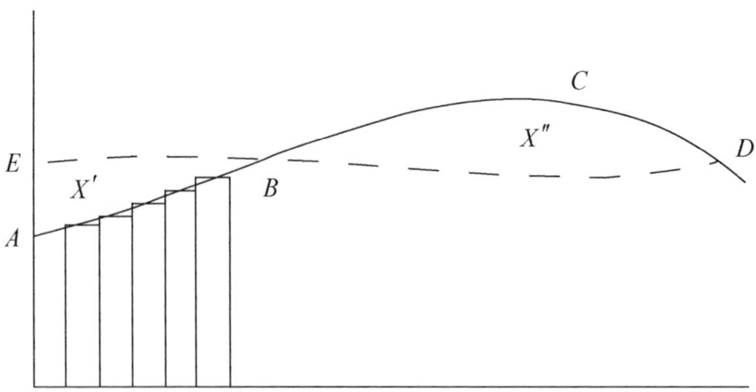

图 5.1　借债对于现在收入和将来收入的影响

如果市场利率是5%的话，显然这个人还要继续借债。由于几度重复借款的活动，他显然能产生他所要求的任何形式的收入川流。

如果他希望放款(图5.2)而不是借债，他放弃他的现在收入川流X'数量，为了迟些时候获得较大的X''数量。当这些活动已经完成和收入川流的最后形式决定后，各个时间偏好率都将与市场利率符合一致。

当然，实际上这种调整是绝不会完满的，特别是收入川流绝不会是平滑曲线，像这里为了方便起见而绘制的那样。

并且，实际上借贷是在货币的外罩下进行的。我们所借入或贷出的并不很明显的是实际收入，而是货币与信用。可是，货币——实际上的一般媒介物和理论上的一般障碍物——不过是代表实际收入或资本化的实际收入而已。100元钱意味着取得收入的能力，即任何现值为100元的收入。所以，当一个人今天借得100元而在明年归还105元时，事实上他是取得值100元收入的权利——或在最近的将来——而放弃一年后值105元收入的权利。

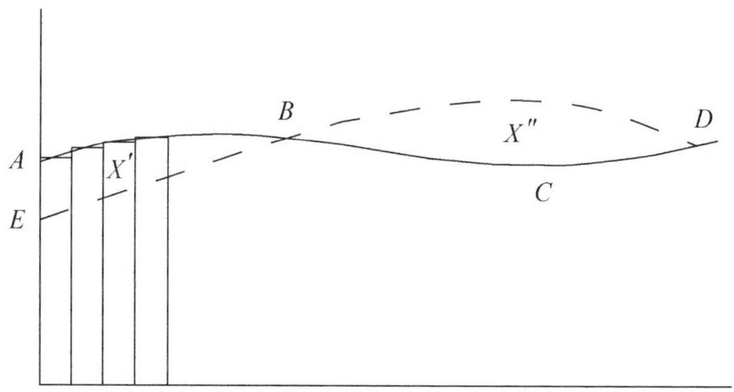

图5.2　放款对于现在收入和将来收入的影响

每一借贷契约，或含有利息的任何其他契约，归根到底，都包含有收入川流的变更，而通常主要的变更则是关于时间形态的变更。

我们常常忘记货币借贷代表实际收入，其理由之一是，它代表着实际收入的许多可能的种类。一笔货币基金通常不是简单的一种特定的将来收入的计划或打算的资本化，而是大量任意的收入川流的资本化，它不像这里考察的第一近似理论那样限于一个简单的收入川流，并且它的变更也不限于借贷或其他类似的行为。

我们可将借贷市场里的人区分为六个主要类型——三个借债类型和三个放款类型。借款人的第一类型(图 5.3)是假定具有一个递增的或上升的收入川流 AB，这个事实便在他的心中产生高于市场利率的偏好率。这会引导他借债，并将其上升的收入川流相对地平衡到 $A'B'$ 的位置。第二类型的人原本具有一个不变的(不增不减的)收入川流 AB(图 5.4)，但他有强大的消费倾向，所以他的偏好率也高于市场利率，因而要将其收入川流修改成 $A'B'$ 曲线。第三类型见图 5.5，它代表更为浪费的人。这个人尽管有渐减的收入川流，像 AB 下降曲线所表现的，他也有大过市场利率的偏好率。他经由借债而得到更加陡降的 $A'B'$ 曲线。

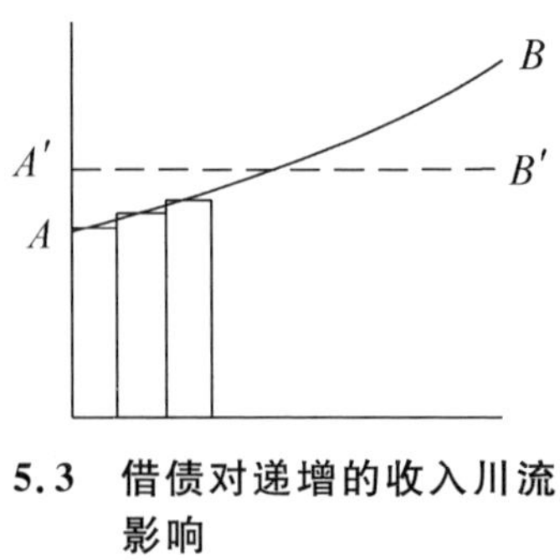

图 5.3　借债对递增的收入川流的影响

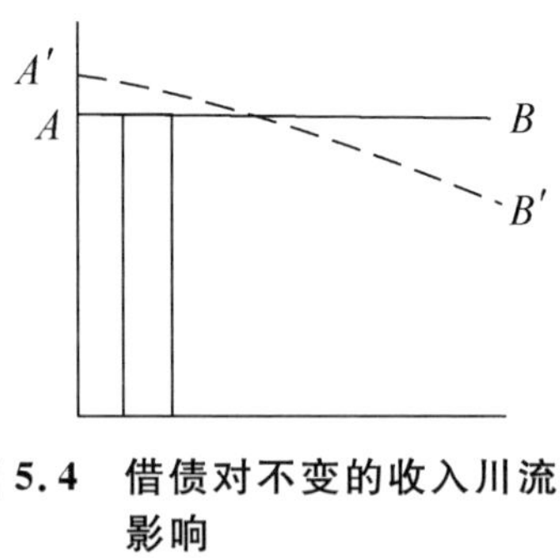

图 5.4　借债对不变的收入川流的影响

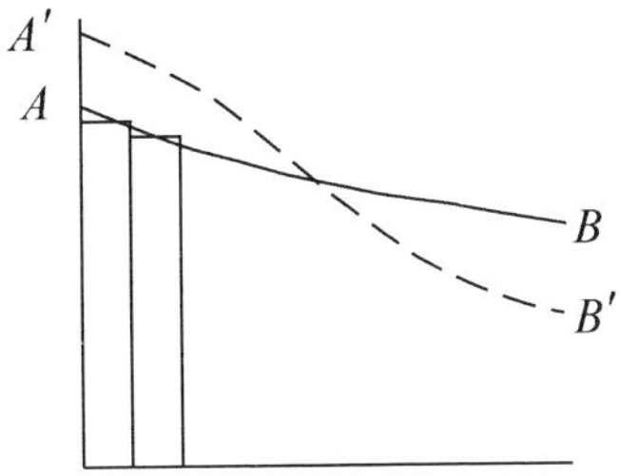

图 5.5 借债对递减的收入川流的影响

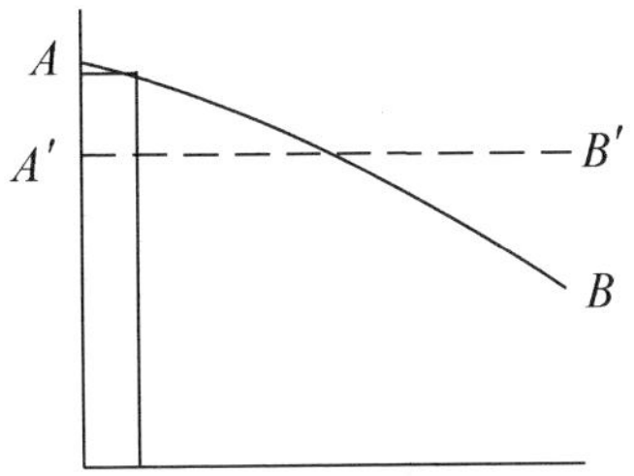

图 5.6 放款对递减的收入川流的影响

同理,贷款人的三种类型也可用图形来表示。图 5.6 代表一个下降的收入 AB,它的所有人经由贷出现在收入换得将来收入而获得相对不变的收入 $A'B'$;图 5.7 代表一个不变的收入,经由放款而变为一个上升的收入,图 5.8 代表一个上升的收入,经由放款而变为更加陡升的收入。

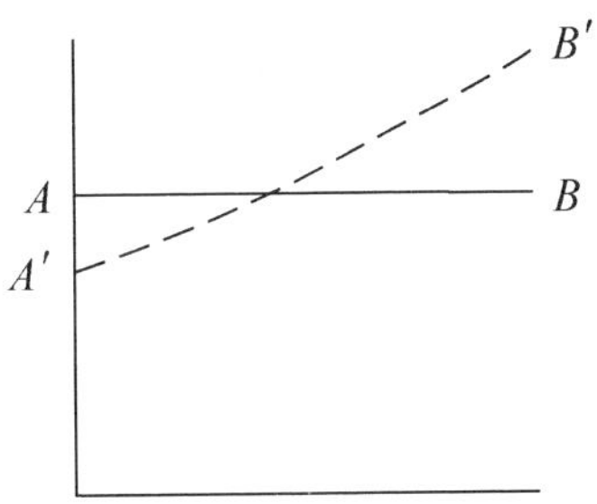

图 5.7 放款对不变的收入川流的影响

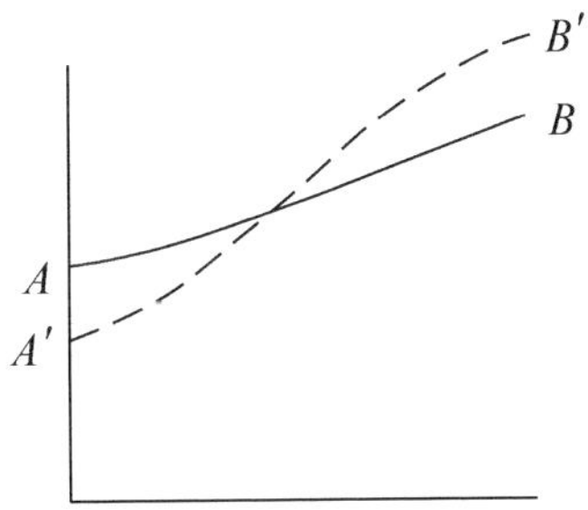

图 5.8 放款对递增的收入川流的影响

借款人由于降低将来收入和提高现在收入而改变其收入曲线。贷款人则依相反的方向倾斜其收入曲线。借款人和贷款人各有三种类型,在每组三种类型中的第一类型(见图 5.3 和图 5.6)是常见的和正常的情形。在这两个例子中,都是力求把特定收入转变为比较不变的收入,上升曲线(图 5.3)降低到普通水平的位置、下降曲线(图 5.6)提高到普通水平的位置。另一方面,图 5.5

和图 5.8 则是代表浪费者和守财奴的极端的和不正常的情形。

但不论个人的特征如何，对每个人来讲，在其他条件相等的情形下，他的收入曲线愈上升，他的偏好率愈高；曲线愈下降，偏好率愈低，这仍将是正确的。如果收入川流下降得很迅速的话，那么偏好率就可能是零，甚至是负数。[①]

当然，上面这些收入川流的类型并不是我们所能想象的唯一的一些类型，但它们都是比较重要的一些类型。此外我们还可加上波动式收入的类型，如图 5.9 所示。这会引起交替的借债与放款，从而形成比较近乎不变的收入川流。像这样为一年中的贫困时期融通款项往往行之于收入集中在一两点的场合，例如发放股息的时期。

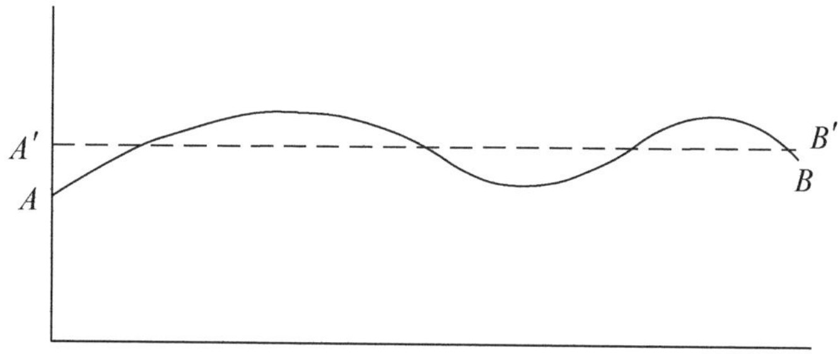

图 5.9　交替借债和放款对波动的收入川流的影响

我们不要把借款人与贷款人设想为分别相当于贫富的两个阶级。第 4 章所分析的环境因素与个人因素，决定一个人偏好率的

① 这是加尔伏(《财富的分配》，第 232—236 页)所指出的一种情形，他说道，一个人口袋里有 100 元，不会想把它全部用于今天的一餐饭，至少要为明天储蓄一些。不论产生零或负偏好的收入川流形式实际上曾否发生以致市场利率本身也成为零或负的，那是另一问题。

高低,因而也决定他终将成为一个浪费的人或节约的人。

当我们进到第二与第三近似理论从而必须研究所谓生产借款时,特别是担负风险的人或费特尔教授所谓的企业家的生产借款时,我们将会发现另外一些决定一个人成为借款人或贷款人或二者兼之的影响。现在我们还只是讨论第一近似理论,在这里,我们是假定没有风险的,而且也没有一系列改变收入川流的机会,这些机会构成所谓生产借款的基础。

5.5 经由售卖改变收入

但是,借债与放款并不是变更一个人的收入川流的唯一方法。在理论上,仅只借着买卖财产也可获得完全相同的结果;因为,由于财产权仅只是取得收入川流的权利,所以财产权的交易就是将一条收入川流代以另一条同等现值而时间形态、构成或不确定性不同的收入川流。这种修改一个人的收入川流的方法,我们叫做售卖的方法,它实际上包括前一种方法,即借贷的方法。庞巴维克说得好,一个借贷契约归根到底就是售卖,这就是,现在或即刻收入的权利对将来或比较遥远收入的权利的交换。借款人只是票据的出售者,贷款人则是票据的购买者。譬如说,一个人购买一张债券可以看做是贷款人,也可以看做是财产的购买者,都是一样。

所以,借贷概念现在可以废弃不用,而把它合并在售卖概念之内。每一售卖都要移转财产权,即是说,它移转对某种收入的权利。通过出售某种财产权和购买其他财产权,就能随意将一个人的收入川流转变为任何他所想望的时间形态。这样,如果一个人购买果园，他就是为自己准备了以苹果形式表现的将来收入。如果他所购买的不是果园而是苹果的话，他就是为自己准备了同样收入，但是更近一些的收入。如果他购买证券的话，他就是为自己准备了将来的货币，当收到时，就可换成苹果或其他实际收入。因为矿的生产年限一般要比铁路为短，如果他的证券是一个矿的股份，他的收入川流就不及购买铁路股票那样持久了，尽管就最初的收入相对于所付的价款来讲，前者要多一些。

购买遥远将来的享用收入的权利，第 1 章已经讲过，叫做投资；而购买比较近的享用收入就是消费。然而这纯粹是相对的概念；因为遥远与即刻是相对的名词。买部汽车与饮食花费对比时是投资，而与不动产投资对比时又可叫做消费了。可见消费与投资的对照是重要的，它是即刻收入与遥远收入的对照。两者间的调整决定着一个人的收入川流的时间形态。消费增加了即刻实际收入，但却掠夺了将来，投资准备了将来却损害了现在。在关于消费与投资的理论中，常有一些误解。福特有一句话曾经被广泛流传，他说："成功的孩子从没有储蓄过任何金钱。他们得到钱时就尽快地花掉，以便改善他们自己。"在这句话中，福特先生并没有在个人享用的消费与用于改善的投资间划一不可改变的界限。事实上也没有不可改变的界限。消费仅只意味着花钱主要是为了即刻享受。储蓄或投资是花钱于延迟享受。因此，许多称为消费的也许可以合理地叫做投资。甚至我们用于衣食住的花费，在一定意义上，实在也是部分的投资，因为我们只能借这些必需品来保持我们的生命与工作能力。一部书或任何其他耐用财货就是如此，它们提高购买者的效率从而提高他的赚钱能力；这是不仅花钱于消费，而且也经由投资来储蓄的一个例子。福特先生引用过汤麦斯·爱迪生的事例，说他的早期收入是随赚随花的。但爱迪生不是花在食物或装饰上面，而是用于实验，结果是发明了许多节省时间及劳动的东西，使人人都得到了好处。他的支出在一定的意义上说来也就是投资。

通俗语法在这方面曾经创造了许多名词和成语，其中大多数含有重要的意义，像消费与投资，但也含有误解的成分。像"资本寻求投资"这个成语的意思是，资本家有财产愿通过交换变为其他的财产，这种财产所提供的收入是比较遥远的。它并不意味着已投资本与未投资本间有任何不可改变的界限，它更不意味着没有生命的资本本身有任何寻求投资的能力。还有，"储蓄收入做资本"这句成语的意思是不消费——即将钱储备起来，以便交换或投放为比较遥远的收入，否则就要花在目前享用收入上了；它并不意味着新资本的创造，虽然它可引导到这一点。很多不必要的争论是集中于储蓄这一现象的，这主要是因为对储蓄或收入都不曾有明确的解说。①

从上面所讲的可以清楚地看到，一个人借买卖财产便可改变他的收入川流的形式，就好像他进行特定的放款或借债一样。譬如说，假定一个人原来的收入川流，今年是 1 000 元，明年是 1 500 元，又假定他出卖这一收入川流的权利而以卖得款项购买

① 于是一些作者认为储蓄必然是要增加资本，因而使收入川流成为上升的；另一些作者，如同加尔伏(《财富的分配》，第 232 页)，应用这一名词相当的广泛，将下降收入仅只变成下降较少的情形也包括在内。后一种见解同这里的提法是一致的。储蓄不过是延迟享用收入罢了。

另一收入川流的权利，这种权利今年提供 1 100 元，明年提供 1 395 元。虽然这个人在表面上不曾借入 100 元而偿还 105 元，可是他所做的正是这样；他今年的收入川流增加了 100 元，明年的减少了 105 元。以前所用的图形也同样可以用来表示这些活动。一个人出售收入川流 *ABCD*（图 5.1），以卖得的款项购买收入川流 *EBD*。和先前一样，X'与X''代表 100 元与 105 元，不过现在明白地表现为两个收入川流的价值差别，而不是表现为直接的借款与还款。

5.6　利息是不能根除的

由此可见，赚取利息是不能借禁止借贷契约来防止的。如果禁止了售卖的某一种特定形式，譬如借贷契约，那么就可能发生售卖的其他种形式。我们在第 1 章已经表明，每一财产权的单纯估价行为，就包括有暗含的利率。如果这种禁止仍允许人们自由买卖债券，显然，这种买卖实质上依然是借贷，不过是用买卖的名义而已；如果债券也禁止了，那它们将能变为优先股。其实，只要允许任何种类的买卖存在的话，借贷的实际效果总归是会保存下来的。一个幼树森林的所有主，如不能把将来收获抵押出去，但又需要能提供比森林本身所能提供的更早些的收入川流，那就可以简单地出卖他的森林，而以卖得的款项去购买收入不变的农场，或收入递减的矿。另一方面，一个所有主具有正在贬值的资本，这就是，一条现在大而逐渐减少的收入川流，他渴望有一递增的收入，就可出售他那正在贬值的财富，而将卖得的款项投在像上述森林那样的资本工具上面。

正是这样的方法，譬如买地收租，才使得中世纪的禁止高利贷归于无效。实际上，这种禁律的效果无非是阻碍收入川流之比较细致的调整，迫使希图借款人出卖提供遥远收获的财富而不去抵押它们，并迫使希图贷款人购买这种财富而不要贷款给现在的物主。可以想见，在这种限制下，明显的利息或许消失，而暗含的利息必定会继续存在。现在，卖得 1 万元的幼树森林担负着这一价格，因为它是估计的将来收入的贴现价值；农场的价格 1 万元也是同样决定的。在这两个实例中，即 1 万元的森林与 1 万元的农场，贴现率必定有划一的倾向，因为，社会上的各当事人通过买卖把他们的偏好率调节到一个共同的水平——一个暗含的利率就这样潜藏在每一契约当中，虽然在契约中从没有把它明确地予以规定。利息是如此普遍的一种现象，不可能借攻击它的任一特定形式来根除它；凡了解利息的实质而又了解它的形式的人也不会从事于根除它的。

5.7 “边际”原理即“最大量”原理

通过借贷市场，一个人的边际时间偏好率藉借债或放款而相等于利率的事实，可用另一种方式来表述，即这个人的收入川流的现在总欲求或总欲望成为最大量。让我们再来考察这个人通过借债来修改其原来固定的收入川流，直到他的偏好率与市场利率一致时为止。他的偏好率，譬如说，最初是 10%；即是说，他愿为现在收入取得 100 元的增加而牺牲明年收入的 110 元。但他只需牺牲 105 元;这就是,他能以小于他愿支付的代价获得借款。所以他赚得对明年收入 5 元的现在欲求或现在欲望数额。他所借的第二个 100 元,在他现在的估计中,等于明年收入的 108 元,同样论证表明,由于他只偿付 105 元而赚得对明年 3 元的现在欲求数额;这就是说,他将这一现在欲求加到他的收入川流的全部现在总欲求上面。借款的每一连续增加额都同样使他的收入的现在总欲求有所增加,只要他为今年收入的 100 元愿付明年收入 105 元以上。但是,当他这样进行时,他的收益和他的渴望就减低了,直到完全消失。譬如我们说,在借第五个 100 元时,他觉得自己也只愿偿付 105 元;这时他的收入的现在总欲求达到最大量,任何进一步的借款都会使它减少。例如第六个 100 元在他的现在估计中值不到明年的 105 元,譬如说值 104 元,由于他在借贷市场上需要牺牲明年的 105 元来获得这笔借款,这就意味着损失对一年后 1 元的现在欲求数额。于是,当借债到现在收入优于将来收入的偏好率等于 5%的利率时,他获得最大的总欲求,这就是所谓消费者收益。①

同样的论证也适用于市场上的另一种人,他的偏好率最初是低于市场利率的。他要放款直到他的偏好率与利率符合一致,来使他的现在净总欲求达到最大量。在开始时,他对今年的 100 元与一年后的 102 元有同等的现在欲求,但在市场上他所获得的不是 102 元,而是 105 元。现在十分清楚,他放出 100 元就赚得对一年后 3 元的现在欲求。他放出每一连续的 100 元,都会使他的收

① 在这里,我们不需争论我们衡量净总欲求的零点或始点的问题。山顶总归是最高的一点,不论它的高度是从海面或地心开始量起。

入的现在总欲求增加一些，直到他的现在收入优于将来收入的偏好率提高到5%的利率水平时为止。超过这一点他再进行放款就要遭受损失了。

5.8 市场的均衡

我们现在能对怎样决定利率的问题给予初步的答案了。到此为止，我们只注意到个人，并且看到，他要使他的收入不耐率符合于利率。对他来讲，利率是个相对固定的事实，因为他自己的不耐以及相应的行动只能对利率发生极微小的影响。在他看来，他的不耐程度是变数。要之，在他作为单独的个人来讲，利率是因，他的借贷是果。然而就整个社会来讲，因果的次序则是颠倒过来的。这种改变正如同价格理论中相应的因果倒置一样。每个人都把市场价格，譬如说糖的价格，当做是固定的，并调节他的边际效用或欲求与之相适合；但就形成市场的整群人来讲，调节则是相反的，即糖的价格要符合于消费者对它的边际欲求。[①] 同理，就个人来讲，是利率决定不耐程度，就社会来讲，则是各个人总计的不耐程度决定利率，或会同决定利率。利率等于不耐程度，整个社会在这一不耐程度上调和一致，使得借贷市场恰好平衡。

现在我们用数字来说明。假定开始时利率定得很高，譬如说20%。借款人将会相对的少，而希图贷款的人却相对的多，于是希图贷款的人为了更多的将来收入而愿减少他们本年收入川流的总

① 参阅拙著:《价值和价格理论的数学研讨》。

额，譬如说是 1 亿元；但是，希图借款的人在高达 20%的价格下愿意增加他们现在的收入川流的数额，譬如说只有 100 万。在这种情形下，贷款的供给远远超过了需求，所以利率将要下跌。在10%的利率下，贷款人可能提供 5 000 万元，而借款人则需要 2 000 万元。供给依然是超过了需求，利率必须进一步下降。在5%时，我们假定市场达到了平衡，借款人与贷款人分别愿借贷 3 000 万元。我们可以同样论证利率不会低于 5%，因为在这种情形下，结果将会求过于供，从而促使利率回升。

由此，利率是记录市场上现在收入优于将来收入的共同边际偏好率的，这一共同边际偏好率是由对现在收入与将来收入的供求所决定的。一些人起初有高度的不耐，就争取减少将来收入来获得更多的现在收入，这就会使利率提高。这些人就是借款人、浪费者和提供遥远收入的财产（例如债券和股票）的卖主。另一方面，一些人起初有低度的偏好，就争取减少现在收入来获得更多的将来收入，这就会使利率降低。这些人就是贷款人、储蓄者和投资人。

方才所叙述的调节不仅产生一个利率使得联系现在与明年的借贷市场趋于平衡，而且把它应用于现在与更遥远的将来间的交易时，也可以造成同样的平衡。当某些人愿意把今年收入交换为明年的收入时，另一些人则愿将今年收入交换为后年收入，或交换为将来几年收入的一部分。各个不同时期的利率的高低会使得契约规定的各个时期中每一时期的市场都能达到平衡。

5.9 四条原理

如果我们保持我们原来的假定：每个人开始时给以严格固定的或规定了的收入川流，他可以自由买卖从而进行时间上的再分配；那么以上的讨论就可给予我们关于决定利率（或应该说，许多利率）的原因的一套完整理论，在理论上，每一时期都有其单独的利率。在这种种情形下，这些利率全然是由以下四条原理所决定的，利息问题中一切大小量都必须符合这四条原理：

两条不耐原理

甲　经验上的原理

每个人的时间偏好率或不耐程度决定于他的收入川流。

乙 最大量欲求的原理

通过借款或售卖而造成的收入川流的变更使市场上所有人的边际不耐程度彼此相等，并等于市场利率。

这个条件（乙）和下面这个条件是一回事：即每个人依据市场利率将现在收入换成将来收入，或把将来收入换成现在收入，一直到他可有的收入形式成为最大量的总欲求。

两条市场原理

甲　平衡市场的原理

市场利率将是这样的一个利率，它恰使市场平衡，这就是，使每一时期的借贷，说得更普通些，使每一时期的收入的买卖，都是相等的。

乙　偿还的原理

所有借款都要带息偿还，即是说，订约时所计算的借款的现值等于还款的现值。说得更普通些，一个人的原来收入川流由于两个不同点上的买卖所产生的正负变动或变化使得它们的现值的代数和等于零。

以上这四组条件能够决定利率吗？为什么要有这样多的条件？单只一个条件不行吗？

这实在是数学上的问题。数学上的一个基本原理是，求解只含有一个未知数的方程式，只需要一个方程式；求解含有两个未知数的方程式，就需要两个独立的方程式；依此类推，每添加一个未知数就要多添一个方程式。

关于我们现在的问题，我们所要决定的只有一个未知数——利率。但要做到这一点，我们就必须同时解决其他有关的未知数。说利率等于斯密的边际不耐率，我们是讲了些东西，但是还不够。它只是用另一个未知数，即斯密的边际不耐率，来表明一个未知数——利率；而两个未知数是不能用一个方程式或一个条件来决定的。如果我们补充说,利率也必须等于琼斯的不耐率,虽然这一说法给予我们另一个方程式,但它也增加了另一个未知数,三个未知数是不能用两个方程式来决定的;依此类推,如果我们将琼斯以及市场上其他每一个人都包括进去,我们依然短少一个方程式。这等于说,第二组条件(不耐原理乙)是不够的。

在一个包括有 1 千人的市场里,我们的未知数就不只有利率,而且还有 1 千个偏好率,以及每一时期这 1 千个人收入的增减。利率与这几千个变数相互发生作用,一个变数的决定,只能与所有其他变数的决定同时解决。

在第 12 章中,这一问题是用数学公式来说明的,那里的方程式数恰等于未知数的数目。

6. 利息的第二近似理论

(假设收入可通过(1)借贷和(2)其他方法进行变更。)

6.1 新的假定

到现在为止,我们一直假定:

(1) 充分的远见,和

(2) 除买卖外,不存在任何其他变更收入的机会。

现在我们放弃第二个假定。我们仍假定所有可利用的收入川流都能确切地预见到,但现在添加更近乎实际生活的新假定:收入川流不是固定的,而是弹性的,即是说,任何项资本财富或资本财产(这自然而且特别是包括他本人)的所有人在使用其资产时,并不限于他可采取的唯一用法,而是有几种可能的不同用法,可供他选择,每种用法将会产生一单独的任意收入川流。所以,他要进行两种选择:第一,从许多任意的收入川流中选定一条;第二,同第一近似理论一样,他可通过现在收入与将来收入的交换来选取一个最合意的收入川流的时间形态。

这两种选择实际上是同时进行的,因为进行一种选择就要考虑到另一种选择。但为了阐述方便起见,我们一次只研究一个。或者我们可以假定这双重选择都已决定,然后为了进行分析,我们再回转来分别考察每一过程，假设另一过程不变。今假设改变过程是借贷，这就是说，我们假定一个人在多种选择中已经做了抉择而且不再更改。这样做后，像在第一个假定下一样，他限于用买卖或借贷方法来改变特定收入川流的时间形态。在这一过程中，他是不能改变现值的，但在做第一种选择时，他却享有选取最大量现值的权利。

举例来说，一块土地的所有人可以将它用于多种不同用途中的任何一种。譬如我们说，他可用之于耕种五谷、牧养牲畜、栽植森林、开采矿物或建筑房屋。又如一个建筑物的所有人可以把它用作，譬如说，写字间、公寓、制造厂、拍卖场或仓库。大多数原料也可以有若干种的用途，它可以用于任何一种。铁可以造成钢轨、机器、器械、工具、船的铁壳或建筑物的钢骨。工具和其他器械也是如此；起重机可以用之于采石、建造房屋或卸下船货。一条船可用来装载任何种类的货物，并可以经由若干不同路线中的任何一条来运送。锤子、锯子、钉子以及其他工具都几乎有无数的用途。

或许所有财富工具中之最能变通的要算是人了。他可以简单地做个消极的享乐者或其他财富所提供服务的“变形人”①，作为这样一种人，他是在肉体的、美术的、智力的或精神的多种途径中，通过一种或多种来获得他个人的满足。他也可以是个积极的生产者，作为这样一种人，他是在多种体力的或精神的劳动方式中，通过一种或多种来进行工作。即使最专业化和应用范围最窄的技术工人也有许多线路可走。这许多类中的每一类又包括许多的小

① 参阅第1章，或《资本与收入的性质》，第1章。

类。如果他的工作是体力的,那么,他的工作可以包括从一个鹤嘴锄和铁铲的使用到宝石琢磨术中所用工具的巧妙操纵。如果他的工作是脑力的,他可以是记账员、书记员、管理员、经理、董事、律师、医生、牧师、编辑、教师或科学家。当然,某些选择也许用不着考虑,但在每种情形中只有一个最好的选择。这一选择就是我们现在所要讨论的。

由于有这样的范围可供选择,任何特定的生产工具,或任何特定的一套生产工具,包括人在内,可以提供多种不同收入川流中的任何一种。人可从事劳动来生产低廉的木房或持久的石屋;为一个城市敷设电车、高架电车或地下快车;获取这样一条收入川流,它将包括餐食的快乐,戏剧的消遣,社会虚荣的满足以及这些享受与其他种种享受之无穷无尽的组合。每个人要在构成、时间形态与确定性各不相同的成千可能的收入川流中选定一条;但在这一章里,我们已经说过,假定不确定性的要素是不存在的,这要留待第三近似理论(第 9 章)中去研究。

像第一近似理论一样,一个完全的市场是假定为这样一个市场,在那里,每个人是如此微小的成分,所以他进行活动时,就好像市场利率是固定的,只不过决定他愿在这一利率下借多少债或放多少款而已。

由于广大选择范围的存在,一特定资本的所有主通过改变对资本的用法,就得有大量的机会来修改它所提供的收入川流。他很少束缚于一确定的将来计划,他是能够考虑某些替代方案的。美国的产棉地带正是依据这一原理改变它的种植与工业从而增加了实际收入。南部各州的生产,近来由于工业的扩充、农业的变化、水力的开发和公路的改进而增长起来。这些州大半是经由改变它们的收入、天然资源和技术装备的使用而进入了新时代。

在第一近似理论中，我们是经由借债和放款来初步考察收入的弹性的。其后，我们引进了买卖的过程，并且注意到，这实际上包括借债和放款——买卖的特例——在内。在这里，我们还可指出：正因为事实上买卖包括借债与放款，所以，一个人的资本的一种用法代以另一种用法时，也可以说其中包含有买卖，因而也包含有借债与放款。我们显然很可能说，利用资本的一个方法就是卖掉它。事实上，一个商人只有在卖货的意义上才认为自己是在利用他的商业上的存货。

虽然我们能够这样扩大任意使用的含义，把买和卖（它转而又包括借债与放款）都包括在内，但为了我们分析的要求，最好还是不要把买和卖包括在内。

这有两点主要理由。首先，借债与放款，这一变更收入川流的狭隘方法，是不能应用到整个社会的，因为没有社会以外的人可以与之进行交易；可是社会却有可能经由改变资本的使用来根本变更它的收入川流的性质。其次，当借债与放款，或普通的买卖，用来变更一条收入川流时，原来收入川流的现值与改变后的收入川流的现值是一样的，因为加到今年收入的每 100 元与由明年收入偿还的 100 元连同利息计算，其现值相等，所以每一借贷都是增加并减少同等的现值。但当一条收入川流的变更是由于提供收入川流的资本的用法的改变时，那么另一种用法的现值，像美国南部的例子，就可以不会而且一般也不会与原来用法的现值相同。这个事实，即现值不能经由买卖（特别是经由借债与放款）来改变，而可经由改变一个人的资本的用法来改变，显示出变更一个人的收入川流的两种方法间的重大差别。这一差别及其重要性经过第 11 章与第 13 章的数学分析就极其显而易见了。

6.2 任意的收入川流

人们在所有现有的任意收入川流中，将选择提供最大量欲求或最大量欲望的一条。

在前一章我们曾经说过，收入川流可以有数量大小、时间形态、构成与确定性等的不同。在数量大小不同而其他方面都相似的收入川流中，当然，最合意的将是最大的那一条。

在构成不同而其他方面都相似的收入川流中，最合意的将是收入川流中的不同成分对特定个人的边际欲求（依据价格理论中边际欲求的基本原理）是同它们各自的价格成比例的[①]那一条收入川流。

最后也是最主要的，在仅只时间形态不同的收入川流中，最合意的一条是依据支配着利率的那些原理来决定的，本书便是要阐释这些原理。所以，在这里我们要特别注意时间形态不同的收入川流。

为了明确说明时间形态不同的收入川流，让我们先只假定三条。譬如我们说，一个人占有一块土地，它几乎同样适于耕种、植林或采矿。我们使用这些名词只不过使读者获得具体的形象。从逻辑上讲，这三条任意虚构的收入川流简单地用 A、B、C 字母来

---

① 参阅拙著《价值和价格理论的数学研讨》。

表示更好一些，因为它们也不过一般地和约略地近似于实际耕种、植林或采矿所提供的收入川流，而且这三种产物也不必一定是不同的种类。因此，这三条收入川流可代表生产同样产物的三种不同方法，其中一种比另一种是更为迂回的或资本主义式的。它们在这里之所以采取耕种、植林和采矿三个具体名称，只是为了便于区别和记忆这三种类型，而不是因为这三种类型更为名实相符，也不是因为有关土地的例子比之有关商业或工业的例子含有更重要的选择机会。唯一的要点是，代表 A、B、C 收入川流的三个数字序列是不同的。

这样，我们假想的土地所有主可以在三条不同的收入川流中任选一条。它们的构成原是不同的——一条收入川流生产粮食，另一条生产木材，第三条生产矿物——但为了目前方便起见，我们假定这些东西都可归结为以货币衡量的实际收入。这就是说，在这里我们假定粮食、木材和矿物的价格和价值是已知数，都是依据决定价格的原理来决定的。[①]

① 我们自然知道，决定价格的原理包含有利息，正如同决定利息的原理也包含有价格一样。经济均衡的全貌包括每一个可能的变数，而每一个变数是与其他变数相互作用的。在理论上，我们不能从面包本身来决定面包的价格，并进而分别决定其他价格，包括利率在内。在理论上，对经济结构每一部分的分析，必须包括整体的分析，所以，完整的利息理论势必包括价格理论、工资理论在内，事实上，它包括所有其他的经济理论。

但为了方便起见，我们可以假定其他要素已经决定，从而单独拿一个要素来分析。本书是专论，尽可能限于讨论利息理论，而撇开价格理论、工资理论与所有其他的经济理论。以后我们很容易将这一利息理论（它假定价格是预先决定了的）与价格理论（它假定利息是预先决定了的）结合在一起，从而得到一个综合理论，这时原先假定的常数就成为变数了。但所有原理依然是正确的。

今设土地所有主得知粮食、木材和矿物的预定价格和产量，以及获得它们所需的预定成本，那么他只面临三条一定的收入川流的选择（这些收入川流是可以用货币来表示的），这要看他把劳动、土地和资本究竟用于下述三种用法中的哪一种：

（1）用于耕种方面，这将提供一个规则的与永久的连续收获和收入，年年价值相等，这就是图 6.1 中，AA'类型的收入川流；

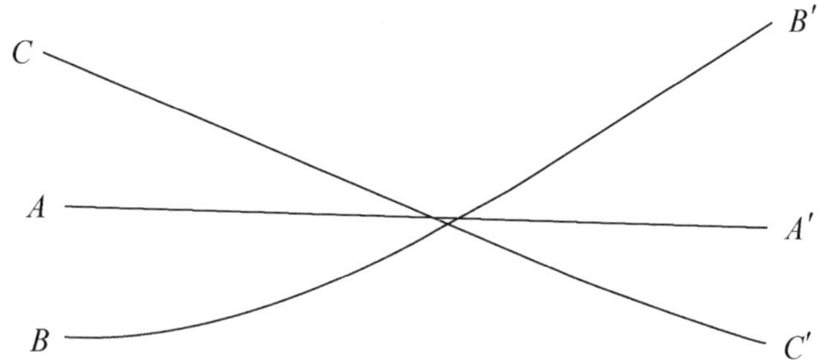

图 6.1　收入川流的三种类型："耕种"、"植林"和"采矿"

（2）用于植林方面，在最初几十年收获很小，而在将来收获较多，有如 BB'曲线；

（3）用于采矿方面，在这种情形下，我们假定最初数年收入最大，此后渐减直到矿产枯竭为止；以 CC'曲线表示之。

现在我们遇到的重要问题是：土地所有主在 A、B、C 三条收入川流中依据什么原则来选择最好的一条呢？这是第二近似理论中一个基本的和特有的问题。

利率关系到用于最大量现值的最初选择，也关系到后来单纯收入的时间分配的选择，因为利率是用来求得现值的；而且当利率改变时，不同时间分配的收入川流的相对现值也可随之而改变。

同从前一样，我们仍假定社会上只有单一的利率，任何一个人都可自由地按这一利率借贷他所需要的任何数额。在这一假定下，在三个可能的选择中将会选定一条依市场利率计算能提供最大最现值的收入川流。

让我们假定市场利率为5%。为了计算上述三个收入川流的现值，设土地用于采矿方面所提供的收入川流如下，譬如我们说：第一年2 000元，第二年1 800元，第三年1 600元，余类推，这样每年递减200元直到矿的枯竭点。这十个数字的现值，依5%折现，是9 110元。如果土地用于耕种方面，每年永远是提供450元净收入，依5%计算的现值是9 000元。最后，如果土地用于植林方面，我们假定它提供以下的数额：头两年为零，第三年300元，第四年400元，第五年500元，嗣后永为500元——于是土地价格依5%计算为8 820元。

在这种种情形下，土地显然要用之于采矿，因为用在采矿方面，土地价值9 110元，大于它用在耕种方面的价值9 000元，也大于它用在植林方面的价值8 820元。

关于在时间上的分配，这三种选择的对比如下：

表6-1　三条任意的收入川流　　(元)

	A 耕　种	*B* 植　林	*C* 采　矿
第一年	450	000	2 000
第二年	450	000	1 800
第三年	450	300	1 600
第四年	450	400	1 400
第五年	450	500	1 200
第六年	450	500	1 000

（续表）

	A 耕　种	B 植　林	C 采　矿
第七年	450	500	800
第八年	450	500	600
第九年	450	500	400
第十年	450	500	200
第十一年	450	500	000
	等等	等等	等等
现值	9 000	8 820	9 110

所选取的特定收入川流将会影响到其所有主的总收入川流的时间形态。因为我们在第 1 章曾经讲到，任何个人的净收入川流总额，即最后的收入川流总额，在任何一段时期内，都只是他所有各种财产在那段时期所提供的各项收入的总和。因此，如果一个人选定他的土地用于采矿，因而收入川流逐渐减小，它将对这个人所享有的总收入川流产生同样递减的趋势。这一趋势自然可由某些相反的趋势所抵消，但若除土地外，所有其他资本所提供的收入在价值与时间形态上是继续不变的话，那么这个趋势就将发挥充分的力量了。不错，矿产的直接收入本身还不是实际收入，但是它含有一些服务，这些服务相对于某些其他资源来讲乃是损耗，因而就构成了中间收入或起着相互作用。但这些服务是可以通过一连串的信用与负债立即转变为实际收入、从而转变为享用收入的。比如说，矿砂可以换成货币，而货币又可以花在享用服务或商品上，这些商品不久便提供享用服务，从而使实际收入在时间形态上①完全符合于矿产原有的中间收入。

① 参阅《资本与收入的性质》，第 8 章，第 9 章，第 19 章。

6.3 两种选择

但是，矿主并无必要使其实际收入符合于矿所提供的物质收入或自然收入的变动。他可抵制他的全部净收入的任何变动，这种变动最初是起因于他选择了收入 C 而不选择 B 或 A。或者，他进一步加强这些变动，如果他宁愿这样的话。事实上，他可使其收入的时间形态成为他所喜欢的任何形式。要做到这一点，第一近似理论已经说过，他可沿着他的收入川流，在适当的时间，借贷适当的数额；说得更普通些，经由买卖全部的或部分的收入川流来使他自己的最后净享用收入的时间分配形式适合于他的要求。

举个例子，单就时间形态来讲，他可得到一个固定流量的收入，犹如他把土地用于耕种所能得到的那样。但他不会因此宁将土地用于耕种而不用于采矿；因为用于采矿可得较大的现值，而它所提供的收入川流之不合意的时间形态，依据我们现在的假定，是很容易得到补救的。例如，他可将矿的早期生产收入贷出一些，迟几年再连同利息收回。

当然，他依 5%所进行的放款丝毫不会改变 9 110 元的数字，即改变依 5%计算的所有十项收入（2 000 元，1 800 元，1 600 元，1 400 元，1 200 元，1 000 元，800 元，600 元，400 元，200 元）的贴现价值；它只不过是把这十个数字中的后面的几个数字增大一些，而把前面的几个数字缩减一些罢了。增加额的现值必定等于减少额的现值；因为增加额是还款，减少额是贷款，而任何贷款的现值要等于还款的现值。

所以，我们可将土地所有主所做的两种选择在思想上完全分开，即(1)宁选 C(采矿)而不选 A 和 B，因为前者的现值较大，和(2)时间形态的选择。如果第二种选择，好像方才为了便于说明而假定的那样，是条均匀的收入川流，那么它的年率就永远是 455.50 元。这就是说，矿主第一年将会按息贷出 1 544.50 元(即原来矿的收入 2 000 元除去 455.50 元以外的全部剩余)；第二年贷出1 344.50 元(即他原来的 1 800 元除去 455.50 元以外的全部剩余)；余类推。到第九年时，他就不再放款了，因为矿的收益只有 400 元。这时他反要用先前的贷款收入 55.50 元来补足它。同样，在第十年时他要用贷款收入 255.50 元来贴补矿的收入 200 元。此后他不能从矿获得任何收益；可是他的贷款将会积累出一笔基金(其数额 9 110 元)以代替该矿，他每年能从这笔基金得到 5%的进款，即 455.50 元。

于是这双重选择(用于采矿和均匀的时间分配)的净结果是，将耕种提供的 450 元永久收入增加为 455.50 元的永久收入。这一新的永久年金恰如用于耕种所得到的时间形态，但每年收入却多了 5.50 元。

由此我们可以看到，矿的收入这样以丰补歉而均一化为每年一律的 455.50 元，大于耕种的固定收入 450 元的百分率，恰等于矿的收入现值(9 110 元)大于耕种收入现值(9 000 元)的百分率。

下表详细表明上述活动情形：

表 6－2　采矿用法与耕种用法比较表　　(元)

	所有者从采矿所得的收入	他从其中贷出	留作实际收入	耕种用法所将提供的收入
第一年	2 000	1 544.50	455.50	450
第二年	1 800	1 344.50	455.50	450
第三年	1 600	1 144.50	455.50	450
第四年	1 400	944.50	455.50	450
第五年	1 200	744.50	455.50	450
第六年	1 000	544.50	455.50	450
第七年	800	344.50	455.50	450
第八年	600	144.50	455.50	450
第九年	400	－55.50	455.50	450
第十年	200	－255.50	455.50	450
第十一年	000	－455.50	455.50	450

或者，土地的所有主偏好于植林那一类的时间形态，而不要一个流量永久固定的收入。但他也不会因此宁将土地用于植林而不用于采矿。他可以简单地将矿的各项收入放债取息，第一年放出 2 000 元的全部，这一年并不留存任何收入；同样，第二年放出 1 800 元的全部；第三年放出除 310 元以外的全部剩余；第四年放出除 413 元以外的全部剩余和第五年除 516 元以外的全部剩余，其后每年都是如此，直到第九年。这时他就反转来用上述贷款收入的 116 元来补足他的 400 元，而使他这一年的收入达到 516 元。第十年矿的收入只有 200 元，也同样提高到 516 元，从此以后，他就完全依靠他的外面贷款，依 5％计算每年恰可得到 516 元。

结果是一系列的收入项目恰与 B(即植林)收入的系列很相似，但每一项目都按 C 和 B 各自的现值 9 110 元对 8 820 元的比率而扩大了。

下表表明这些活动情形：

表 6-3　采矿用法与植林用法比较表　(元)

	所有者从采矿所得的收入	他从其中贷出	留作实际收入	植林用法所将提供的收入
第一年	2 000	2 000	000	000
第二年	1 800	1 800	000	000
第三年	1 600	1 290	310	300
第四年	1 400	987	413	400
第五年	1 200	684	516	500
第六年	1 000	484	516	500
第七年	800	284	516	500
第八年	600	84	516	500
第九年	400	−116	516	500
第十年	200	−316	516	500
第十一年	000	−516	516	500

所以，任何时间形态都可以转变为任何其他时间形态，无论何人都不会因时间形态的关系而不能选择某一收入，相反的，每个人都可以根据最大量现值来选择一个收入。这样，他那最后转变成的收入也许要比他选择同样时间形态的其他用法所提供的收入更大一些。

以上所述，在本章所设的假定下，都是正确的。这一假定是，在决定价值最大的选择后，你可**随意**借贷或买卖，而且没有风险。如果这一假定是不真实的，如果一个人切断了与自由借贷市场的联系，那么，任意的收入川流就不一定是提供最大量现值的那一条，这要看其他有关的情况，特别是他关于时间形态的偏好。

当然，我们在这第二近似理论中所作的假定，像第一近似理论一样，是很武断的，为的是使利息理论简化。但其中所包含的原理显然有重大的实践意义。一个现代商人，利用借贷市场，在很大的程度上能够依据现值来决定他可能有的种种选择，然后依靠借款或其他融通资金的方法来消除时间形态方面的任何不便。

图 6.2 中的 AB 线与 $A'B'$ 线代表两条任选的收入川流，其中下降的一个——AB——有较大的现值。这个人将选 AB。如果他偏好 $A'B'$ 的时间形态的话，那么他可以将 AB 收入川流的早期进款贷放一些出去，而在以后收回一些放款，使不合意的 AB 收入分配变为合意的 $A'B'$ 收入川流的分配。这一最后收入 $A''B''$ 结合了原来两个任选的收入 AB 和 $A'B'$ 的优点；它具有 $A'B'$ 之优越的时间形态和 AB 之较大的现值。与 $A'B'$ 比较，它具有同样的时间形态，但数量则更大一些。

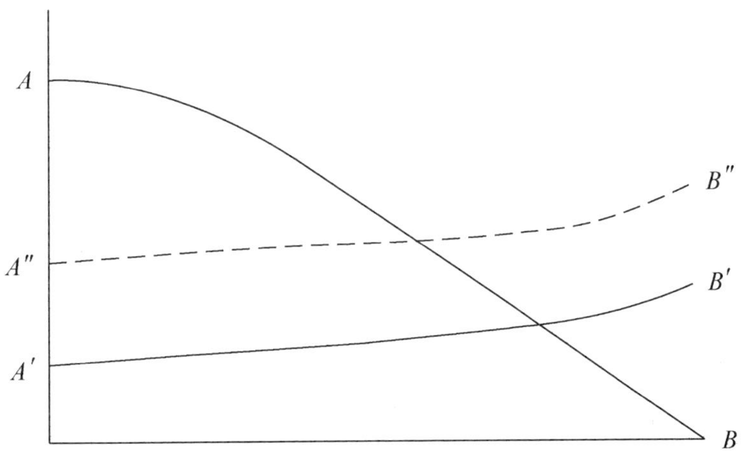

图 6.2　经由双重选择扩大收入川流

当然，这两个步骤在实际上通常是同时决定而不是连续决定的。事实上，借债或融通资金通常是发生在任意选择之前，从而与我们这里为了便于说明而采取的叙述顺序相反。所以下面两种说法都是十分正确的，即：(1)借款连同因借款才成为可能的任意选择，是要获取一个增大的收入；(2)借款是用来使因所采选择而造成的畸形收入均一化起来。

但是，若非这里假定土地所有主能经由借贷或买卖来修改收入川流的时间形态的话，他就不能在那些任意的收入川流中自由地选择最大现值的一条。他也许会觉得在其他收入川流中另选一条对他是有利的，甚至于是必要的，因为如果他的财产仅仅能提供遥远的收入，那他就不能生存。如果他的资本都采取正在成长中的幼树森林的形式，而又不能把将来的收获以某种方式进行抵押，那么他势必挨饿或必须放弃他所持有的一部分财产。在实际生活中，我们也看到有这样的人——所谓“因荒地过多以致贫困的人”。事实上，我们在任意选择时多少都要受到任意选择以及它所要求的资金融通方面的困难与风险的阻碍。

但是我们看到，在我们这里所假定的这样富于选择的世界里，资本家是通过两种对于收入的选择的配合，而达到他的最后收入，这两种选择在我们的假定下，可以认为是完全不同的两回事。重复说一遍，这两种选择是：第一，在许多可能的收入川流中选择有最大现值的一条；第二，在这一收入川流的各种可能变更中选择一种，变更是通过借贷或买卖来进行的。第一种是在不同市场价值的各收入川流中的选择，第二种是同一市场价值的各收入川流中的选择。

6.4 改变资本用法的投资机会

当这双重选择一经决定时，会产生一种十分确定的收入川流，这种情形似乎与第一近似理论所讨论的固定收入川流没有重大的区别。然而这两种情况确有重大的不同，因为根据现在的假定（任意的收入川流），这个人的特定选择是决定于利率的大小。利率的变化会使最大量现值移转到其他一些选择或另一任选的收入川流，而这一移转又回过头来对利率起反作用。

在前例中，如果利率是4.5%而不是5%，选择的顺序将会改变。A（耕种）的土地现值将是10 000元，B（植林）是9 920元，C（采矿）是9 280元。现在把这块地用于耕种，即A是最好的选择。再说，如果利率是4%而不是4.5%，那么土地用于A（耕种）的现值将是11 250元；用于B（植林）的是11 300元；用于C（采矿）的是9 450元。在这种情形下，B（植林）将会当选了。

这样，如果利率是5%，将土地用于采矿是最合算的；如果利率是4.5%，则用于耕种；如果利率是4%，则用于植林最合算。

土地所有主在三个不同利率下的三种选择可作提要如下：

表6-4　在三个不同利率下的三种选择的现值　（元）

选　　择	在下列利率下的现值		
	5%	4.5%	4%
用于植林	8 820	9 920	11 300
用于耕种	9 000	10 000	11 250
用于采矿	9 110	9 280	9 450

这样，利率的变化就引起各种任意收入川流机会的具有相对吸引力的变化。高利率鼓励收获迅速的投资，低利率鼓励收获遥远的投资。正像生意人所说的，当利率高时，他无心等待遥远的收获，因为他要“损失那么多的利息”。所以，一个投资人是依据利率的不同，在他可能有的各种选择中，做出极不相同的决定。

因此，一个人在使用他的资本时有各种不同的选择，这在决定利息的问题中引进了一个新的变数。就个人来讲，利率决定他对任意收入川流的选择，但就整个社会来讲，因果关系则反过来——利率要受选择范围大小的影响。假如我们生活的国度，到处是幼树森林，或者提供遥远收入的机会多而提供即刻收入的机会少（例如美国在开发时期的情形），那么在其他条件相等的情形下，利率要远远高于别的国家，即高于那些充满了采掘殆尽的矿山和油田，或者提供即刻收入的机会多而提供遥远收入的机会少的国家。

现在我们接近了本书中关于决定利率的一条新原理，投资机会原理，这不仅是经由单纯的贷款，而且是经由改变一个人的资本的用法。这一新原理主要是物质的或技术方面的，其重要性不下于人性不耐的精神方面的原理。它几乎在所有的利息理论中都得到暗含的承认，而在雷氏、兰椎、华拉士和柏拉多的利息理论中则得到明显的承认，从这个意义讲，它实在是旧的论点。探讨这一影响利息的新因素，正是第二近似理论的特殊目的。

6.5 不是循环推理

乍看起来，这对于不熟谙数学中联立方程式和变数的人们好像是循环推理:利率决定于各个人的不耐程度;各个人的不耐程度决定于各个人的收入川流的时间形态;收入川流的时间形态的选择,我们方才看到,又决定于利率本身。

完全不错,在这一说法中,利率部分地决定于一连串的因素,而这些因素最后又部分地决定于利率。可是这一连锁并非像它表面上看起来的那样是恶性循环,因为循环的最后一步并不是第一步的倒转。

为了区别真正的循环推理与表面上的循环推理,我们可引述代数中或心算中的一些简单问题。譬如我们知道父亲的高度等于他的孩子的高度的 3 倍,希望求出父亲的高度。解答这一问题,我们需要对这两个高度更多地知道一些情况。假如我们又知道孩子的高度比他父亲相差 2 倍,这个问题就真正是循环的和不可解的了,因为另加的条件实在可以归结为第一个条件,只不过是稍为隐蔽些的反转讲法。这个问题基本上是说:(1)父亲的高度等于孩子高度的 3 倍,和(2)孩子的高度等于父亲高度的 1/3 —这显然是个循环。

但若父亲的高度之决定于孩子的高度与孩子的高度之决定于父亲的高度,这两者是根本不同的或不相依赖的,那就不是循环了。于是,像前面一样假定,父亲的高度等于孩子的 3 倍,我们另外又指明孩子的高度与他父亲的差别等于孩子高度的 4 倍减 2 英尺。这与第一种说法相同,听起来似乎是循环的——父亲的高度是用孩子的高度来表明,而孩子的高度又是用父亲的高度来表明;可是现在这第二个条件却不能归结为第一个条件。两个高度都是可解的;父亲的高度是 6 英尺,孩子的高度是 2 英尺。这两个量,父亲的高度与孩子的高度,每一个都是用另一个来说明,但仅只这个事实并不构成恶性循环。这个一般原理，像谷诺及其他数理经济学家常常指出的，只是联立方程式的一条著名代数原理。为了使方程式能够决定有关的未知数，那么未知数有几个，独立的方程式就必须有几个，虽然任一方程式或所有方程式都可包括所有的未知数（所谓独立的方程式就是一个方程式不能从其他方程式推演出来）。如果这一数学上的基本原理得到更普遍应用的话，经济学中有许多混乱和错误论证都是可以避免的。

这一数学可解原理也适用于我们现在的问题。在利息理论中循环推理的真正例子相当普通，但上述利息决定于选择范围和选择决定于利息的说法，却不属于这种情形，因为这一最后决定的条件是不能从其他条件推演出来的。[①]

为了说明目前问题，我们只需提请读者经由“且错且试”的过程来想象一下。要求得市场均衡赖以最后建立的利率，让我们连续试用一些不同的利率。首先，我们假定利率是 5%，这一利率将会决定每个人的选择。如前所述，土地所有主将会选择 C——采矿用法，因为这样得到的收入现值（9 110 元）大于另外两种用法的现值。同样，市场上其他人们也要为其资本选一提供最大量现值的特定用法。这些选择决定后，各个人便进入借贷市场或销售市场，希图改变他们的收入川流的时间形态，以便合乎他们各自的特殊要求。

所有这些选择的结果，所有打算贷款的人在他们所选定的收入川流中愿将今年收入的一部分按 5% 贷出的总额是十分确定

① 在我们现在的假定下，就是这种情形，这一点在第 13 章中还有详尽的论述。

的；而所有打算借款的人愿借入的总额也同样是确定的。这在前一章我们已经看到了。换句话说，在5%的特定利率下，今年借款的供求，都是确定的数量。设借款的供给超过了需求。那么5%就不是利率的正确答案，因为它过高了，不能使市场达到均衡。

在这种情形下，让我们再试假定利率为4%。依据上述同样的论证，现在我们看到，土地所有主将为他的土地选取植林的机会，因为植林所得的收入现值（11 300元）——现依4%计算——要大于其他两个可能的收入。其他资本家也同样根据他们可能的收入川流——与前在5%下不同——进行最好的选择。总之，现在供求都不一样了。例如土地所有主现在不是要放款，而是要借债（出卖证券）来均一他的收入川流。如果又发生这样的情形，即依4%计，借款的供求仍然不能平衡，但这次是求过于供，这就证明4%也不是正确的答案，而应是某一较高的利率。现再改变我们试用的利率——向5%倒回去一点点，我们显然到达某一中间点，譬如说4.5%，在这一利率下，不仅每个人选择资本的最好用法——即有最大的现值——而且，同时这些选择所引起的借款的供求恰使市场达到了均衡，这就是，在这一特定利率下，借款供求是相等的。同理，也可以使明年以及所有各年的借款都达到同样的均衡。[①]

所以，尽管我们使收入川流成为弹性的，但是利率依然是十分确定的，甚至在第二近似理论中，收入川流不是固定的，而是可以选择的，甚至这一选择是决定于利率本身的时候也是如此。

① 这种多样的均衡，第13章有详细的数学论证。

6.6 提 要

关于利率的决定，我们现在必须在前一章所阐述的第一近似理论提出的四条原理外，另在第二近似理论中增加两条新的原理。

两条投资机会原理

甲 经验上的原理

每个人都有特定的一系列的任意收入川流可资选择，它们的数量大小不同，时间形态也不同(但所选定的某一特定的收入川流的将来如何，则是明确的)。

乙 最大现值的原理

在这一系列的选择中，每个人要选取一条依据最后由六个条件所决定的利率来计算时具有最大现值的特定收入川流。

两条不耐原理

甲 经验上的原理

任一特定个人的不耐程度，即时间偏好率，决定于他所选择的并经由交换而发生变更的收入川流。

乙　最大量欲求的原理

每个人在初步选定最大现值后，就通过交换来修改，使之成为他所最需要的特定形式。

我们已经看到，这意味着每个人的不耐程度或时间偏好率在边际上等于市场利率，因而也等于所有其他人们的边际偏好率。

两条市场原理

甲　平衡市场的原理

利率必须是这样的一个利率，它将使市场达到均衡，即是说使供求相等。这就是，在每一段时期内，经由借债或售卖所造成的某一些人收入的增加，必须与经由放款或购买所造成的其他人收入的减少，保持平衡。

乙　偿还的原理

借款的现值必须等于还款的现值，讲得更普通些，任何人在某一段时期内经由借债或售卖所引起的收入的增加，在现值上必须等于他在另一段时期内经由放款或购买所引起的收入的减少。

这样我们看到，利率决定于两条不耐原理与两条明显的市场原理，还决定于两条投资机会的原理。

简单地讲，利率的决定，要能(1)最好地利用投资机会，(2)对不耐做最好的调节，(3)使市场均衡并偿还债款。

要之，这个理论是关于交换的原理，也是关于投资机会及人性不耐的原理。

但是,虽然我们已经接触到本题的两个主要理论基础,我们距离现实世界自然还是很远的。现实世界要比这一章所叙述的假想世界远为复杂得多。特别是我们还要考虑到风险。这将在第三近似理论中讨论。

7. 投资机会原理

7.1 可取的与不可取的选择

前一章的基本要点是，我们的资源有许多种不同用法的可能性，这种可能性使我们在许多种用法中能够有选择取舍的机会。凡是有这种选择取舍的情况时，例如一个人的土地为了以后的差别收获而从"采矿"用法改为"耕种"用法，如表 6－2，就必然要有早先几年的差别牺牲或收入的投资。劳动、土地和资本在用法上有选择取舍的事实，就在我们的分析中，引起了"生产力"的整个问题。

庞巴维克说得很对，他写道：

> "对现在财货评价较高，还有两个原因。资本的生产力如何与这两个原因协调一致并且互相结合起来，我认为这是利息理论中最困难的一点，同时也是决定这一理论成败的关键。"①

① 《资本正论》，第 277 页，脚注。

我一般地总是避免使用资本的生产力这一名词,因为它的含义不清,它可以是指物质的生产力,也可以是指价值的收获,也可以是指超过成本的收获;而且,又因为它意味着资本产生收入价值而不是收入价值产生资本;还因为它把制造物的价值归之于生产成本而不归之于它们的未来服务的贴现价值。

我喜欢用投资机会这一名词。它具有任何一个新名词所具有的一些优点和缺点。但它还是一个陌生的名词,所以需要给以确切的定义。投资机会的概念是以"选择"的概念为根据的。一种选择是指一个人可能有的任何收入川流,他可以经由利用他的资源、资本、劳动、土地和货币来生产该收入川流或取得该收入川流。一种投资机会就是从这样一种选择或任意收入川流改向另一种选择或任意收入川流的机会。

它包括所有可能的投资机会——它包括那些能超过投资数额或成本而提供大量剩余的投资机会,同时也包括那些只能对投资提供负收获的投资机会。

两条投资机会原理中的第一条(甲)指明了任意收入川流的特定选择范围。然而有些任意收入川流是绝不会被选取的,因为它们各自的现值都不可能是最大量的。在我们的例子中,我们已经看到,土地可因利率的不同而最有利地用于耕种或采矿或植林。但我们可以说,无论利率是怎样的,它永远不会用于采石。

由此,有些任意用法不论利率高低,是用不着考虑的,这叫做**不可取的**选择。其余的是**可取的**选择。我们需要考察可取的选择——它们中的任何一个,在一定的适当利率下,都可使之具有最大的现值。

7.2 比较利益法

投资机会的第二条原理(乙),即最大现值的原理,是非常重要的,它有许多方面是互相关联的,但人们却常常认识不到这一点。我们可用另一种说法来重述这一最大现值的原理:人们将会采取一种选择,如果它的收入所具有的比较利益超过(在现值上)它的损失。

让我们再用土地的例子来说明这一原理的另一表述方法——这一方法可叫做比较利益法。我们知道,当利率是4%时,土地所有主将会采取植林的用法,因为它具有最大的现值。假如现在我们将土地用于植林所提供的收入同土地如果用于其他方面,例如耕种,将所提供的收入逐年加以比较,我们将会看到植林用法较之其他用法有些年份收入多而有些年份收入少,见下表:

表7-1 耕种用法与植林用法比较表(用比较利益法) (元)

	耕种用法的年值	植林用法的年值	有利于植林用法的差额
第一年	450	……	—450
第二年	450	……	—450
第三年	450	300	—150
第四年	450	400	—50
第五年	450	500	+50
第六年	450	500	+50
第七年	450	500	+50
第八年	450	500	+50
第九年	450	500	+50
第十年	450	500	+50
第十一年	450	500	+50
以后每年	450	500	+50

在这里我们看到，最初四年它具有比较损失，即差别牺牲，其数额是 450 元、450 元、150 元、50 元。这些损失是将土地用于植林同用于耕种比较而来，但它们随后就由每年多收获 50 元的永久利益所抵消了。如果在上表所列第一年以前，土地所有主已将土地用于耕种，并考虑改向植林的得失，那么他将把 450 元、450 元、150 元和 50 元的损失或牺牲认为是投资或成本，而把每年 50 元的永久利益看做是这些投资或成本的收获。由此，他可将耕种用法代以植林用法的计划视为 450 元、450 元、150 元和 50 元的投资机会，为的是取得以后每年 50 元的收获。现在如果将 450 元、450 元、150 元和 50 元的亏少或投资依 4%总计它们的现值，我们得到 1 025 元，而从第五年开始的每年 50 元的永久收获的现值则是 1 069 元。于是收益的现值（依 4%计）大于牺牲或成本的现值，其超过的数额等于 1 069 元与 1 025 元的差额。依现在估计来看，收入的利益超过收入的成本或牺牲。所以我们可以说，当利率是 4%时，植林优于耕种，因为依现值计算的利益超过损失而有余。这样，如果能依 4%借到钱的话，由耕种转向植林的投资机会是很合算的。

但若利率是 4.5%，两者的比较就不同了。牺牲或成本的现值将是 1 016 元，而收益或收获的现值是 932 元，这表明牺牲或成本是较重的。这就是说，如果利率是 4.5%，土地之用于植林较之用于耕种，其成本将超过收获。所以，当利率是 4.5%时，土地将不会用于植林。

因此，一般的原理是，资本家在可能的各种选择中要选取最有利的一个，或更详细地讲，他要选取与任何其他选择比较时其所提供的利益,依特定利率计算的现值大于损失的那一个。但这显然只是原来的原理之另一种说法而已,原来的原理是说,该资本家所选定的用法是依特定利率计算具有最大现值的一个。

现在可将比较利益法总括如下:我们经常面临宁选这一收入川流而不选另一收入川流的机会,需要研究的是,选取这一收入川流或另一收入川流究竟有什么差别。我们知道,它常常造成两种差别、利益与损失。如果我们开始选择目前利益较大的一个,并且探讨放弃这一选择而采取另一选择是否合算,我们可以将这样的做法叫做投资机会。这就是,为了某些利益(后文将称之为收获)而遭受某些损失(后文将称之为成本)。我们权衡成本与收获的得失来决定这一投资机会的合算与否,这种成本与收获是用根据利率计算的现值来表示的。

7.3 收获超过成本率的概念

当我们比较两个任意收入川流,并依利率的不同而定两者的优劣时,如果用适当的中间利率来计算两种选择的现值,那么这两种选择将会是不分轩轾的。这就是说,这个平衡利率是这样一个利率,它使两种选择的现值相等,换个说法,它是这样一个利率,设用这一利率来贴现,则采取一种选择的成本的现值等于收获的现值。

这一假定的利率,如果用于计算两相比较的选择的现值,将会使它们相等,或使它们的差别(成本与收获)相等时,便可叫做收获超过成本率,以后本书将普遍地使用这一名词。在本书中,这个新因素在利息理论的投资机会方面,占有很重要的地位。

现在让我们将收获超过成本率应用到前举选择的实例来说明一下。

我们在土地的例子中已经看到，设利率是 4%，植林用法得有净益；设利率是 4.5%，耕种用法得有净益。很显然，在某一中间利率下，这两种选择的比较利益恰好相等。这一中间利率约为 4.2%，这个平衡利率就是收获超过成本率。

但两者的比较可以化为最简单的形式，如果我们将例子中的数字改变如下：

表 7-2　以收获超过成本率表示的耕种用法与植林用法比较表　(元)

	耕种用法的净值	植林用法的净值	有利于植林用法的净差
第一年	100	000	－100
第二年	100	210	＋110
第三年	100	100	000
第四年	100	100	000
以后每年	100	100	000

在这一实例中，平衡利率，或收获超过成本率显然是 10%。在 100 元的成本下，收获是 110 元，即超过 100 元 10%。依 10% 计算，两者的现值是相等的；因为明年 110 元的收获依 10% 计的现值恰是 100 元，而现在成本 100 元的现值也是 100 元。

在方才举的例子中，成本(100 元)只有一项，收获(110 元)也只有一年后得到的一项，这是可能举出的最简单例子。但无论构成成本与收获的项目数列是多么复杂，上述原理总归是正确的。

其次一个最简单的例子是，一种选择与另一种选择比较表明，今年的成本譬如说是100元，而将来每年的永久收获譬如说是8元。在这些情况下，平衡利率(或收获超过成本率)就是8%。

于是"收获超过成本率"这个辞句，是应用于两个任选的收入川流的得失比较。重复说一遍，所谓成本就是起初一个人的收入川流由于资本用法的变更所造成的比较损失，所谓收获就是由于这一变更而产生的比较收益，这些收益是在以后得到的。成本可以说是今天的差别，收获可以说是将来的差别——前者是负数，后者是正数。

应当注意，这一论述是通用的。它适用于每一可能的成本和每一可能的收获。投资人的问题——每个人在某种程度和某种方式上都是投资人——总是要解答这样的问题："我作这一种选择而不作另一种选择，对我的收入川流究竟有什么差别？我牺牲的是什么？我得到的是什么？"如果成本在先，收获在后，他要知道收获超过成本的程度是不是足够合算。这个超过额就是他的收获超过成本，而重要的是收获超过成本的年率。

"究竟有什么差别"的问题，是一个人企图由旧计划改向新计划时所常要问到的问题。把土地更多耕作一些会带来多大的收获(耕作与收成同依市场价格换算成货币)？依市价计算的一架新收割机会使收获产生足够的差别因而值得采用吗？两个公司的合并会使将来利润的收获足以抵过合并过程中的暂时损失吗？由此我们可以看到，这里所用投资机会的概念是与通常想法没有抵触的，后者也包括这些想法。每当一个人考虑他的所谓投资机会时，他心中总是要权衡他的预期收入会有什么差别——将来预期的增加对更近时期的减少。即使投资不是用当前收入的陆续储蓄部分，而是用一整批款项，我们也不要忘记，投下的整批款项只是代表另一收入川流的牺牲罢了。

当然，收获超过成本率是不能同它所决定的利率相混淆的，正如不耐程度不能与利率相混淆一样。

7.4 收获超过成本的原理

现在让我们将前一章土地例子中植林、耕种与采矿三者的比较，用收获超过成本率来重新表述一下。

如果实际的市场利率是 4%，将土地正用于耕种或考虑这样做的人，会觉得植林更好一些。由耕种改为植林，像表 7-1 所表明的，会使前四年的收入遭受一定的牺牲，但以后却获得一定的净增加。选取植林用法所取得的收获超过成本率是 4.2%。他将来得到的 4.2%比市场利率 4%要大一些。

但若市场利率是 4.5%，由耕种改为植林就不合算了；因为植林的收入是4.2%，而他在借贷市场却能得到 4.5%。农场主宁将耕种的前四年收入 450 元、450 元、150 元和 50 元贷放出去，即依 4.5%投资，也不愿改耕种为植林，以致为了 4.2%而牺牲上述的收入。要诱使他改变土地用法，则收获超过成本率必须大于利率。[①]

① 设利益(收获)在前，损失(成本)在后，像采矿用法比较耕种用法的得失那样，上述定理就要倒转来讲：只有当将来成本超过现在收获率小于利率时，才会采取提供较早利益的用法。在这种情形下，比较两种选择时，依相反的次序来看待它们更便当些，这就是，考察耕种用法的利益大于采矿用法的利益，这样损失就可在前，即投资在收获之前。只要成本总是在收获之前，我们就只需考虑收获超过成本率是否大于利率就行了。

于是我们可应用收获超过成本率的概念来将最大现值的投资机会原理，即比较利益的原理，重新表述为收获超过成本最多的原理，这条原理表述如下：

在所有可能的选择中，一个人要选取特定的一个，这一个选择较之其他选择所能提供的收获超过成本率必须等于或大于利率。

7.5 边际收获超过成本率

其次，我们将这一原理应用到更大的选择范围，不仅限于少数确定的几种，而扩展到无数连续的不同等级。这种情形较之假想的几种固定选择，如土地的耕种、采矿、植林等用法，确实更接近于生活现实。事实上，在现实生活中，这三种用法的每一种，并不像我们为简单起见所假定的那样，只有单一的用法，它有一整组任意的用法。例如农场主可将土地耕种到任何的深度，采矿或植林也是如此。每一特定的深度都提供不同的收入川流。譬如说，他在精耕开始时，认为现在投下价值 100 元的追加劳动，一年后就能比不追加多得 150 元的收入。如果年息是 4%，他显然会采取这一措施的，因为他的现在收入减少 100 元，而一年后他的收入却可增加到 150 元，即超过成本 50 元，这使得收获超过成本率达到每年 50%，而利率只有 4%。如果他于现在耕种时再投入另一笔 100 元的话，他的收入在一年时间内增加不到 150 元，譬如说增加 130 元，即收获率是 30%。这样，每一连续的选择与前一选择比较要服从收获渐减律的支配。第三个 100 元，譬如说，将增加收入 120 元，即超过成本 20 元。第四个 100 元一年后可超过成本而得到

10 元的收获；第五个 100 元得到 8 元的收获；第六个 100 元获得 6 元；第七个 100 元获得 4 元。

到此为止，在精耕的深度上，每一选择提供收获 4%或更多一些，而年息是 4%。收获率等于或超过利率的诱力，将促使农场主追加成本。但下一选择，譬如说，投下第八个 100 元，增加的收获是 3 元。显然，这最后的追加投资对农场主是不利的；他会停留在前一阶段，这时他仅仅得到 4%的收获。我们在前一节已经看到，每一连续的投资机会是会被采取的，只要这一选择与前一选择比较，所提供的收获超过成本率大于利率；若一种用法的收获超过成本率小于利率，它就会被抛弃了。耕种深度就是这样决定于利率的。在上例中，他将停止于第七个 100 元，这 100 元仅仅提供利率的等值。现在我们可以说，他所选择的深度是要使收获超过成本率稍微大于利率。这就显示出一系列可能的收入川流，它们是依据各自需要的耕种深度而连续排列的。在这些连续的收入川流中，后者代替前者便要增加成本，但也得到更多的收获。收获超过成本率与市场利率的比较，就是我们在精耕的序列中进行到什么程度的指南。这样我们就达到了边际收获超过成本率。

7.6 采伐森林的例证

现在我们换一个例证，把农业精耕改为植林，我们把任意选择的观念应用到采伐森林的问题上去。设九年终了时采伐森林是第一种选择，这时收入川流只有一项，即生产了900堆[①]木料（如果每堆木料值1元的话，就是900元）。[②]

第二种选择是保持森林再继续生长一年，而于十年终了时采伐，以便获得1千堆的收入项目（假定一堆1元的价格不变，就是1 000元）。这两种选择可以完全像前面用植林与耕种的对照表一样列成表格如下：

表7-3　植林提供的任意收入　（元）

	十年计划	九年计划	有利于十年计划的差额
第一年	000	000	
第二年	000	000	
……	……	……	
第九年	000	900	－900
第十年	1 000	000	＋1 000

最后一栏表明，十年计划与九年计划比较，不同之处在于第九年的900元成本与第十年的1 000元收获。于是收获（1 000元）超过成本（900元）率略高于11%。如果市场利率是5%，等待一年显然是合算的，这就是延迟到第十年采伐。

其次一种选择是留待第十一年采伐，这与十年计划比较，不同之处在于第十年的成本1 000元和第十一年的收获1 050元，换句

① 计算木材用之积量名，在美国法定为8×4×4英尺高为一堆。

② 由于我们假定森林收入全部是在一个时间——采伐时间——提供的，而不是分布在一个长时期内，所以收入川流是一次产生的，因而在这里用收入项目也许更妥当些。

话说，收获超过成本率是5%。于是森林在第十年或第十一年采伐显然没有区别，因为收获超过成本率恰等于利率。

同样论证表明，再其次一种选择是在第十二年采伐，这可提供收获21/1 050或2%。由于2%小于利率，所以这一选择是不会被采取的。于是当成本收获率等于5%，即等于利率时，就达到均衡了。

现用图7.1来说明这种情形。AB代表一英亩正在成长的树木的木材堆数；$A'B'$代表预期五年终了时的木材数量；$A''B''$代表预期十年时的木材数量，其后连续的各年依此类推，直到AM年终了时森林的成长达到最大量MN。所以，在BN曲线任何一点上的百分比坡度或上升率[①]，代表森林在任一时间的成长率。在A时间时，以木材堆数表示的森林现值，不是用AB的高度而是用下面另一方式来代表的：设从B'划一贴现曲线[②] $B'C'$，它的纵线，在任一时间都代表$A'B'$在那个时间的贴现价值，于是AC'代表$A'B'$的现值，即若在第五年采伐时的木材数量的现值。同样，AC''代表$A''B''$的现值，即若在第十年采伐时的木材现值。我们依同一方法划一些贴现曲线，直到发现tT，它是BN曲线的切线。那么At就是这一幼树森林的适当价值，D就代表应当采伐的时间。很明显，At与现在木材的数量AB完全不同，也与采伐时木材的数量DT完全不同。在采伐时间上所有可能的选择中At是最大现值。设由于某种原因而立即采伐森林，它的价值只是AB；

① 《资本与收入的性质》，第221—222页。

② 同上书，第13章。

若在 A' 时采伐，它的现值是 AC'；若在 A'' 时，它是 AC''；若在 D 时，它是 At。At 是最大量，因为森林若在 T 的前后任何时间采伐，通过这一点的贴现曲线显然都要在 tT 曲线之下。

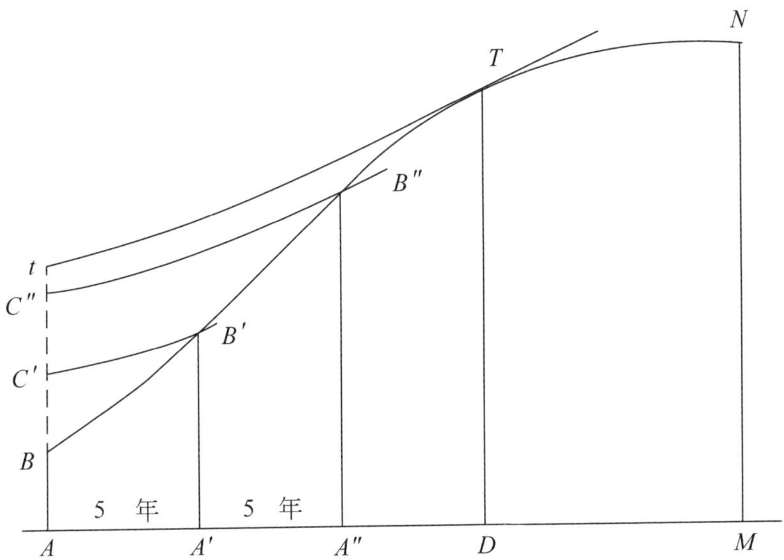

图 7.1 选择森林的采伐时间

由此，在 A 时，森林里的木材只有 AB，但若在适当时期采伐时，以木材表示的森林价值就是 At；森林的成长率是 BN 线在 B 点的百分比坡度；但利率却是 tT 线的百分比坡度（所有各点都是如此）。

只有在切点上，即在 T 点，成长率与利率（都以木材表示）是相同的，至少在这一限度内，利率就是成长率的论点是正确的。然而它不是平均的成长率，而是在采伐时的成长率。这便是 H. 乔治与 A. 第玛尔的有机生产力学说中的正确部分。这些作者的利息理论是以能自行再生产的，特种资本的生产力为基础的。他们由此得到一个结论:最后分析起来,利率是在于“动植物的平均成长率”。[①]

显然,如果用“边际”来代替“平均”,这一理论就基本上正确了。采伐森林的事例是理论上最简单的例子,它说明边际生产力是利率的真正基础。

但是,当我们考虑到森林采伐的时间本身,除其他原因外,仍决定于利率时,则上述理论中的正确部分也不能完整地说明利率是如何决定的。如果利率上涨,所用贴现曲线就要陡峭一些,切点 T 也就移向左方,这就是说,森林将要提早采伐。

当然,采伐时间绝不会是树龄最高的时期。如果要等到那一时期,那就会损失过多的利息。所以,第玛尔与亨利·乔治的理论只不过是机会原理中之一特例而已。

7.7 其他类似的例证

前举农业精耕与森林采伐的两个例子,都包含有(1)现在的成本与(2)一年后的收获,这样,边际收获超过成本率就可归结为下面的简单计算:(105－100)÷100＝5%。

我们可以把上述的例子再加以各种各样的变化,而仍保持上例中简单的基本道理。一个商人往往有无数可能的收入川流供他

---

① A.第玛尔:《货币科学》,麦克米伦公司,纽约,1896 年;H.乔治:《进步与贫困》,斯特林出版公司,纽约,1879 年。对这一理论的一般批判,参阅洛锐:《利息的基础》,美国政治与社会科学研究会,1893 年 3 月,第 53—76 页。

的选择。像在耕种土地与采伐森林的事例中一样，我们可将这一选择简化，从而假定每笔100元成本的连续定量，每笔定量用之于更多或更好的机器，更多或更好的工人，更多或更好的宣传，更多或更好的管理等等，每笔100元的成本都是即刻支出。再假定已投成本的连续定量分别在一年后得到收获，其收获各为140元、130元、115元、106元、105元、104元。所以收获对成本的超过额各为40元、30元、15元、6元、5元、4元。这样，收获超过成本率各为40%、30%、15%、6%、5%和4%。企业家是会担负这些成本的，只要收获超过成本率大于市场利率。在这种情形下，他将停止于5%，如果市场利率是5%的话。我们照样得到(105－100)÷100＝5%。

然而实际上，收获超过成本率的计算很少是这样的简单，因在连续的收入川流间有无数其他类型的对比，同时在投资人的考虑之中。

7.8 永久收获的例子

其次简单的类型，是为了一年5元的永久年金而投下100元的即刻成本。我们假定一个人占有一块原始状态的沼泽土地。关于使用这块土地的方法，他有广大的选择范围。他是要尽量利用机会的。一种选择是让土地依然成为沼泽。其他选择是经由开拓和排水而变为生产粮食的土地，生产多少因开拓和排水的彻底程度而不同。我们假定，在第一种选择下，他可得到一年50元的永久净收入，我们再假定，投下100元的即刻成本用于开拓和排水，不论这成本是自己的劳动或用来支付别人的劳动，他一年可以多获得25元的收入。即是说，在沼泽不排水与部分排水的两种选择间，后者将减少即刻收入100元，但以后每年却可收入75元或每年增加25元的收入。换句话说，投下100元的成本，他将得到每年25%的永久收获。

显然，如果市场利率是5%或小于25%的话，他进行这种投资是合算的，如果他愿意的话，他可依5%借得改进土地所需要的100元。其次假定，投下另100元改进这一沼泽会提供90元的收成，即比以前增加1 5元。这第二个100元的投资提供15%的收获，所以当利率只有5%时，它也是有利的。第三个100元可进一步增加每年的收成，譬如说增加10元，净得高于成本10%的收获。投下的第四个100元将使每年收成增加5元，即5%的收获。第五个100元使收成增加3元，即3%的收获。显然，农场主投资于沼泽的排水和改进，直到第四个100元都是合算的，但不会到第五个100元。他宁可将第五个100元存放到储蓄银行，一年取得5%，也不要投下这100元，只取得一年3元的收入。

换句话说，他改进和耕种土地的确切深度，决定于当前的利率。设市场利率从方才假定的5%跌至2%，那么它投下第五个100元就合算了。因为，他在必要时显然能依2%借得100元，而从土地取得3%的收获。雷氏曾经明白地指出，在利率低的社会中，与利率高的社会比较，沼泽将会改进得更彻底些，道路建筑得更美好些，住宅修建得更耐久些，所有工具的效能发展得更高些，从而提供较低的边际收获超过成本率。

7.9 一般的例子

一般说来，收获超过成本率必须经由较为复杂的方法推算出来。如上所述，收获超过成本率往往是这样一个百分率，它应用于计算所有成本的现值与所有收获的现值时，将使两者相等。或者用数学家的话来讲，这个百分率用来计算两条收入川流间一整列差别（有些差别是正数，有些是负数）的现值时，其总和等于零。

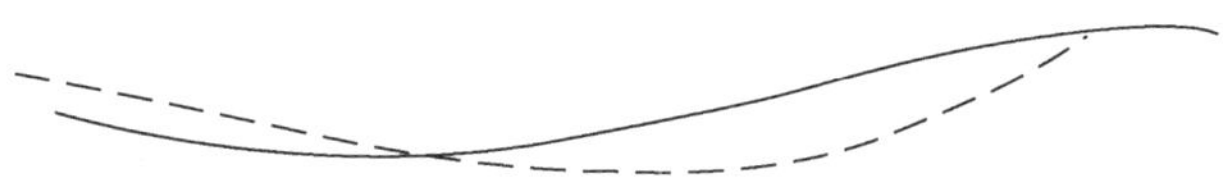

图 7.2 在谷物的种植中最好与次好投资机会间的差别

如果这样计算出来的百分率，用来比较每两条可能的收入川流的得失时，那么它在每种情形下都可精确地决定两者的孰优孰劣。一条收入川流与另一收入川流比较时，若牺牲的收获率大于利率，它就会被选取，另一个就会被放弃。一个人经由这样一些取舍将会达到采取最好选择的边际。这与其最接近的选择对比，边际收获超过成本率等于市场利率。

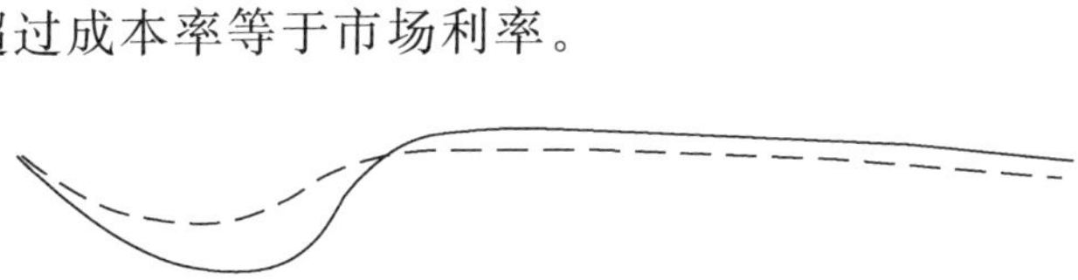

图 7.3 在沼泽土地的排水与耕作中最好与次好投资机会间的差别

森林选择什么时候采伐，生产时期选择多么长久，工业方针推行到什么程度，土地耕作到什么深度，所有这些问题都是同样的问题，即在无数可能的收入川流中选取最好的一个，这就是尽量利用投资机会的问题。

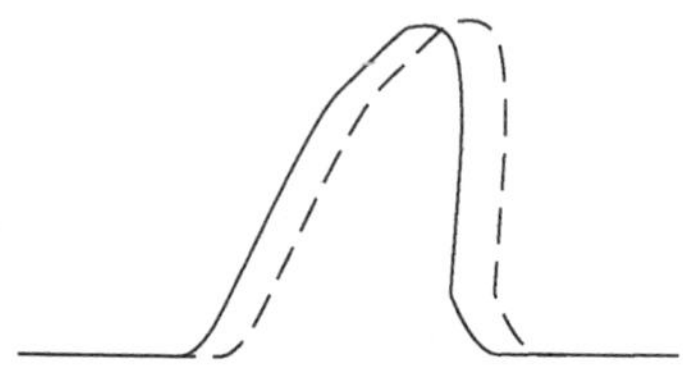

图 7.4　在森林的采伐中最好与次好投资机会间的差别

在上述的每一个问题中，对等的两条收入川流在数量大小上与时间形态上都有不同。这最好是用图解来比较。图 7.2 至图 7.5 是表明收入川流可以想象得到的微小变动的典型方法。图中实线表示选取的收入川流，虚线表示次好的投资机会，它因不如前者而被放弃了。图 7.2 可看作是关于谷物的种植；图 7.3 是关于沼泽的排水；图 7.4 是关于森林的采伐；图 7.5 是关于交替的成本与收获的例子。

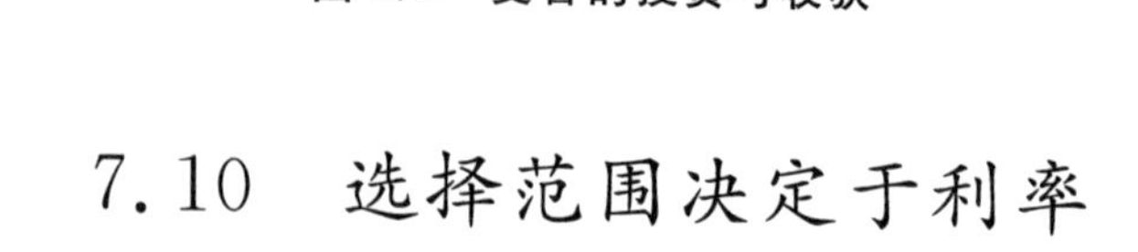

图 7.5　交替的投资与收获

7.10　选择范围决定于利率

到此为止，利息问题中的一种复杂情况一直没有提出来。这一复杂情况虽不会取消我们所发现的任何原理，但过早提出以致分散对理论中基本要点的注意力，似乎也不相宜。这里所指的复杂情况毕竟只是复杂的，而不是重要的。它是起因于这一事实，即不仅各种任意的收入川流，像我们所看到的，是决定于利率，而且其选择范围也是决定于利率。如果利率改变，这不仅引起收入项目现值的变化，而且引起收入项目本身的变化。

任一财富工具或一组财富工具所提供的净收入就是总收入与支出间的差额。但收入与支出中的许多要素主要是决定于利率，特别是收入与支出中的那些还不是最后的而只是中间的或起相互作用的项目。[①] 在相互作用的情形下，利率的变化直接影响到收入川流，因为相互作用（这就是中间的服务）的评价包含有贴现过程，所以它是决定于利率的，这已在别处阐明过了。[②] 因此，铁矿所生产的铁的价值，一部分是决定于由它所制成的机器的贴现价值，所以铁的价值要受到计算贴现所用利率的变化之影响。

为了现在方便起见，我们只需强调下面的简单事实：不同收入川流间的选择范围在一定程度上是决定于利率的。如果基于这一事实来修正前面关于土地的三种不同用法表，我们可以看到，土地用于耕种、植林和采矿所提供的收入川流将因利率而不同。

比如说，我们像在第 6 章第二节中那样，假定利率是 5%时，三条任意的收入川流如下（见表 7－4）。

---

① 参阅第 1 章或《资本与收入的性质》，第 7 章至第 10 章。

② 同上书，第 317 页。

表 7-4　耕种、植林与采矿的原来任意收入川流　(元)

	耕种	植林	采矿
第一年	450	000	2 000
第二年	450	000	1 800
第三年	450	300	1 600
第四年	450	400	1 400
第五年	450	500	1 200
第六年	450	500	1 000
第七年	450	500	800
第八年	450	500	600
第九年	450	500	400
第十年	450	500	200
以　后	450	500	000

表 7-5　受利率影响后的耕种、植林与采矿的任意收入川流　(元)

	耕种	植林	采矿
第一年	500	000	2 100
第二年	500	000	1 900
第三年	500	350	1 700
第四年	500	450	1 500
第五年	500	600	1 300
第六年	500	600	1 100
第七年	500	600	850
第八年	500	600	650
第九年	500	600	450
第十年	500	600	225
以　后	500	600	000

在以前的讨论中，当利率从表 7-4 的 5%改为 4%时，我们假定表中的项目依然不变。当时我们仅仅只讨论到它们的现值的变

化，然而现在我们假定表中项目本身有改变的可能。如果利率跌至4%，森林、农场和矿的产物会更接近于它们所导向的最后服务的价值。木材的价值更接近于由它所建成的房屋的价值，房屋的价值更接近于它所提供的居住的价值；小麦的价值更接近于由它所制成的面包的价值；矿砂的价值更接近于由它所炼成的钢的价值，而钢的价值依次又更接近于由钢的使用所产生的种种满足的价值。森林、农场与矿所提供的中间收入的价值之靠近于它们所导向的最后满足的价值，连同这些满足本身的价值之可能的调整（这些满足的价值即房屋居住的价值，面包消费的价值等等）会引起表7-4中项目的变化，如表7-5，表7-4假定利率是5%，表7-5利率是4%。

这样，利率若是5%，土地所有主将在三种用法中利用最好的机会，即依表7-4中数字计算有最大现值的一个；但若利率是4%，他将依表7-5中数字计算，选取最大现值的一个。于是利率若是5%，他将选择采矿，因为，我们在第6章第四节中已经看到，依5%计算的现值是：植林8 820元；耕种9 000元；采矿9 110元；但利率若是4%. 他将从表7-5依4%计算的现值中选取最大的一个。这些现值现在是：植林13 520元；耕种12 500元；采矿10 100元。

无论所有这些调整的最后结果如何，我们在这里考虑到利率对于选择范围的作用，显然对前述决定利率的论证并没有重大的影响。因为利率本身确定了选择范围，在特定的利率下，选择范围一经确定，一个人就将和从前一样选择最大现值的用法，这仍然是正确的。在这个选择的基础上，他再通过借或贷来变更他的收入川流，以便使他的不耐程度符合于利率。设在一假定的利率下，不同人们的借贷实际上相互抵消了，即市场达到了均衡，那么假定的利率显然就是解决利息问题的一个利率；否则借贷不平衡，就必须选择其他的利率。连续假定不同的利率，我们最后得到一个平衡市场的利率，应当记住，每一利率各有其选择范围，各有其一组选择的现值。

平衡市场的利率使所有边际不耐率与所有成本的边际收获率都与之相等，它在我们所假定的情形下解决了利息问题。

7.11 投资机会原理提要

在本章一系列的论证中主要的结果是，这个投资机会原理现在可用四种方式来表述如下：

最大现值的原理

在所有的选择中，要选取依市场利率计算有最大现值的一个。

比较利益的原理

在所有的选择中，要选取与其他选择比较起来利益大于损失的一个，这些利益与损失——收获与成本——都要依市场利率贴现。

收获超过成本的原理

在所有的选择中，要选取这样的一个，它与其他选择比较起来所能提供的收获超过成本率等于或大于市场利率。

当选择依连续的等级而不同时，收获超过成本的原理

在所有的选择中，要选取这样的一个，它与其最直接抗衡的选择间的差别所提供的收获超过成本率，等于市场利率。这样一个百分率叫做边际收获超过成本率。

从上述任何一方面观察，都是投资机会的原理。无论怎样计算，一个人总是依据利率应用这一原理来衡量他的投资机会——变更他的收入川流。

在我们的分析中，“收获超过成本率”以及它的特殊变种“边际收获超过成本率”是决定利率的一个要素，我们是不至于夸大这一概念的重要性的。它提供了这一分析的物质的或技术的或生产力的方面，边际时间偏好率提供了精神的方面。我们已经看到，这一问题可从许多角度来观察，起初它似乎是有矛盾的，可是经过前面的综合，它是可以完全协调起来的。

7.12 人性不耐与投资机会的相互关系

现在我们可以看到，利率是三套原理作用的结果，其中市场原理是不讲自明的。其他两大套原理是，一套包含有人性不耐的两个原理，另一套包含有投资机会的两个原理。不耐原理是关于主观的事实，投资机会原理是关于客观的事实。我们内心的不耐促使我们加速将来收入的到来——把它移向现在。如果收入能随意移转而且在移转过程中不至缩减的话，那么收入的移转就要比实际上大得很多。但是由于急躁就会招损，等待就会受益，所以技术上的限制就阻碍了自由移转。例如，亨利·福特也许继续制造他的 T 型汽车。他可因此而获得大量的现在收入，但这一收入是逐渐递减的。或者，他决定改制更好类型的汽车供应市场。这样做，他必须将工厂的生产活动停止一年，毁弃许多旧的机器，还要几百万的成本来装置新的设备。他所预期的由于销售新车而获得的更多的收获只有在牺牲现在收入(等待)的情形下才能得到。

外部的机会促使我们延迟现在收入——把它移向将来，因为它在移转过程中将会扩大。所谓不耐就是消费的不耐，而所谓机会就是投资的机会。我们投资愈多、欲望的满足愈迟，则投资机会率就愈低，然而不耐率也就愈大；我们消费愈多，欲望的满足愈急，则不耐率就愈低，然而机会率也就愈高。

如果摆锤摆向投资一端过多，摆离消费一端过远，它将因不耐的加强和投资机会的削弱而反转过来。不耐是由于欲望的增长而加强，机会是由于收获的递减而削弱。如果摆锤摆向消费一端过多，摆离投资一端过远，它将因不耐的削弱和投资机会的加强(理由与上述相反)而反转过来。

均衡点就处于这两个极端当中，这一均衡点使市场达到了均衡，它是在表现(在一完全的市场中)所有不耐率与所有机会率的利率下使市场达到了均衡。

这全然是构成实际收入的一系列项目的时间与数量问题。我们要现在还是迟些时候获得收入的享用？要获得多少？我们要消费还是要投资？

8. 第二近似理论的探讨

8.1 投资机会的基本因素

由于第二近似理论包含着利息理论的核心，所以在进入第三近似理论前，将我们已谈过的内容做进一步的简单提要与讨论是有帮助的。

任何投资机会都可归结为这样：有了投资机会，在一定的时间，较之没有这种机会时，要多一些劳动，或少一些满足，而预期以后要少一些劳动或多一些满足。早先一项的劳动或节欲是小于以后预期的满足或劳动节约的。最后分析起来，成本与收获也就是为了以后的满足或劳动节约而支出暂时的劳动或节制否则将会享有的满足。

我们把投资机会归结为劳动与满足这样的基本因素时，不仅我们的分析简单化了，而且也避免了在利息问题中兜圈子论证的嫌疑。这就是，当相互作用、资本与货币出现在投资机会的分析中时，利息已经包含在它们各自的评价中了。也许一个经常有的疑虑还会发生，即这一新的收获超过成本率作为决定利息的因素只不过使我们陷入了循环论。那么就要问了：收获率是不是一个新的影响力量？债券所实现的纯粹利率与其他投资所实现的利率间是否有重大的区别？它们岂不都只是利息吗？在利息的后面除人性不耐外还有其他因素吗？投资总额不是仅只是预期收获的贴现价值吗(风险因素考虑在内，这个问题我们现在尚未谈到)？

现在，答案应该是很清楚的，收获超过成本率确实是个新的要素，它没有包括在第一近似理论中，无论实际上它与早先考察的一些要素是怎样的混合在一起。就劳动与满足而言，这就不只是交换了。种植果树的劳动与果树所产水果的贴现价值并不是同样的东西，虽然劳动的价值与水果的价值在特定时间内可能是相等的。吃水果所得到的满足是快乐，种树的劳动是痛苦，它们是能够直接比较的，尽管事实上它们通常只是依据交换的等值来间接进行比较。

当我们投资于一个新企业时，我们就会自然感到收获超过成本率这一因素的存在。投资于原有的电话企业或正在建筑中的铁路，是与今天购买电话证券或铁路证券有所不同的。在后一项交易中，我们觉得是与人打交道——买卖；在前一项交易中，我们觉得是与自然或技术环境打交道——开发。事实上，我几乎选择开发这一时髦的名词而不用投资机会来表示收获超过成本的客观因素。当然，甚至在早期的开发时期过去以后，在工业中仍有许多改变收获超过成本率的机会，不过它们不是这样明显罢了。

即使像鲁宾逊独自在荒岛上一样没有交换的可能，他仍要与自然打交道。鲁宾逊可以种植树木或建造船只，并且平衡他现在的劳动与将来的满足而不经任何交换过程。我们自然能把鲁宾逊做为叙述的起点而不做为叙述的结束。在这种情形下，我们首先必须考虑劳动用于将来满足(或以浆果表现的等值)的原始事实。

随后我们再将鲁宾逊的伙伴“礼拜五”考虑进来，这样一步一步地走向复杂的现代文明。我们可以看到，以劳动与满足表征的原始成本与收获如何逐渐隐蔽于大量交换之后，到今天我们就把劳动与满足都用货币来表示了。今天的资本家不是为了将来满足而劳动，他只是暂时节制他或将享受的一部分满足，节省他或将花费的金钱，用来购买劳动修建铁路。劳动者也不是必须等待铁路建成才获得满足的人。劳动者事先得到了酬劳，并很快地将他的酬劳转变为实际工资，同时资本家却在等待，并获得等待的报酬。

在所有这些以及其他各种各样的交换关系中，其交换条件部分地是取决于有关不耐的贴现原理。但劳动与满足的原始要素（劳动与满足间有一段时间的间隔）或其生活费用的等值，无论变得多么模糊不清，绝不会否定它们的存在。恰如对鲁宾逊一样，它们是始终存在并发挥作用的。

在以上两种调整中，进行第一种调整时，一个人不是同其他人交易，而是同他的环境——自然与技术——交易。这便是今天工业之所以要设立研究实验室的原因。其目的在于用科学方法来改进产品与服务，开辟副产品与原料应用的新途径，发明新产品与新方法，从而创造新的投资机会。同环境交易就是尽量利用投资机会——牺牲现在收入的每一个单位来获得将来收入。同人交易就是尽量利用不耐——一个单位的现在收入优于一个单位将来收入的偏好。

当一个人开始与环境交易时，他会发现收获超过成本率是随交易进行的程度而**改变**的；他调节交易来使边际收获率符合于利率。相反的，在同其他人交易时，他会发现不论他怎样努力，约定条件中的利息是固定的，但不耐是随交易进行的程度而改变的。

8.2 投资机会的必要性

然而有些经济学家似仍坚持利率不能有客观决定因素的意见。如果主观的不耐即时间偏好是个正确的原理，他们便因而得出一个结论，认为所有生产力的原理都必定是错误的。但是他们忽略了两个要点：第一，很明显地，而且事实也是如此，生产技术是对利率有影响的，从而不能置之不问；第二，他们所提出的答案实在是不确定的，因为他们的未知数多于决定的条件。

现若有人问我属于哪一派——主观论还是客观论，时间偏好论还是生产力论？我的回答是"兼属于两者"。如果说我在这方面有什么新的贡献的话（在实质上或叙述方法上），那主要是在客观方面。[①]

在我看来，关于人性不耐与投资机会的相对重要性问题上的细微的意见分歧，是没有什么关系的，不应引起它们当中究竟哪一个更为基本的激烈争论，虽然在这里以及在后面，有机会谈到这个问题时，我还要讲到它们中间的某些差别。重要之点是，在连续变化的情况下，即其变化可按极微小的等级而进行时，则边际时间偏好率与边际收获超过成本率这两个百分率必须相等。H. G. 布

① 与本书略相类似的论证，见 H. G. 布朗教授：《经济学与公共福利》。与本书实质相同的数学论证，有华拉士与柏拉多的数学论证。

朗[1]在有趣的鲁宾逊式的想象中假定，如果收获超过成本率总是固定于10%（假设这在理论上是可能的），那么不耐程度就必须与之符合一致，而利率也只能是10%。本章稍后还将提出一种更为简易而结论更为奇特的假想情形，在这种情形下，技术限制把利率与人性不耐都固定于零。在这里，投资机会是处于支配地位的。

另一方面，我们还可假想一种相反的情形。我们假定社会上的人有顽强不变的不耐率，全是10%（假定这在理论上也是可能的）。在这种情形下，边际收获超过成本率就要调节与之一致了。

一个人的不耐率决定于他经由借贷或售卖来变更收入川流的程度。显然，如果借贷可以达到随心所欲的程度，不耐就会随之而不断的改变。

另一方面，收获超过成本率决定于一个人经由改变资源用法来变更收入川流的程度。这种由于采用新的机器、建筑、人员和体制而产生的变化，一部分是连续的，一部分是间断的。

为了强调不耐与投资机会间的区别，所以我在第一近似理论中是从这样一种情形来开始分析的，即假设一固定的而没有代替机会的收入川流；随后进行研究土地的三种任意用法（为方便起见区分为耕种、采矿和植林），这三种用法有互相代替的机会，从而在这种代替中显示出两种不同的收获超过成本率；最后分析到收入川流种类无限多的假设情形，这些种类是依极微小的等级而区别的。只有在上述的最后一种情形中，收获超过成本率才与不耐率同样是可变的。

① H. G. 布朗：《经济学与公共福利》，第137—145页。

应当注意，在第一近似理论中，收入川流是固定的或不动的，没有另外的收入川流，这就不能有比较的成本或收获，从而也就没有收获超过成本率。但是我们不能轻易想象不耐也同样地消失了。没有时间偏好就绝不能有现在与将来的任何交换，即不能有任何的利率，这正如没有人类的欲望也绝不可能有任何交换一样。它们是无所不在的，并且是所有交换与评价的必要条件。

8.3　单只时间形态上不同的选择

依据上述收入川流的特点，选择主要有三方面的不同，即(1)在构成上，(2)在风险上和(3)在数量大小与时间形态上。选择主要因构成或所提供的服务种类而不同的，可用一座建筑物用于住所、商店或工厂的种种选择来说明。选择主要因**或然性或风险**而不同的，可用船只用于危险的航程或用于安全的河运作为说明。选择因收入川流的**数量大小与时间形态**而不同的，可用土地或人为资本的无数用法来说明，它们可用来生产各种不同的财货(收入)，提供不同程度的直接满足。

在这里，第三组的选择(在收入川流数量大小与时间形态上的不同)对我们特别重要。首先，我们假定只有一种伸缩性，即收入项目可有时间上的变化而没有数量上的变化。然后假定任何资本带来的收入川流在总额上是固定的，但取得收入的**时间**却可随意控制。这一类的选择差不多发生在耐久消费品的情形中，这些耐久消费品是不因时间而有所改进或变质的。例如贮存的谷物几乎在任何时间都可使用，而没有什么品质上的差别，除栈租外也不需要什么费用。煤、铁、布匹和其他耐久原料以至某些制成品如工具与机器在一定程度上也是这样的，虽然对于它们的使用如果延迟过久，通常这些东西会因生锈或其他损害而变质。另一简单例子就是保险箱中一定数额的货币，人可以随意在任一时间内或一些时间内花费它。于是装有10万元的一只保险箱可以这样来支配，即10万元实际收入提供一年，或1万元一年提供十年，或4 000元一年提供二十五年。

耐久财货的所有这些选择(关于使用的时间方面)或许是所有选择中最为简单的一种。由于极端的事例特别有启发性，我们可以假设一个社会里所有资本带来的收入，都具有方才所讲的这种性质。即是说，我们假定可以获得的收入总量是绝对固定的，但能够获得的时间却是绝对任意的。于是这个社会就赋有一定数量的收入，它与保险箱中的货币数量一样是固定的。即是说，一年收入中所牺牲的每1元收入，要在其他收入中增补同样的数额——1元，不多也不少；反过来讲，一年中享用的每1元收入要在其他时期减少的耗费也恰为1元。这样利率就要降低到零了。

8.4 “硬面包”的假想例证

为了使我们能更明确些，让我们假定有这么一种情形发生在一个荒岛上，在这里，一些水手们船破遇难，每个人只有一定数量的若干磅硬面包，而没有希望增加他们的口粮。假设硬面包是这些海上遇难人的唯一实际收入，他们断绝了从外界或经由开发这荒岛来补充食物的一切希望。不需要假定他们的人性有所改变。

我们假定他们对同样收入的心理反应，与遇难前是完全一样的。只有他们的环境发生了变化。结果，他们的收入川流（只包含有硬面包）之唯一可能的变动便是在于改变消费的时间。假设他们当中一个人原有硬面包10万磅。他的选择可以是第一年全部消费掉，或是分做两年或三年来消费，但无论如何，以硬面包计算的他的未来总收入最后总归是10万磅。

稍一思索就可知道，在这样一个社会里，以硬面包表示的利率必定等于零！因为根据假定，放弃现在消费的一磅硬面包只能使将来消费得到同等的增加。要能获得明年的一磅，恰恰只有牺牲今年的一磅。换句话说，收获超过成本率等于零。我们已经看到，由于收获超过成本率必须等于偏好率或不耐率以及利率，所以这些百分率也都必须是零。

这种情形可用图8.1来说明。一种选择是，在 OB 时间内依照固定的速率 OA 来消费硬面包。于是总收入可由 $OACB$ 的面积来代表。另一选择是，在两倍于上述的 OB' 时间内依上述一半的速率 OA'，来消费，于是 $OA'C'B'$ 的面积代表同样的总收入。第二种用法的选择是，牺牲以长方形 AD 代表的一部分早期收入来换取以长方形 DB' 代表的数量完全相等的收获。如果硬面包不是依同一速率来消费的话，那么交替的收入川流就不是用长方形来代表，而是用面积相等的不规则的 $OADB$ 和 $OA'DB'$ 来代表了，见图8.2。$OADB$ 代以 $OA'DB'$ 的结果，目前收入增加了 ADA'，以后收入减少了同等数量 BDB'。

在硬面包例子中所假设的极端情形下，得出利率必定是零的结论，乍一看来很奇特，但却容易使我们理解它的正确性。任一希

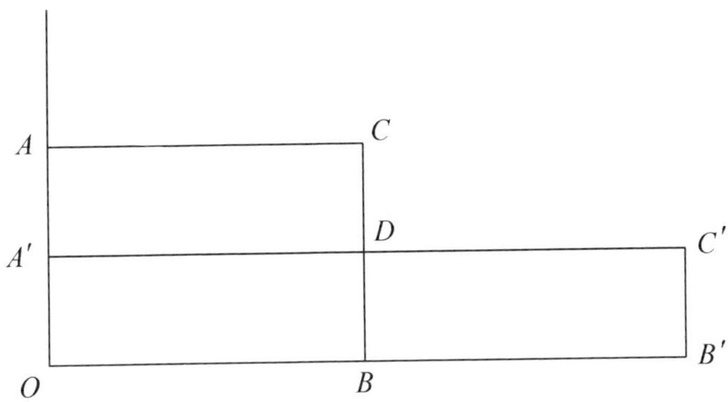

图 8.1 收获率等于零，总收入是固定的，第 1 例

图贷款的人都不可能为他的贷款取得高于零的利率，因为借款人还款的唯一方法是用他原有的硬面包来偿付。假设他要借 100 磅作为今天的消费，而在一年后偿还 105 磅的话，他立即认识到，还不如消费他自己的硬面包 100 磅，这样，明年不需牺牲 105 磅，而只需牺牲他自己的存粮 100 磅。负利率同样是不可能的。没有人愿意为了一年后收回 95 磅硬面包而在今天借出 100 磅，因为他宁可直截了当地今天贮存 100 磅，而在一年后原封不动地取出来。因此，现在硬面包与将来硬面包的交换，只能依平价交换，否则就不可能发生。在这种交换中是不会有贴水或折现的。

至于谈到主观方面，也不能有现在硬面包优于将来硬面包的偏好率。水手们可以调节他们各自的收入川流的时间形态来消除现在硬面包优于将来硬面包的任何偏好率，并使今年 1 磅硬面包与明年 1 磅硬面包的现在评价趋于平衡。因为，一个人若有所偏好的话，他可将部分硬面包一磅一磅地从不欢喜的时间移向欢喜的时间，这一过程将一直继续到他对目前 1 磅硬面包和对将来 1 磅硬面包的欲望达到均衡为止。如果由于自制不足，他愚蠢地偏

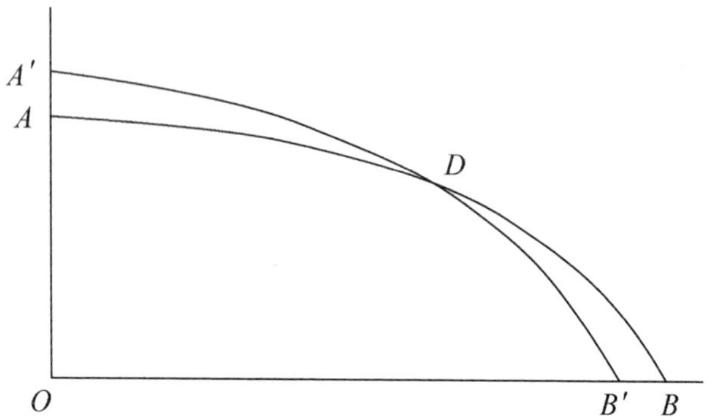

图 8.2　收获率等于零，总收入是固定的，第 2 例

好于现在用掉大部分存粮而把将来贮备减到最低限度，那么，将来供应的缺乏会提高他对将来需要的重视，现在供应的丰富会减低他急于在现在尽情享受的欲求。

设每个人都可将他那一份硬面包随意分配于现在与将来的享用上，而且有一些硬面包可供这两方面享用的话，那么他对每 1 磅硬面包的现在欲求都必定是一样的。

（只有当现在享用的欲望是如此强烈，以至胜过对将来享用的最后 1 磅的欲望时，譬如在饥馑时期，欲望才会失掉这种平衡。在这种情形下，就不会有东西留供将来了。）

不论这些人的性格如何不同，他们的偏好率都同样是零。只有他们的收入，在现在与将来的分配上是不一样的。浪费者还是照样消费，守财奴还是照样储蓄，但是他们对今天一个单位硬面包的评价，恰等于一年后一个单位的评价。显然，有些水手天生特别重视将来，就会打算节省他们的消费。其他水手宁愿现在口粮充分些，尽管他们完全知道，这会加速饥饿的到来，可是他们之中谁也不会将全部存粮立刻消费掉。一般讲来，他们至少要节制这种不顾将来的浪费,储存一些东西,用来满足将来更为迫切的需要。

换句话说,即使没有任何利息,也会有一定数量的储蓄(如果这种活动可以叫做储蓄的话)。这与加尔伏教授在其"财富的分配"[①]中所提出的结论是符合一致的。这也表明,现在财货优于将来同样种类和同等数量财货的偏好,并不是人类所必不可少的属性,像某些作者所假定的那样,它往往决定于现在与将来的相对供应。

所以,上述硬面包的假想例证在强调收获超过成本率的主要作用上是大有帮助的。这一简单例子本身证明,撇开收获超过成本率就不可能有完满的利息理论。这个例子中包含有投资机会与不耐两个要素,虽然它们是处于消失的状态,这就是,收获率与不耐率都是零,收获率是由于荒岛上特殊环境的技术条件固定于零,不耐率也因而不能不是零了。在这种情形中,投资机会(或者说投资机会的缺乏)支配着不耐。

当然,除硬面包的供应外,再加入其他食物的供应以及衣服与种种其他实际收入,好使我们的例证稍为实际一些,这是可能的。但例证的价值并不在于它所依据的现实性。现实生活中的情形不许可实际收入在时间上的自由移转(由于数量或质量的变化),正是这个事实显示出利率不是零的一些原因。

① H. G. 布朗:《经济学与公共福利》,第 232 页。并参阅加尔伏:《节欲在利息理论中的地位》,《经济学季刊》,1893 年 10 月号,第 40—61 页。

8.5 “无花果”的假想事例

在我们的想象中，利率不仅可以是零，而且可以是负数。假定留给水手们的不是硬面包而是无花果，它同硬面包一样，可随意在任何时间食用，但它又与硬面包不同，因为它是会坏的。譬如说，预先知道这种损坏率固定是每年 50%。在这种情形下（假定没有其他选择可资利用，比如说可以把无花果保藏起来），那么以无花果表示的利率必定是每年为负 50%，这也可以用硬面包例子中确定利率为零的同样推理方法来证明。

说得更一般些，如果有这样一个世界，在那里，对将来的供应，唯有将现有易坏的食物、衣服等等留到将来使用才行。如果这样留到将来使用的每一单位预定每年损耗 50%的话，那么，以实物表示的利率，也必定是负数。

我们之所以不会遇到负的收获超过成本率、负的利率和负的时间偏好率，其中有一个理由是，我们除将现有货品留供将来外，还有其他收入可资将来使用。将来的无花果树可以生产新的无花果，甚至现存的无花果或其他易坏物品也可用罐头、冷藏、防腐或类似方法留待将来使用。可是，就是在现实世界中，我们偶尔也有草莓腐烂的情形，这时以草莓计算的利率偶尔也是负的。

于是我们可以看到，在人或物的本性中并没有绝对必要的内在理由，使得以任何商品标准来表示的利率必须是正的而不是负的。我们很少看到零或负利率的事例，这是由于这样一种偶然性，即碰巧我们所处的环境与遇难水手们的环境完全不同。

8.6 “绵羊”的假想事例

其次一个事例更接近于我们现实世界中的情况。在现实世界中，我们的选择是这样的，如果为了将来收入而牺牲现在收入的话，因此而获得的将来收入，其数量要大于现在牺牲的收入。即是说，我们取之于周围环境的收入，其总量不是像堆栈中的硬面包那样是个固定的数量；更不是像堆栈中日渐耗损的存物。相反地，自然界在很大的程度上是具有生产性的。谷物和动物的生长常能使将来比现在更为富足。人类经由等待就可从森林或农场取得比过早采伐树木或耗尽地力更多的收获。换句话说，自然界的生产力有提高利率的强大倾向。自然界提供人类许多机会，用轻微的现在成本来换取将来的富裕。人类的技术与发明也倾向于超过成本而提供大量的收获。

我们很难想象出一个精确而简单的例子，其收获超过成本率是固定的，像硬面包或无花果的例子一样，但不是零或负数，而是正数，譬如说是10%，不多也不少。最好的一个是H.G.布朗教授所举的巧妙例子，在这个例子中，树的种植成本是100单位水果，一年后自动生产110单位水果，然后就死了。[①] 如果我们能不顾某些明显的实际限制，更简单的假想事例是众所周知的一群绵羊，这些羊依几何级数繁殖，今天生产100单位羊肉和羊毛，下年度则生产110单位，每过一年都这样递增10%。这些事例象征事物的

① H.G.布朗：《经济学与公共福利》，第137—147页。

一种情况，即今年收入中100单位的成本，往往能够取得明年110单位的收获，使收获超过成本10%。在这样的事例中，正如同硬面包例子中的0或无花果例子中的负50%一样，投资机会原理规定了利率与时间偏好率。在现在绵羊的例子中，这些百分率都是10%。

于是我们可以看到，在一定的适当环境中，投资机会原理可以支配利率并迫使它等于零、等于负50%、等于正10%或其他任何数字。在这种情形下，不耐率与利率就跟着它跑了。

然而在现实生活中，实际收入在时间上的前后移动，不可能不引起收获超过成本率的变化。结果是，不耐率之影响收获率与收获率之影响不耐率是完全一样的。

8.7 关于修理、更新和改进的机会

在上述的事例中，选择是在于特定资本工具的不同用法，假定这些工具在使用的整个时期中仍保持其物质上的原状。但是现在我们要把更新或修理后的资本工具看做是只保持着一种虚假的原状，就像谚语中所说的小刀一样，在更换了刀片和刀柄后还说它是原来的刀子。这使我们进入另一重大部类的选择，即进行或不进行更新和修理的选择，以及进行到某一程度的选择。如果修理仅是维持原状时叫做更新；如果超过原状或含有质量的提高时叫做改进。但在思想上宜将工具之有关于服务川流的形式、位置或情况的所有变化都包括在内。这就扩展到再生产财货之生产的整个问题了。

这一类的任意使用，当它包含有存货的售卖时，就无形中并入前述的特例中了，即我们原先所谓经由买卖来修改收入川流的方法。比如说，有一个买卖地毯的商人，他的地毯存货虽有一定部分是在不断的变化，总的说来，我们仍可把它看做是保持原状。这批存货为它的所有主提供的净收入，等于总收入（包括销货所得）与支出（主要包括购买成本，但也包括仓库、保险、售货员工资等成本）间的差额。

如果这个商人购买和贩卖同等数量的地毯并且是依照同样速率进行的话，那么他的地毯存货将保持不变，那么在理论上，即在我们现在假定的没有风险的情况下，由存货所得的净收入等于存货价值的利息。这将是标准的收入。① 当然，商业上存货的收入与商人本身努力的收入——管理报酬——是要加以区别的（在没有风险的世界里，这两者都不需要叫做利润）。

但是商人除了这样保持固定的存货外，还有许多其他的选择。他可以选择赚钱后尽快地用来扩充营业。在这种情形下，他所实现的净收入在一个时期内等于零，因为所有收益都“反转投入”营业里去了。他的存货将会增加，而最后，他的收入也会更大。所以，在这种选择下，他的收入川流不是一律的，而是从零上升到某一数量，高于构成第一种选择的标准收入。

第三种选择是经由多卖少买或根本不买的办法来逐渐摆脱营业。在这种情形下，由于减轻了进货负担，因而起初实现的收入是很大的，但它要逐渐降低到零。

① 参阅《资本与收入的性质》，第14章。

自然还有无穷无尽的其他选择介于这三种选择之间。这样，商人便有一极富伸缩性的收入川流。

无论他是采取哪一种选择，如果买卖每条地毯的费用与进款都是相同的，并且周转时间也相同，那么所有选择都具有同等的现值，所不同的只是在于商人自己的主观愿望。这就谈到我们以前所说的收入川流经由买卖的变更了。我们之所以将资本的任意使用与买卖放在不同的地位，是因为任意使用并非都具有同等的现值。事实上，地毯商人以及一般商人不会发觉商品买卖的所有任意配合方法都有同等的现值。一则地毯商人如果企图太快地扩充营业的话，他会发觉他的周转时间将会延长，反之，如果太快地缩小营业的话，他会发觉每一单位商品的销售费用将会增加。任何时候，每个商人都有一个营业政策的特定方针，他认为这是最好的方针，即它所提供的收入川流具有最大的现值。所以，资本更新的各种方法通常提供不同现值的收入川流，这可适当地归类为资本的任意使用。

这样分类是适宜的，当我们除更新外还考虑到修理与改进时，这就更加明显了。因为，一个农场的收入显然因是否耕种，或耕种的不同深度，而有极不同的现值；一所房屋的收入，由于忽略而窗破顶漏造成内部损坏，显然要小于它经过适当保养所提供的收入；不动产的改善，在与结果最好的改善程度比较时，显然可以是不足或过度。

在所有情形中，采取特定一系列的更新、修理或改进，使预期的收入川流成为最大量时，就算获得了“最好”的结果。我们已经看到，这等于说更新、修理或改进要进行到一点，这时边际收获超过成本率等于利率。举个例子，一辆汽车的所有人要更换一个破坏了的零件来延长汽车的寿命。第一次修理花费 10 元而节省 200 元。但不能对每一次修理都希望有 20 倍的收获，经过一些确实必需的修理后，汽车还要修理到什么程度才合算就成问题了。车身的油漆和活门的磨光都是费钱的，虽然这会增加汽车的功用和改进汽车的质量，但随着效率之不断提高，收获就愈来愈小了。在风险略而不论的现在假定下，他将花钱用于汽车的修理和更新，直到最后追加修理所得的收获恰足抵偿所用成本外加利息。他是不会超越这一点的。

事实上，各种可能的修理、更新和改进间的选择，自然要牵连到劳动、土地和每一生产要素的可能使用间的相应选择。但在这里我是尽力限于研究在修理、更新或改进中的物质工具所提供的服务和负服务。

任意收入川流的另一情况见之于不同生产**方法**间的选择，特别是不同程度的所谓资本主义式的生产之间的选择。有先见的房屋建筑师往往面临使用石、木或砖的抉择；有先见的铁路建筑师则面临使用钢轨或铁轨的抉择；修建道路的人所面临的抉择是用碎石、土沥青、木、圆石、砖、水泥或除将土地略为辗平压硬外根本不动。在理论上，这种种情形的选择决定于前面已经阐明的原理。

再举个例子，一所耐用 100 年的房屋所提供的服务等于两所耐用 50 年的房屋，一所是今天修建的，持久 50 年，另一所是在 50 年终了时修建的，又持久 50 年；可是一所房屋却能胜似两所。一所与两所间的差别，不在于提供的**服务**，而在于建造的**成本**。建造耐用 100 年房屋的成本发生于现在；而建造两所相连续的 50 年房屋的成本，一半是现在，一半是50年终了时。要使比较耐久的房屋具有成本上的优点，那么它的成本大于比较不耐久房屋的超过额，必须小于50年后替换这所房屋所需成本的现值。

当然，用于同样目的之不同工具间的选择，是决定于它们的相对效率，这就是收入的流量率，或决定于它们的相对耐久性，这就是流量的时间。然而雷氏曾经正确地指出①，效率与耐久性通常是联系在一起的。一所房屋较之另一所耐久些，通常也舒适些；一件工具切削得更好，通常也磨损得更慢；一部机器操作得最快，通常也是最坚固和最耐久的机器。

大多数生意人经常面临所谓临时和长远政策的选择。临时政策包含使用容易制造而损耗迅速的工具，长远政策包含制造成本浩大而持久耐用的工具。一种生产方法起初需要更多的成本，随后提供更大的收获，这依通俗用语叫做更资本主义式的方法。资本主义这个字就是使用资本的方法，它倾向于一个上升的收入川流。虽然这不是一个好听的名词，但它却有合理的根据，因为事实上，上升的收入川流意味着资本的积累或储蓄，特别是因为只有资本家才能够选择一种生产方法，这种方法起初提供微小的收入或者没有收入，或者还要花一些费用。资本含有对收入的支配，没有收入就不能生活，至少是不能舒适地生活。资本家经由资本的使用甚至经由一部分积累的消耗来获得必需的即刻收入，以便等待新事业的收获。他是作为收入的所有主因而能在等待时生活下去。他只有首先支配收获迅速的收入川流时，才能投资于一个上

① 雷氏：《资本的社会学理论》，第47页。

升的或收获迟缓的收入川流。所以我们说，资本主义方法就是产生上升的收入川流的方法，它之所以这样称呼，是因为使用这种方法的人，主要是支配其他——常常是下降的——收入川流的人，这种人必须是资本家，这就是，大资本而不是小资本的所有主。

8.8 改变劳动用法的机会

资本工具用于提供即刻收获和遥远收获间的选择，最好的例子是人类资本，即普通所谓劳动。人是所有资本形式中最为变化多端的，在安排人力的广大选择范围内，有用于即刻收获或遥远收获的选择。这一选择通常连带有土地或机器等其他工具（除人外）的相应用法的选择。但劳动的任意使用，纵使与其他工具的任意使用纠缠在一起，仍应另外加以论述，一则由于它的重要性，再则它常为其他形式资本的任意使用提供基础。

社会的收入川流，就整体来讲，所以能够改变它的时间形态，几乎完全在于通过改变劳动的使用。个人是可通过交换来修改其特定收入川流的时间形态的，但在这种情形下，别的人必须从相反的方向来变更他的收入川流，而这两种修改，一些是正的，一些是负的，在社会总收入中就相互抵消了。但另一方面，设收入的时间形态只是通过劳动者工作的改变来修改的话，那就没有相互的抵消，社会总收入可因此获得真正的改变。

一个社会的劳动是用之于许多方面的，有些很快带来享用收入，有些则比较慢。家庭仆役的劳动属于前一种。厨师和女工的工作一天内就产生食物的享受。寝室女侍和洗衣女工顷刻间就促进人对房屋、家具和衣服的享受。面包商、杂货商、成衣匠比厨师和洗衣女工要稍迟一步，他们的工作是在几天内或几周内化为享受的。这样，我们可追溯到距离享用收入更为遥远的劳动，一直到矿工，他们的工作要在几年后才有结果，或一直追溯到巴拿马运河或地下车道的劳动者，他们的工作是为以后几代服务的。

各种劳动配合的比例是多种多样的，社会收入川流的时间形态大半是通过这一配合的变动来改变的。不论在什么时候，如果充当厨师、面包商和成衣匠的人相对少，而充当建筑师、矿工、运河与地下道的挖掘工人相对多，这倾向于减少即刻的享用收入和增加以后年代的享用收入。于是，从一种用法抽调劳动移向另一种用法，社会就获得决定其收入川流性质的能力，即关于收入的时间形态、数量大小、构成与不确定性等方面。这一能力的发挥，要通过费特尔教授所说的"企业家"，它要根据企业家对每一特定用法所得收获的估计，同时考虑到所需的成本和通行的利率。

8.9 利率波动的自动矫正

对一个人来讲，由于不同选择间的取舍决定于利率，像第 6 章所叙述的那样，显然，低利率偏向于选择比较上升的收入川流，而这种收入川流的选取又有提高利率的反作用。反之，如果利率高，相反的两条定理就适用了；高利率偏向于选择上升较小的收入川流，而这一选择又有降低利率的反作用。

如果我们将这些原理应用于修理、更新和改进的话，十分清楚，利率愈低，汽车所有主就愈能担负汽车的修理，铁路所有主就愈能保持铁路的效率,这也适用于所有其他的工具。但同样明显的是,这些改进工具效率的企图反过来又倾向于提高利率,因为每一次修理意味着为将来而减少现在的收入——收入川流在时间上的前移——这将促使利率上涨。由此,利率的任何下降都倾向于自动的矫正。

再说,低利率显然偏向于选用更耐久的工具(与耐久较差的工具比较),高利率显然偏向于选用不长久的工具。如果利率下跌,建造石屋(与木屋比较)的倾向就要强大些。石屋的预期服务与负服务的现值,与木屋比较,将要增加,因为石屋开始虽然费钱,但却耐久些,它的优点在于将来的额外使用,这在利率低时较之利率高时,现值要大一些。由此,我们知道,恰如雷氏所正确指出的:利率低时,工具就坚实而耐久,利率高时,工具就脆弱而易毁。

现在我们看到,多种选择的存在,有调节的效果。在选择的边际外总还有一些不曾接触到的选择,在利率下跌时立刻可以采取。其中有加塞尔[①]所指出的各种自来水工程。不仅巨大的工程,甚至许许多多不显著的改良,在利率跌到足以使成本的收获等于利率时,也会成为投资的目标。港口与河流的改进、挖深,堤坝与码头的使用,荒地灌溉工程的建设,以及圆石发电站的计划也是一样的。

我们的铁路系统仍有大加改良的余地,使它们更有效更耐久些,路线更直些,路基更坚固些,车辆更沉重些,桥梁更巨大些,电气化更进一步,以及种种类似的改进。在新兴的国家里,利率是高

① 《利息的性质与必要性》,第 122 页。

的，初建的铁路也是最便宜和最原始的。它往往是弯曲多而路轨窄，建造费用小而经营费用大。随后利率下跌，或运输增加使得牺牲的收获率提高时，就采用宽轨了，就消灭弯路了。这便是近年来我们国家所迅速发生的变化。从最初成本小而维持费大的工厂过渡到恰恰相反的类型，这类工厂的成本几乎全部都是创办费用，相对地讲，经营费用就微不足道了。

8.10 大量机会稳定了利息

现有的收入川流有各式各样的种类，这就成为一部调整机或平衡器，具有节制利率变动过大的作用。利息不能有过分的涨落，任何过大的波动都会通过适当收入川流的选择而得到纠正。

在这里，我们看到利率不会有剧烈波动的原因。不但自然过程是有规则的，足以防止收入川流的突然巨大变化，而且人类也不断努力于防止这种变化。人不是自然的奴隶，在一定程度上却是它的主人。他有许多道路可走。在一定限度内，他具有改变收入以适合自己的能力。就整个社会来讲，这种伸缩性是基于资本的适应性和多样性——特别是人类资本，即普通所谓劳动；就个人来讲，伸缩性就更大了，因为他具有双重的自由。他不仅在资本的无数使用中有选择的自由，他还在同别人交换的各种方式中有选柽的自由。交换的能力就是买卖收入的能力，因为交换不论采取什么形式，归根到底，交换的是收入，而且只是收入罢了。

9. 利息的第三近似理论

（假设收入不确定）

9.1 不止一个利率

从实际生活的观点来看，第一和第二近似理论的重大缺点，在于它完全没有考虑到不确定性。我们在前面之所以把风险要素省略掉是为了阐述起来比较简单，并且为了使读者能集中注意力于对利率关系最大的那些因素。但在实际生活中，将来的最显著特点，就在于它的不确定性。因此，偶然性或风险要素的提出，就立刻使我们所假设的情景具有现实性了。至于风险对利息的关系，我们已在第4章中奠定了研究的基础，在那里已经谈到风险对于时间偏好的关系。

我们改变关于将来事件确定性的假定，一个结果是使我们不得不放弃单一利率的概念。现在我们发现，不止有一个单一的利率，代表今年与明年的交换率，而是有多种的所谓利率。这些利率的不同，是由于风险、证券的性质、贷款本身以外的服务、贷款人或借款人的缺少自由竞争、贷款期限的长短以及其他各种原因，这也就是大多数经济学家所谓的经济摩擦。我们在上面给借贷利息下定义时，假定其中不含有风险，现在必须加以修改，使它含有不能依约完全偿还借款的风险。实际上，所有上述种种，几乎都是各种不同的风险。甚至理论上假定没有风险的贷款也往往带有一些风险。现代的公司财务并不认为风险完全不存在，不过它所关切的是根据每种不同的情况，要求或多或少的安全保证。

并且，约定利息或明显利息这一概念对我们现在的要求来讲是太狭窄了。我们现在不仅要包括投资人购买债券所赚得的暗含利息，而且要包括投资人购买优先股所赚得的暗含利息。我们甚至可将普通股、不动产或任何其他东西所赚得的利率包括在内。这样扩大以后，利息的概念有点模糊不清了。可是，我们若将例外的情形除外，任何时候都将因证券性质而出现种种十分确切的市场利率。

我们发现有通知放款、四月期的一等商业票据、一等银行承兑票据、第一抵押权债券、第二抵押权债券所定出的利率，还有储蓄银行的利率、活期支票存款的利率、当铺的利率、摩里斯计划银行的利率，以及公债券、铁路债券与其他的债券如抵押债券、债票或收入债券（所有这些债券的利率是因发行人的性质与信用和其他诸种情况而不同的）所赚得的利率、优先股所赚得的利率，有时甚至还有普通股所赚得的利率。凡是定出相当确切的每年百分率来表明当前市场的场合，不论这个行市在经纪人或银行家的写字间里是书面规定的或口头约定的，似乎都应该叫做广义的利率。即使限于这些市场利率，并除去例外的或个别的利率，它也不再是过去所假定的那种理想的、假想的、单一值的量，而是采取我们在实际商业交易中所看到的无数形式了。

前面已指出，这些种类繁多的利率主要是由于引进了各种各样的风险。通知放款利率要受到贷款人"收回"贷款,或突然减少未清借款总额并提高剩余借款利率的机会的影响。高利贷的利率是高的,这是由于借款人可能不还的风险;一个快要倒闭的公司的公司债和第二优先股的利率,要受到清理时公司资产不足的风险的影响;一个作战国家的公债券利率要受到这一国家战败机会的影响;普通股的股利率要受到商业风险的影响;以及诸如此类的无数各种各样的不同情况。

9.2 各种不同利率之间的关系

关于利息与风险间的一般关系,我们在理论上还没有做出极为满意的阐述。但为了实际方便起见,一个好的用法是将"利息"这一名词限于用在十分安全的贷款和主要的或标准的市场行市,而用其他名词(如股利或利润)来表明其他那些比较不确定和不够标准的利率。另一用法就是将这些不够标准的利率与正常利率间的差额,算做净利润或净损失,只要它们可用数字来表示的话。例如,一个人投资 100 000 元于普通股而获得 15 000 元的收入,他就可以把其中的 5 000 元即 5%当做投资的合理利息,而把其余 10 000 元即 10%当做净利润看待。可是在这里我们却不需要深入讨论这种问题,特别是因为它们只不过是说法上的差异。这里所需要的是简单地说明一下,风险对于我们在前面阐述的关于利率的正确决定的问题有哪些影响。

借贷契约的利率是依所提供担保的程度来调节的。担保或保证可由有名人物的简单背书来提供,或由缴存附加的抵押品来提供。在前一种情形下，背书的人数愈多，背书人的信用愈高，则保证的程度愈大。在后一种情形下，担保与其说是安全，毋宁说它们本身就是财产了。

如果我们从明显的利息，或借贷契约中所包含的利率，过渡到暗含的利息，或财产的一般买卖中所包含的利率，我们又可看到，风险愈大，证券出售的基础愈高。头等的证券可在3%的基础上出售，而不出名的或滞销的证券，则只能在6%甚至在9%的基础上出售。[①]

贷款或债券的期限也是风险的重要因素。[②] 短期利率与长期利率有一种跷板式的关系。这就是说，如果短期利率大大高过长期利率，它将下跌，反之，它将上涨。于是长期利率就大体上成了短期利率的规范，后者较之前者是更加变化不定的。当人们认为将来较之一般情况更为安全的时候，借贷契约的期限就趋向于较长期。像美国这样稳定的国家，发行铁路证券与公债的期限往往长达半个世纪以上。还有依流动性程度而变化的。通知放款在几小时的预先通知后就可收回，它与风险的关系就与抵押放款迥然不同了。通知放款利率通常低于定期利率，因为通知存款有点像存款货币或现金。它是随时需要，随时取用，或几乎是随时可用的。这种准备或便利就抵销了一部分利息。另一方面，通知放款市场一旦银根吃紧时，就会使通知放款利率大大高过定期放款利

① 关于风险与证券所提供利息间的关系，比较详细的阐述参阅《资本与收入的性质》，第16章。

② 即使在第一与第二近似理论中，期限不同，利率也不一定一样。

率，并继续保持在这样的水平，一直到缓慢的调节力量解放出一些"定期存款"移转到通知放款市场而后止。所以通知放款利率是极其变化无常的，而且是上下两面波动的。

风险要素也影响到附加抵押品的价值与基础。它们之可以用作抵押，会增加它们的销路，提高它们的价值。但另一方面，当危机时期抵押品必须出售时，往往发生这种情形，即为了清偿债款而把它忍痛牺牲贬价卖出。

9.3 借款的限制

提供抵押品的必要性不仅影响一个人必须支付的利率的大小，而且影响到他能够借到的数额的大小。它会限制一个人经由这种方法来变更他的收入川流的程度。因此，一个人不可能随意变更他的收入川流，像前两个近似理论所假定的那样，它的可能变更要受到两重限制，即借款人不能还款的恐惧和贷款人得不到偿还的更大恐惧——因为借款人的信用或许不好。由于借款能力的这种限制，借款人就不能充分变更他的收入川流，使他的现在收入优于将来收入的偏好率适合于市场通行的利率；根据同样道理，他也不能使收获超过成本率符合于任何利率。

在这里，借款限制的一个特点是要注意的。借债的能力与志愿不仅决定于打算借款的人所持有的资本数量，而且决定于他手头的资本所采取的形式。有些证券作为抵押品是易于为人所接受的，并且可依市价以高的折扣抵借；而另一些证券抵借起来就有困难，并且只能依市价以低的折扣抵借。企业之趋向公司的形式，特别是在上一代，对增进借债能力与便利方面有显著的影响。从前许多企业是合伙经营的，是小规模的，旧式的合伙权利以及其他各种移转性较小的证券，现在已被大量的股票与债券所代替了。同样地，小型的地方公司，它们的股票过去几乎完全操控在一个家族或一群朋友的手中，也合并到举国闻名的大公司，它们的证券是可以广泛流通的。这虽倾向于减少企业的数目，但却扩大了企业单位的规模，结果使证券交易所上市的证券迅速增多。证券所有人也有了更多的机会来利用抵押品，而借债趋势也获得决定性的推动。

另一方面，如果所需要的保证不是采取印就凭证的适当形式，那么磋商借款时，常会有极大的困难。假定有一个穷人，他看到一个投资机会，利用他自己的发明能获利几百万，他也许是对的。如果他能借到所需的钱来利用这一发明，这一选择的现值要大大高于他实际所选取的另外一个机会。但是，由于他穷，因而不能提供适当的抵押品或担保，他得不到借款。所以，他的面前虽然有一条最大量的收入川流可供他选择，但他实际所选取的一条是与他如果有抵押品或担保所将采取的，完全不同。如果他竟然从事这种企业的话，他选择的规模要远比他如果是个大资本家所能选择的为小。这意味着他的边际收获超过成本率大于市场利率，正如同他的不耐率大于市场利率一样。他冒险投入的最后 100 元可望提供 25%，而利率只有 5%。可是他不再增加借债，因为他不能够。设借债有一定的限制，他要进一步投资就必须从自己的收入中经由节欲来获得了。但这一可能性也有限制。他不能将收入削减到零，否则就不免于饥饿了。然而他能“忍痛”削减到一点，使他的不耐率上升到收获超过成本率的水平，后者是要随着他每追加投下1元而不断趋于下降的。

据说有这样一个故事，橡胶的发明人为了试验而不顾一切牺牲——幸而成功了——以致烧掉了自己的家具，因为他不能获得购买燃料的款项。

由于借款的限制，阻止了一个人的不耐程度和他的收获超过成本率达到利率的水平，这种例子还多得很。但事情还有另外的一面。穷人不能借到足够的钱来利用他的发明，但往往能找到借贷的替代办法。他可与别人联合成立股份公司，从而得到必要的资本，一部分来自借款，发行有抵押品担保的债券，一部分来自按较高利息发行的公司债，一部分来自按更高利息发行的优先股，一部分来自发行普通股。这就是说，风险得到了公认和分担。这样做的一个结果是，适当注意到各种不同的风险时，可使他所估计的收获超过成本率和他的不耐率更符合于各种不同的利率。

9.4 风险与小额借款

如果是向当铺借款的话，利率总是很高的，这并不是由于保证的不足，而是由于保证形式的不便。典当商之所以要索取高利(如果它叫做利息的话)，一部分是由于抵押品需要贮藏的地方，一部分是由于缴存的东西需要特殊的店员和专家进行估价，一部分又由于在不赎取的情形下(这也是常有的事)他须设法寻找市场来变卖这些抵押品。还有，他之所以能获得高利，一部分是由于典当业的名气不好，经营这种生意的人享有相对的垄断，一部分也因为顾客由于穷困或个人特性,通常具有相对高的现在收入优于将来收入的偏好。当铺融通款项的结果,他们的不耐减到一定的程度,但不能减到社会上一般的水平,因为这些人没有资格利用一般生意人往来的借贷市场。他们只能以高利借款,否则就借不到款子的事实,无疑地常使他们感到重大的痛苦,但这也有有利的结果,这就是,防止不顾将来的人愚蠢地陷入债务。

一向有一个极迫切的需要,那就是把穷人中相对安全稳妥的借款与相对危险轻率的借款区别开来,以便鼓励前者而防止后者。当这一工作比较充分地完成了的时候,高利贷的丑事就会大体上成为过去的事了。对于目光短浅和意志薄弱的借款人来讲,借款似乎是一种恩惠,而事实上却是一种灾难,这是不论利率高低,都一定要加以防止的。罗塞尔智慧基金会曾深入研究高利贷的问题,结果拟订了一个小额贷款典范条例,为很多州的立法机构所采纳。这一模范条例鉴于短期小额贷款含有更大的风险与麻烦,所以许可3.5%的最高月息。

直到现在这一代,才对高利贷的长期灾难采取了大规模的积极措施。这些措施是以一条简单的原理为根据的:要看对一个人信用放款是否安全可靠,最好是问他的朋友和邻居,因为他们对他最为了解。摩里斯计划银行就是建立在这一原则上的。在美国,成效更大的是爱德华·费林等人大体仿效欧洲的莱费森等计划而创办的信用联合。劳动银行也从事类似的业务。它们使穷人能有效地利用个人的品质来代替抵押品的担保,从而大大降低穷人借款的利率。1928年华尔街一家大银行建立了类似的制度,即不需抵押而对薪给人员进行放款。这些办法和其他种种办法,对于解决资产小而可靠的人们能够按相当于市场上对富人通行的利率来借得款项问题,起了很大的作用。

9.5 销售性是权利的保障

一种证券由于著名或其他原因而有高度的销售性,这也就是说,这种证券能够迅速出售而没有巨大牺牲的风险。这种证券的价格要高于比较冷门的证券,所以它提供的利率也是低的。为了应付偶然事件而应急速出售的情形,销售性就是权利的保障。换句话说,在一个充满偶然事件和突然变化的世界里,畅销性或流动性是很大的优点。因此,以特有的抵押品为担保的利率要高于以更畅销的证券为担保的利率。一般讲来,持有证券交易所上市的证券是有利的,因为一旦需要出售时,这种广泛知名的证券可以找到现成的销路。

所有财产中最易脱手的自然要属货币了,正如卡尔·门格尔所指出,货币之所以成为货币,恰恰就是由于有这种销售性。不需事先准备而一定能用于任何交换的便利,换言之,即它的流动性本身就是以货币形式保存起来的资本的适当收获。我们的现金差额的流动性代替了任何普通所谓的利率。一个人之所以要保持 100 元的平均现金差额,而不存放于储蓄银行来获取每年 5 元的利息,也就是由于它的流动性。现金差额能够随时通知取用,对他来说每年至少要值 5 元。在密歇根州有一个很有经验的森林买卖人,为了与其他买者进行更有力的竞争,他常在银行里保持几百万元的现金差额,以便当场有现款可以用来缴付森林所有主,森林所有主是由于周转不灵才希望出卖的。森林是极没有流动性的，而现金差额则是极有流动性的。

9.6 一般收入风险

即使借款本身没有风险，但它所赚得的利率要受到其他有关方面风险的影响。生命的不确定性对含有时间因素的每一笔商业交易都投下了暗影。人生的不测使许多人提高了现在收入优于将来收入的偏好，①虽然它也会降低那些喜爱家属的人们的不耐。因此，即使是最安全的借款，利率一般地也会因这种生命风险的存在而提高了。水手或士兵展望人生的短促或不定，更不会做永久的投资，或者，如果他进行投资的话，也不肯为这种投资而支付高昂的价格。只有低廉的价格，也就是高的利率，才能诱使他进行长远的投资。

然而当风险不关系到一个人生命的长短，而关系到他的收入川流时，它对利率的影响如何则要看收入川流的哪一部分遭受的风险最大而定。如果目前的收入是不安全的，而遥远收入是可靠的，那么目前追加的可靠的 1 元优于遥远时期追加的可靠的 1 元的偏好率将趋于提高，正如第 4 章所表明的，因此，这种目前收入的风险对利率的影响是使之上涨。一个带有风险性的目前收入对利息的作用，就和一个小额的目前收入对利息的作用是一样的。

① 参阅加尔伏：《财富的分配》，第 256 页，又加塞尔：《社会经济学理论》，第 246—247 页。

但如果像普通情形那样，风险特别发生在比较遥远的收入而非目前的收入，它的影响就恰恰相反了，这就是降低安全借款的利率。带有风险性的遥远收入对利息的作用和一个小额的遥远收入对利息的作用是一样的。下面的例子或许是最普通的情形。如果一个人认为今后几年的收入是可靠的，而能否延伸到更遥远的将来是可疑的，那么他对于这遥远将来的需要就更加敏感了，因而对于现在的偏好是比较缓和的。于是利率即使很低，他也愿以现在的可靠收入进行一部分投资，以便能有把握地增补将来不确定的收入。在这种情形下，风险的影响是降低安全借款的利率，虽然它同时也会提高不安全借款的利率，这在上面已经说明了。因此，在给将来带来风险的重大的社会动荡与危险的时期，我们会看到没有充分保证的投资的高利率与十分安全投资的低利率同时并存的奇怪情形。当一个投资人找不到许多的投资机会可以将钱投入而不致遭受损失的风险时，他就会对少数他能够进行的投资支付高昂的价格——即是说接受低的收获率。在革命时期，我们曾看到一些资本家宁愿放弃获取所有利息的机会，而单纯地将他们的资本以货币形式窖藏起来，甚至还支付保管的费用，这种支付就等于是一个负利率。在第一次大战时期，交战国的一些投资人曾经寻求在中立国家保管他们的资金。

9.7 证券按风险分类

当风险的作用是降低安全投资的利率而提高不安全投资的利率时，于是便立刻产生了一种趋势，即区别两类证券和两类投资人——一方面是不稳的证券与冒险的投资人，另一方面是安全的证券与保守的投资人。任何生意总不免有些风险，但大多数人却把风险看做是负担，因此，少数能够而且愿意承受这种负担的人有自成为一类人的倾向。自从出现了公司形式的企业组织以后，这种对于投资人的分类就得到了公认，因为公司的证券分为股票与债券两种，其中股票的持有人（股东）是担负风险的人，他们保证债券的持有人不担负任何风险（至少在理论上是如此）。什么人属于担负风险的一类，什么人不属于这一类，这是决定于他们的谨慎的相对系数①和企业对有关各个人所含风险的相对程度。同一企业，也许对一个人来讲是含有危险性的，而对另一个人来讲则是比较安全的，因为他对它有更多的了解，并且，同样程度的风险，也许排斥一个人比另一个人要多一些，因为各人的性格不同，或者，最重要的是各人可资利用的资本数量不同。

风险由不堪负担的人移向比较容易负担的人，显示出另一种借贷动机，这是前一章所不曾讨论到的。公司财务中的借贷通常不仅表示两个收入川流时间形态的不同，而且表示风险的不同。在没有讨论风险要素以前，以上几章所强调的放款目的，是改变收入川流的时间形态，借款人意欲增加他的现在收入和减少他的将来收入，相反地，放款人意欲减少他的现在收入和增加他的将来收入。但一般股东与债券持有人在这方面的差别还不如在风险方面那样的悬殊。他们都是投资人，就他们的投资对其收入的时间形态的影响来讲，他们所处的地位实在非常相似。可是股东的收入

① 参阅《资本与收入的性质》，第16章，第6节。

川流带有风险，而这种带有风险的收入川流却正是债券持有人要避免的。划分股东与债券持有人的主要理由正在于他们所担负的风险不同。债券持有人为了能保证(或假想的保证)获得稳定的收入而放弃了高额收入的机会。股东则为了更多收益的机会而放弃了这种保证。

我们已经看到，风险的存在倾向于提高不安全借款的利率和降低安全借款的利率，其结果是降低股票的价格和提高债券的价格，所谓提高或降低是对现在所讨论的风险不存在时它们各自的价格来讲的。

然而在过去几年中，这种差别经由两端缩小了。公众认为他们支付的所谓安全的债券的价格太高，而股票却太便宜了。许多作者特别是 A. 斯密[①]和 R. V. 斯徒姆[②]的研究表明，就长期讲，股票的收益要大于债券。经济学家们曾经指出，债券的安全大半是虚幻的，[③]因为每一债券持有人都要冒货币购买力下跌的风险，而普通股遭受的程度就不同了，它所遭受的这种风险是可经由股票多样化来获得降低的。任何保险原理[④]都是借风险的汇总来实际降低风险的。这就提高了分别遭受风险的总资本的价值。

投资信托公司和投资顾问就是希图用这种方法来减少普通股投资人的风险。这一新运动创造了普通股的新需求，提高了它们

---

① A. 斯密:《长期投资的普通股》，麦克米伦公司，纽约，1924 年。

② R. V. 斯徒姆:《购买力投资》，巴浪公司，波士顿，1925 年。

③ 参阅《货币的错觉》，又《头等债券什么时候是安全的?》华尔街杂志，1925 年 4 月 25 日。

④ 参阅《资本与收入的性质》，第 16 章。

的价格，同时它又趋向于减少债券的需求和降低它们的价格。

还有，谷物**投机**也有减低风险的效果，这是由于它划分出一类人来担负买卖的风险，从而将风险转移到最有谷物知识的人们的身上，我们已经看到，风险是与知识成反比的。这样，就利率来讲，所有生意几乎是放在同一基础上的。

对新发明或新发现融通资金的风险特别明显，因为在这里，过去的经验不能作为良好的指南了。当新发明成功时，不确定性产生了，投机随之而来，接着就因事业的成功或失败而出现庞大的财富或巨大的毁灭。发现金银与发明橡胶、钢和电器的历史，充满了破产的传说，同时也有少数幸运者的侥幸故事，他们属于今天的百万富豪。

利率总是依据于预期，无论以后事实证明这种希望是多么微小。人们揣测将来，从而孤注一掷。在他的揣测中，他要预期到凡是能预见或估计到的每件事情，甚至将来的发明和它们的影响。我曾看见一份刊印的铜矿价值估计，其中把将来可以合理预料的发明都考虑进去了。同样，机器的买主不只是要考虑到物质耗损的折旧，而且也要考虑到机器的陈旧过时。今天进行蒸汽铁路的新投资时，就适当注意到下面的可能性：这条铁路在几年内也许改用电力、受到汽车路线竞争的损害或得到汽车路线在终点衔接的帮助。

容易发生这种情形，就是在人们过分自信的国度里，或繁荣时期生意人过分乐观的时候，利率将会越出常轨，即以后事实发展证明为适当的常轨。在一般社会里，事实似会证实平均的预测。但在个别情形中，它就往往不正确了；否则就不会有风险这种东西。

风险是不确定性——缺少知识——的同义语。我们现在的行为只能受预期的将来的影响，——不是将要出现的将来，而是在不可知的笼罩下我们所憧憬的将来。

9.8 风险对六条原理的影响

现在我们看到，风险要素对以前各章所述利率的决定条件引起了搅乱。为了把这些搅乱做一提要，我们现在可将风险因素逐一应用到原来所说的决定利息的六个条件中。我们将可看出它的影响如下：

两条投资机会原理

甲　经验上的原理

每个人有一定范围的选择，这一条件仍然是正确的，但这些选择不再限于绝对**确定的**任意收入川流，现在包括带有风险的选择。这就是说，每个人发现他面临一特定组的选择（与改变选择的机会，即投资的机会），这些选择的数量大小、时间形态、构成与**风险**都是不同的。

乙　最大现值的原理

当风险没有估计到时，我们说一个人在许多不同的选择中要选取最大现值的一个——换言之，即与最邻近的选择相比，它的收获超过成本率等于时间偏好率，因而也等于利率。

当估计到风险因素时，我们仍可以说他要选取最大的现值，但在把将来不确定的收入转变为现在的现金价值时，就必须利用或然性与谨慎的因素了。

但当我们用另一形式来表述最大现值的原理时，即用边际收获超过成本率来表示时，我们就要把这一表述修正为：边际预期收获超过成本率。

这样，随即产生三个结果：第一，实际要实现的收获超过成本率也许与原来预期的大不相同。第二，市场上并非简单的只有一种预期；而是有许多种预期，每一预期都考虑到不同程度的风险。第三，保证的必要也可能会限制选择的采取。

两条不耐原理

甲　经验上的原理

时间偏好率决定于收入川流的性质，但是现在必须考虑到下述事实：收入川流的现在部分与将来部分（特别是将来部分）是全都受到风险的影响的。根据所含的风险的不同，就有许多的时间偏好率或不耐率。可是它们都决定于每个人预期的与可能的收入川流的性质——它的数量大小、时间形态、构成，特别是它的各个部分所带有的不确定性程度，以及取得收入的人的生命的不确定程度。

乙　最大量欲求的原理

一个人决定采取最需要的选择，这自然仍是正确的。但在一个不确定的世界中有两个特点是在一个确定的世界所没有的。一是现在所想望的，将来也许会令人失望(然而它不影响这一原理的成立)。这就是，在选择时它几乎是最想望的方向，但以后的发展证明，它并不值得这样的想望。另一新的特点是，最想望的收入川流不一定就是那个能使偏好率符合于利率的收入川流。

在任何一个市场里，经由借贷的行为，更普通地说来是经由买卖的行为，各个时间偏好率倾向于彼此相等，但现在这一相等并非在所有情形中都可达到，这是由于随意修改收入川流的自由受到了限制，由于风险因素的存在而产生的限制，以及因此而产生的借款能力的限制。

两条市场原理

甲　平衡市场的原理

在前两个近似理论中，风险因素是假定不存在的，我们表明每一时期所有的人的收入川流修改的总和等于零。借款的数量等于放款的数量，或收入经由售卖的增加等于收入经由购买的减少。这一原理还是站得住的，因为一个人支付的就是另一个人收得的。唯一不同的是，在这偶然事件的世界里，实际的支付也许与原来预期的或协议的大不相同，这就是，往往全部或一部分债务没有履行。

乙　偿还的原理

在以前的近似理论中，一个人收入川流的预期修改的总现值等于零，这就是，贷款的现值等于借债的现值，或买卖所造成的增加与减少的现值彼此平衡。在我们现在的讨论中，认为将来的收入是不确定的，可是这一原理依然正确，但这只是说，在计划与决定将来的借款或其他修改时，它们的现在市场价值才是平衡的。风险的事实意味着以后实际实现的与原来预期的可能有巨大的出入。在清偿时，会有不履行债务和破产的情形。在不是借贷契约而是有关买卖两种财产的不同收入川流的差别的情形下，预期的与实际实现的差异就更大了。只有从现在来看时，将来收获的预计价值仍等于预计的成本。

于是我们看到，前述的一系列简单的等式只是在真空的情形下，也就是在风险不存在的情形下才是正确的；我们只是有相等的倾向，它要受到借贷市场的限制的干扰，因而产生一系列的不等式。各种利率、偏好率与收获超过成本率只是理想上的相等而非实际上的相等。

我们现在把决定利息的条件，作一提要，列表如下，见表 9－1，作为本篇的结束。表中所列的不仅是第三近似理论的内容，而是把上面所述的三个近似理论都包括在内（以 1、2、3 数字区别之）。

在这提要表中，“投资机会的原理”在形式上加进到第一近似理论中，使之与其他两个近似理论相对应。当然，它们不过是重申第一近似理论所依据的假定，所以放在方括弧内，因为只有其余四个条件对于第一近似理论才具有真实的意义。

第一与第二近似理论自然只是第三近似理论的准备，唯有后者才符合于现实世界的情形。可是从理论分析的观点来看，前两个近似理论却较第三近似理论更为重要。它们是说在各自的假定下将会发生什么。这些假定比现实世界简单,因此,它们更适于理论上的分析与数学的表述。

并且,只有知道了在这些假定的条件下将会发生什么样的情况,才可以帮助我们更好地了解实际发生的事情,就好比同一个发射体,若是处在真空中将会依抛物线前进,这种知识可以帮助学应用枪炮学的学生更好地了解枪弹或炮弹的实际进程。事实上,没有哪一条科学规律能完全说明实际发生的事情,它只说明如果某些条件存在时将要发生哪些事情,而这些条件实际上却从来不曾存在过。[①] 科学在于在假定条件下的真理的阐述,而不在于历史事实的阐述,虽然经由逐步近似的方法,可使假定条件近乎与现实相符合。

第二近似理论提出一个简明的理论,适用于它所依据的简明假定。第三近似理论就不免有某种程度的模糊不清了。

表 9-1　三个近似理论的提要(以 1、2、3 数字表示)

两条投资机会原理

甲　经验上的原理

1. [没有可资利用的选择范围]

2. 每个人的(确定的)任意收入川流有限定的选择范围,依其劳动与其他资源的如何使用而定。

3. 每个人的(不确定的)任意收入川流有限定的选择范围,依其劳动与其他资源的如何使用而定。

---

① 参阅拙著《作为一门科学的经济学》,美国科学促进会会报,第 56 卷,1907 年。

乙　最大现值的原理

1. [每个人必须接受现有的唯一收入川流，只有经由借贷来修改]

2. 每个人选取依市场利率计算具有最大现值的收入川流。

3. 每个人选取依市场利率计算具有最大现值的收入川流(除非受借贷限制)。

1. 这意味着(如果选择依微小等级而变化的话)：

2. 预期的(与实现的)边际收获超过成本率(由比较最好的与次一最好的选择得出)必须等于利率。

3. 预期的但不须是实现的边际收获超过成本率(由比较最好的与次一最好的选择得出)倾向于特定的利率，这一利率关系到所包含的特定一组的风险。

两条不耐原理

甲　经验上的原理

1. 每个人的时间偏好率决定于其确定的与规定了的收入川流，这是在收入川流(甲)为他规定了和(乙)经由借贷修改了(依不耐原理乙)之后。

2. 每个人的时间偏好率决定于其确定的与任意的收入川流，这是在收入川流(甲)经他选取了(依投资机会原理乙)和(乙)经由借贷修改了(依不耐原理乙)之后。

3. 每个人的时间偏好率决定于其不确定的与任意的收入川流，这是在收入川流(甲)经他选取了(依投资机会原理乙)和(乙)经由借贷修改了(依不耐原理乙)之后。

乙　最大量欲求的原理

1. 每个人经由借贷来修改他的(规定了的)收入川流，改变为最需要的形式。

2. 每个人经由借贷来修改他的(已选取的和确定的)收入川流，改变为最需要的形式。

3. 每个人经由借贷来修改他的(已选取的和不确定的)预期的收入川流,改变为最需要的形式。

这意味着:

1. 他的时间偏好率等于利率。

2. 他的时间偏好率等于利率。

3. 他的时间偏好率倾向于特定的利率,这一利率关系到所包含的特定一组的风险。

两条市场原理

甲　平衡市场的原理

1. 在任何特定的一段时期,某些人的实际收入经由借贷的增加,必须等于其他人的实际收入的减少。

2. 在任何特定的一段时期,某些人的实际收入经由借贷的增加,必须等于其他人的实际收入的减少。

3. 在任何特定的一段时期,某些人的实际收入经由借贷的增加,必须等于其他人的实际收入的减少。

乙　偿还的原理

1. 任何特定个人的收入在某些时期内经由借贷的增加,在现值上必须等于其他人的减少。

2. 任何特定个人的收入在某些时期内经由借贷的增加,在现值上必须等于其他人的减少。

3. 任何特定个人的收入在某些时期内经由借贷的增加,在预期的现值上必须等于其他人的减少。

第 三 篇

理论的数学论证

10. 第一近似理论的几何说明

10.1 引　论

我们在第 5 章中已经看到，假使某一特定个人的不耐程度只是决定于他的收入川流，又假使他的收入川流不能经由借贷市场或其他方面加以变更的话，那么他的不耐也就无法改变了。在这样一个隐士的世界里，每个人都有其个人的时间偏好率，各个人偏好率高低的幅度可自每年百分之几千直到零或零以下。在这样的世界里，由于没有借贷，因而也不会有市场利率。

但我们又理解到，当这些隐士们能够互相交换其收入川流时，一个人可将他今年收入的一部分换为另一个人的将来收入，那么这无数的时间偏好率或不耐率立即趋向于一个共同的百分率，在交易不带有风险的假定下，事实上某种一律的市场利率将会建立起来。在这样一个完全的借贷市场里，每个人的不耐程度将会等于其他任何人的不耐程度，并等于利率。

10.2 今明两年收入图

如果我们把利率问题用图形的方法来表示，则利率的决定可归结为一个简单的几何问题，正如同价格问题可用供给与需求曲线来表示一样。

然而为了适当地描绘利息问题的各种要素，我们需要一种新的图形。我们第一件事便是首先要了解一下这种新的图形与本书前面所用的图形之间的关系。首先让我们回到第1章图1.1，1.2，1.3，这些图表示一个人在若干年时期内的收入川流。这种图是由一排代表实际收入的垂直长条所构成，实际收入是以连续各期（日、月、年）的生活费用来衡量的。为了现在图形的方便起见，可将这些垂直长条缩改为垂直线，没有宽度，以免混乱，这样，每年收入就好像是集中在一个时期，譬如说，有关各年或月的中点。因为利率通常是以年利率计算的。如果这些垂直线像图10.1那样绘制，除年外不问其他时间单位，那么我们的讨论就可简化些。我们还可以把图形作得更加具体些，即在各年的垂直线上标上具体的数字，如将这个人1930年的收入定为1 000元，1931年为1 200元，余类推。

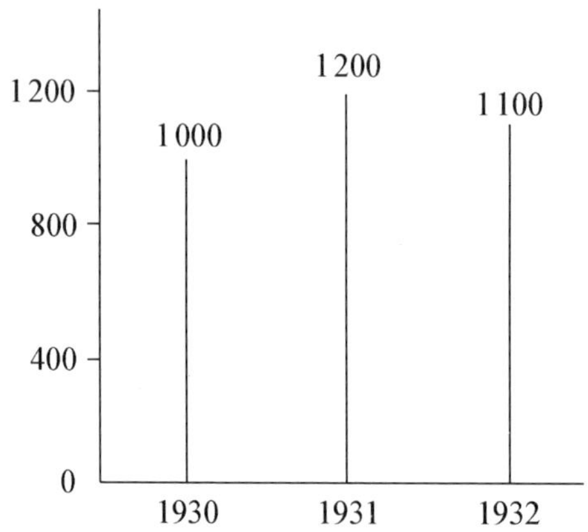

图10.1　以直线而非以长条代表的每年收入

现在我们准备改用一种新的、根本不同的方法来表示实际收入川流。在上述的图形中，是沿横坐标轴的距离衡量时间，沿纵坐标轴的距离衡量数量。现在要求读者摆脱这种观念。而且，在整个第 10 章与第 11 章中，读者都要当心以免不自觉地又回到这种观念上去。在新的图中并没有时间的尺度，我们根本不去衡量时间，纵横两坐标都是衡量收入数量。横坐标代表第一年的收入，纵坐标代表第二年的收入。例如图 10.2 中的 P_1 点，经由它的纵坐标与横坐标在某种意义上是代表两年收入的组合。它代表某一特定个人在特定两年内的所谓收入组合、收入川流、收入地位或收入情况。如果我们所研究的是两年或两个时期的收入川流，那么我们可以用图 10.2 将所有可能的收入组合或收入地位全部表现出

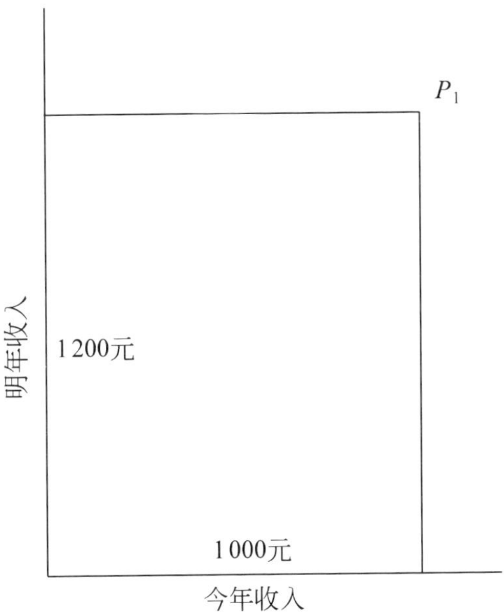

图 10.2　P_1 点代表今明两年之收入地位

来。如果我们还有第三年的收入川流也要绘上去，那么根据旧方法绘制的图 10.1 很容易表现出来，而依新的方法则需要第三度空间。这样，这张图就不成其为平面图了，而是一个三度空间的立体图形了。

假设包括两个年度的图形中，我们从原点向“东北方”经由两坐标的中间绘一直线，那么这条线上的每一点意味着它的横坐标与纵坐标都是相等的，这就是，它代表种种不同的收入情况，在这种场合，两年的收入是相等的。一个穷人——两年的收入都少——是处于靠近原点的地方，富人是处于远离原点的地方。一个人的今年收入较他预期的明年收入为少，他就处于平分线以上，他的纵坐标（意即明年收入）大于他的横坐标（意即今年收入）。如果我们将他的地位适当地移向左方，以便缩短他的横坐标（今年收入），他就像一个困在南北极探险的人——粮食快不够吃了，虽然他也许可能从无线电得到通知说明年就可以得到丰富的粮食供应。另一方面，一个人的今年收入较他预期的明年收入为多，他将处于平分线以下，他的横坐标大于他的纵坐标。

这样，在东北象限（图中只画出这个象限）内，我们可将 P_1 点定于任何地位，来代表今年收入与明年收入之所有可能的组合。

10.3 市场线

假设一个人所有其他各年的收入都保持不变，现在我们来研究一下，如果图中两年的收入数量发生改变，对这个人来说会有什么样的影响。假定这些改变全部是由于他把某一年的一部分收入换为其他人另一年的一部分收入的结果。除了这种交换外，我们假定他的收入情况是固定的。我们假定他的收入严格规定为今年1 000元与明年1 200元，除以某一年的一部分收入换为另一年的一部分收入外，没有其他机会可以改变这些数额。

举例来说，假设在10%的利率下，这个人在1930年借入100元而在1931年偿还110元。在图10.1中，这些改变表现在1930年的垂直线由1 000元延伸为1 100元，1931年的垂直线由1 200元缩短为1 090元，而不是1 100元。在图10.3中，这些改变表现在收入地位的移动，由原定的收入地位 P_1 移至 M_1，它的横坐标比原来多100元，而纵坐标则比原来少110元。

如果这个人再借100元，答应偿还110元，如图10.4所示，这次他的收入地位就再由 M_1^{I} 移至 M_1^{II}，这就是，从今年1 100元与明年1 090元变为今年1 200元与明年980元。再借第三个100元，他就进一步移至 M_1^{III}（今年1 300元与明年870元）。每增加100元的借款，就使今年收入增加100元，明年收入减少110元。图10.4把这些连续变化表现为"阶梯"形，阶梯中的每一"踏面"是100元，每一"竖板"是110元。梯是陡峭的，只要利率存在，它的坡度总要大于45度——这就是，将来收入的减少快于现在收入的增加；竖板要比踏面大过10%——竖板大于踏面的百分率等于利率。[1]

① 梯级也可绘于线的下方，如图中虚线所示。假使梯级不是由连续的100元借款构成，而是由连续的1元借款构成，那么通向 P_1，M_1^{I}，M_1^{II}，M_1^{III} 等等的梯级数就要增为100倍，同时每一梯级要相应地缩100倍。

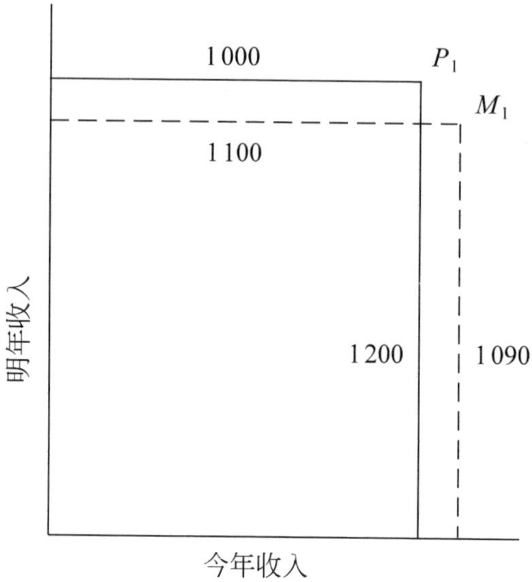

图 10.3　借款对一个人的收入地位之影响

假设利率为 0,那么每借 100 元,明年只要还 100 元,竖板等于踏面;市场线与坐标线成 45°角,它的坡度等于 1,换言之,即等于 100%。于是在新法作图中,特定的利率是由特定市场线的坡度与 45°的零利息线的坡度(100%)间的代数差来表示的。

显然,P_1M_1 是条直线。它可叫做市场线、借贷线或利率线,如果把它延长的话,它将包括这个人(可叫做某甲)经由借贷所能转移到的一切收入地位。

设以 P_1 作为起点,他沿直梯下移(东南),他就是借款人,或明年收入的卖主,因为他是增加今年收入而减少明年收入。相反地,如果他沿梯上移(西北),他就是贷款人,或明年收入的买主,即减少今年收入而增加明年收入。

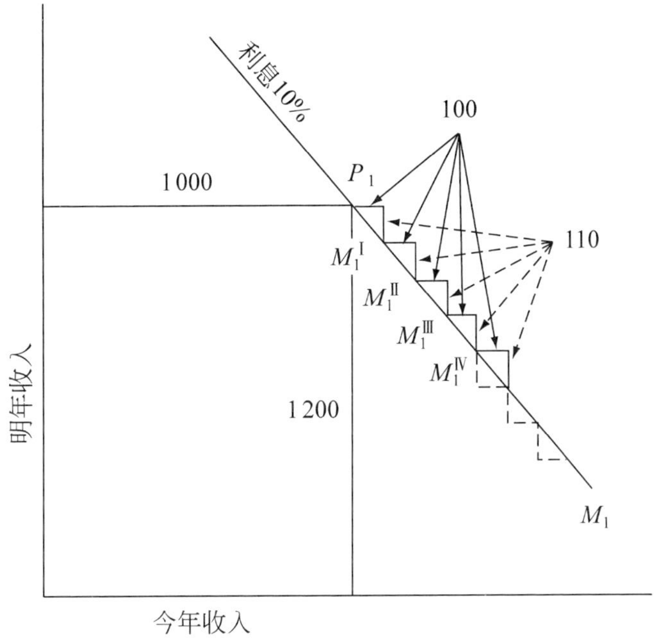

图4 依市场利率连续借款所产生的个人收入地位之连续变动

10.4 志愿线

到目前为止,我们只是用这种新型的图来表明一个人如何能够改变他的收入情况。其次一个问题是:他实际上将移向市场线两个方向中的哪一方?答案决定于他的不耐程度与市场利率的比较。我们已经看到,在图 10.4 中,市场利率是由市场线相对于 45°的坡度来表示的。现在我们准备用类似的图来表示一个人的时间偏好率或不耐率。这是用一组曲线来表示的,曲线表明处在任何收入地位(如 P_1)的一个人愿依什么条件借入或贷出 100 元。一个人愿做什么与一个人能做什么是截然不同的两回事。图 10.4

中的市场线表示他能做什么，而志愿线（*willingness line*）——这是现在要加以说明的——则表示他愿做什么。

某甲的不耐是这样的，必要时他愿依30%借入第一个100元，如图10.5所示，这大大高过10%的市场利率。这就是，他愿为今年收入增加100元而牺牲明年收入的130元。但要今年取得第二个100元，他就不愿付这样高的代价了，他只愿偿还120元。对他来讲，第三个100元只值明年的110元；第四个100元又少一些，余类推。这些志愿点形成一个弯曲的梯子，梯级是由P_1到W_1^{I}，由W_1^{I}到W_1^{II}等等，梯级中的每一踏面相当于100元，但竖板却是随借款人向东南方沿梯而下时逐步递减的，即依次为130元、120元、110元。$P_1W_1^{\mathrm{IV}}$志愿线与图10.4中的P_1M_1线不同，它不是一条直线而是一条曲线。每一梯级的陡峭程度，即竖板对踏面的比率，或曲线的坡度，表示在某特定梯级时的不耐程度。

当然，通过P_1点的志愿线可向两个方向延伸。这不仅表示某甲愿依什么条件借款，而且表示他愿依什么条件贷款。在P_1点，他愿依40%贷出第一个100元，依50%贷出第二个100元，余类推。在理论上，每个人都因条件之不同而准备借款或贷款。这里表明某甲在P_1点时仅仅愿依30%借入100元，或依40%贷出100元。要之，他愿将志愿线上某一特定点所代表的收入组合代以同一志愿线上另一点所代表的收入组合。依据假定，志愿线上的所有各点对他是同样合意的。志愿线的任一部分，经由它的坡度与100%间的离差，表示他处在某一特定收入地位时的不耐程度。

因此，P_1W_1 是某甲的志愿线，[①]又可叫做他的不耐线。此外还有任何别的人的志愿线，或 W 线。各条 W 线是与市场上各个人共同的市场线或 M 线有所不同的。

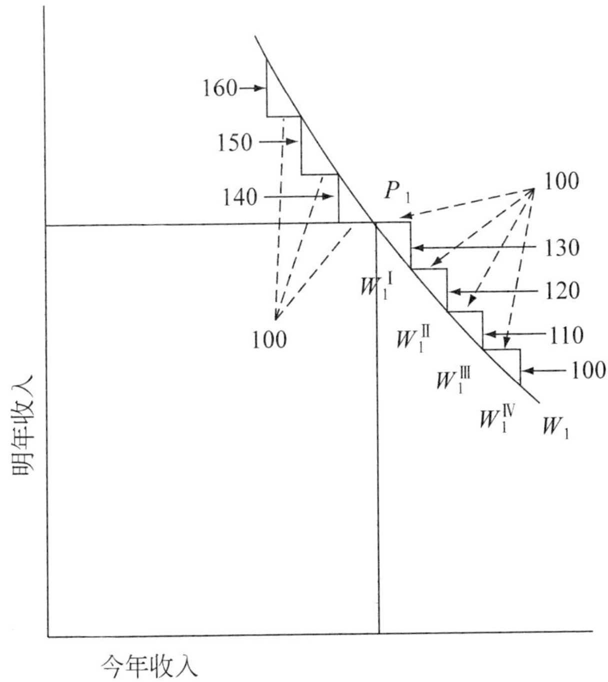

图 10.5　W_1 线的坡度所代表的各等不耐程度

① 我们采用志愿线的名称，主要是因为志愿的第一个字母要比"I"（英文里面"不耐"的第一个字母）这个字母在图中使用起来更方便些，特别是"I"在英文里面又系利息与收入的第一个字母。

10.5 两线的比较

现将图10.4的M线与图10.5的W线并入图10.6中。我们于P_1点得出两条线，一条线(M_1)是经由它与45°坡度的离差，表示某甲作为借款人所能获得的利率，另一条线(W_1)是经由它的坡度，表示他借款所愿支付的利率。很明显，当他能依10%获得100元借款时，他如果愿付30%的话，他将借款。也很明显，只要他的志愿率，即他的时间偏好率或不耐率，大于利率的话，换句话说，只要在每一阶段志愿线陡于市场线的话，他将继续借款。

到现在为止，我们所谈的只是说明收入的图形，在图中定一P_1点来代表某甲的假设的固定收入情况，通过P_1点绘两条线，一条直线，即市场线，表示某甲能够自P_1点移动的方向，一条曲线，即志愿线，表示他愿意移动的方向。他愿依30%借入第一个100元，或依40%贷出第一个100元；但在10%的利率下，他既能借入，又能贷出。

10.6 一整族的市场线

但在我们随一个人将他的收入地位自P_1点移向西北(作为贷款人)或东南(作为借款人)而进行M线与W线的对比以前，首先须把两种线的图示方法说完全。到现在为止，我们只不过将这两种线各绘了一条。这是在已知的收入地位P_1上所能作的仅有的两条线。然而我们也可将某甲放在任一其他收入地位，在这里，

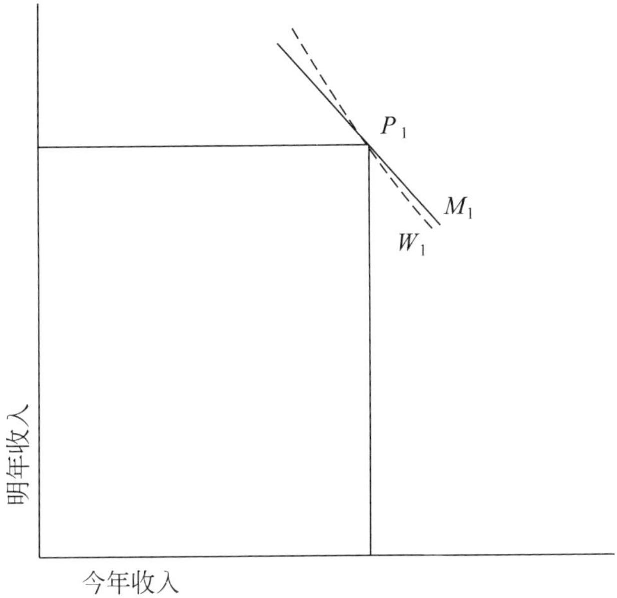

图 10.6　M_1 线与 W_1 线在 P_1 点的交叉

市场线将会遭遇一不同的志愿线。

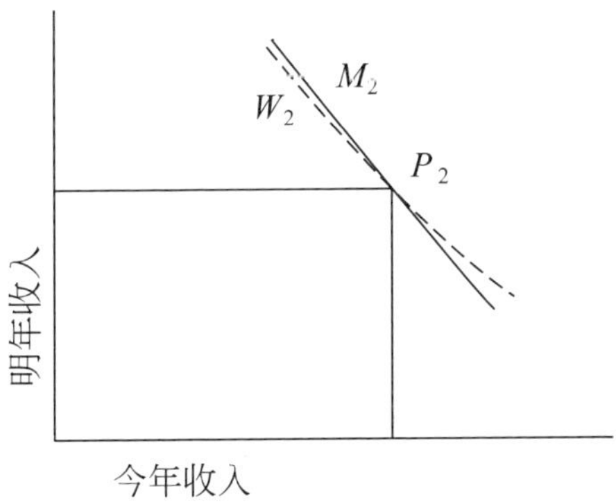

图10.7　M_2 线与 W_2 线在 P_2 点的交叉

同样，我们也能为其他任何人，譬如说某乙，绘一对市场线与志愿线，如图 10.7 所示。在这种情形下，某乙所处的地位表示他

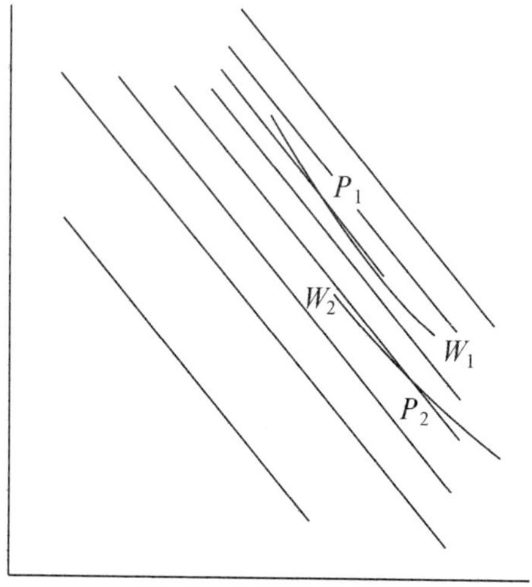

图 10.8　关于 W_1 线与 W_2 线之 M 线

愿依 2%贷款，但却能依 10%的市场利率贷出；于是我们又得出 P_2M_2 市场线与 P_2W_2 志愿线。我们同样能为第三个人某丙绘 P_3M_3 线与 P_3W_3 线，余类推。

在我们所假定的完全市场的情况下，所有市场线 P_1M_1，P_2M_2，P_3M_3 等都是平行的，它们与 100%的坡度间的离差代表——普遍的市场利率，这里假定为 10%。[1] 由于市场线是平行的，它们实在是无关于个人的或不决定于特定的个人，我们因而可绘一全图（图 10.8），其中有一些直的、平行的市场线，如同惯常见到的暴风雨情景，每条线略比 45°为陡，它与 45°间的离差表示利率。

① 图中所以要用 10%这样大的利率是因为，一条线与 100%线的倾角间的离差如果小于 10%，就看不清楚了。

10.7 许多族的志愿线

另一方面，志愿线是个人的。每一志愿线的一定坡度自然是决定于一定的收入地位 P_1。某甲在某一时间只关切到他的一"族"线当中的一条，这条线是通过他的实际收入地位 P_1 点的。我们将他在 P_1 点的志愿线与市场线加以比较，就可得到决定他借款或贷款的动机的图形。

他往往还有其他潜在的志愿线，这些线不是通过他的实际收入地位 P_1，而是通过想象中他可能有的其他收入地位。这些曲线代表他的收入地位如果改变时他要借款或贷款所将依据的种种利率。所以，每个人的志愿线数是无限多的，而其他任何人也都有他自己的一族线。

现在我们单只设想某甲的一幅图，其中满布一族数量无限的志愿线，线的排列是依逐渐变动的顺序，好像地理学上一座山的等高线图中的竖面图。[①]

某甲觉得任一志愿线上的所有各点对于他有相同的欲求或"欲望"，那么他宁愿他的收入地位处于远在东北方的线上，即距原点愈远的线上。每一志愿线可标一数字，明确代表线上逐个的与所有的收入地位的总欲求或总欲望。在某甲的估计中，这些点的

① 凡熟悉等高线图的人，会觉得这是一个很好的类比，因为每一志愿线代表与其他志愿线不同的欲求水平，在这里，水平或高度看作是由第三度空间来衡量的，这就是，与图面成直角。

位置或集合(即两年的收入组合)是同样合意的。两年中更多的总收入,可能因两年分配的更不适当而抵消了,结果总欲求没有变动,反之亦然。[①]

然而我们现在所感兴趣的还不是各志愿线间水平或总欲求的差别。我们在这里所关心的是在各个不同点上志愿线的方向,它代表不同收入情况下的不同的不耐程度。这些方向,即与 45°线的离差,告诉我们一个人在所有可能的收入情况下他何以愿意借款或贷款。

10.8 一个典型族的志愿线

当然,我们不能确切地知道,如果一个人是处在远离他的实际收入地位的时候,他将怎样行动,可是我们根据他的某些特性能够知道他大致上将会怎样。图 10.9 代表一族志愿线,大体上可代表大多数人的典型情况。最好是顺着虚的直线 SS'来进行分析,它经由两轴的中途向东北延伸,从而包括代表两年同等收入的各点。

我们可注意到四点特征:

(1) S 点代表近于最低限度生活的一点——譬如一个飘泊在南北极的绝望的探险家的收入情况——通过这点的志愿线几乎是

① 当然,我们也可能绘制以总欲求或总欲望表示的志愿线而不假定任何的借款或贷款。在《利率论》(第 7 章附录)中就是这样绘制的。在那本书中,志愿线叫做同欲求线。它们也可以叫做无差异线。

垂直的。一个人处在这种极端危急的收入地位，简直不愿贷出，因为放弃今年收入的少许来换取明年的任何数量，意味着现在极大的困苦。相反地，为获得今天更多的1元，用来维持今年的生命，他所愿偿付的就不只是10%或25%，也许高至100%，1000%，或明年收入中的每1元，即使明年收入不见得比今年希望更大。

(2) S'代表非常大的收入——譬如两年各为100万元——通过这点的志愿线几乎与SS'线成直角；这就是，几乎与两轴成45°，因为在这样大的收入下，今明两年差不多是处于同样地位。可以设想，具有这种收入的人，是不愿为获得今年更多的1 000元的收入而放弃过多于1 000元的明年收入的。

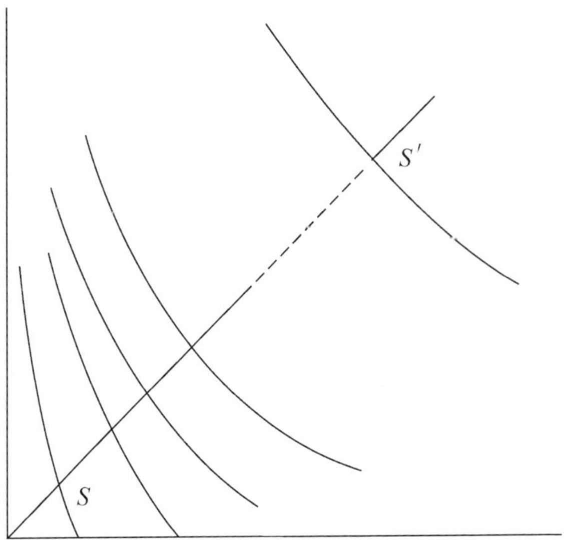

图 10.9　一个典型族的 W 线

(3) 当一个人在上述两种收入情况间由 S 进到 S'时，他的时间偏好率将随之而逐渐减低——自 S 点的近乎无限大低到 S'点的近乎零，这就是，在其他条件不变的情形下，收入愈大，不耐程度愈小。

(4) 任一志愿线都是愈向左上方愈陡，由右下方近于水平的方向转为相对一端近于垂直的方向。

10.9 时间偏好可以是负的

如果以上的详细说明是正确的话，至少这一族的某些志愿线，特别是远离原点的曲线与低低在下的曲线——这就是，代表小的将来收入与大的现在收入——对横轴的坡度小于 45°，它们的斜度小于 100%。在这样的收入地位下，时间偏好率将会是负的。人们有时说，人的根本属性是宁要今年的一餐饭或 1 元钱而不要明年的一餐饭或 1 元钱，但这种说法显然是太狭隘了。它无意中将我们的观察限制在收入图中现在收入相对小而将来收入相对大的部位。这对一个饥饿的人来讲格外正确，这就是，图中左部的志愿线远比 45°为陡。这对一个预期将来巨大收入的人来讲也是正确的，这就是，倾向图上端的志愿线也是很陡的。

但若我们将注意力转到相反的方向——转向右方、下方或右下方——我们发现图中这一部位的曲线平伸，其坡度小于 45°。如果上面的叙述是正确的话，这个人的收入情况是这样的，他或许愿意白白借给别人使用，甚至贴钱借给别人使用，只是因为他在这种情形下，今年收入如此之多，而预期明年收入如此之少，所以他情愿摆脱今年的一部分过多收入，用来稍微贴补一下明年的菲薄实际收入。他的情况好像孤岛上的鲁宾逊，食物充足，但只能供他今年的使用。在实际生活中,这种情况是少有的,但的确是可以想象的,甚至有时发生过。一个人处在这种情况,即便不是为了利息的动机也愿意储蓄以备将来。可是这将超出我们现在讨论的范围,因为在这里,我们所关切的只是志愿线,而不是市场线。

10.10 对不耐的个人影响以及非个人的影响

我们借助于这种图形就能更加清楚地看到,一个人的实际不耐程度决定于两种情况:

(1)决定于他的"个人方程式",由他的一族志愿线所构成的全部等高线,代表他在所有各种收入情况下究竟意欲何为。浪费者的志愿线要比通常人的一族曲线更陡些,守财奴的志愿线要比通常人的一族曲线平坦些。

(2)决定于以字母 P 来代表的他在图中的一定收入情况。个性相同时,穷人的不耐大于富人。一个人对将来有远大的预期,而现在却处于困境,他的不耐要大于将来处境相反的人。

当然,图中的一族志愿线及其地位是每分钟都在改变的。只有在一定的时间,收入图连同图中关于某甲的一组志愿线与一定的收入位置 P_1,才算是绘出他的个人情况。这里我们所做的是,在一瞬间,把他的收入地位与志愿线拍摄下来,并分析他在这一瞬间的举动。

10.11 借款或贷款的决定

个人的特征与收入会同市场利率决定一个人在一定情况下所要做的事情。一个人经由借款或贷款来调节他的不耐程度使之适合于市场利率，图 10.10 绘出了这一过程中的一个步骤。

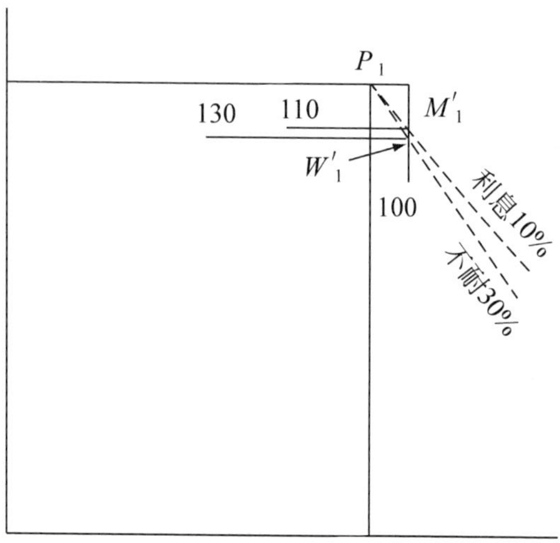

图 10.10 经由借款使不耐适合于市场利率

扼要地重复说一遍，设利率为 10%，某甲愿要或是不愿要 100 元的借款，这决定于他的地位在 P_1 点时，他的不耐是否大于 10%。倘如图 10.10 所示，他的不耐要大些——譬如说 30%——如果他能依 10%获得借款，他是愿意借的。设 W'_1 代表他愿意移转到的地位，以便取得 100 元来增加他的现在收入。这一地位的取得需要牺牲明年收入的 130 元，然而他无需这样的牺牲，因为他能用明年收入的 110 元来取得借款，从而使他处于 M'_1 点。

另一方面,某乙由于他的个性关系,或由于收入的不同时间形态的缘故,就采取完全不同的行动了。譬如说,他的地位开始是在图 10.11 中的 P_2 点。在这种情形下,他的不耐只有 2%,当市场利率是 10%时,他不要借款,反而要**贷款**。他将继续贷款,直到他的不耐程度等于市场利率时为止,换个说法,只要在每一阶段他的志愿线坡度小于市场线,他将继续贷款。

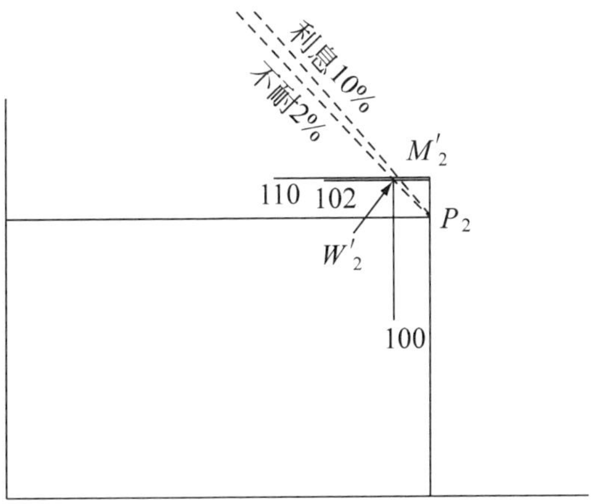

图 10.11　经由贷款使不耐适合于市场利率

由此,在 P 点,某甲或其他任何人的 M 线与 W 线间的角度表示这个人将是潜在的借款人或贷款人。如果这个人的 W 线陡于 M 线,他将借款;否则他将贷款。

所以,假使某乙依 10%贷出 100 元,而某甲依 10%借入 100 元,那么双方都有利益。一个人将沿 10%的市场线自 P_1 点下移到 M'_1,另一人将沿 10%的市场线自 P_2 点上移到 M'_2 点。

假使只有这两个人相互交换今明两年的收入,当然,对今年 100 元的借款,双方协议的利率就不一定是 10%,它将决定于某甲与某乙各自的议价能力。利率可定于2%至30%这一幅度间的任一点，2%是最低的利率，某乙愿依这利率贷出100元，30%是最高的利率，某甲愿依这利率借入100元。但是我们对一般市场的关心，要大于这种特殊的交易或两人间的斤斤论价。

10.12 利率对个人是固定的

价格理论家①久已认识到下面的事实：在特殊的交易中，或在两人间的斤斤论价中（每人都意识到他对价格的影响），价格在理论上的决定，要比在极发达的竞争市场中的决定更为复杂些，在极发达的竞争市场中，每个人是如此微小的一个因素，因而不会意识到他对市场价格的影响。在这里，我们假定这样的一般市场，在这个市场中，单独的买主或贷款人是如此微小的因素，所以他不会有任何意图想有意识地去影响市场利率。每个人都发觉利率对他是固定的。现在为了解说方便起见，我们假定市场利率固定于10%。

10.13 一个人如何调节他的收入地位使之适合于市场

在上述这些假定下，很明显，某甲将恰恰按10%的市场利率

① 参阅奥斯匹茨与黎本合著：《价格理论的研究》，莱比锡，敦克与侯伯乐公司，1889年，第405页；A. 马歇尔：《经济学原理》，伦敦，麦克米伦公司，1907年，第332页；又拙著《价值和价格理论的数学考察》，第25页。

借入 100 元,某乙将恰恰按 10%的市场利率贷出 100 元。他们的个性只是在决定利用市场的程度上起着有意识的作用。现在让我们看看,在固定的 10%的利率下,每个人在上述 100 元外还要借入或贷出多少。

要解决这个问题,我们只需将志愿线与市场线加以比较就行了。某甲已经借款 100 元,从而沿着 10%的市场线自 P_1 点移到 M'_1,点,他还要为了多借 100 元而沿着这 10%的市场线自 M'_1 向前移动吗? 他会这样做的,只要他仍然愿支付高于市场利率的代价。

是否如此,我们可以用上面所讲的同样过程来检验一下,即自市场线上的新收入地位绘一新志愿线,然后确定它是否陡于市场线。当他这样一步一步地,即 100 元 100 元地,沿着市场线移动时,我们总能检验出他是否还要继续前移。任何一个人只有一条志愿线通过某一收入地位,但当他从任一 P 点出发时,他是要沿市场线移动的,而每次移动后,他就遭遇一条新的志愿线。

图 10.12 中绘有许多志愿线,假定它们表示某甲在不同收入地位时的种种不耐程度。我们只要把这张图研究一下,就可看出某甲处在收入地位 P_1 时将会借款,因为他的不耐程度大于 10%的市场利率。当然,他将继续借款,直到他的不耐程度减到 10%为止,在这点时他再借款就得不到净收益了。这一点落在 Q_1 点上,M 线通过该点而与某甲的 W 线相切。他终于在该点达到这样的地位,即如果他沿着市场线再作一次 100 元的移动时,其倾斜度就不再小于他的志愿线,而是恰恰同样陡了。

同样的道理也适用于某乙。唯一的区别是:第一,他是自 P 点

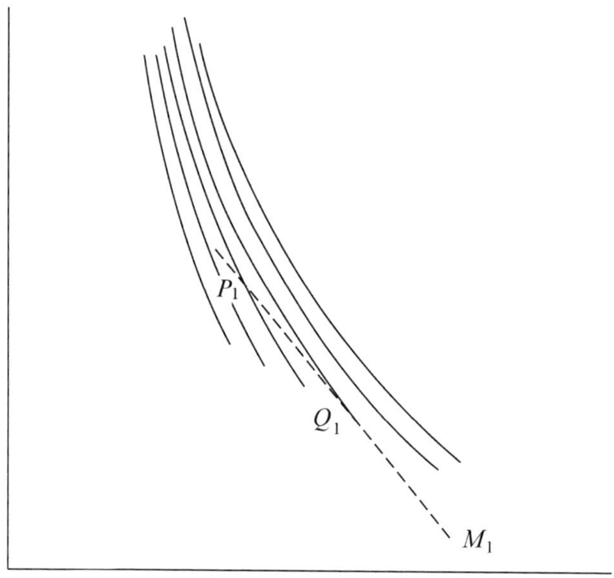

图 10.12　某甲的最后收入地位(Q_1)因 W_1 线与 M_1 线的相切而固定于 Q_1 点

上移至他的 Q 点,而不是下移——这就是,他牺牲今年收入来增加明年收入;第二,他是按照他自己的另一不同族志愿线来进行的。这种情形意味着诱因与感应间的高度敏感性或流动性。借款与贷款将有反复不断的调整,实际上,几乎每个人都将是借款人或贷款人,他的借款或贷款的限度是要精密划分而且是会经常变化的。

我们还不曾以几何图形绘出利率的全部问题,然而我们却已绘出下面问题的解法,即一个人在假定的理想情形下,如何调整他的借款或贷款使之适合于市场利率。我们已经看到,这一简单化的解法在于发现 Q 的所在点,即在特定利率下的 M 线与特定族志愿线中的某一线相切之点。

解决了个人问题后,现在我们进而研究市场问题。

10.14 市场的均衡

好像我们还不曾向决定利率的最后目标取得什么进展，因为我们开始假定：对个人来讲，利率已经由其他人所组成的市场固定下来了。他们怎样确定利率呢？我们岂不是在兜圈子论证吗？

现在只要几个步骤就可以完成全部市场的图景。不错，我们假定了一个固定的利率10%，以便看出一个人如何移动他的收入地位，来使他个人的不耐程度符合于那一利率（对他来讲是固定的利率）。然而每个人都有助于市场利率的形成，即使是不自觉的，个人的影响是经由改变他的收入情况（自 P 的地位移到 Q 的地位）这一行为本身所造成的。

这个说法是会明白的，假如我问一问自己，设"固定的"市场利率定得太高或太低时，那么将会发生什么情形。假如我们想象市场的利率很高，譬如说是25%，那么大部分人都想贷款，而只有少数人想借款。这样，提供贷款的总量将会超过需要，利率就要下跌。反之，如果利率很低，需要将会超过供给，利率就要上涨。因为就总量讲，实际贷出的总额必定等于实际借入的总额，所有 Q 点在某一方向之水平的移动必定等于所有其他 Q 点在另一方向之水平的移动。有些 Q 点，即借款人的 Q 点，是在其相应的各 P 点的右方。另外一些 Q 点则是在其相应的各 P 点的左方。但从 Q 的总体来讲，它们既不在左方，也不在右方。Q 的平均值与 P 的平均值的横坐标必须是相等的。它们的纵坐标也是一样的。总之，所有 Q 点的几何"重心"必定与所有 P 点的几何"重心"相合，才能使借贷市场得以平衡。

换言之，市场线坡度的离差所代表的市场利率，对调整其收入地位来适合于利率的个人来讲，往往像是固定的，然而这个利率并不是真正完全固定而不受他自己的借款或贷款的影响。市场的作用不过是使各个人的市场线保持平行。同一市场在同一时间不能有两个利率——至少在这里所假定的完全市场中不能有。

但这些平行线常常要稍微反复摆动来"平衡市场"。每个人的市场线可以他的 P 点做枢轴而轻微地转动。所有的市场线都一同转动(这就是说保持平行)，它们趋于达到适当的倾斜度——这一倾斜度可以平衡市场并使所有 Q 点的重心与所有 P 点的重心相合。

这样，决定利率的经济问题就成为这样一个几何问题，即所有 M 线进行试验性的摆动，直到它们的共同倾斜度使所有 Q 点的重心与所有 P 点的重心相合为止。

现在我们得到在第一近似理论的假定下全部利率问题的几何全貌——因为我们用两度空间的图形来表示，所以就必须加上一条限制，即关于第一、二两年以后的各年假设"其他条件相等"，除这点外，我们的几何图示是全面的。①

这样，决定利率的经济问题就变成为一个几何问题，即通过各 P 点绘一组平行的直线，这些平行线具有这样的坡度，能使各 Q 点的重心与各 P 点的重心相合。经济问题与几何问题具有一一对应的关系，因而如果"图"是正确的话，我们就可将全部问题归结

① 对于这个问题，第 12 章以数学术语做更详尽的表述，可适用于任何多的年份。

为一个几何问题了。

在这里附带说明一点，在我们所作的几何图形中，很明显地，并不意味着市场利率天生必定是正的而不能是负的。在理论上负利率是能够出现的，只要各 P 点与它们的重心是处于距横轴相当近的地位，或距纵轴相当远的地位，或两者兼有，从而在各 Q 点与志愿线相切的市场线的共同坡度小于 100%线的坡度。这在理论上是可能的，我们察看一下就可明了，倘若志愿线像假定的那样在某些收入地位的倾斜度小于 45°。为什么利率很少是负的，或绝不会是负的，其理由主要是与第二近似理论所讨论的情形有关，这在读了下一章后就更明白了。

10.15 图解中的四条原理

在这几何图形中，我们看到以前用文字阐述的四条原理（第 5 章），现在于“图”中改用几何术语说明如下：

（1）不耐原理甲（每个人的不耐或时间偏好率决定于他的收入川流）是用每个人的一族志愿线来代表的。

（2）不耐原理乙（每一时间偏好率要符合于市场利率）是用每个人的 W 线与 M 线在 Q 点的相切来代表的，这就使他的 W 线在该点的坡度等于 M 线的坡度。

（3）市场原理甲（市场得以平衡）是由下列事实来表示的，即自各 P 点向右方至各 Q 点之水平的移动总和（所有借款人合在一起）必定等于自各 P 点向左方至各 Q 点之水平的移动总和（所有贷款人合在一起）；又代表明年偿还借款的两个垂直移动总和同样必须相等，从而使所有 P 点的重心与所有 Q 点的重心相合。

(4) 市场原理乙(所有借款依同一利率偿还)是由这一事实来表示的，即市场线是彼此平行的直线。

10.16 几何法

这些图的作用与供求曲线是相同的，若就它们各自表明的意义来讲的话。

像所有图示法一样，这里所用的图示是要从杂乱无章的现实生活中，划分出一基本的趋势，显露出这一趋势的发展，而这在现实生活中是不可能的。它将一年收入集中于无限短的时间；它将收入的变动仅只限于两年；它将风险要素略而不论；它假定明年收入是确定的；它不考虑保证欠缺的情况，而欠缺保证却会限制一个人顺利地沿 M 线进行一系列的交易；它假定完全的市场。

还有，志愿线也不应绘成连续曲线。它们实际上是不平滑的，参差不齐的，单单由于这个理由，在连续性假定下所进行的细致调整也就丧失了。我们也知道，大多数人需要重大的鼓励，才能沿着一条市场线开始行动起来。除利率的高度外，还有谈判借款的麻烦，树立信用的联系，与无穷无尽的实际考虑。一个结果是，要使一个人沿着市场线掉转方向，利率就要比这里图中所显示的需要有更大的起落。驱使一个人自 P 点向任一方向移动，都要有一定的推进力量。同样的种种考虑也使他的地位(Q 点)的决定不会像连续曲线所显示的那样精确。

但所有这些以及其他实际的考虑，都不能抹煞下面的事实：即我们上述四个决定条件各自代表一种现实——一种实际的**趋势**，纵使它在现实生活中受到了阻碍或被抵消掉了。

时间偏好率与收入间的关系，很类似边际效用与消费间或边际成本与生产间的关系。为了表明一个人对糖的边际欲求与糖之消费间的关系，我们采用一条曲线，这在某些假定下就成为大家所熟悉的糖的需求曲线。这样的曲线现已获得普遍应用了。

为什么类似的曲线不曾用来表示时间偏好(边际欲求的导数)与收入间的相应关系呢？这有许多原因，或者其中主要的一个是，难于找到适当的图示法来表明这样繁多的变数在这样复杂情形下的相互关系。志愿线或不耐线图部分地解决了这个问题。就两个时期来讲，它将全部利息问题“描绘于图上”了。

10.17 与供求的关系

一些熟悉借贷市场供求曲线的学者也许会感觉到：如果能把这些曲线与这里所用“图示”间的确切关系作一说明的话，就会帮助他们更能了解它们的意义。所以，在这里似乎值得花些时间来将这两种表述方法沟通起来，正如开始时我们将这里的图示方法与本书前述的收入川流那一大套理论沟通起来一样。我们能够便当地和完全地从图示及图中所绘出的结构引申出供求曲线。

某甲的个人需求曲线是这样得到的：以 P 点为枢轴转动 PQ 直线，这就是，在 P 点依不同坡度绘一组 PQ 线。在每一 PQ 线上找出 Q 点，即与 W 线相切的一点。Q 点在 P 点右方之水平的移

动表示某甲愿依 PQ 线坡度所代表的利率来取得的借款。

这样我们得到图示所提供的两个坐标(即利率与在该利率下需求的借款数量)。有了两个坐标后，我们只需像通常的做法一样将它们绘于另一张纸上就行了。

我们可同样绘制其他每个人的需求曲线。所有各个人的总曲线(将一定利率下的所有需求加起来)表示市场的总需求曲线。

供给曲线也是这样绘制的，唯一的区别是，就供给讲，我们是依 Q 点在 P 点左方(而非右方)之水平的移动来计算的。

当然，在接近于代表市场利率的坡度之任一坡度上，有些人是向右移动，另一些人是向左移动，但在代表市场利率的坡度上，两方移动的总量是相等的。这就是供求曲线交叉的地方。

很明显，图示所表明的关系是与通常的供求曲线一样的，而且还不止此。举例来说，供求曲线只告诉我们收入地位在 P 点与 Q 点之间的移动，或收入地位的差别，而图示却表示出这两点的全部收入地位。而且，我们能像上面那样将图式改制为供求曲线，但却不能将供求曲线改制为图示。

在这里还要注意，供给曲线是从上面的图示引申出来的，尽管在第一近似理论中略去了投资机会或生产力要素。这件事实的意义，等到第 11 章，我们在第二近似理论中引进了投资机会或生产力要素之后，就可以看得更加明显了。

11. 第二近似理论的几何说明

11.1 引　论

我们在第 10 章提出了在固定收入的假定下，达到经济均衡附带产生的两个经济问题的图解。一是个人问题，另一是市场问题。这两个问题的解答如下：

(1) 某甲从其原来收入地位 P_1 经由借贷所要达到的收入情况 Q_1 将定于一点，在该点上他的借贷动机是平衡的，这就是说，他的志愿线之一与市场线 M 相切于该点；

(2) 利率或市场线偏离 45°的坡度时将是：所有 Q 点的重心与所有 P 点的重心相合，有如上述。

原来假定 P 点是对一个人任意规定的，现在本章中改为一组任意点，他可在这些点中进行选择。假如这一群点缩拢为单一点时，那么本章的分析就与第 10 章完全相同。换言之，第 10 章代表一特例，而本章则代表一般的问题。

图 11.1 表示可能的各点，假定这些点代表某甲现有的种种收入情况，通过借贷的进一步移动除外。第 10 章假定没有选择而只有一固定的收入地位，现在他有机会在许多收入地位中选取任何一个，但实际上他的选择要限于 $O_1^{\mathrm{I}}O_1^{\mathrm{IV}}$ 边界线上所代表的那些地

位。这可叫做投资机会线,或简单地叫做某甲的 O 线。当然,每个人有他自己的 O 线。

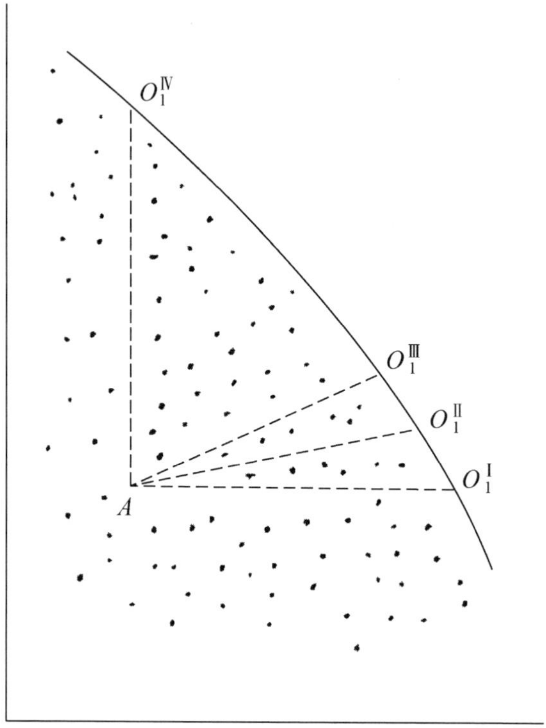

图 11.1 机会(O)线

11.2 投资机会线

我们可以将边界线以内各点除外的理由是很明显的。线内各点在任何情况下都绝不会被选取,因为线内的每一点在两年的收入方面都不及边界上的某些点。例如图 11.1 中的 A 点一定不会被选取的,如果这个人有机会代之以 A 点以北或以东的任何一点，或其东北的任何一点的话。

但收入绝不能无限的增加。不论我们在哪一方向尝试——今年、明年或今明两年——都会遇到一定的限制。这些限制便构成了边界线 $O_1^{\text{I}}O_1^{\text{IV}}$。图 11.1 表示某甲有机会将他在图中的收入地位移向东方，但只能移到 O_1^{I} 处。换言之，他在不改变明年收入的情形下，只能将今年收入增加到 O_1^{I} 点的限度。这是假定由于技术的限制，包括个人的限制，他不可能推进到 O_1^{I} 点的右方。

同样，仍从 A 点开始，他有机会将图中的收入地位移向北方——这就是增加明年的收入而不改变今年的收入——但只能达到某一限度，即 O_1^{IV} 点。或者他能移向东北方，从而使他在两年中的情况同时得到改善，但他这样做时，也只能达到某一限度，即 O_1^{II} 或 O_1^{III} 点。

当然，由这些限制点所构成的边界线 $O_1^{\text{I}}O_1^{\text{IV}}$ 有不同的形式，我们假定现在它是对原点呈凹形的一条曲线。这纯粹是一个人的两年收入之技术限制的几何图，并假定（我们一直都是这样假定）所有其他各年的收入都保持不变。它是许多选择的轨迹或线路，因而可以叫做选择线或机会线，①某甲的机会线以 O_1 代表之。

① 图 11.1 中 $AO_1^{\text{I}}O_1^{\text{IV}}$ 面积内的任何一点都代表一种选择。但只有 $O_1^{\text{I}}O_1^{\text{IV}}$ 曲线上的各点才是真正可取的。从这些点中的一点移向另一点的机会，便关系到这条线上的两个点。假如这两点很接近的话，那么从一点到另一点的方向便是与曲线相切的坡度。于是，“选择”这一名词意味着曲线上的一点，而“机会”这一名词则意味着曲线的方向。

11.3 借款以外的个人调整

到现在为止我们已经看到，某甲放弃了投资机会线以内的所有收入地位，而留存下来仍然可取的只有曲线上的各点。

像先前一样，我们假定每个人都未意识到他对市场利率的影响。并像先前一样，假定利率为10%，以便好谈一点。这个人所能进行的调整只是：(1)沿 O 线调整他的地位；(2)沿 M 线作进一步的调整。后一问题与第10章的问题是一回事，所以只有前一问题是个新的问题。我们将会发现前一问题的解决导向利息问题中最复杂部分的解决，这一部分在第一近似理论中有意省略了。这就是有关利率的投资机会、生产力或生产技术的问题。

这个人沿投资机会线移动他的地位所依据的原理是与第10章所述他沿市场线移动的原理极其相似。不妨回想一下，这个人沿市场线或 M 线移动是依据它的坡度，即依市场线在任何一点的坡度与志愿线或 W 线的坡度比较而定。我们已经看到，他如果是位于 M 线上的一点，在该点，通过该点所绘的志愿线要陡于市场线的话，他将自该点沿市场线下移，这就是，他将借款；他如果是位于市场线陡于他的志愿线的一点，他将沿市场线上移，这就是，他将放款。

同样比较可应用于我们现在的问题，只不过将市场线代以机会线而已。设某甲开始时是位于机会线上的 O_1^{I} 点，如图11.2所示。他随即有机会移到这条线上的其他任何一点，正如同以前他能够沿市场线移动一般。让我们像先前那样依每次100元的微小

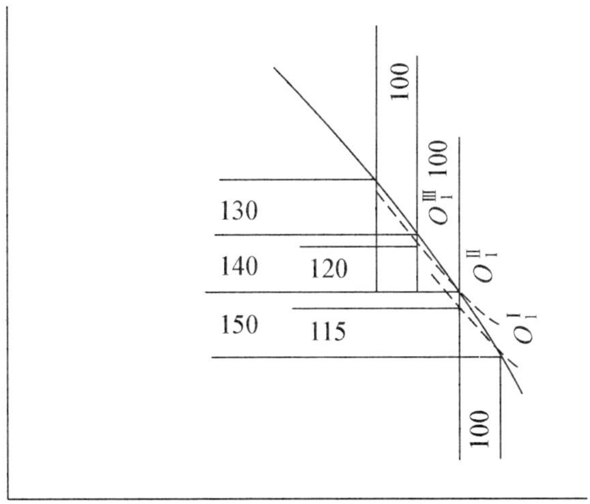

图 11.2　W 线表示不同的不耐程度，O 线表示不同的收获率

变动来进行。第一步是自 O_1^{I} 至 O_1^{II}。图中表明，他牺牲今年收入 100 元就能够增加明年收入 150 元，而依通过 O_1^{I} 点所绘的志愿线所示，他本来只愿获得 115 元。他将获得的 50 元净收益等于 50%的收获超过成本率。这是他的投资机会率。他愿意贷出 100 元来取得净收益 15 元，或超过成本 15%。这就衡量了他的不耐程度或时间偏好率。显然，他将如方才提示的那样抓住机会进行投资，来取得 50%的收获，本来他愿意取得 15%。在图 11.2 中，这一选择是由沿着机会线自 O_1^{I} 点移至 O_1^{II} 点来表示的。

第二步，假如另一笔 100 元能够带给他 140 元，而他本来愿意取得 120 元的话，他也要抓住这一机会，从而移到 O_1^{III} 点。这就是，他将选取一个 40%的投资机会，而这时他的不耐程度只有 20%。这样，我们可将他描述为沿机会线上的梯级上升。在这种情形下，随着他的进展，连续的梯级的坡度就愈来愈小了。达到每一点后，他比较梯级的坡度与 W 线在那一点的坡度来决定是否采取下一步。当他进行每次 100 元的连续投资时，连续的 W 线的坡度将愈来愈大，而机会线的坡度则愈来愈小。

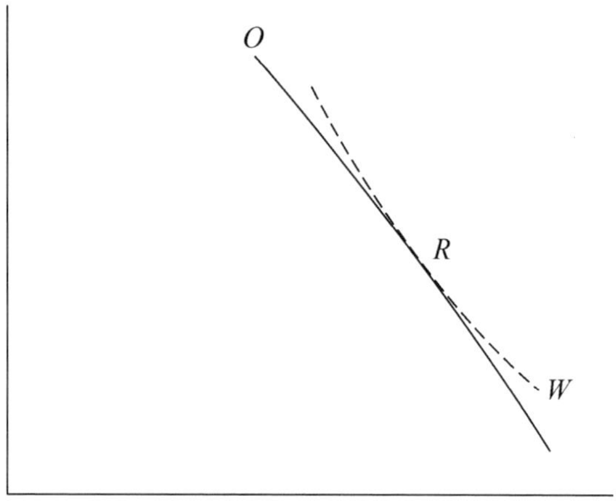

图 11.3　W 线与 O 线相切的一点(R)

这样下去到达一点上，当机会线的坡度不再比志愿线的坡度大时，他将停止投资。通过该点的志愿线与机会线，有相同的坡度，譬如说 30%。这就是，两条曲线将在那一点相切。切点 R 见图 11.3。

方才我们所用的论证显然是与第 10 章所用的一模一样，唯一重要的区别是，我们在那里是论到一条直线，用来表明这个人能够做什么，而这里是一条曲线，或无论如何它不必须是条直线。

到现在为止，论证的结果也是相类似的。停止点就是“能”线(这在第 10 章是市场线，在本章是机会线)与志愿线的切点。

11.4　通过借款的个人调整

一直到现在，我们在第二近似理论中的论证就好像是这个人没有在借贷市场借款或放款的自由。我们有意暂时排除这一可能性来进行讨论，就好像这个人是与借贷市场完全隔绝一般，所以任何投资必须是来自他自己的收入，而不能利用借来的金钱。果真是这样的话(实际上往往如此)，图 11.3 就正确地表明这个人移动的结果。它将是单方面的移动，完全沿着机会线来进行的。

但若现在我们回到完全借贷市场的假定，一切有关的人都可进入这一市场，并可随意借贷任何数量，那么图 11.3 就不能充分说明我们的问题了，因为它不曾顾到一件事实，即这个人不仅能沿机会线移动，而且也能经由借款或放款而沿市场线移动。这就是，现在他有两条“能”线，即第 10 章的市场线与本章的机会线。

图 11.4 表示某甲的双重移动。从 O_1^{I} 点开始，他沿机会线移至 P_1 点，机会线与 M 线相切于该点，然后沿 M 线移至 Q_1 点，M 线与 W 线相切于该点。这就是，固定的利率将促使这个人这样的移动，从而使边际收获超过成本率(投资机会率)与边际时间偏好率(不耐程度)都等于市场利率。图 11.4 表明某甲的投资机会率与不耐程度依市场利率所进行的调整。利率是，而且总归是，由 M 线的坡度来代表的，收获超过成本率是由 O_1 线在 P_1 点的坡度来代表的。这两个坡度相同，因为这两条线相切于该点。

M 线与 O_1 线在 P_1 点的坡度相同，因为两线相切于该点。不耐程度是由 M 线与 W_1 线在它们的切点 Q_1 的同一坡度来代表的。由于 M 线是一直线，所以 O_1 线与 M 线在 P_1 点的坡度，和 M 线与 W_1 线在 Q_1 点的坡度都是相同的，这说明机会率、不耐率与市场利率的一致。

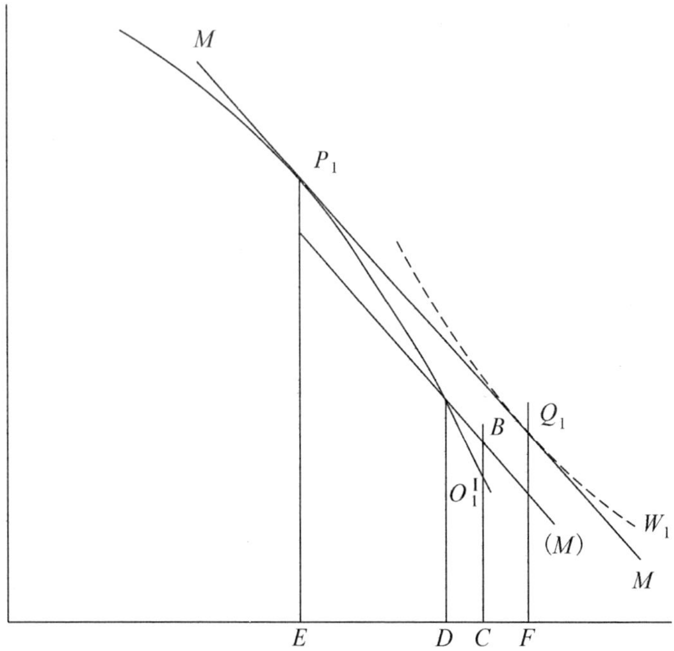

图 11.4　与 O 线相切于 P 点的 M 线，也与一志愿线相切于 Q 点，从而达到了均衡点

11.5　双重调整详论

在这样的双重调整中，首先须找到投资机会线上的切点 P_1，最后再找到一 W 线上的切点 Q_1，因为机会线只有一条，而且线上只有一点通过该点的坡度符合于利率；但 W 线却有无数条，而每条线上都有一点通过该点的坡度或方向是与利率相同的。①

---

① P_1 点也可说成是机会线上的某一收入地位，或某一选择，它有最大的现值，有如第 7 章所述，如果愿意的话，也可用几何来说明。

值得注意的是，在机会线上这样得到的 P_1 点与图 11.3 所示该线的 R 点大不相同，图 11.3 里面是假定这个人和一切借款都隔绝了。[①] 这两点在任一方向都可以是不同的。

还值得注意的是，W_1 线总归是作最后的决定，这就是，最后收入地位固定于 Q_1 这一点，即 M 线与一条 W_1 线的切点。所有其他收入地位，表明是某甲考虑过的各点，但是因为他选择了 Q_1 而把那些点放弃了。任何人的机会线上的 P_1 点只不过是过渡到 Q_1 的一点，Q_1 才是最后的均衡点。

如果我们要更现实一点的话，就根本不须将这个人描述为沿机会线移动，即使是不停顿地奔向 Q_1。他更宜于描述为穿过许多地段直接跳跃，即从机会线上他的收入地位 O_1^{I} 直接跳到 Q_1。

读者可以从 O_1^{I} 开始，经由 100 元投资与借款相结合的小变动来追寻这个人的行踪。这样，最初的 100 元将使他从 O_1^{I} 转到 B。同等数量的连续投资与借债将增加这个人的明年收入而保持他的今年收入不变。在图中，他的收入地位首先自 O_1^{I} 移到 B，随后自 B 逐步直线上升。可是他的借债不须限于他的投资数量。图形表示，一个人依据他的不耐借入 CF 所代表的数量，作为今年的消费。O_1^{I} 与 P_1 间的水平距离(即 EC 距离)所代表的借债，就是通常所谓生产借款，而 O_1^{I} 与 Q_1 间的水平距离(即 CF 距离)就

① 说他将选取最大的现值，这是不正确的。最大现值的一点是 P_1 而不是 R。由此，一个人总归要选取市场上最大现值的收入川流，这好像是用不着说的，其实不然。除非他还通过借贷市场获有自原来地位移动的完全自由，他才会这样做的。否则他也许不愿忍受今年微小收入的损失，即使明年他的预期收入是很大的。通用于一切情形的唯一最大量原理是最大量欲求的原理，而不是最大市场价值的原理。

是所谓消费借款,便利借款,或个人借款。[①]

然而正确地讲,借款的任何部分,其本身都不是生产的。唯有投资才宜于叫做生产的。沿着 M 线的移动并不能对这个人所有的现值总额有所增益,因为它不过将今年的 100 元代以明年的 110 元,或这样一系列的数量,而明年的 110 元与今年的 100 元现值相同。但沿机会线的移动却可增加一个人的现值。一直到最后投下的 100 元,每 100 元提供的收益大于明年的 110 元,因而依 10%计算,它具有大于 100 元的现值。

沿 M 线的单纯移动,其唯一收获不是获得更多的市场价值,而是获得便利——达到更大量的总欲求。这对第一近似理论与第二近似理论来讲都是不错的。每一借款,若单就借款而论,只是沿着 M 线的移动,它本身总归是个便利借款。严格地讲,就借款谈借款,都不是"生产的"。

只有当借款引起另一移动,即沿 O 线移动而产生一个差别时,它才有权利叫做生产借款,不错,在我们所讲的情形中,它的确产生了这种差异。这就是,我们之所以将借款叫做生产的,因为没有借款就不能进行投资,或不能作这样大的投资——因为以今年收入作这样多的投资是不适宜的(甚至是不可能的)。

所谓生产借款的基本效果是,使这个人(在完全流动性与没有风险的假定下)能够完全不顾前述收入川流 P 的时间形态,即 P 所代表的今明两年收入的比例。借款可使他随意将 P 点尽量向

① 另一方面,对别人来讲,最合意的一点也许很不同。他也许只借投资所需的一部分,甚至根本不借,而一面投资一面放款。这完全决定于他的 O 线与 W 线的特定形式与地位。

左推移，而不受饥饿的威胁，或遭受任何的不适。他不需进行节欲，因为不论 P 点意味着今年收入短缺多少，都可由借款来补足，这就是利用市场线。事实上，他甚至可将 P 点推移到纵轴的左方，即今年负收入的地位，当然，除非同时有借款来抵消，从而使他仍回到今年有实际收入的地位，这实质上是不可能的。

总之，投资，或 O 的移动，影响到收入的数量，这一收入是以全部收入地位的现值来衡量的，而借款，或 M 的移动，影响到收入的最后形式。

图 11.4 显然只是许多类型中的一种，读者们如果愿意进一步探讨这一问题的各种特例，只要根据自己的需要，把曲线加以改变就行，不会感到有什么困难的。[①]

11.6 市场均衡

正好像第一近似理论一样，在第二近似理论中接着也有两个问题：

(1) 这个人对特定利率会起怎样的反应。

(2) 市场均衡如何决定利率。

现在第一个问题已经解决了，我们准备来解决第二个问题，即市场问题——说明市场均衡是怎样建立起来的。这与第 10 章所

① 当然，沿 O 线的移动首先完全决定于我们所假定的这个人在 O 线处于怎样的地位。如果我们愿意的话，也可假定他自 P 的另一方开始，即与上述相对的一方开始，在这种情形下，他不是加入计划中的投资，而是退出某一投资。

述完全相似，只不过 M 线现在不是环绕一固定点 P 旋转，而是环绕 O 线转动。

由此，这个问题就是简单地绘一组 M 直线，每个人一条，每个人的 M 线与他的机会线相切于 P 点，所有这些 M 线都是彼此平行的，在每一条 M 线上找出 Q 点，M 线与各个人的一条 W 线相切于该点，然后环绕上述机会线转动这些直线，但仍保持它们全都平行，直到它们的坡度能使所有 Q 点的重心与所有 P 点的重心相合为止。这样决定的坡度即表示平衡市场的利率。

让我们扼要重述一遍。我们已知：

(1) 市场线，恰如第一近似理论中所说的那样。

(2) 许多族的志愿线，每个人一个族，恰如第一近似理论所说的那样。

(3) 许多条机会线，每个人只有一条，这就是，用一组点来代替第一近似理论中的单一点 P_1。

我们也有相应的三个百分率：

(1) 市场利率，这是用每一条市场直线的坡度(高于 100%的部分)来表示的。

(2) 不耐程度，或时间偏好率，每个人一个，这是用志愿线的坡度来表示的，由他经过所有调整最后确定的收入情况来决定的。

(3) 收获超过成本率，或投资机会率，每个人一个，这是用机会线的坡度来代表的，由机会线上所选定的地位来决定的。

本章的各图用来说明第二近似理论与第 10 章的各图用来说明第一近似理论是完全相似的，不过在第 10 章与第 11 章所共有的并在第 10 章用几何说明的四条原理外，增加了两条新的投资机会原理。这就是：

用机会线代表的投资机会原理甲。

用机会线与市场线的相切来代表的投资机会原理乙，所以边际收获超过成本率等于利率。

最后一条原理与不耐原理乙相结合，意味着每个人要这样调整他的地位(首先沿机会线到 P，随后沿市场线到 Q)，从而使市场线 PQ 与机会线相切于 P 而与志愿线相切于 Q。这一 Q 点将是他最后所选定的收入情况。为了平衡市场，所有 Q 点的选择，必须是它们的重心与所有 P 点的重心相合。

11.7 机会线性质详论

本章与第 10 章的主要区别在于引进投资机会的概念，这在图中是用机会线即 O 线来表示的。在现实的世界中，这条线究竟代表什么？对周围环境所提供的机会进行投资与依市场利率进行放款之间有什么差别？放款或购买债券岂不是与开采油井、建筑工厂或制造鞋子同样是投资吗？我们暂时不作空洞的回答，先来探讨一下主要问题，即关于明确区分这两条线的可能性问题。

在第 5、第 6、第 7 与第 8 各章所设的假定下，O 线与 M 线是有显著区别的。O 线与市场线不同，它不是直线，不是一切人所共有的，不是一族线而是一单独的线。我们可对它下一定义如下：它是一群点的边界线，这一群点代表一个人所有可利用的任意收入情况，而这个人是既不借款也不放款的。每个人都有机会依高于或低于市场利率的投资收获来沿着他的 O 线移动，即使是小到只照顾他的衣服、房屋、围墙，甚至食物的程度。在某一阶段上，“一针及时，九针可省”，这确是不错的。即是说，修补一个人的衣服可提供 900%的收获。但超越某一点后，修补衣服或屋顶、油漆房屋或耕种土地就得不偿失了。每一种活动都有其边际点并构成每个人的 O 线。一个人的机会线就是他独有的各种潜在活动（如果他要做什么他就能做什么）的复合物。

当然，不借助于估价就不能绘 O 线，而估价则牵连到市场原理，从而牵连到利率问题。农场主面临农业的收获渐减律，他购买机器、劳动，而出售谷物。于是他的 O 线多少要决定于机器价格，从而决定于利率，因为每一财货的价格都是折现的估价。只有在原始的、假想的鲁宾逊孤岛上，我们才获得一纯粹的例子：为了取得将来年代的递减收获，而将今年的收入投下连续的数量，但没有构成 O 线元素的买卖出现。大半因为利率要素在影响 O 线的估价中几乎是普遍存在的，所以另一基本元素——技术限制——就普遍地被忽略了。就是农场主也进行一些普遍存在的交易，但他除与别人交易外，还要同自然打交道——土壤、季节、气候、虫害以及其他种种。与借贷市场上他所获得的不变收获相反，他对**他的农场**的每项投资都有变化不定的递减收获。然而他对农场的每项投资**多少**总含有利息的要素，它在理论上要随利率的变动而变动。所以严格地讲，他的 O 线并非像磐石一般不可动摇的，它要随 M 线坡度的每一变动而稍许有所改变。然而这一事实显然不会改变 M 线的坡度所赖以决定的原理。M 线依然是环绕 O 线而转动，即使 M 线转动时，O 线也不免有稍许的变化。

关于 O 线，我们可以用农业的收获渐减律为例来帮助我们理解。这种曲线对原点呈凹形，因而将今年收入依每 100 元的定量陆续投下时，则依次投下的每 100 元的明年收获愈来愈小，O 线便是在这个意义上代表收获渐减律的。

但是，能不能有收获渐增律呢？即是说，曲线能不能有一部分呈凸形而不是呈凹形呢？

我们可以设想，这个环绕或包围一群点（代表可能的选择）的 O 线是呈凸形的或任何一种想象得到的形式。它可以是凹入的、锯齿状的、不连续的或局部是直的。我们主要是为了方便起见，所以才一直将它描绘为凹形的、弯曲的、连续的。但若它不是这样的，也仍会得到几乎同样的结果。PQ 线依然是环绕它而转动。结果显然是，在曲线的凹入（对原点呈凸形）部分，市场直线环绕一群点而转动时，将会在利率变化所引起的极微小波动下跳过这一裂口。凹入部分将不起作用，好像它不曾存在似的，只有据以进行旋转的各点才对建立均衡有真正的价值。于是撇开这些不可取的凹入部分，剩下的就是一群点的“包络线”，这一群点代表一个人合理地进行投资的机会，这一包络线必须是对原点呈凹形的。由此，我们有正当的理由，假定弯曲的、凹形的机会线是典型的形式。

至于投资这一名词之应用于 M 线上的移动，是否合适，这是用词的问题。无疑地，一般都是这样用的。事实上，这种投资之叫做投资还要比其他投资更普通些。我想不出一个简短的、通俗的成语，单单指一种投资，其收获是随每一陆续投下的数量而变化的。或者“收获递减的投资”或“含有开发性的投资”（以别于经由单纯买卖的投资），更合乎通常的习惯与现在的要求。可是，我暂时采用一完全的成语“投资机会”，其含义似乎是十分正确的。我们很少把购买债券说成是投资机会，但投资于新的工、矿或农业企业，例如无线电生产、油井、橘林，我们就说是真正的机会了，因为收获不是标准化的市场数字，而是从属于生产力的技术条件。

11.8 投资机会与不耐

于是我们可以看到，O 线与 M 线是多么的不同。它与 W 线的区别就更加明显了。志愿线代表主观的情形，机会线代表客观的情形。一个人的 O 线只是一条曲线，而 W 线却是许多曲线中的一条。图中 W 线的倾角或坡度所代表的某种时间偏好率可以是正的、负的或零，相应于一个人的每一可能的收入地位，不论它处在图中什么部位。但 O 线却不是这样。图中选择的区域有一定的界限，限于单独一条曲线。

我们已经讲过，假如 O 线所环绕的机会范围缩拢为单一点时，就不存在确定的正切，我们也就自动回到没有选择机会的第一近似理论了。

由此，投资机会的影响，至少在理论上说来，是能够完全消失的，从而使我们回到第一近似理论，然而不耐的影响绝不会消失。实际上，投资机会未尝全然消失，每个人的收入总有一些伸缩性，不过在原始社会里，机会的范围相对狭小罢了。虽然机会线绝不至全部瓦解成为数学上的点，但对原始社会中的一个人来讲，它几乎是无关重要的一个斑点或圆环，因而即使是倍其直径、易其形式，对利率的影响也是微不足道的。在这样的社会里，对利率的唯一重大影响大半是来自图形的变化，这就是，相对于收入的不耐分布状态。

但在现代社会中，投资机会范围扩大时，机会线的坡度对市场线的坡度便有巨大的、支配的影响了。

假如投资机会的范围很大，从而使机会线逐渐弯曲，那么它的相对固定的坡度就标志着相对稳定的利率。假如坡度绝对不变，而且人人相同，例如硬面包的例子，[①]这可以用 45°直线来表示，或如 H. G. 布朗教授所假想的果树例子，这可以用陡于 45°的直线来表示，这种固定形式在一定限度内可以绝对地规定利率，即迫使利率符合于它的固定坡度，不论代表不耐的志愿线是怎样的。读者很容易作图表明在什么样的限度内，这种情形是存在的。

这里最重要的结果是，机会线在利率理论中是不能弃置不顾的。它与不耐线不同，是不耐线以外的东西，也与市场线不同，是市场线以外的东西。如果那些仍坚持主观原理是利息的唯一原理的理论家们，也画一张这样的图来描述利息的决定，他们将会发现，若不借助于机会线，就不可能获得市场线的确定方向。用阿弗里德·马歇尔的譬喻来说，要剪刀操作，剪刀的两个刀片都是必需的。

11.9 利息能消失吗?

这种图示法还有一个用途是，它可帮助我们对利率能不能是零或负数的问题，获得一更全面的了解。

---

① 参阅第 8 章第四节关于这些例子的讨论。

正如同在不懂经济的人们中间有一流行的观念，认为所有利息都应是零——即应废除，在精通经济的人们中间也有一流行的观念，认为利率在可想象的任何条件下都不能是零或低于零。现在让我们看看，在第二近似理论下有些什么条件，如果是有条件的话，那么哪些条件会使利率成为零或负数。

在我们的图中，零利率意味着 PQ 的坡度是 45°，也就是 100%的坡度。因此，我们的问题是：是否 PQ 必须陡于 45°。PQ 的坡度完全决定于借贷市场上每个人的 O 线与 W 线的形状。这些线的坡度愈小，则市场线的坡度也愈小。我们已经看到，倾向图东南部的各 W 线小于 45°，即是说，一个人的今年收入相对多而明年的收入相对少时，若是必要的话，他将愿意将今天的 100 多元换取明年的 100 元。或许每个人都有这种可能性。但我们要知道，实际的收入情况（各 Q 点）即使有位于东南区域的，那也是极少的。

现在我们再来谈 O 线。在进步的国家与进步的时代里，像今天的美国，一般人的 O 线要陡于退化的国家或衰落的时代——即陡于一个自然资源渐趋耗尽的国家或时代的一般人的 O 线。但如果我们转向图的西北，过了一定的地方，它就会总是小于 45°，即是说，任何投资机会如果利用到足够的深度时，它所提供的将来收获就要小于它的现在成本。不仅耕种土地与采掘工业一般地是这样，一切工业也都是如此。不论什么地方，收获渐增律到最后总是要让位于收获渐减律。假如我们还是继续从事这种递减的收获到足够的深度时，总归要达到一点，那时候使得追加投资不但是徒费，而且比徒费还不如，即是说收获超过成本率要小于零。即使是在收获异乎寻常，像贝尔电话公司那样的情形下，要试图发展得快于新建筑能够建造起来的程度，或快于公众所能消纳的程度（即使用尽所有广告宣传方法）也会全然变成浪费。[①]

由此可见，图形表现出每个人的 O 线小于 45°的区域和他的 W 线也小于 45°的区域。可是这件事实本身还不足以证明它所产生的市场利率事实上会是零。因为 W 线的平伸部分是在东南，如图 10.9 与图 10.12 所示，而 O 线的平伸部分是在西北，如图 11.1 所示。假如上述比较平伸的 W 线与 O 线的相对地位只是少数人所特有的，那么负利率的存在是有道理的。这个人的 P 点可能在图的西北部，他的 Q 点可能在东南部，市场线 PQ 的坡度小于 45°，它与 O 线相切于 P 点并与 W 线相切于 Q 点。他从而是个借款人，同时也有很多的贷款人。

实际上是怎样的呢？如果差不多其他每个人也都是处于同样情形，即是说，他们的 O 线与 W 线小于 45°的部分前者位于西北，后者位于东南；又假设我们依上面的同样坡度绘制其他每个人的 PQ 线，那么，在这种坡度所代表的利率下，我们就只有借款人而没有贷款人了。每个人都乐于依负利率借债。但必定会发生这样一个利率，在这个利率下，没有人肯放款。这样的利率是不能平衡市场的。唯有相当多的人具有这样的图形，即使在西北部 W 线的

---

① 收获递减律的阐释有时因忽略了时间要素而错过这一点。这一要素往往是基本的，特别是在利息理论中。扩建一个工厂可于将来降低成本，到那时候就会提高已获得的或可获得的收获率，但在这里我们所关心的是假设的一系列陆续增加上去的成本或投资，这些成本或投资都属于同一时期，譬如今年，而超过这些成本的收获则在明年。

坡度也小于45°，即使在东南部O线的坡度也小于45°，利率才能够继续是负的，否则所有P点的重心与所有Q点的重心就不能合一。但这样的布局，使小于45°的许多区域如同屋瓦一般有部分的重叠，并非什么不可思议的事情。换言之，假如市场上有足够的人足够吝啬，或他们的收入机会足够渺茫，或两者兼而有之，那么利率就能够是零或零以下。

要满足这些条件，就要求改变一般人在特定收入情况下的不耐性，或改变生产与投资机会的前景，这种前景的变化是由于自然资源的濒于耗尽或工业技术的普遍退化，而不是进步。

最后，机会线的坡度也绝不能过小于45°，如果小到那样的话，只要在我们的机会中有现在这样保存食物与其他财货的可能性，延迟它们的使用就是了。我们很难预料会有一天，我们准备将来反不如那些仅有硬面包的遇难水手们。即是说，只要另外有这样的一条出路在，即能保存提供收入的财货来延迟我们的多量收入，实际利率就很难降到零下。①

我们的结论是，在理论上负利率是可能的，然而实际上其必要的条件不曾存在过。

11.10 利息鼓励储蓄吗？

正如图示帮助我们能形象化地领会负利率在理论上的可能性

① 不错，不稳定的货币有时会无意地驱使实际利率降到零下（参阅第2章与第19章），但只要本位币能不需成本而大量储存的话，如同黄金那样，货币利率就不能跌到零下（第2章）。

(可是实际上是未必有的),它也帮助我们清楚地看到,提高利率是否鼓励储蓄这一热烈争论问题的答案。

假如读者根据自己的意思愿在图中绘制任何一族志愿线,并把这个人放在任何一个收入地位(或绘一机会线表示所有可能的地位),然后放一把界尺,其倾角为 45°,环绕该点旋转(或环绕该线旋转),这位读者将会看到,该界尺与一些志愿线相切的各点本身就形成一条曲线。显然,储蓄(或放款)是由 Q 点在 P 点左方的水平移动来代表的。我们很容易将机会线与志愿线绘成这样,即当界尺循着时针运动方向转动时,利率上升,今年收入中储蓄与贷出的数量始则增加,继而减少。

11.11 与供求曲线的关系

第 10 章第 17 节表明,供求曲线如何自图 10.12 的 M 线与 W 线引申出来。同理,供求曲线也能自图 11.4 的 M 线、O 线与 W 线推演出来。PQ 线上的一系列地位,连同各点的不同坡度,提供我们一切必需的材料,每一坡度表示一个利率,PQ 间每一水平的距离表示借款的需求(如果 Q 在 P 之东)或借款的供给(如果 Q 在 P 之西)。唯一区别是,现在 P 点不像第一近似理论那样是固定的,它是因 PQ 的坡度不同而移动的。

要注意到,将技术或生产要素体现于利息问题的机会线,对供给的关系并不比对需求的关系更为密切,虽然这有悖于通常的见解,这种见解以为生产力决定市场的一方,而时间偏好决定市场的另一方。

还要注意，在利息的分析上，图形所提示给我们的远过于单纯的供求曲线。但即使图形也并未能提供一个全貌，特别是它只表现了两年。似乎这一困难问题是不可能完全形象化地来说明的。唯一似属可能的全面说明方法，只有用以下两章所用的数学公式来表示。

12. 第一近似理论的公式说明

12.1 两年三人的情况

构成第一近似理论的四条原理，前面是用文字[①]与几何[②]说明的，现在本章中用代数来表示。既然方程式（方程式的解也就是利息问题的解）必然是多而复杂，我们首先考虑一简单化的特例，即只考虑两年与三个人，这三个人在这两年中是有收入的，并进行借债或放款。随后我们再进到一般的情形，年份与人数不拘多少。

在这一简单化的事例中，我们就可假定，每个人的今年收入优于明年收入的不耐程度，可表示为单纯决定于今年和明年这两年的收入数量，所有其他将来各年的收入都略而不论。为了简单起见，我们还假定，这两年的每年收入都集中于一年的年中，从而使这两点恰好相距一年，借债与放款也这样限制为仅仅影响到今明两年的收入。

今设 f_1 代表某甲的今年收入优于明年收入的边际时间偏好

① 第 5 章，第 9 节，又第 9 章，第 9 节，每条原理三行中的第一行。

② 第 10 章，第 15 节。

率(这就是在Q点一志愿线相对于45°线的坡度)。[①] 又设他在这两年[②]的原有收入分别为

$$C'_1 \text{ 与 } C''_1$$

(这就是第10章中P点所代表的横坐标与纵坐标。)这一原来的收入川流,单只由两笔收入所构成,即所谓C'_1,C''_1,由于今年的借债和明年的偿还而改变了。今年借入的数量为x'_1(即自P至Q的水平移动)。因此,x'_1数量要加到现在收入中,C'_1用来代表今年的最后收入。到明年债务需要偿还,因而明年的最后收入是C''_1减去偿还的数量。然而为了一律起见,我们把原有收入的增加或减少都看做是代数上的相加。于是,第一年收入的增加量x'_1,即100元,是正数,第二年收入的增加量,用x''_1来代表,是负数——105元。因而第一年收入的变动是由

$$C'_1 \text{ 到 } C'_1+x'_1$$

第二年收入由

$$C''_1 \text{ 到 } C''_1+x''_1$$

(正如同C'_1与C''_1是第10章中P点所代表的横坐标与纵坐标,$C'_1+x'_1$与$C''_1+x''_1$则是Q点所代表的横坐标与纵坐标)。

我们使用这种符号以避免负号,从而也没有区别借款与还款或借款人与贷款人这些用语的必要了。

---

① 代表任何一个人的时间偏好率f对今年收入与明年收入的边际欲求或"欲望"的关系。

② "年"这一名词是为了简单起见而使用的,但"月"或"日"同样可用,并更近乎事实。

12.2 不耐原理甲(三个方程式)

决定利息的第一个条件,不耐原理甲,即每个人的偏好率决定于他的收入川流,这对某甲来说是由下列方程式来表示的:

$$f_1=F_1(C'_1+x'_1,C''_1+x''_1)$$

这表示 f_1 决定于两年的两项收入,或用数学术语来说,它是两年的两项收入的函数,F_1 不是一个数量的符号,而是“函数”的简写符号。假设这个人是放款而不是借款,那么方程式就代表他的边际偏好率与他经由放款所改变的收入川流间的结果的关系;唯一的区别是,在这种情形下,该 x'_1 的数值是负的,x''_1 的数值是正的。这一方程式就是一条志愿线的坡度决定于某甲的收入地位的代数式子。

同理,某乙的方程式为

$$f_2=F_2(C'_2+x'_2,C''_2+x''_2)$$

某丙的为:

$$f_3=F_3(C'_3+x'_3,C''_3+x''_3)$$

因此,这三个方程式表示不耐原理甲。

12.3 不耐原理乙(三个方程式)

根据不耐原理乙,不同的三个人之现在收入优于将来收入的边

际时间偏好率必须都等于利率，这可用下列三个方程式来表示：[1]

$$f_1=i$$

$$f_2=i$$

$$f_3=i$$

这里 i 表示利率。这三个方程式最好写作连续的方程式：

$$i=f_1=f_2=f_3$$

（这些方程式表明一个事实，即在各 Q 点，志愿线的坡度等于市场线的坡度）。

12.4　市场原理甲（两个方程式）

市场原理甲，要求市场必须能够平衡，即放款与借债必须相等，这可用下列两个方程式来表示：

$$x'_1+x'_2+x'_3=0$$

$$x''_1+x''_2+x''_3=0$$

即是说，今年借债的总和等于零（放款看做是负数借债），明年还款的总和也同样等于零（一个人的偿还看作是对他的负数偿还）。

12.5　市场原理乙（三个方程式）

市场原理乙要求每个人今年放款的现值必须等于明年收款的现值。下列各方程式满足了这一条件，每一方程式相应于一个人：

---

① 严格地讲，这些等式只有当这个人是市场上如此微小的因素因而对市场利率没有显著影响时才成立。f 与 i 的相等意味着这个人的总欲求或欲望达到了最大量。

$$x'_1+\frac{x''_1}{1+i}=0$$

$$x'_2+\frac{x''_2}{1+i}=0$$

$$x'_3+\frac{x''_3}{1+i}=0$$

12.6 计算方程式与未知数的数目

现在我们进而比较上述方程式的数目与未知数的数目，因为任何经济问题的代数说明，其最大优点之一是提供一种便利，使我们经由这样的计数就可查核问题是否有解，并是否已确定地解决。显然，第一组有三个方程式，第二组有三个，第三组有两个，第四组有三个，总共有十一个方程式。未知数是边际时间偏好率，借款的数量，放款与还款的数量以及利率：

f_1, f_2, f_3，即三个未知数，

x'_1, x'_2, x'_3，即三个未知数，

x''_1, x''_2, x''_3，即三个未知数，

最后，

i，即一个未知数，

总共有十个未知数。

现在我们的方程式数较之必需的还多一个。但如果我们把这些方程式研究一下，便可看出，它们并不全是独立的，因为第三组与第四组中的任何一个方程式都可由这两组内的其他方程式来决定。例如我们如果将第四组所有方程式加在一起，就得出第三组

的第一个方程式（即：$x'_1+x'_2+x'_3=0$）。因为第四组的三个方程式加起来即得：

$$(x'_1+x'_2+x'_3)+\frac{x''_1+x''_2+x''_3}{1+i}=0$$

在这一方程式中，我们可将分数的分子代以零（从第三组的第二个方程式可以清楚地看出这点）。代入后，上列方程式变为：

$$x'_1+x'_2+x'_3=0$$

这便是所要证明的了。因为在最后二组的五个方程式中，我们从其中四个推演出另一个，所以它们并不都是独立的方程式。这五个方程式中的任何一个都可省略，因为它可从其他各方程式推演得出。现在只剩下十个方程式。由于这十个方程式中没有一个可自其他九个推演出来，因而这十个都是独立的，恰恰足以决定十个未知数，即那些 f，那些 x'，那些 x'' 以及 i。

12.7 m 年与 n 个人的情况

现在我们进而讨论包括多于三人（譬如说 n 个人）与两年（譬如说 m 年）的情况。像从前一样，我们假定那些 x 代表放款或借债，当它们代表收入的增加量时，则其数值为正数，代表收入的减少量时，则其数值为负数。

12.8 不耐原理甲［$n(m-1)$ 个方程式］

现在不耐原理甲由几组方程式来表示，其中第一组为：

$$f'_1=F'_1(c'_1+x'_1,c''_1+x''_1,\cdots\cdots,c_1^{(m)}+x_1^{(m)})$$

$$f'_2=F'_2(c'_2+x'_2,c''_2+x''_2,\cdots\cdots,c_2^{(m)}+x_2^{(m)})$$

……

……

$$f'_n=F'_n(c'_n+x'_n,c''_n+x''_n,\cdots\cdots,c_n^{(m)}+x_n^{(m)})$$

以上 n 个方程式表示各个人的第一年收入与次一年收入相比较的时间偏好率（f'_1 表示某甲的，f'_2 表示某乙的，……，f'_n 表示某 n 的）。

表示他们的第二年收入与次一年收入相比较的偏好，要有另一组方程式，即：

$$f''_1=F''_1(c''_1+x''_1,c'''_1+x'''_1,\cdots\cdots,c_1^{(m)}+x_1^{(m)})$$

$$f''_2=F''_2(c''_2+x''_2,c'''_2+x'''_2,\cdots\cdots,c_2^{(m)}+x_2^{(m)})$$

……

……

$$f''_n=F''_n(c''_n+x''_n,c'''_n+x'''_n,\cdots\cdots,c_n^{(m)}+x_n^{(m)})$$

第三年又有一组方程式，以表记‴代入″而成，依此类推，直到（$m-1$）年，因为（$m-1$）年是与次年发生交换关系的最后一年，而次年则是最后一年，即 m 年。因此，像上列的组共有（$m-1$）个，每组有 n 个方程式，全套共有 $n(m-1)$ 个方程式。

12.9 不耐原理乙［$n(m-1)$个方程式］

用代数表示不耐原理乙①，我们就不得不承认每年有一单独

① 在这里，这一原理是以“边际”概念来表示的，而在第 5 章则是用文字，在第 10 章则是用几何术语解释为最大量欲求的原理。不论解释为最大量原理或边际相等原理，这两种说法显然是等同的。

的利率。设联系第一年与第二年的利率为 i'，联系第二年与第三年的利率为 i''，余类推，一直到 $i^{(m-1)}$。根据不耐原理乙，社会上所有各个人对每一年的时间偏好率都将等于利率的水平。这一条件，设用代数表示，就是好几个连续的方程式，其中第一个是：

$$i'=f'_1=f'_2=\cdots\cdots=f'_n$$

这表明一件事实，即所有人的第一年收入与次一年收入相较的时间偏好率是相同的，并等于联系第一年与次一年的利率。关于第二年收入与次一年收入间的时间偏好与利率也可写作同样的连续方程式，即：

$$i''=f''_1=f''_2=\cdots\cdots=f''_n$$

由于假定风险要素是不存在的，因而我们把第二年的利率与时间偏好看做是预期的或将实际实现的，就无关紧要了，因为，在没有风险的假定情形下，预期与实现间是没有差异的。

类似的一组连续的方程式，也适用于每下一年与再下一年间的时间交换，一直到联系$(m-1)$年与 m 年的一组。因此，像上列形式的连续方程式将有 $m-1$ 个。因为这样的每一方程式显然是由 n 个构成方程式所组成，所以第二组方程式中总共有 $n(m-1)$ 个方程式。

12.10 市场原理甲（m 个方程式）

其次的一组方程式，是表示市场原理甲的一组方程式，代表市场的平衡，这些方程式如下：

$$x'_1+x'_2+\cdots\cdots+x'_n=0$$

$$x''_1 + x''_2 + \cdots\cdots + x''_n = 0$$

……

……

$$x_1^{(m)} + x_2^{(m)} + \cdots\cdots + x_n^{(m)} = 0$$

这里有 m 个方程式。

12.11 市场原理乙(n 个方程式)

市场原理乙的各方程式表示借款与还款是相等的,说得更普通些,即表示每个人的收入川流之增加的总量(借入或贷出的数量)的现值,在代数上等于零。于是对某甲来讲,第一年或本年的增加量为 x'_1,它的现值也就是 x'_1,第二年的增加量为 x''_1,它的现值是

$$\frac{x''_1}{1+i}$$

第三年的增加量为 x'''_1,它的现值是

$$\frac{x'''_1}{(1+i')(1+i'')}$$

这是经过连续两步的计算得出的,即将 x'''_1 除以 $1+i''$从而把 x'''折现一年,由此得出的价值不是本年的(即第一年的),而是第二年的,第二步再将这样求得的价值除以 $1+i'$,而折成今年的现值。次一项 x^{IV} 转变为现值时要通过这样连续的三步,余类推。将所有现值相加,我们就得到某甲、某乙、……某 n 的最后方程式:

$$x'_1+\frac{x''_1}{1+i'}+\cdots+\frac{x_1^{(m)}}{(1+i')(1+i'')\cdots\cdots(1+i^{(m-1)})}=0$$

同样的方程式也适用于其他每个人，即：

$$x'_2+\frac{x''_2}{1+i'}+\cdots+\frac{x_2^{(m)}}{(1+i')(1+i'')\cdots\cdots(1+i^{(m-1)})}=0$$

……

……

$$x'_n+\frac{x''_n}{1+i'}+\cdots+\frac{x_n^{(m)}}{(1+i')(1+i'')\cdots\cdots(1+i^{(m-1)})}=0$$

总共有 n 个方程式。

12.12　计算方程式与未知数的数目

因此，我们所有的方程式总数如下：

$n(m-1)$个方程式表示不耐原理甲，

$n(m-1)$个方程式表示不耐原理乙，

m 个方程式表示市场原理甲，

n 个方程式表示市场原理乙。

以上总共是 $2mn+m-n$ 个方程式。

其次，我们进而计算未知数(时间偏好率、借款、利率)。首先我们看看那些 f：

关于某甲的有 $f'_1, f''_1, \cdots\cdots, f_1^{(m-1)}$，其数目为 $m-1$ 个，由于 n 个人中每个人的 f 的数目都相等，故总共有 $n(m-1)$个未知数 f。

至于 x,n 个人的每一个人在 m 年中的每一年都有一个,共为 mn 个。

至于 i,每年有一个,一直到最后一年,$m-1$。总之,共有即

$n(m-1)$个未知数 f,

mn 个未知数 x,

$m-1$ 个未知数 i,

总共有 $2mn+m-n-1$ 个未知数。将这一数目与方程式数目加以比较,我们可以看到,方程式比未知数的数目多一个。

这是因为(和前面简单化的例子一样)并非所有的方程式都是独立的。我们可以这样来证明:设将第四组所有方程式总加起来,并将这样得出的各分数的分子,用由第三组所求得的它们的数值,即零代入。那么显而易见,我们将得到第三组的第一个方程式。因此,我们可将最后两组的方程式省略掉任何一个。结果剩下的方程式的数目恰与未知数的数目相等,而且都是彼此独立的(即不能自其他方程式推算出来),于是我们的解答是确定的。

在上面的分析中,我们始终假定利率所联系的两个时间相隔一年。更精密的分析要求把收入川流再加细分,每两个连续的时间要素之间有一个利率。这显然没有什么复杂,只不过大大增加方程式与未知数的数目而已。

12.13 不同年份的不同利率

当我们考虑的不是三个人而是 n 个人,不是两年而是 m 年,这样的方程式体系较之前面两年三人的简单化的方程组,只增加

很少的新因素。其中主要的是，现在不只是一个利率，而是有很多的利率待决定。在利息理论中通常认为，问题是要决定"唯一的"利率，好像一个利率就可适用于所有时期。但在上列方程式中，我们却有 $m-1$ 个单独的利率，即 $i', i'', \cdots\cdots, i^{(m-1)}$。

在各段时期的将来收入分配固定的假定下（这是第一近似理论的假定），是无法防止逐年利率的巨大差异的，即使是问题中的所有因素都已预知，并有一切套利的机会。$c_1, c_2, \cdots\cdots, c_m$ 数值的适当分配，可使 $i', i'', \cdots\cdots, i^{(m-1)}$ 的大小产生随意的差别。现假设我们预先知道，社会的享用总收入在来年为 100 亿元，次一年为 10 亿元，第三年为 200 亿元，又设社会收入的悬殊无法避免，非常明显，中间一年的收入较之前后两年将有极高的估价，因而联系中间一年与第一年的利率将很低，而联系中间一年与第三年的利率将很高。或许这种社会里的一个成员愿以第一年富足的 100 亿中的 100 元，仅仅换取次年贫乏的 10 亿中的 101 元，而且愿以第三年更富足的 200 亿中的 150 元，换取中间贫乏一年的 100 元。

我们发现在实际市场中，将来各年（自今天来看）间的收入差别对长短期利率间的差别是有一些影响的。

事实上，我们平常不曾遇到过利率的急剧变动或巨大变动，比如说自 1%跳到 50%，其原因在于收入川流的这种突然急剧变动很少发生过。阻止这种情形发生的原因是：

(1) 历史不断重演的事实。举个例子，人口是有规则的，所以在任何时间，来年的前景与过去任一时间的光景是相类似的。个人是会衰老的，但人口却不能。人生短促，世代相承，所以，在个人的一生中，不论偏好率的趋势随年龄而上升或下降，它在社会中总不会是累积性的。社会是相对静止的。

再说，自然过程几乎是无限规则的反复过程。收成一年循环一次。即当收成有巨大波动时，这种波动也很少是世界性的，密西西比河流域的歉收可能由俄国或亚洲的特别丰收来补偿。这样，事件的规则性足以保持整个社会相当均匀的收入川流。

(2) 在实际生活中，由于收入川流不是固定的，而是不但可以由借款或放款加以变更，而且还可以根据投资机会，经由其他方法加以改变，这也能促使收入川流趋向均匀化。这种改变的意义将在下一章中用代数来探讨。

13. 第二近似理论的公式说明

13.1 引　论

本章的目的是用代数公式来表明构成第二近似理论的六条原理。[①] 在第 12 章中我们假定，所有收入川流除非经由借债与放款或买卖这些收入川流之特定部分的权利来修改，是不可变更的。在现在用公式表示的第二近似理论中，我们撤消固定收入川流的假定，而代之以不同收入川流之间有一个选择范围的假定。

于是某甲的收入川流的构成，不再是连续各期一些已知的固定要素，c'_1，c''_1，c'''_1 等等，而是一些未知的、**变化的**要素，用 y'_1，y''_1，y'''_1 等来代表（y'_1 与 y''_1 就是机会线的坐标）。

现在这一弹性的收入川流可经由两种方法来修改：或是经由上述这些 y 的改变，或是经由本来在固定收入川流的情况下所用的方法，即交换、借贷或买卖的方法。由后一种方法所产生的变动，我们仍像从前一样以连续各年的 x'_1，x''_1，x'''_1，……，x^m_1 的代数和来表示。这些变动都要算进原来的收入项目（即那些 y）里面去，减法也包括在内，只要把其数值确定为负的就是了。因而最后

① 这些原理已经在第 6 章与第 9 章用文字、在第 11 章用几何表明过了。

决定的收入川流可用下列连续的项目来表示，

$$y'_1+x'_1, y''_1+x''_1, y'''_1+x'''_1, \cdots\cdots, y_1^{(m)}+x_1^{(m)}$$

13.2 不耐原理甲[$n(m—1)$个方程式]

不耐原理甲说明，个人的偏好率是收入川流的函数，可以下列方程式表示之：

$$f'_1=F'_1(y'_1+x'_1, y''_1+x''_1, \cdots\cdots, y_1^{(m)}+x_1^{(m)})$$

$$f'_2=F'_2(y'_2+x'_2, y''_2+x''_2, \cdots\cdots, y_2^{(m)}+x_2^{(m)})$$

……

……

$$f'_n=F'_n(y'_n+x'_n, y''_n+x''_n, \cdots\cdots, y_n^{(m)}+x_n^{(m)})$$

但这些方程式只表示各个人的第一年收入与次一年收入相比较的不耐率(这些就是志愿线的坡度)。要表示他们的第二年收入与第三年收入相比较的不耐，就需要有如下的另一组方程式：

$$f''_1=F''_1(y''_1+x''_1, y'''_1+x'''_1, \cdots\cdots, y_1^{(m)}+x_1^{(m)})$$

$$f''_2=F''_2(y''_2+x''_2, y'''_2+x'''_2, \cdots\cdots, y_2^{(m)}+x_2^{(m)})$$

……

……

$$f''_n=F''_n(y''_n+x''_n, y'''_n+x'''_n, \cdots\cdots, y_n^{(m)}+x_n^{(m)})$$

第三年与其后的一年相比较，另有类似的一组，以‴代入″，余类推，一直到$(m-1)$年与最后一年即 m 年相比较的一组。由于上述$(m-1)$组方程式中的每一组包含有 n 个单独的方程式，所以表示不耐原理甲的全套方程式总共有 $n(m-1)$个。

13.3 不耐原理乙[$n(m-1)$个方程式]

不耐原理乙要求时间偏好率等于利率。这一关系是由第12章所提出的同样方程式来代表的，即：

$$i'=f'_1=f'_2=\cdots\cdots=f'_n$$

$$i''=f''_1=f''_2=\cdots\cdots=f''_n$$

……

……

$$i^{(m-1)}=f_1^{(m-1)}=f_2^{(m-1)}=\cdots\cdots=f_n^{(m-1)}$$

在这里，表示不耐原理乙的有 $n(m-1)$个方程式。

13.4 市场原理甲(m 个方程式)

用来表示市场原理甲(即市场平衡)的各组方程式也是与以前一样，即：

$$x'_1+x'_2+\cdots\cdots+x'_n=0$$

$$x''_1+x''_2+\cdots\cdots+x''_n=0$$

……

……

$$x_1^{(m)}+x_2^{(m)}+\cdots\cdots+x_n^{(m)}=0$$

在这里，表示市场原理甲的有 m 个方程式。

13.5 市场原理乙(n个方程式)

市场原理乙,借款与还款折现的等值,在代数上也是与以前一样来表示的,即:

$$x'_1+\frac{x''_1}{(1+i')}+\frac{x'''_1}{(1+i')(1+i'')}+\cdots+\frac{x_1^{(m)}}{(1+i')(1+i'')\cdots(1+i^{(m-1)})}=0$$

$$x'_2+\frac{x''_2}{(1+i')}+\cdots+\frac{x_2^{(m)}}{(1+i')(1+i'')\cdots(1+i^{(m-1)})}=0$$

……

……

$$x'_n+\frac{x''_n}{1+i'}+\cdots+\frac{x_n^{(m)}}{(1+i')(1+i'')\cdots(1+i^{(m-1)})}=0$$

表示市场原理乙的有 n 个方程式。

13.6 投资机会原理甲(n个方程式)

方才考察过的四组方程式,其中只有第一组与第12章的方程式不同,它包含有 y,用来代替 c。原来假定 c 为已知数,而 y 则是新的未知数。因此,未知数的数目多于第一近似理论,而到现在为止,我们这些方程式的数目却是一样的。

需要增加的方程式要由两条投资机会原理来提供,即(1)投资机会原理甲,选择范围乃一任意收入川流的特定表;(2)投资机会原理乙,在任意收入川流中将选定最大现值的一个。

选择范围,即任意收入川流全表,包括有许多在任何利率下都不会被选择的那些不可取的收入川流,不论利率为 0 或 1000000%。如果将所有不可取的除外,则剩下的选择便构成有效的选择范围,这在第 11 章中描述为机会线。

为了分析的方便起见,设选择表系由无数的选择所构成,各个选择的变化不是跳跃式的,而是连续不断的,那么全表就可由 $y'_1, y''_1, \cdots\cdots, y_1^{(m)}$ 之可能的数值来表示,这些数值能满足一个经验方程式。每个人都有这样一个经验方程式,例如:

$$\varphi_1(y'_1, y''_1, \cdots\cdots, y_1^{(m)})=0$$

$$\varphi_2(y'_2, y''_2, \cdots\cdots, y_2^{(m)})=0$$

$$\cdots\cdots$$

$$\cdots\cdots$$

$$\varphi_n(y'_n, y''_n, \cdots\cdots, y_n^{(m)})=0$$

这里有 n 个方程式,表示投资机会原理甲。这些方程式中每一个方程式的形式,决定于有关各个人的资本所从属的一定技术条件。它相当于第 11 章的 O 线,但那里只代表两年,而这里则代表所有的 m 年。任一方程式都确定了某一个人的收入川流的变动所必须遵守的界限。满足此方程式的 $y'_1, y''_1, \cdots\cdots, y_1^{(m)}$ 的每组数值,代表一任意收入川流。

13.7 机会原理乙[$n(m-1)$个方程式]

在这无数的选择中,这个人有机会选取其中任何一个。他将选取特定的一个,这一选择的现值大于所有其他的选择,换言之,它的现值是最大的。

假如各个选择依连续等级而区分的话,选取最大市场现值的原理与下述原理相同,即边际收获超过成本率 r_1 将等于市场利率 i。

这适用于依次相续的两年间的关系,所以对某甲我们得出下列连续的方程式:

$$i'=r'_1=r'_2=\cdots\cdots=r'_n$$

$$i''=r''_1=r''_2=\cdots\cdots=r''_n$$

$$\cdots\cdots$$

$$\cdots\cdots$$

$$i^{(m-1)}=r_1^{(m-1)}=r_2^{(m-1)}=\cdots\cdots=r_n^{(m-1)}$$

这里有 $n(m-1)$ 个方程式表示投资机会原理乙。

13.8 计算方程式与未知数的数目

将以上这些方程式的数目集合起来,我们得到:

关于不耐原理甲,有 $n(m-1)$ 个方程式,

关于不耐原理乙,有 $n(m-1)$ 个方程式,

关于市场原理甲,有 m 个方程式,

关于市场原理乙,有 n 个方程式,

关于投资机会原理甲,有 n 个方程式,

关于投资机会原理乙,有 $n(m-1)$ 个方程式,

以上总计为 $3n(m-1)+2n+m$ 个,或 $3mn+m-n$ 个。

将这一数目与未知数的数目加以比较,我们注意到,第一近似

理论中的所有未知数都是重复在内的；

f 的数目为 $n(m-1)$ 个，

x 的数目为 mn 个，

i 的数目为 $m-1$ 个，

总共自第一近似理论转下来的为 $2mn+m-n-1$ 个。

此外还引入新的未知数，即那些 y 与那些 r。每人每年有一个 y，故 y 的全部序列为：

$$y'_1, y''_1, \cdots\cdots, y_1^{(m)}$$

$$y'_2, y''_2, \cdots\cdots, y_2^{(m)}$$

$$\cdots\cdots$$

$$\cdots\cdots$$

$$y'_n, y''_n, \cdots\cdots, y_n^{(m)}$$

上述 y 的数目显然为 mn 个。

每人每两个连续的年份(即第一年与第二年，第二年与第三年，余类推，直到倒数第二年与末一年)有一个 r。故 r 的全部序列为

$$r'_1, r''_1, \cdots\cdots, r_1^{(m-1)}$$

$$r'_2, r''_2, \cdots\cdots, r_2^{(m-1)}$$

$$\cdots\cdots$$

$$\cdots\cdots$$

$$r'_n, r''_n, \cdots\cdots, r_n^{(m-1)}$$

上述 r 的数目显然为 $n(m-1)$ 个。

于是除了从第一近似理论转下来的旧有未知数以外，总计新增未知数的数目为 $mn+n(m-1)$ 个，或 $2mn-n$ 个。

由此我们得到：

旧有未知数的数目，$2mn+m-n-1$，

＋新增未知数的数目，$2mn-n$，

＝未知数的总数，$4mn+m-2n-1$，

用来与 $3mn+m-n$ 个方程式比较。

13.9 方程式数目与未知数数目的一致

上述彼此矛盾的两个结果，由于两方面的考虑而得以调和一致。一方面的考虑是减少方程式的数目。正如同第一近似理论一样，表示市场原理的两组方程式中，独立的方程式的数目比表面上看来的数目要少一个，从而使方程式的最后净数目为：

$$3mn+m-n-1$$

另一方面的考虑就完全不同了，它的作用是减少未知数的数目。其所以如此，是因为每一个 r（其数目一共有 $n(m-1)$个）都是 y 的导数。根据定义，r 是明年 y 的微小增加量与今年 y 的相应减少量的比率大于 1 的数值。这同样适用于任何连续的两年。说得更明显些，这个导数就是一个微分系数。

凡不熟悉微分法的读者，借助于第 11 章的几何法，就能更清楚地看出那些 r 是怎样从那些 y 推演出来的。在那一章里，y' 与 y''表现为机会线的坐标（横轴距离与纵轴距离），而 r 则表现为该线的切线的坡度。显而易见，只要机会线是已知的，它在任何一点的切线的坡度，都可以从它本身推演出来。它不是一个新的变数，当曲线上的位置变动时，它就包括在 y' 与 y''的变化之中了。

现在，如果我们从 $4mn+m-2n-1$ 里面减去 $n(m-1)$（即 r 的数目），则得到未知数的最后净数目，

$$3mn+m-n-1$$

这与独立的方程式的净总数相同。[①] 于是在我们所设的假定下，这一问题是全然有解的。

13.10 零或负利率

我们已经看到（第 11 章，第九节），零或负利率在理论上是可能的。用公式来说明时，要使利率为零，只需 F 与 φ 函数具有产生这一结果的形式，这意味着这些函数的解值应等于零。

当然，也可能某一特定年的利息、不耐与收获超过成本为零或

① 不将 r 这样删除掉，另一调和一致的办法是保留它们，但对每一 r 外加一定义方程式 $1+r$。于是 $1+r'_1$（相应于机会线的坡度）即连续两年的 y' 与 y'' 的导数，这两年为今年与明年（换言之，即部分导数），从而使 $1+r'_1$ 决定于诸 y（换言之，即诸 y 的函数）。这即是

$$r'_1=\varphi_1(y'_1,y''_1,\cdots\cdots,y_1^{(m)})$$

这一函数是依据经验的，可自已知机会函数 φ 推演出来。

同理，我们也可为 $r'_2,r'_3\cdots\cdots r'_n$ 提出定义方程式，并同样为相应的那些 r''、r''' 等等提出，直到那些 $r^{(m)}$，共得 $n(m-1)$ 个定义方程式。这样，我们保留那些 r，则得 $4mn+m-2n-1$ 个独立方程式与同等数目的未知数。

第 7 章第十节所述的复杂情形，即收入川流本身决定于利率，不会影响到问题的有解与否。它并未改变方程式的数目与未知数的数目，只不过将利率引入表示机会原理的一组方程式中而已。现在这些方程式成为

$$\varphi_1(y'_1,y''_1,\cdots\cdots,y_1^{(m)};i',i'',\cdots\cdots,i^{(m)})=0$$

等等，它们的导数 φ 函数，同样是改变形式而未改变数目。

熟谙数学的读者应已理解到，我有意避免微分术，因为不幸的是，熟悉它的经济学者还很少，而且在这里，即不使用微分术，仍能相当美满地表明同一结果。

负数,而其他各年则否。如果所有各年都等于零,我们将获得一个有趣的结果,这就是,一有限的永久年金(每年年金大于零)的价值将是无限大。举例来说,没有人能用小于无限大的款额购买一块土地,预期它可永远提供一笔净收入。一张能保证收入源源不绝的永久公债票,将有无限大的价值。由于这是十分不切实际的,从而下面这种想法也是荒谬的,即认为在同一时期可能:

(1) 每年的利率永远是零;

(2) 永久年金每年都大于零。

但若:

(1) 零利率限于一年;或

(2) 不可能有每年大于零的永久年金。

这就不那么荒谬或根本就不荒谬了。

在非常情形下,很容易使某一年的利率低到零。至于不生产的或不毛之地,像硬面包岛那样,只能有一有限的总收入,即使是每年一碎片硬面包的永久年金也将是不可能的。

13.11 公式法是有用的

这一章与前一章大都是用公式来重述用图解说明的第 10 章与第 11 章,而第 10 章与第 11 章又大都是重述用文字说明的第 5 章与第 6 章,然而公式的这两章有其独特的价值,正如几何的那两章也有其独特的价值一样。

公式法的价值,特别是在于确切表明方程式的数目与未知数的数目相等,不用公式法,则决定变数的问题是不能完全解决的。

正是由于这个原因,本书才同时采用这些重复的说法。事实上,假如我主要是为熟谙数学的读者而写的话,我要将顺序倒转过来,即首先用公式,随后为了形象化起见使用图形,最后以文字讨论结束。每一种方法对全面理解这一问题都有其特殊的功用,而这一问题的确是一个很复杂的问题,用任何方法来解决都是困难的。所以,我在这公式的两章中,夹叙了几个论点,正如同在几何的两章中一样,这些论点是不大适于第 5、6 两章那样较为单纯的文字叙述的。

现在谈两点推论。一点推论是:单用生产力说或单用心理说来解决利率问题的企图,必定是徒然的。现在生产力学派与心理学派仍然在这个问题上经常针锋相对的现象,是经济学中的怪事,同时也反映了这些互相倾轧的人们所用方法的不合适。每一方面只看到真理的一半,从而错误地推断说,这就反证另一半是不存在的。它们好像是彼此矛盾的错觉,只不过是因为不曾精确地用公式表述这一问题,并计算这样得出的公式数目。

另一推论是:这样的公式表述显示出,有必要断定,在理论上,每一单独时期有一单独的利率,换个更实际的讲法,有必要承认短期利率与长期利率的分歧。这一分歧不单是由于不完全市场的关系,从而在理论上可经由套利交易消灭之,如同庞巴维克所设想的那样。它们的确是、而且通常是不同的,这是由于收入川流形式之无穷无尽的变化。仅仅价格套利,[①]不论数量多少,都不能消灭这

① 不错,经由一个时期的部分收入与另一时期的部分收入的交换,使得一个人的收入川流较为均匀的尝试,自然有划一不同时期的不同利率的倾向。但这不是价格套利,根本不宜于叫做套利,这更类似小麦价格中因国际贸易而形成局部地区运费的统一,而不同于因套利形成同一市场同一时间内小麦价格的统一。

些区别。

于是在理论上,依次连续的每一年总有一单独的市场利率。实际上,因为不曾有借贷契约是预先订立的,所以就不会有联系将来一年与将来两年间的利率的市价,我们也从不曾遇到过这种单独的逐年利率。然而长期借款的确含有这样的利率在内。长期借款的利率实际上是构成长期的各年的各单独利率的平均数。[①] 肯定各年存在着单独利率的定理等于说:短期借款与长期借款的利率通常应有所不同,有时短期高些,有时长期高些,依整个收入情况而定。

常常遇到这样的指摘,说经济问题的数学论证,在理论上固然严密,可是与现实生活不符,这种指摘是绝对正确的。但是照我的

① 这一平均数的性质,在《增值与利息》论第 26—29 页,与《利率论》第 369—373 页都已阐述过了。我们不可能举出一长期借款的平均利率的具体实例,作为逐年利率的平均,因为前已注意到,逐年的利率只是假定的存在。逐年利率具体存在之最近似的研究,见之于同盟国的债务协定,依据这一协定美国同意意、法、比与其他国家应依时时改变的特定利率在 62 年内偿还美国。这相当于理论上一整个时期的一律利率。举例来说,计划中的法国债务协定规定,自 1926 年起分为 62 年逐年偿付,利率因时间而不同:头 5 年为 0,其后 10 年为 1%,另 10 年为 2%,其后 8 年为 2.5%,再后 7 年为 3%,最后 22 年为 3.5%。问题是找出整个时期的平均利率,应用这一利率将债务协定中所规定的各次偿付予以折现时,所得现值(指 1926 年的现值)等于该年确定的债务本金,即 4 025 000 000元。显而易见,数学平均的方式,不论加权与否,都不能给予所欲得到的利率。约略的计算指明,这一利率大概在 1.5%至 1.75%之间。将每年偿付依 1.5%进行按复利折现,得出 1925 年时的总值为 4 197 990 000元;依 1.75%折现为 3 893 610 000元。这些结果表明,1.5%太低,因为依这一利率折现所得现值大于本金数额,这一数额已定为 4 025 000 000元。1.75%太高,因为折现所得现值小于本金。

将每年偿付依 1.6%折现,我们得到 4 072 630 000元。现在我们可在一曲线上找出三点,这一曲线表示相当于不同现值的各个利率。通过这三个决定点绘一抛物线,我们发现线上一点,其横坐标为 4 025 000 000元的,其直坐标为 1.64。因此,整个时期的平均利率,在极小误差的界限内,是 1.64%。

想法，这不是反对意见，而是极为肯定的优点，因为它将各项原理这样突出地呈现在眼前，使得我们能够确切地指出它在什么地方离开了现实生活。

任何一种理论的目的，不在于转述具体的事实，而在于表明主要的基本原理，这些基本原理只是一种倾向。譬如说，所有边际时间偏好率与所有边际收获超过成本率等于市场利率，这便是一个极为真实的倾向。可是，这也只不过是一种倾向而已，一个永远不会达到的理想情况而已。

14. 不适于数学表述的第三近似理论

14.1 引　论

第二近似理论不符合现实生活的情形,主要是关于风险方面。虽然某些种类的风险能够进行数学计算,例如计算碰运气的赌博中的风险或财产与人寿保险中的风险那样,这里的偶然性是能够精确衡量的,然而大多数经济风险却不是那么容易衡量的。[①]

像利率这样一个受偶然性支配的东西,如果想把决定利率的规律,很有效地、很完整地用数学公式表示出来,那就会像是企图把受无定风向影响的发射体的轨道的规律,完整地用数学公式来表示一样。这样的公式必定不是太一般化,便是太经验主义,因而不会有多大价值。

在科学中,最有用的公式是应用于最简单情形中的公式。譬如说,在发射体的研究中,最为根本重要的公式是应用于真空中发射体轨道的公式。其次为应用于**静止**空气中发射体轨道的公式。数学家甚至于都不肯进一步考虑风势的影响,更不肯写出关于飞旋器或羽毛轨道的公式。假设他要做的话,他就要假定风的方向

① 参阅《资本与收入的性质》,第 16 章附录。

与速度不变，结果还是不符合于实际情形。

科学的决定绝不可能百分之百地正确。充其量，科学只能决定在假设的情形下所将要发生的事情。它绝不能准确地说明实际情形中正在或将要发生的事情。①

到现在为止，我们已经用文字、几何和代数说明了在比较简单的情形下决定利息的规律：首先，假定各个人的收入川流是确定的，数量是固定的，但时间形态是可变的；其次，假定收入川流是确定的，但数量与时间形态是可变的。我们还用文字探究了在现实世界中存在风险情形下的利息问题。

14.2　六组公式的不完备

在这里，我只是试图指出第二近似理论中六组公式的缺点。在第二近似理论中，不耐原理甲是用下列形式的公式来表示的：

$$f=F(y'+x',y''+x'',\cdots\cdots,y^{(m)}+x^{(m)})$$

这表明一个人的不耐是他的收入川流的函数，这一收入川流有明确的时间规定，直到将来的无限时期。

当然，由于现实生活的不确定性，明确的时间规定是不可能的。方程式虽属正确，但不完备，因为 f 当然不只是一个预期收入规划的函数，而是许多可能的收入规划的函数，这些规划各有其自己的一系列或然性，而这些或然性过于模糊不清，即使有关的个

① 参阅拙著论文，《做为一门科学的经济学》，载《美国科学促进会会报》第 56 卷，1907 年。

人也不能明确地表示或描述出来。即是说,一般人仅只知道他愿付5%来取得1千元的借款,由于他认为他的前景证明这是不错的。他茫然地预期现在的1万元收入,在几年内或将增加到2万元,或将增加到3万元——也可能根本不增加。他能够推想无数的可能性,这些可能性意味着上述以外的许多其他未知数。有许多是决定于他本人以外的其他人的收入、他家庭的将来人数、他们的健康状况与无穷无尽的其他情形。他自己的将来收入关系重要,但这一将来收入本身又决定于所有各种的变数,他是从他的经验出发大略地根据这些变数来估计他的将来收入的。

在形式上,我们可以把第三近似理论的上列方程式改写如下:

$$f=F(\quad)$$

这样做,只是为了可以不必把括弧内的无穷无尽的变数逐一写上去——在这些变数中,或者有第二近似理论所有方程式中的所有变数,包括有各种的利率与无数其他的变数,例如前面所不曾包括进去的或然性。由于后面这个新变数(即或然性)的加入,因而每一变数都需要一新的方程式,以便使问题有解。这些新方程式都将只是经验的方程式。在必要的方程式中,有一些方程式是用实际收入来表示 y 与 x 的——这就是,用享用服务数量来表示,每一服务乘以它的价格。这就会把我们引到价格与一般经济均衡理论里面去了。

在第二近似理论中,不耐原理乙是用下列形式的公式来表示的:

$$i=f$$

但是现在我们所必须面临的不止是一个 i,而是一系列的 i,要看它依什么市场而定，是通知放款市场，还是60天到90天期的商业票据市场；是头等债券市场、农业抵押市场，还是无数其他的市场，每一市场都有其单独的 f 与 i。

这许许多多的量，包括那些 i，又需要另外一大套的经验方程式，这些经验方程式是不可能圆满地用公式表现出来的，纵使我们大概知道头等债券利率低于风险性债券的利率，第一抵押权利率低于第二抵押权利率，并且知道长期市场与短期市场是互相影响的。但这些关系太不确定，是无法写成具有理论或实际意义的方程式来的。

投资机会原理甲是用下列形式的公式来表示的：

$$\varphi(y', y'', \cdots\cdots, y^{(m)})=0$$

这变为

$$\varphi(\quad)=0$$

在这里，空白括弧代表许许多多一生一世也讨论不完的未知数（以及不可能知道的未知数），而那些不在我们的方程式体系中所包括的变数，每一未知数都需要有一个新的某种经验方程式，以便使问题有解。再者，φ 方程式代表一个人的收入机会的整体，它是各单独机会的复合物，要对它进行充分而详细的说明，又要把我们引到价格与一般经济均衡的理论里去了。

在第二近似理论中，投资机会原理乙是用下列形式的方程式来表示的：

$$i=r$$

这又得要补充许多的种类，如同上面 $i=f$ 方程式所要补充的一样。

对投资机会边际的充分说明，将包括有无数个人的企业与每项资本用法的调整的边际。这又要把我们引到价格与一般经济均衡的理论里去了。华拉士与柏拉多建立了一般经济均衡的方程式体系，在这一体系中，利息问题不过是较大整体中的一部分而已。

在第二近似理论中，市场原理甲是用下列形式的方程式来表示的：

$$x_1+x_2+\cdots\cdots+x_m=0$$

这只有在契约的履行符合于约定与预期的情况下，才是正确的。若因债务不履行以致方程式不能完全正确时，似乎也不可能有任何有效的数学公式可以用来表示这一毁约行为。

市场原理乙也是同样的，它在第二近似理论中是用下列形式的方程式来表示的：

$$x'+\frac{x''}{1+i'}+\cdots+\frac{x^{(m)}}{(1+i')(1+i'')\cdots(1+i^{(m-1)})}=0$$

至于这一形式的方程式由于 i 有许许多多种类，以及有或然性因素存在，它将要采取许多不同的形式，这些就不必去说它了。

唯一能将这些或然性因素在数学上明显地实际包括在内的，只有人寿保险会计师的公式。但这些公式在我们现在所努力表明的利率决定中，也仅仅只有启发价值而已。

14.3 结　论

所以，我们必须放弃想完整地表述真正决定利率的各种影响的企图，这是没有用的工作。我们可以这样说，我们上面所采用的方程式体系，在没有搅乱因素存在的情况下，是能充分地决定利率的，在有搅乱因素存在的情况下，它也能结合那些搅乱因素充分地决定利率，这也等于是说，它表明了在搅乱因素的影响下，利率的基本倾向。

总之，本书的利息论只包含实际发生作用的各种原因中之单纯合理的部分。其他的原因或搅乱的原因就不能这样单纯合理地予以表述。其中有些可依据经验来进行研究，这将在第19章中讨论。它们关系到统计学而非纯粹经济学。于是在经济学中，合理的与经验的规律类似物理学与天文学中合理的与经验的规律。正如同我们将潮水的实际动向看做是牛顿关于月亮的合理的引力定律以及经验上大陆、岛屿、海口等等所产生搅乱之综合的结果；我们也可将纽约市利率的实际动向看做是我们的第二近似理论的合理规律与经验上联邦准备政策连同无数其他制度的、历史的、法律的与实际的因素所产生搅乱的复合物。所有这些因素都值得仔细的研究，但这不在本书所讨论的主要问题范围以内。

在某些情形中，例如在月亮运转的理论中，各种搅乱可合理地结合一些基本影响来计算，使之非常接近于现实。这种经验问题的解决代表应用科学的最高理想。但在达到这一阶段前，合理的科学与经验的科学间仍有很大的距离，而且两者须用多少有些不同的方法来研究。今天经济科学在大多数问题上就是这种情形。①

① 参阅W.C.米契尔："经济理论的数量分析"，载《美国经济评论》第15卷第1期，1925年3月号，第1—12页。

关于我们现在的问题,研究的园地是广大的,但唯一特别重要的搅乱影响是关于不稳定的货币本位,这在第 2 章中已经看到了,若不是由于"货币的错觉"的话,即便这一影响也不会造成真正不同的结果。

但关于这一影响,理论与实际就大不相同了。不稳定货币的搅乱往往引起那些决定利率的基本力量的反常作用,这也是本书所要研究的主要问题。

第四篇

进一步的讨论

15. 利息在经济学中的地位

15.1　利率与财货价值

以上全面阐述了利率的起因与决定的理论（这一理论对我来说是最为满意的），现在尚待说明的是，如何把这一理论纳入经济理论的整个体系，以及接受这一理论必定会引起什么样的结果。

利息在价值与价格理论中以及在分配理论中都起着重要的作用。在财富、财产与服务的价值（或价格）决定中，利率是根本不可缺少的。

我们在第1章中已经说过，任何财货的价格等于它所提供的将来服务的贴现价值，包括作为负服务的损耗在内。如果这些服务的价值保持不变，那么利率的涨落将会引起所有财富或财产价值的涨跌。财富所提供的服务愈是远在将来，则价值涨跌的幅度愈大。比如说，若预期土地所提供的服务每年都是一样，而且每年一直这样下去，如果利率下跌一半，那么土地价值几乎将会加倍；如果利率加倍，则土地价值将会减半。对于住所以及其他有一定耐久性的财富而言，如果利率加倍的话，则这些东西的价值将跌不到一半；如果利率减半的话，也涨不到一倍。家具价值波动的幅度还要小些，衣服更小一些，极不经久的商品，例如水果，其价格将不因利率变动而受到显著的影响。当然，在所有上述各种情形中，我们假定预期的服务是保持不变的。

15.2 利率与服务的价值

谈到利率对服务价格的影响，我们首先要知道服务有两种：即最后的服务或中间的服务。[①] 就要吃的一餐饭的价值，并不包含有时间的等待，从而也就没有贴现或利率。就要从事的劳动的苦恼，也不包含有对劳工的贴现。这一餐饭或它的享用以及劳动都是收入的最后项目，一个是正的，另一个是负的。中间服务（“相互作用”）的价值，来自它们所引起的连续发生的将来服务。举个例子，对农场主来说，他的土地作为放羊的牧场所提供的服务的价值，要决定于羊群生产羊毛的服务的贴现价值。假如他租赁这块土地的话，他就要依据他预期从羊群所获得的羊毛价值，来计算他能够支付多少地租。同理，羊毛生产对羊毛制造商的价值，又是受羊毛所制呢绒的贴现价值的影响。在下一阶段，呢绒生产的价值将决定于呢绒所制毛货衣着的贴现价值。最后，毛货衣着价值将决定于它对穿用的人所提供的预期实际收入，换言之，即决定于毛货衣着的使用或“穿着”。

于是最后的服务便在于衣服的使用，它对所有前面各种服务都有一定的影响，即裁缝、织布、产毛与牧羊等，而每一种前面的服务折为现值时，将等于提供这些服务的各个资本的价值，即衣服、

① 参阅第 1 章；又《资本与收入的性质》第 9 章。

呢绒、羊毛、绵羊、牧场的价值。不仅所有各种财富的价值，而且它们所提供的一切中间服务的价值，都决定于最后享有的使用的价值。资本价值经由利率而与最后使用的价值连结起来了。利率的涨落，对距离最后服务最远的环节影响最大。利率的变动对制衣服的价格影响轻微，而对牧羊的价格则影响重大。

价格理论，就它能分为几部分来讲，包括有：(1)对于最后服务价格的说明，前面的相互作用的价格是决定于这些服务的；(2)对于中间的相互作用的价格的说明，它们通过利率而决定于最后服务；(3)对于资本工具价格的说明，它们通过利率而决定于它们所提供的最后服务的价格。头一种研究只不过是探求规定最后服务价格的规律，这一研究是与利率无关的。[①]

第二个问题与第三个问题就牵连到利率了，它们是要表明中间服务以及提供中间服务的资本之决定于最后服务。在第二种研究中，还包括有作为一个特例的经济地租(土地与其他财富工具的租金)如何决定的研究。牧场的地租在于牧羊服务的价值。依第1章所阐述的原理，这一价值是通过利率而决定于牧羊所提供的将来最后服务的贴现价值。那么显而易见，土地的地租是部分地决定于利率，而这一依赖关系也适用于任何其他资本工具的租金。

15.3 利率与工资

同样的考虑也适用于工资率的决定。从雇主的观点来看，支

① 参阅拙著《价值和价格理论的数学考察》，耶鲁大学出版社，新港，1926年。

付工人的工资被认为是代表他的服务的价值。这些服务是相互作用,即中间服务,它们最后导向一些将来享用的服务。比如说,农场主所雇用的在牧场看羊的牧人,提供一些服务,这些服务对农场主的价值,恰与他租赁的土地所提供的服务价值一样来估计的。

因此,如果利率变动,工资也要变动。比如说,土地若用于耕种,那么种植农作物所付的工资,在农场主的估计中,是由预期收获的价值折现来衡量的,它多少要因贴现是按5%或4%而不同。同理,建筑桥梁的工人也假定是依桥梁所提供的最后利益的贴现价值来偿付的。制造机车的人们的工资,通常代表完工的机车的贴现价值,由于完工的机车价值又是它的预期服务的贴现价值,因而他们的工资代表这一数列中最后利益的贴现价值。[①] 在所有这些情形中,工资率都是一些将来产品的贴现价值,从而利率上升时,工资率倾向于下降。但对于不同的行业,影响是极不一致的。

家庭仆役以及最后完成享用财货的人们的工资,受到利率的影响比较小。另一方面,对于从事于需要很多时间才能完成的工作的劳工们,工资中的贴现成分是相当重要的因素。如果一棵树在十五年内成长时价值2元,它依5%计的贴现价值是1元,所以对一个种树的人报酬1元,那么显而易见,当利率变为4%时,它将大大增加这类工作的价值。假设成长的树仍值2元,那么种树服务的价值就不只是1元,而是1.15元了。另一方面,在面包点心店或很快就能提供最后满足的其他工业中,从事工作的劳工的

① 这自然是高度理论性的;它假定一个竞争的市场,没有法律或其他方面的限制。

工资就更接近于这些产品的价值。如果他们提供的最后服务，一年完成，其价值为1元，那么当利率为5%时，他们的工资将是0.95元，如果利率跌至4%，则工资将为0.96元。

但是，显而易见，上述利率下降所产生的不同结果，例如一种工业的工资自1元增到1.15元，另一工业的工资自0.95元增到0.96元，这是不能永久这样保持下去的。劳工将自工资低的行业转向工资高的行业，直到同等技术的工人重新获得同等工资为止。所以最后的结局是，利率自5%变为4%时，将会引起中间项目的收入价值与最后项目的收入价值的重新分配。

现在非常明显，利率变动对相互作用的价值的影响，在一个通常采用长期生产程序的国家里，比之一个普通采用较短生产程序的国家里自然要大得多。举例来说，如果某一国家的劳工多半从事艰苦的工程，例如巴拿马运河、挖掘地道与建设其他巨大土木工程、种植森林与投资于其他远期收获方面，则利率下跌将造成工资的巨大增长，反过来，在这种长期生产程序绝无仅有的国家里，工人主要是从事于耕地与私人服务，那么利率变动就根本不会影响到工资或其他预备服务的价值。

然而以上所讲的，只是从雇主的观点来看利率对工资的影响。可是工资率既决定于需求又决定于供给，即是说，它决定于雇主取得服务的欲求，也决定于工人提供服务的志愿。从劳工的观点来看，工资是努力或劳动的动机。这种努力是最后的损耗，或负项收入，劳工对它的估价并不直接受到利率的影响，像其他中间的而非最后的服务那样。许多作者仅仅从雇主的观点来研究工资问题，这是极大的错误。在这里，我们并不打算阐述一个完整的工资理论，而只是说明为什么一个完整的工资理论必须注意到利率问题，还必须说明利率怎样影响某些工资率，而不影响另一些工资率。

15.4 利息与职能分配

与经济学家们过去所赋予利息的作用不同，我们在分配论中必须赋予它以十分不同的、更加重要的作用。古典派经济学对利息的性质及其在分配论中的地位，理解得不够清楚。它对分配下了一个错误的定义，即社会收入划分为“利息、地租、工资与利润”。其实地租与利息不过是衡量同一收入的两种方法；地租是指每亩或其他物质单位的收获，而利息则是以资本价值的百分数来表示的同一收获。资本价值是由它所提供的收入依现行利率资本化推算出来的。如果把这一程序倒转过来，即将资本价值乘以利率就得出原来的收入，只要资本价值保持不动。它并非真正是两个因素的复杂产物，相反的，它是个单一的原始因素，即收入，我们的分析便是从它开始的。以前各章已说过，正是这个收入提供了决定利率的基础，并通过利率决定资本的价值。

社会的最后享用收入是主要的、基本的事实，一切价值由它而来，一切经济活动为它而进行。如果土地与人也包括在内的话，这一收入全部是来自资本财富，否则就是来自资本与人，或来自资本、土地与人，这要看所用术语的含义而定。这一收入可全部资本化，因而一切收入（除资本收益外）可看作是这样得出的资本价值的利息。

依据上述的观点，利息就不是收入（资本收益除外）的一部分而是它的全部了。它包括所谓地租、利润，甚至工资，因为工人的收入也可以资本化，恰如土地或机器的收入一样。由此，利息可看作是包括所有利息、地租、工资与利润四者，而不把它们当做社会收入中相互排斥的各个部分。如果我们愿意将利润除外的话，这是由于风险要素关系，而不是因为它不能像地租与工资那样折现。古典派经济学家以及他们的现代门徒之所以把利息、地租、工资与利润看做是各自单独存在然而又是联在一起的收入，其错误部分地是由于他们不曾认识到，一切收入产自资本财富，而资本价值却只能来自人们的心理估价与这一收入在出现前的资本化。

与上述谬论密切联系的另一错误，是把地租与工资设想为不依利率而决定的，可是我们方才看到，利率在地租与工资的决定中都是不可少的要素。古典派经济学家所提出的理论的重大缺点，在于他们没有能认识到一般均衡以及牺牲与享乐的相互依赖关系。

所以在讨论分配论时，我们要全部放弃古典派的观点。用古典派的分配概念来说明日常生活现实与经济结构是很不适当的。依通常人的理解，财富分配这一成语包含有各个人的相对财富问题，即贫富的问题。但是，将总收入分割为四个抽象的量，即使划分得正确，也与社会上不同人们的收入多少问题没有多大关系。

唯有在下述条件下，即组成社会的是四个独立的、互相排斥的集团，如劳工、地主、企业家与资本家，古典派经济学家的四分法才能部分地说明收入的实际分配情形。事实上，这四个阶级是交叉的。企业家差不多都是真正的资本家，通常也从事于劳动；资本家则经常兼做地主与劳工；在今天，甚至典型的劳工也往往是个小资本家，有时又是地主。不错，一世纪前在英国，社会阶级划分的界限与当时古典派经济学家所提出的抽象分类大体是一致的。但这一事实，除说明古典派分配论的历史根源外，[①]就没有其他什么意义了。

15.5 利息与个人分配

在我看来，分配论的主要问题是如何决定与说明社会上不同的人们所具有的资本与收入的数量与价值。奇怪的是，经济学家对于如何解决这样理解的分配问题，简直没有什么贡献。柏拉多教授在他那有趣的“收入分配曲线”中奠定了统计分析的开端。[②]W. I. 金教授[③]与美国经济研究所[④]关于美国的收入与资本财富的数量与分配，J. 斯坦普爵士[⑤]关于英国的收入与资本财富的数量与分配，都曾依照收入集团与社会阶级来搜集并分析了一些重要的统计资料。在分配理论方面，特别是关于利息在分配中的作用，

① 参阅 E. 坎南：《生产与分配的理论》，P. S. 金孙公司，伦敦，1903 年。

② 柏拉多：《政治经济学教程》，第二卷，第三编。

③ W. I. 金：《美国人民的财富与收入》，麦克米伦公司，纽约，1915 年。

④ W. C. 米契尔、W. I. 金、F. R. 马可梨、O. W. 诺斯：《美国的收入》，美国经济研究所，纽约，1922 年。

O. W. 诺斯：《美国各州 1919 年的收入分配》，H. 布雷斯公司，纽约，1922 年。

勒文、摩里斯与 W. I. 金：《各州收入：它的来源与分配，1919 年，1920 年与 1921 年》，美国经济研究所，纽约，1925 年。

⑤ J. 斯坦普爵士：《财富与纳税能力》，P. S. 金孙有限公司，伦敦，1922 年。又《英国的收入与财产》，P. S. 金孙公司，伦敦，1916 年。

J.雷的贡献似乎大于其他任何一个作者。[①] 他曾经生动地表明，人们具有本书所谓低不耐率或现在收入优于将来收入的偏好时，自然就倾向于积累储蓄；而具有相反特性的人们，就倾向于花掉他们的收入，甚至他们的资本。

以前各章表明，不同人们的偏好率是经由借贷而均等起来，这也就是说，经由买卖而均等起来。一个人如果对现在享乐的偏好率非常之高，那么他将设法修改他的收入川流，即牺牲将来来增加现在的收入。我们应用《资本与收入的性质》第14章所述原理，便可追溯到资本对收入的影响。

如果收入川流修改到这样，以致相对于资本价值来讲的实现的收入率超过收入报酬标准率，资本将随超过的数额而减少，同时有关的人、集团或阶级也就愈来愈穷了。这种情况的造成，可由于借入目前收入而偿付将来收入，或由于出售收获远在将来的资本工具而买进提供较近收获的资本工具。像李普·凡·温克那种类型的人，如果拥有土地或其他耐久工具的话，将会出卖或抵押它们，以便获得一种手段来更快地得到享用服务。对整个社会来讲，其结果是，凡异常低估将来或将来需要的人们，将逐渐卖掉比较耐久的资本工具，这些工具势将转移到特性相反的人们的手中。

资本工具的移转逐渐引起资本分配的不均，而资本分配不均一旦形成后，便有长此下去的倾向。一个人愈穷，他对现在财货的评价可能愈高。浪费的人一旦走下坡路时，他就可能每况愈下。当他除一身之外别无资本时，这一衰落过程通常会告一结束，因为

① 雷氏:《资本的社会学理论》,第13章。

文明社会是标榜文明而憎恶奴隶财产与强迫奴役的。然而仍有许多强迫劳动甚至奴隶的事例残留至今。南方各州的黑人农夫，墨西哥的奴仆，不久前的俄国农民，许多热带殖民地的强迫劳动与奴隶，例如爪哇、[①]刚果与其他非洲一些国家，都是这种情况的例证。

反过来讲，当一个人积蓄了大量资本，他对现在的偏好率就进一步减低，积累也就更加容易了。因此，在许多国家贫富的划分是愈来愈悬殊、愈来愈持久了，富人成为财富的世袭贵族，穷人成为无依无靠的无产阶级。

加强分化的结果，浪费的人愈穷，俭省的人愈富，即使没有风险要素(像第一与第二近似理论所假定的那样)，这种加强分化也将会继续下去。但如果像现实生活中那样存在风险时，它就发展得更快了。没有运气的帮助，储蓄最后也会使俭省的人发财致富，可是这一过程是缓慢的，即比起少数担负风险而盘算得碰巧不错的人由于幸运而迅速富裕起来的情形是缓慢的。同样，许许多多的人由于不节约而失掉他们的小量财产，现在由于盘算错误而加速地贫困。这种情形往往会使一个富人在几年之内、有时在几天之内，就变得一贫如洗了。

还应注意，特别是考虑到不确定性要素时，借债是丧失大量财富的手段，同样也是获得大量财富的手段。商人借债投资，总是希望获利的，往往他的成功超乎他的意料之外。

在各种投资机会中，收获超过成本率在两方面都起重要的作用。亨利·福特和其他人之所以发财，与其说是由于节约，毋宁说

① 参阅 C. 德:《荷兰人在爪哇》，麦克米伦公司，纽约，1904 年，第 10 章。

是由于他们利用了少有的投资机会，其收获超过成本率往往大于市场利率许多倍。

除节约与浪费、幸运与倒霉外，还有一个因素是与积累或消散过程有密切联系的。这就是习惯。我们已经注意到，设某一收入川流是已知数，一个人的现在收入优于将来收入的偏好率是高、是低，要依这个人的过去习惯而定。假如他一向惯于简单朴素的生活，他就觉得十分容易储蓄，并在最后积累一小笔财产。节约的习惯，由于模仿、遗传或这两方面的关系而传到下一代，从而造成更多的积累。世界上一些巨富就是建立在节约的基础上面的。

反过来讲，如果一个人生长在一个奢侈的家庭里，他对现在享乐的欲求就要大于如果他一向过惯穷人的简单生活的情形。富人子女过惯了奢侈生活，承继了父母的部分财产，他也许不量入为出，从而开始家财的消散过程。到了下一代，这种倒退运动可能加速进行，并且一直继续下去，由于财产的一再逐渐消散和下一代的不愿紧缩他们的开支，它将继续到第三代或第四代变成赤贫而后止。

财富的积累与消散有时是循环进行的。节约、才干、勤劳、幸运能使少数人白手起家。在顺利环境下积累起来的几千元，可在第二代或第三代增长到几百万元。这时奢侈的不良影响渐渐出现，贫富的循环重新开始。古语说，“贫富四代一轮回”，这句话是有一些事实根据的。像美国这样的国家，情况瞬息万变，经济地位升降的机会要多些，这种循环运动就更加容易发生。像欧洲那些比较古老的国家，情况已经固定，不易遭遇任何变化，因而在同样的家庭里，收入与财富似将保持相对的稳定，这样一代一代继续下去。英国的继承习惯加强了这一趋势,因为它有助于巨大财产原封不动地保留在长子的手中。

这里,我们并非从事建立一个个人分配及其变动的完整理论。这样的完整理论将包括节约以外的许多因素的影响。我们在这里所关切的只不过是利息与节约在分配中的作用而已。

15.6 借贷市场是再分配的手段

现在我们看到,各个人要调节他的不耐率与市场利率相合,这一利率的存在,就为财产聚散运动提供了便利的手段。如果一个人倾向于浪费,他的挥霍因有借贷市场可资利用,而更加方便了;反过来讲,假如他愿意储蓄的话,当有一个储蓄市场时,那么他要储蓄也就更加便当了。同理,生意人运用借款,可亏本也可获利。所以资本分配的不均大部分是由于现在收入交换将来收入造成的,利率不过是这种交换的市场价格罢了。如果所有的人都是隐士,那么无论积累财产或消散财产都将困难得多,因而财富分配也要平均得多。

社会主义者说,不均是由于社会安排,这是不错的,但这些安排,并不像他们所假定的那样主要是剥夺经济地位上升的机会;相反地,这些安排只是促进上升或下降的安排,依个人所做的选择而定。不顾将来的人像铅一样地沉入水底。一旦下沉后,他们自己或他们的子孙就难以浮起来了。积累通常是缓慢的过程,特别的缓慢,因为大多数穷人的相互竞争,使得他们的服务价值贬低到几乎不可能进行储蓄的地步。**浪费造成贫穷**,这是不错的,但**贫穷造**

成浪费，同样也是不错的。例如在一些国家中，全社会与全民族都过于贫穷，这不是因为天生挥霍的关系，而是因为他们是如此的贫穷，所以他们必须用掉全部生产品，根本没有储蓄的余地来改进他们的生产方法。偶然地，个别人物，像洛克菲勒、卡纳基、福特这样的人，差不多是从社会的底层爬起来，而且爬到了顶端。然而广大群众，一旦陷落到近乎底层时，就可能停留在那里。经过若干代所形成的高不耐率使得他们许多人（如果不是大多数人的话）变穷了。一个劳工领袖曾经告诉我说，很少工人有获得财富的本能。他们是从那些不耐的人们（由于天性、习惯，或这两方面的关系）中间自行选拔出来的一群人。他们宁愿花费，而不愿储蓄。在这里，对人们进行节约教育的机会与迫切需要是显而易见的。

在现阶段，我们还不能答复以上的探讨所引起的许多问题，例如利率变动对刺激或阻止资本的积累或消散有什么影响？[①] 富人的奢侈习惯对穷人又有什么影响？我们也不注意其他的因素，这些因素虽然影响财富的分配，但与利率无关。现在我们但求表明问题的性质及其与利息理论的关系，来为这些问题的答案铺平道路。

① 参阅龚诺：《利息与储蓄》。

16. 发现与发明对利率的关系

16.1 每一重要发现与发明的最初影响是提高利率

不耐与机会对利率的相互作用深受发明与发现的影响。人们的投资机会范围，随着知识的增长与利用自然界力量和原料的加强而不断扩大。随着知识的增长，新的投资机会产生了，收获超过成本率提高了。随着投资的进行，投资人的收入川流变形了，就有关的个人来讲，这一变形因借款而削弱，但收入川流的这种变形也因此而由借款人传递到贷款人，从而散布到社会上去。收入的变形意味着在生产与利用新装置期间，消费的相对节制和以后消费的更加增多。在这期间，人们的不耐加强了。

举例来说，在运输方面，起初人们必须依靠双手双脚来带动自己以及自己的负担。随后他投资于家畜，运转力的范围扩大了，速度与效率增加了，于是他的投资取得大量的收获。再迟些时候，车轮的发明引起了马车的应用，铁轨上面牵引车辆的蒸汽机车的发明，大大加快了人与财货的运转，同时投资机会的范围也扩大了，种类也增加了。今天，技术知识的增长，单在运输方面就使投资机会增加到成千倍。街道运输的可能性，有地面、高架与地下等路线。在陆地，人与财货可经由蒸汽与电气机车、电车、公共汽车、汽车或摩托车来运送。在海上，帆船已经被汽船所代替，旧式海船引擎现已让位给蒸汽引擎、柴油机或电气发动机。人类空中飞行的古老的梦想终于实现了。

在这些缩短距离的发明的初期阶段，社会预期以后会有更多的收获而暂时牺牲一些现在收入。铁路建设用尽了所有劳力、造成了投资人的俭省，共达两代之久。那时候，正如所有开发时期一样，利息是高的。在这样的时代，人们是生活在极大的预期当中。

16.2 发明引起利率的离散

发明与发现，除倾向于提高利率外，还倾向于扩大下述两者之间的差别，即最安全证券的利率与最先利用新装置投资机会的人们所得到的收获超过成本率。

早期的投资人希望以扩大收入的形式来获得丰富的报酬，从而作出牺牲和担负巨大的风险。当他们取得牺牲的报酬后，这些投资人往往为了更多更远的收获而将更多的收入进行再投资。譬如美国，在1820年到1880年国家扩张的整个时期中，当耕种、采矿和制造业与运河及铁路建设齐头并进时，社会收入经由投资、收获与部分再投资而迅速地增长起来。不断增长的国民收入标志着工业技术与实践全面跃进的时代。美国经济研究所新近发表的国民收入统计正表明了这种高速的发展，这一发展是与电气、化学、汽车工程、无线电及航空的伟大发明时期相一致的。于是，美国按每个工人计算的资本投资，自1849年的560元增加到1919年的

5 000元，所投下资本的逐年增长率大于工人人数的增长率。按每个产业工人计算的马力，自1914年的3.3匹马力增加到1925年的4.3匹马力。[①] 美国的日益繁荣，大半是由于发明与科学管理的加紧利用，这种繁荣表现在：国民收入自1921年到1927年约增加了八分之三，1919年后，实际年工资有显著的提高，以购买力表示的薪金也有不断的增长。全国实现的国民总收入，自1913年的357亿元增加到1928年的估计总额890亿元[②]。

16.3 发明引起资本价值重估

企业家与担负风险的人首先进入发明所开辟的新投资园地，用商业俚语来说，就是“作发起人加入”，他们往往因此为他们的原来投资获得远远大于利率的收获。像范德毕准将、A.卡纳基与H.福特等便是最好的例证。

这些活动的结果，借贷契约的利率将要上涨，但只是轻微的上涨。将要上涨的原因在于边际收获超过成本率的提高。

利率比较高的结果，使投资证券，事实上也就是所有资本，都要重估价值。假定资本所产生收入的价值与债券一样保持不变的话，利率上涨，则资本价值下跌。除非另有对抗的力量占据优势地位，则债券倾向于跌价，普通股倾向于涨价。

重估价值也适用于新发明与新发现所体现的资本上面。如果

① 美国经济研究所：《最近经济变动报告》，第87页。

② 同上书，第12章。

发觉到投在新发现的金矿的10万元将提供100万元一年的收获，这个金矿就不再依其原来成本出售，而要卖得远远大于原来成本的金额。反映真实利率的，是一年100万元的收获与金矿新价值间的关系，而不是它与原来投资价值或原来成本间的关系。贝尔电话公司的原来投资人所实现的收获，大大超过他们原投资额的普通利息，但目前投资人购买贝尔电话公司股票所支付的价格，是与它的股利相适应的。

新装置也引起它们所替换的旧装置的重估价值，但在这种情形下，新价值要低于以前的价值。圆锯的采用差不多使安装旧式直锯的工厂设备一文不值，而带锯又贬低了安装圆锯的工厂的价值。除特殊类型的工作外，手织机与手摇印刷机已被机器织机与机器印刷机所替代了。早期形式的机动机器又转而被改良的机器所替代了。汽车首先毁灭了马车工业，随后又损害了脚踏车工业，甚至摇篮车工业。在短程的客货运中，它还排挤了铁路工业，可是它们两者又不免或多或少地为航空工业所排挤，因为后者具有提供更快速运输工具的可能性。

它们贬值的原因很简单。每一新方法都扩大了特定种类服务的供应。结果这种服务——锯东西或印刷——的价格减低，因而从旧装置预期一定数量服务的资本化价值也减低了，它往往低到这种程度，以致这些旧工具的再生产甚至修理都完全无利可图。所以技术进步经常因无形损耗而要求勾销资本价值。[①]

① 关于发明的经济影响，特别是它对利率的影响，J. 雷曾作过精辟的讨论，《资本的社会学理论》，第9章，第132—150页；第10章，第151—203页。

16.4 发明对利率的最后影响

强调发明与发现对提高利率的影响的暂时性质是重要的。它对提高利息的影响,只有在下述条件下才能够延续下去,即收获超过成本率仍旧高,从而促使社会大大改变它的收入川流的时间形态。这个时期是扩张与开发的时期,在这期间,社会正在牺牲或投下现在的收入,或用一般人不正确的说法,即投下资本。社会不是将它的生产能力限制在旧的用途来获得相对近期的收获,例如生产食物、衣服等享用收入,而是将它的劳工转向巨大的工程事业,像建筑地道、铁路、公路、地下铁路、自来水设备、灌溉系统、采矿与制造工厂。这些资本工具在许多年内还不能开始提供享用收入的收获。依照计划,这一时期的将来收入是相对丰富的,正由于这种伟大预期的缘故,利率将是高的。

然而随后将会有这样一个时期,即至少就那一发明的影响来讲,收入川流不再上升,必要的投资大多数已经完成,进一步的开发不大可能或不大合算,所需要的只是保持新建资本于一定的水准。当这一时期到来时,我们将会感到发明的后一阶段的作用。这时它对社会的净影响,是将收入川流维持在较高的水准,而不是使它再向上升了。但是我们已经看到,在收入川流仅仅数量增多而时间形态不变的情况下,其趋势不是增加而是稍微减低时间偏好率。所以,一切发明与发现的后一阶段的作用不是倾向于提高而是倾向于降低利率。

由此,虽然铁路的发明掀起半个世纪的铁路投资,在这期间,社会的收入川流迅速增长起来,可是今天,蒸汽铁路投资在某些地方已经达到了限度,在另一些地方投资速度也显然减缓了。铁路曾经是储蓄的投资出路,也曾经为储蓄提供相当可观的收获。现由于新建铁路的必要性减少,出路缩小了,只要这一影响继续起作用的话,那么收获率以及一般利率也会倾向于下降。

旧发明的后一阶段的作用是降低利率,但另一方面当然也会有这样的情况,即新发明(它往往是旧发明的结果)也可能发展得很快,而又足以抵销这种利率下降的倾向。只有到世界上新发明停止时,利率才能回降,但只要发明依然在进行,利率就会继续不断的上涨。由此,利率的涨落,要依发明的产生与应用是否进行而定。

同一原理不仅适用于比较狭义的机械方面的发明,而且还适用于科学与地理上的发现。西弗吉尼亚州、加拿大、阿拉斯加、南非洲、澳大利亚与加利福尼亚州新矿的开采,使得从事新地区开发的人们大量压低他们的目前收入川流。因此,在这种情形下,利率在开始的时期总是倾向于非常高的。

16.5 现在是发明的时代

现在是大量发明的时代,特别是第一次世界大战以后。胡佛总统的近代经济变化委员会发现工业技术改进的"速度"是我们时代最显著的特征。这种加快的速度,由于新发明的浪潮关系,倾向于高利率,尽管那些使我们这样富足的旧发明起着相反的作用。

大大提高生产与消费的近代发明,其中一些突出的例子是:汽车;无线电;飞机;各种用途的电影;电力在工厂与农场的大量应用;长途电话,它终于解决了大西洋两岸通讯的问题;从前当做废物与讨厌东西的纤维素也被利用来制造建筑材料、纸张、与人造丝织品;棉花种子之应用于油料与肥料;将煤粉碎大大提高它的燃料价值;煤的熔解增加了大量需要的汽油的供应;以及从煤提炼的无数化学产品与染料产品。

新发现与新发明,由于利用森林、田野与矿山的废物和增加工人的生产,大大提高了美国的生活水平。

而且,在这高速度的互相交通的时代,新发明可以闪电般地推广它的应用。这对收入川流的影响远过于从前,随着新发明的推广,它又引起进一步的发明。这是今天更加成为发明时代的主要原因。有些国家,像英国、美国、德国与法国之所以在文明方面领先,就在于最大限度地利用发明的自行增殖原理;像有些国家,只要它们不注重发明,就不免要落后了。

运输的改进,打开了阿根廷、加拿大与密西西比河流域的世界谷仓。南部以及临墨西哥湾的各州、埃及与印度等地增加了棉花播种亩数,用来供应新英格兰与英国的纱厂。矿山的投资遍及各个大陆。智利硝石曾使用于美国农场,新的资本也投到空气提炼氮气的工程。世界上的煤矿曾经用来放射储藏千百万年的太阳能,俄克拉荷马州与巴库油田也已经成为新财富的源泉与投资的场所,用来供应这一机器发动的时代。机器、工厂、铁路、公路、仓库、下水道的投资,以及都市与市郊分区扩建的投资,为剩余资金提供了几乎无限范围的机会。大战后遭受破坏的国家的重建,造成几十亿美元国外投资的机会,在 1927 年与 1928 年这两年中,在美国发行的外债,每年平均达到 15 亿美元。

16.6 发明与大量生产

而且，今天我们对于发明与发现是有组织地进行的，正如同凡事都有组织一样。试验研究所从大学一直推广到政府机构与商业公司。现在数以百万计的金钱用在研究方面，而在上一代花在这上面的金钱只是数以千计、或数以百计。这样一来，发明家们不仅能够在研究的深度方面进行努力，而且还可以彼此协作并将他们的心得汇集在一起。胡佛先生在出任总统以前，曾经做了不少的工作，以便更广泛地把科学工作组织起来促进发明。

1929 年工科基金会发起募集 500 万元来帮助科学研究。G. O. 斯俭尔少将在 1929 年 1 月的全国商情报告中写道，单单美国电话电报公司研究所每年就有 1 500 万元用于研究工作，雇用的专家有四千人。关于研究工作，斯俭尔少将又说道：

> 我们听说有无数金钱花在这方面——有人估计为每年 2 亿元，其中 7 千万元是政府用的，1 亿 3 千万元是商业公司用的。要将我们用于研究方面的资财开一全面清单，就要包括工厂与设备这些庞大的项目，以及不计其数的无形项目，这体现为 30 万个物理学家、化学家、工程师、数学家与有训练的专家。我们看到通用电气公司、美国钢铁公司、通用汽车公司与美国橡胶公司所建立的机构，就可体会到这一庞大的研究工作的实质了。

美国经济研究所 1929 年 5 月 4 日的调查报告，显示出代表工业发展新趋势的工业研究在美国流行的情况。报告指出，在提供情报的 599 个工业公司中，有 52%是把研究工作作为公司的一种活动。7%设有试验研究所，只有少数根本不做研究工作。据其中 29%的报道，它们曾经支持同业公会、工程协会、大学或基金会所领导的协作研究。特别是在水泥制造、制革、煤气与电力等公用事业中，协作研究有了高度的发展。

统计调查也曾增加一部分投资机会。1920—1921 年发生了经济恐慌。赫伯特·胡佛的消灭工业浪费管理委员会报告了一些恐慌的原因。委员会发现整个工业对原料与设计以及生产与成本方面的管理都有缺点。举例来说，在制鞋方面，停工待料的损失就占到时间的 35%。据调查某些墙的厚度的标准化意味着一般房屋可节省 600 元的成本。纸张的品种共有 6 千种之多，其中一半或多或少是不行销的，于是品种的繁复就将资金积压在不必要的存货上了。某一鞋厂的生产能力是每天 2 400 双，但因缺少必需的鞋架而减产到每天 1 900 双。大多数工厂没有成本会计制度，或对一般的成本情况缺乏了解，因此它们大多亏了本。许多商店缺少对雇工的现代人事关系；工人没有接近雇主的正当方法，而雇主也欠缺款待店员的手段。很少工厂具备有效的雇佣纪录，劳工的变动大而费钱多。销售政策也有缺点。在长期契约中，取消订货的达到 14%，就是在所谓正常年代退货也高达 11%。科学管理与科学组织形式的欠缺，使得生产受到雇主与雇员两方面的限制。高昂价格的保持、投标的串骗以及其他不正当的策略限制了产量，这和工人的“慢工”行为与工会的约束规章是一样的。据调查，在防止美国工人的疾病死亡方面，每年可以节省损失 1 800 万元，在防止生产事故方面又可节省 8 亿 5 千万元。

这个报告以及随后胡佛关于失业与商业循环的报告发表后，美国工业管理方面才警觉到经济节约与组织加强的可能性，美国投资经营方面也发现他们的投资机会相应地扩大了。银行根据工业需要提供了适当的借款。由四十八州辖区内的自由贸易所形成的美国广大市场，经过了彻底的调查，大型工业以及迅速合并中的小型工业都不断出现了技术与研究的奇迹。

16.7 对投资的影响

由于上述发明所产生的经济，使得工业革新了，美国交易所中的普通股在 1928 年、1929 年价格上涨了，因而红利股所分得的红利要低于高级债券所得到的利息。投资的公众，热心于资助新发生的工业，例如丹尼·葛真哈姆航空促进基金会宣称，航空运输公司现在不再需要设备贷款，因为“投资公众现在准备供给这类企业以所需的资金”。20 世纪 20 年代结束时，美国在民航方面已经超过了欧洲，航线长达 1 万 8 千英里以上，其中 8 千英里具有夜航照明设备。纽约信托公司在它的报告中指出，1928 年的飞机生产约为 1927 年的 5 倍，几乎每种类型航空市场的需求都有迅速的增长。

投资人认识到，研究机构搞成功的许多发明与发现很快就会得到实际的应用。由于划时代的发明与更高度组织的方法一定会应用于生产技术方面，投资机会加倍了，证券交易所交易量也因出现无数新投资人而增加了。

关于现代工业发展富于变化和令人兴奋的一章，胡佛总统的近代经济变化委员会在它的评论中总括如下(第844页)：

> 绝不是所有生产效率的提高都表现为当前生活的净收获。为了使用科学所提供的技术，人们需要建造机器、工厂、铁路、公路、仓库与下水道。在开发新资源中，人们需要开采矿山；开垦草原，圈围农场；在生疏的地方建造住所。这种为制造消费财货而重新装备的工作是从来不曾听说过的。每一发现之应用于商业范围，意味着一种新的装备工作，而且往往是大规模的装备工作。但当所有这种生产手段方面的工作完成后，人们吃的、穿的、住的与消遣的东西就更大量地生产出来了。
>
> 在满足人类欲求能力上的净收获，使得人们有可能提高他们的消费水平，减少他们的工作时间，给予子女以更多的教育，并增加人口的数量。人们在上述多种多样的财货中，享有每种中的一部分而不是一种的全部。随着时间的进展，他们逐渐减轻了工作负担，大大地提高了消费水平，实施了义务教育，减少了文盲，增加了人口……

16.8　发明的重要性

本章的目的并不是考察发明的一般影响，而只是研究它们对利率与收获率的影响。

但在结束这一问题前，至少应当指出发明是文化发达与人类收入提高的主要基础。火的发明、字母、利用动力的方法——最初是牲畜，随后是风与水，再后是蒸汽与电力——以及这些动力的种种应用，特别是应用于交通运输方面，使得地球能够供应不断增长的人口，延缓了马尔萨斯所说的对生活资料的压力；它们使得像美国这样的巨大政治单位能够稳定地存在；它们也使得艺术、文学与科学各方面的知识有发表、传播与增进的机会。由此，发明常常是自行继续不断地进行。因为，不仅科学来自发明，例如印刷机、电报机，以及观察用的特殊科学工具，像显微镜、望远镜，或衡量用的科学工具，像计时器、天平、测微器，而且现代科学又反转来产生了新发明。赫姆厚茨声学的研究导致电话的发明；马克思威尔与赫兹的以太波研究导致无线电报与无线电的发明。

发明的高速度扩展的条件是：(1)智能，这决定于遗传、卫生习惯，以及人们的技术教育（一般的与专门的），在这里，希腊格言所谓“有健全的身体才有健全的智力”这句话也是适用的；(2)传播知识的便利；(3)传播对象的人口大小——人口愈多，有发明天才的人数愈多，他们的动力愈大，他们的影响范围愈广；(4)发明的鼓励，特别是通过早期的发现与天才的确认，在一定程度上也通过专利权的保障。发明家马上成为实业界最稀有的与最宝贵的花朵了。可是他们往往受到贫穷、偏见或讥笑的摧残。虽然今天这种情形较之罗哲尔·培根或伽利略的时代要好些，但是贝尔、爱迪生、福特或狄伐热斯(De Forest)们还是要花极多的时间才能动作起来。这些稀有的天才从事令人钦佩的工作的时间至多不过数十寒暑，对他们的同胞来讲，使他们早点开始工作就要值几十亿元。赫胥黎说得好，挑选天才并且训练他来为同胞服务，这应当是任何教育制度的使命，因为不论发明人愿意与否，他总不能将发明的利益限于他自身享受。事实上，他自己也很难从他的发明享受哪怕是一小部分的利益。真正受益的人，是世界上一般的人民；他们自己既然没有足够的聪明来从事发明，至少也应对自己的切身利益有足够的敏感，从而资助或雇用百万人中能够从事发明的那一个。

17. 个人借款与商业借款

17.1 个人借款

在这一章我将试图表明，本书所建立的利息理论如何应用到每一种借贷契约。

从借款人的观点来讲，借贷契约可分为以下几类：

- 私人借款
  - 消费借款或个人借款
    - 用于应付灾难或浪费之所需
    - 用来弥补收入与支出的变动
    - 预期经济情况有所改善
  - 生产借款或商业借款
    - 短期借款或周期性借款
      - 农作物押款
      - 商业票据
      - 通融汇划的票据
      - 通知放款
    - 长期借款或永久性借款
      - 农场抵押
      - 城市不动产抵押
      - 公司债券抵押
      - 公司债券
- 公　　债
  - 消费借款
    - 用于军事目的
    - 用于弥补收支的变动
  - 生产借款
    - 用于社会改良

个人借款就是个别人的借款，它是用于个人目的而不是用于商业关系上的目的。在这些个人借款中，第一类包括因灾难或浪费而进行的借款。这种借款今天只占债务总额中的极小部分。教会的、正统的与中世纪的禁律正是针对着这种借款的利息，今天，文明社会里限制利率的规定仍然残留着，主要也是针对这种借款的利息。这种借款构成当铺与“高利贷者”的大部分营业，它们的顾客往往是灾难与浪费的牺牲者。

本书所提出的利息理论可应用于这种借款。一个人家庭中的疾病死亡，以及火灾、偷窃、水灾、船只失事或其他意外事件所造成的损失，会暂时损害到他的收入。进行个人借款就是为了度过收入的紧迫时期。它牺牲一部分预料中较为充足的将来收入，来弥补现在收入的不足。同一原理也应用于浪费的人，他虽不是意外灾难的牺牲者，却是一个自找苦吃的人。他借款补充他那不足应付现在需要的收入，并依靠将来的财源来偿还。这就显而易见，上述借款是借款人用来修改他的收入川流的，这条收入川流的时间形态是他所不满意的。

第二类个人借款包括因收入变动而产生的借款，但这种变动不是起因于灾难或浪费。有些人的按期货币收入是极不规则、极其参差的，他们的货币支出时间表也可能是同样不规则的。除非这两个数列碰巧时间一致，否则这个人将会轮流地时而“缺钱”，时而“钱多”。例如，他如果是一月份得到最多的股利，而在九月份必须支付他的最大费用，譬如说税款，那么他可能因期待一月间的股利收入而在缴税时先向别人借用四个月。这即是说，他在实际收入低时借入而在实际收入高时偿还，结果稳定了他的收入变动。当然，他也可采取相反的办法，即在一月间“钱多”时贷出，而在秋季收回，以便调剂因缴税而发生的“缺钱”情形。

简单地说，他或在缺钱时借入，因为他鉴于不久以后就有钱多出来，从而不耐程度要高于利率，或在钱多时贷出，因为他鉴于不久就要缺钱从而不耐程度要低于利率。

第三类个人借款包括因预期收入将大量增加或赚钱能力将大大提高而产生的借款。财产继承人有时由于期待遗产而借款，获得遗产的前景刺激了他们的不耐。这一类的大宗借款在英国是常有的。在这种情形下，借款人因借款得以提前享受一些收入，否则他就必须等待了。同一动机鼓舞了为一生赚钱时期进行准备的青年，这也说明了他们往往为支付教育费用而进行借款的原因。1790 年 B. 富兰克林将他的个人遗产留给了费城与波士顿两个城市，便是为了这些人。他遗赠给每一城市 1 000 镑，以 5%计息，以小额贷款形式借给年轻结过婚的“创业人”。归还的借款连同利息一并加到基金里去，然后再行贷出。现代房屋协会的组织就是为了通融青年夫妻及其他人，他们因期待将来有全部偿还的能力而希望早点享有美好的家庭。现在广泛推行的分期付款购买法，用来通融住所、家具、汽车、无线电及其他耐久用具的购买，也是为了适应这一要求。它们都是为了迎合那些现在收入少而将来希望多的青年。

显而易见，从借款人的观点来讲，上述个人借款的种种情形，都包括在我们的利息理论中了；它们都是表示对将来预期的较高收入的不耐。

17.2 商业借款

商业借款普通叫做生产借款，它与个人借款或消费借款大不相同。它构成现代债务中最为重要的一类。以前在美国普查局服务的G.K.荷姆先生，有一个时期估计，当时美国债务至少有十分之九是为了取得比较耐久种类的财产，而消费债务则不到十分之一，或许比十分之一还小得多。商业借款之压倒性的优势，使得一些经济学家把个人借款利息看做是收获率的一种反映，即贷款人如果将钱贷予生产所能获得的收获率的反映。

从另一观点来看，好像本书所提出的理论是根据一个人的享用收入川流，它只能适用于消费借款。

又有人说，解释消费借款所依据的原理与生产借款完全不同，这在表面上看来似乎有一部分道理。在个人借款中占支配地位的是两条不耐原理，而在商业借款中占支配地位的是两条投资机会原理。但在任一情形中，这两组原理各有其作用。由于不耐程度与收获超过成本率都倾向于与市场利率相等，它们在这一趋向方面是互相影响的，不论我们着重哪一个——不耐或投资机会——我们仍得到同样的结果。为了我们不致忽略了不耐在商业借款中的作用，让我们首先把注意力集中在这一方面。

关于投资机会原理，商业借款与消费借款虽有所不同，但关于不耐原理，它们却没有真正的差别。两种借款都是用来度过贫乏的时期，而期待繁荣的时期。两种借款的进行都是为了纠正畸形的收入川流，要是没有借款，商业活动将会产生这种畸形收入川流的结果。

事实是——绝不能忘记这一事实——生意人经营企业总是一眼盯住最后的享用收入，不论是为了自己，为了他的家庭，或为了别人。所以，从某种意义上讲，他的家庭支配他的企业，而不是他的企业支配他的家庭。

17.3 短期借款

两类商业借款应加区别，即周期性收入变化所产生的短期借款与用于相对永久投资的长期借款。短期借款或周期性借款发生于季节的变化和商业的盛衰。这种借款通常是只在每年的一定时期借用一次。根本原因在于地球环绕太阳位置的循环变动。这就引起四季的循环，不只是农业，就是制造、运输、商业与银行也要受到它的影响。货运时而拥挤时而清淡，工厂原料时而充实时而空虚，批发与零售商业活动的季节变化，由于农作物运转或其他用途而引起的纽约与西部间银行存款的移转，处处都证实季节性的循环运动，这在巨大的商业网中是会经常感觉到的。没有一些补救的机构，如借贷机构，则生产、商业与金融界的季节变动将会传播到各个人的最后享用收入，这些收入不是形成均匀的流量，而是忽起忽落的，譬如说，夏季的尽情享受继以冬季的有限口粮。

要表明借贷怎样补救上述的变动，我们首先考虑短期借款的最原始形式，这就是贫困的农场主在期待农作物收获时所进行的借款。南方的黑人则采取所谓农作物押款的形式，耕作者借得足够的金钱以便维持到收割时期，并以收得的农作物保证偿还。显而易见，这里借款的目的是用来补充实际享用收入的不足。换句话说，借款是为了维持生活。所以这种情形显然包含有不耐原理。

同样的一些原理也适用于一般商界所进行的借款。短期商业借款便是为了进货，预期在货物销售后偿还。通常的形式即所谓商业票据。现成服装店也许在夏季买进大衣，而在秋季出售。如果这些活动都是严格地按照现款交易进行，其趋势是服装店收入将有巨大的变动。他在夏季不能实现多少收入，因为秋季办货需要庞大的费用，但在秋季他就能取得大量的收获，从而更舒适地过活。这意味着他的家庭时而困乏时而富裕。要避免这种情形，有一个方法是，在手中保持大量现款来调剂货币收入与个人花费。在这种情形下，收入的变动就不致影响他的个人享乐，只会影响到他将来的现金数量的不断起落。对商人来讲，还有一个更有效和更节省的办法来避免他的实际收入川流的脱节，这便是开发商业票据。服装店可出一票据给大衣制造商，以免担负夏季进货的大量现金费用。秋季货卖掉后，就把票据偿付掉，它就完成了平衡服装店收入川流的任务。

有时生意人进行短期借款，不是为了特定的交易，例如进货，而是为了一般的营业用途，譬如改进或扩充。在这种情形下，所需特别费用就可用一种借款叫做通融汇划的票据来应付。显然，它的作用是完全一样的，即改正收入川流的时间形态。

在华尔街或其他投资中心，有一类贷款很普通，即所谓通知放款，它依据贷款人或借款人的意志随时清偿，投机者便利用它来购买证券。他要买的时候便借入，卖掉之后便偿还，通过借款的巧妙安排与使用，他就可以防止他的收入川流的突然枯竭或泛滥，如果他必须买卖证券而又没有借款的话，这种情形是不可避免的。

在所有上述种种情形中，借款是发生于一次购买或一组购买，因为每一次购买倾向于减少一个人的收入，每一次售卖倾向于增加他的收入，显而易见，借款由于购买而产生，由于售卖而消失，它们的作用可以说是消除收入川流的增减。于是我们看到，商业借款也适合上面所提出的利息理论的不耐部分。

17.4 长期借款

商业借款的第二类是长期借款或永久性投资借款。这一类包括抵押借款，不论是拿农场或城市不动产作抵押。1890 年普查表明，几乎有三分之二的农场抵押是为了购买土地，剩下的三分之一主要是为了改良土地、购买农业机器与牲畜或购买其他耐久的财富与财产。农业部发现，1922 年北卡罗来纳州 94 个农场所办理的抵押中，有 87%是用于购买土地，几乎有 10%以上是用于不动产的改良。这种种的购买或改良需要巨大的费用，如果没有借款将是困难的，或者是不可能的。农场主如果企图购买或改良而不依靠借贷市场的话，那么他的收入川流将会遭受重大的压缩，即使是暂时的压缩。他企图不依靠借款来购买农场，也许根本做不到，在最好的情形下，也必须将他的当前生活费用减到最低限度。

城市地产的抵押，通常是为了在地皮上面进行建筑来改进这些财产。所需费用，如果取自收入的话，将会暂时减少地产所有人的收入。他自然宁愿抵押借款来应付这种特别的负担，抵押借款可将费用延迟到将来他的收入可望更多一些的时候。

其次我们要谈到企业公司或商号的借款,譬如铁路债券,市内铁路证券,电报与电话公司、炼钢厂、纺织厂及其他“产业”的债券等。这些债券的发行通常是为了新建设、资本更新、工厂与设备的改良。总之,这种情形中的借款人就是股东。也可以说,他们进行借款是为了改良费用不致取自他们的红利。当然,有时赚钱相当多,红利的一部分或全部的确也用在改良上面。然而通常是要避免股东的收入川流的减少,所用方法是邀请债券持有人来担负有关改良的支出,由于这些改良随后可望增加收入,就用增加的一部分收入来补偿。

17.5 商业借款和个人借款

所以,商业借款是为了改变收入川流来适应收入所有人的时间偏好,正好像个人借款一样。一切资金周转都可看做设法保持均匀的收入,使之适合于人性不耐的要求。

商业借款与个人借款的主要区别,不在于不耐方面而在于投资机会方面。在个人借款中,机会原理的作用是不重要的,或者根本没有。个人借款不是用来投资,而是用来补救或防止现在收入的不足,其所以不足是因为疾病或希望预先挪用将来收入,而将来收入数量与借款并没有多大关系或者没有关系。另一方面,商人借款是用来补救或防止现在收入的不足,其所以不足是因为他希望投资来增加他的将来收入的缘故。个人或商人都是迫于不耐来填补他的现在收入的缺额,但是一种缺额是由不得已的疾病或自愿的花费所造成,而另一种缺额则是由自愿的投资所造成。

让我们更详细地来考察这一区别。假设有两个借款人，一是个人，他因某些灾难而借款，例如疾病；一是商人，他因投资而借款。又假设他们除此以外所有其他有关现在问题的情况都是一样的。在进行借款前，每个人的预期收入都是今年10 000元，明年12 500元，而一种情形中灾难的影响和另一种情形中投资的影响都已经分别估计在内了。

我们假定，每个人都要在今年借款1 000元而在明年依5%的利息偿还，总共偿还1 050元。所以，每个人经过最后调整的收入为，今年11 000元(10 000元+1 000元)与明年11 450元(12 500元-1 050元)。因而借款对收入川流的影响在这两种情形中都是一样的。区别在于，那个不幸的人若得不到借款，仍不免于今年10 000元的较低收入，尽管他的明年收入要多一些。而那个生意人若得不到借款，却能够轻而易举地完全放弃投资，如果他决定这样做的话。这即是说，商人有另一选择，这是那个不幸的人所没有的。商人有两种选择，从而有机会以一种选择来代替另一种选择。

如果商人没有这一额外选择的话，这两种情形将非常类似，即使坚持消费借款与生产借款不同的人也不能断言两者间有什么根本的区别。因为，假设商人事先就已经从事某项投资，但他或许不曾料到，如果没有借款或节约他将不能支付该项投资的费用。当他到了必须用钱来支付投资时，他才发觉迫切需要借款以免压缩他的收入。在这种情形下，他认为借款不是使他能够投资，因为投资总归是要进行的，而是使他能够购买面包与牛油。简单地说，现在他的借款，像那个不幸的人的借款一样，也成为消费借款了！因为商人通常不是这样被迫进行投资，所以在他的心目中，借款是与投资相联系而不是与他的私人需要相联系的。可是在任一情形中，借款都是为了应付需要。从某种意义上讲，所有借款都是不耐借款，但在生产的情形下，他另有应付的方法——根本不投资。由此，商人与不幸的人的根本区别，只在于前者另有一种可能的出路，而后者却没有。

这并不否定借款(以及因有了这种借款才成为可能的投资)也可当做是为了增加他的收入。它是为了两方面的目的。我们已经讲到，如果商人愿意的话，那么通常他可根本不进行投资。在这种情形下，我们假定他在今明两年的收入都是 11 000 元。可是他为 1 000 元的投资机会吸引住了，因为这虽使今年收入减少 1 000 元，即减少成为 10 000 元，但可使明年收入增加 1 500 元，即增加到 12 500 元。全套的活动是同时进行的。如果我们要在思想上将它们加以划分的话，正当的顺序是：关于两个任意的收入川流(一方面是 11 000 元与 11 000 元，另一方面是 10 000 元与 12 500 元)商人选择后者，因为它有较大的现值(换个讲法，因为牺牲 1 000 元而收获 1 500 元，收获率为 50%，这要大于 5%的利率)。收入川流选定后，他随即借款，这样他可得到更合意的时间形态，虽然其现值是一样的。这一叙述已经考虑到所有一系列的活动，并符合第 6 章所提出的原理。正是这一额外选择引起了下面的争论，即借款产生了利润，没有借款就不能够或不容易得到利润，因而它是生产性的。就借款带来额外选择这个意义讲，这是不错的。如果没有借款将不会采取这一生产性的额外选择，从这个意义上来说，借款是生产性的。

我们方才已经看到，借款现象可分解为两个独立的步骤。可是往往发生这种情形,即除非已经筹划到甚至完成了第二个步骤(借款),则第一个步骤(收入的选择)是不会采取的,正如同第6章所表明的一样。因而在某种意义上,借款的选择的确包括了各种收入川流的选择在内。在这个意义上,也只有在这个意义上,借款才是生产性的。它是生产性的,因为它提供商人以生产性的投资机会。然而我们与其说借款使得投资成为可能,倒不如说投资机会是生产性的,无论如何,这个讲法是许可的。

但在实际生活中,通常我们并不把投资与借款当做各自独立的活动。它们多半是被当做同一活动的构成部分。投资会引起收入川流的变形,除非这种收入的变形通过事前安排的借款即刻得到纠正,否则投资,特别是巨大的投资将不会进行,通常也不能进行。事实上,借款往往是在进入投资前取得的,如果不曾进行借款,或在类似情形下,要使投资成为可能所必需的收入川流的变形,往往使它减到零或零以下。

在这里主要的一点是,假使我们企图将借款的作用与投资的作用划分开来,我们不能说,借款本身如果没有投资也能提供企业利润,然而我们却能够说,投资本身提供企业利润。采取后一种想法,我们尽可认为商业借款本身有与其他借款相同的功用——即依不耐原理来拉平收入的川流。

17.6 借款的目的为了增加现在收入

现在我们看到,上面提出的利息理论足以说明实业界现实生活中产生借款的动机。

个人借款近于第一近似理论的例证，在这里收入被认为是固定的，而商业借款则是第二近似理论或全面的第三近似理论的例证，在这里收入是有选择的。当然，即使需要借款的不幸者也另有可以采取的办法。在现实生活中，并没有绝对固定的收入川流。但是典型的个人借款者所有的种种机会，和寻求借款来资助某些大企业的生意人所有的机会比起来，就显得不很重要或不很显著了。

上述借款的分类是从借款人的角度来划分的，若从贷款人的观点来看，借款就不需要分得这样精细了。

17.7 公 债

公债不需要详细的研究，因为私人消费借款或生产借款的所有特点，它全都具备。用于消费的公债可用战债或预先挪用收入的借款作为例证。政府收入主要在于赋税，有些税收一年只有一次，而支出则天天都有，月月都有。于是发生这种情形，即政府时而积累大量剩余，时而遭遇大量赤字。这种情况的不便，人们常有评论，特别是在这个国家，半世纪以来，美国财政部比较地不依靠政府与中央银行间的信用制度，这在英国早已有了，而在本国现在方始实行。政府可以利用借款来支付当前的费用而以税收来归还，借此来纠正它的收入川流之不规则性。美国政府往往当收入少时发售短期库券而于收得赋税或其他收入时偿还。它也可采取相反的程序。政府先将多余款项存放银行取息，直到需要支付时取出，它还可用偿债基金来购买自己的债券或偿付这些债券，以便节省利息(不然的话,它就必须支付了,所以这等于获得了利息)。但最后这一种活动,通常是在这种款项以后不需要用于开支的场合下才会采取的。

关于公共的生产借款或商业借款,我们的例证是借款用于建筑铁路,或其他改良(这些改良的目的是企业性质的),例如建造政府大楼、改进公路、桥梁、港口和兴建市营自来水设备或校舍等。在所有这些情形中,企业所需资金通常是由发行债券来提供的。原因是,这些改良构成特别费用,类似于战争费用,如果不发行债券来进行的话,它将对纳税人的收入川流造成暂时的压缩与不便。就纳税人的整体来讲,他们不能承担改良开始时这样重的负担,即使将来可望享受巨大的利益。所以他们宁愿避免收入川流的波动,而取得比较均匀的收入。这种均匀性是通过借款来获得的,单就纳税人来讲,借款能将费用负担分散于公共改良预计存在的部分时期或整个时期。于是我们看到,这类借款也可证明借贷与收入川流的时间形态之间关系的理论。前述私人借款中发生作用的动机,在公债中也同样发生作用。国家机构的借款最初是将战费与改良费用的负担转嫁到债券购买人身上。当债券最后偿付时,再由纳税人偿还债券持有人。公共借贷的影响与私人借贷相同,公共借款人收入川流的时间形态的改变也是同样的。在这里,收获超过成本率也是存在的,可是我们难以确定它的数值,因为公共利益通常是不能归结为货币价值的。

18. 一些事实的例证

18.1 引　论

本章主要是要简单研讨一下影响利率的那些主要力量。任何利息理论都不可能提供证明。事实是这样的贫乏、矛盾、混杂，不许可进行明白的分析与精确的解释。不论什么地方和什么时间，促使利息高的经济原因是与促使利息低的另一些原因夹杂在一起的。因而事实是，利息的高低、涨跌，虽符合于某一特定理论的前提假定，但并不足以证明这一理论便是唯一正确的说明。我们所能希望的至多是表明，我们所发现的事实与我们所主张的理论不致发生矛盾。

造成利率高低的原因有自行抵销的倾向。譬如说，世界大战以前在美国促使利率高的经济原因，也促使借贷资金自其他国家流到美国来，特别是从英国，当时英国利率是低的。借贷资金的流入，就使得利息不至高到如果没有资金流入时那样的高度。倘若有另一个社会，其利率较低的话，那么一个社会的高利率，就倾向于增加那个社会的借贷。如果从国外借款行不通，还可找到其他方法牺牲将来收入来增加现在收入。如果这一过程推进到一定的深度，将会产生资本消散或减低资本积累的结果。

相反地，促进贷款的原因，在贷款放不出去时，会发生其他延迟消费的方法，也可表现为资本的加速积累或资本消散的减缓。

那些促使利息高的经济原因，也刺激了那些不很坚固耐久的工具的生产；而那些促使利息低的原因则能促进较为坚固耐久类型的工具的生产。

一般来讲，**利息高、借款、资本消散、工具不耐久四者是同时并存的**。造成其中任何一种现象的原因，一般也将引起其他三种现象的发生。同样，**利息低、放款、积累、工具耐久一般也是同时并存的**。

我们所表明的理论是：利率决定于不耐与投资机会。任何增加或减少我们对目前收入的不耐的原因，都倾向于提高或降低利率。任何扩大我们投资机会的原因，使投资所得收获大于现有收获率，它也倾向于提高利率；反之，由于任何原因，投资机会只能提供小于现有投资收获的收获，利率就倾向于下跌。

在第 4 章中，我们列举了人性中影响利率高低的一些原因。我们在那里指出，远见、自制和关怀后裔倾向于减低对收入的不耐，因而也倾向于降低利息。所以，在具有这些性质的社会中，我们希望发现上述四种相关现象的一部分或全部——低息、贷给其他社会、资本积累与坚固的资本工具的制造。在缺少这些性质的社会中，我们希望发现四种相反情况的一部分或全部。

18.2 个人特性影响的事例

过去在远见、自制和关怀后裔方面最为著名的国家和民族，或许要属荷兰人、苏格兰人、英国人、法国人、日耳曼人和犹太人，凡是这种民族占优势的社会，利率一般要相对地低于比较浪费的民族占优势的社会。他们是货币出借人，他们有节约和积累的习惯，他们的财富工具一般都是坚实的。财富工具的耐久性特别表现在他们的公私建筑物与他们的运输方法——公路、电车与铁路——上面。

J.雷关于荷兰讲道：

> 迄今为止，在所有欧洲国家中，荷兰人似乎一向是最倾向于使工具损耗小而赚得慢。游客往往看到他们所制工具的耐久性，完成工具时的细心，保管与修理工具时的注意。当他们的勤勉朴素最为显著时，利息很低，政府的借贷利率是2%，私人的借贷利率是3%。[①]

另一方面，以目光短浅和不顾将来著称的社会或民族中，有印度、爪哇、[②]南部与北部的黑人、[③]俄国的农民、[④]南北美洲的印第安

---

① 《资本的社会学理论》，第128—129页。

② 我的同事C.德教授发现，自20世纪初期以来，爪哇的利率是上涨了而不是下跌了。他引证的《大调查》(1912年巴达维亚版，第66页)，是反映近来情况的最好材料。这个报告说，5荷盾以下没有担保的借款年息达到百分之几百，25荷盾左右有担保的借款，利率是36%—60%。这些利率显然高于他所做的40%的估计，见《利率论》第292页所引。

③ 普灵斯顿大学J.S.罗棱斯教授告诉我，贫穷的黑人往往在周初借5元而在周末还7元，每周利率高于40%。

④ 参阅I.布洛芝：《战争的将来》，R.C.朗格译，塔伯德·麦克列公司，纽约，1899年，第205页。看来好像农民愿依现行工资1/3的代价出售最近将来的劳动！关于典型的极端例子，可参阅兰宁(笔名)，俄国金融双周评论，第55卷，1891年2月号，第188、190、196页。伊诺斯川尼兹在《俄国高利贷》一文中讲道，贫农付给富农的利率常达每周5%，见《经济学家杂志》，第16卷，第5辑，1893年，第233—243页。

人(在他们被白人征服的前后)。在所有这些社会中我们发现,利息高,人们倾向于负债,倾向于分散而不是积累资本,他们的住所与其他工具带有极脆弱易坏的性质。

不错,这些结果的产生,也还由于其他原因的作用。在这里我们只要注意这个事实,即缺乏远见是起作用的一个因素。J. 雷把南北美洲印第安人描述为极其浪费与不知节约的人,这是根据个人的观察与教士和游客的口证。[①] 非洲黑人或许比美洲印第安人更不节俭。

当然,在上面所引述的许多例子中(如果不是所有例子的话),除单纯心理特征外,还有其他要素也可帮助我们说明这些事实。因此,黑人与俄国农民中的高利率,无疑地一部分是由于他们的贫困,虽然他们的贫困又是由于他们的不同程度的心理特征。凡对将来需要太不重视的地方,资本就倾向于消失;贫困的压力倾向进一步提高现在需求和压迫遭受贫困的人,使得他们每况愈下。

我们不仅在浪费的富人中发现有现在财货优于将来财货的高偏好率的事例,而且在节约的穷人中往往发现现在财货优于将来财货的低偏好率。这种事例在苏格兰人、法国农民与犹太人中特别多,他们的积累与放款倾向是有名的,甚至灾难与放逐也在所不计。

有一个因素值得特别注意,我们在前面称之为“关怀后裔”。或许极端不顾后裔之最明显的事例要数罗马衰亡的时期。雷氏强

① 《资本的社会学理论》,第 71—72 页。

调指出这时家庭爱情的衰落，奢侈浪费的增长，与利率的提高[1]。罗马的高利率显然是对将来漠不关心的结果。在罗马严重地耗尽它的资本财富前，即约在共和政体结束时，利率曾低到4%—6%。[2]

18.3 贫困影响的事例

远见、自制与关怀后裔的特性，一部分是遗传的，一部分是受环境的影响。在我们所举的例子中，这两种情况都很明显，虽然这里遗传的影响与环境的影响是难以分开的，它们往往是不容易分开的。举个例子，我们惯常说犹太人天生有积累的民族倾向，然而这一特性必定因犹太传统的特殊力量而加强了，如果不是大部分由它决定的话。至于苏格兰人，他们的节约很难说多少是由于天性，多少是由于世代的熏陶。美洲黑人一向被认为是天生无忧无虑的人，但对非洲黑人生活的研究表明，在顺利的情况下，黑人也是克己的，近来工艺学校的经验也证实，深谋远虑与储蓄不难经由教育来培养。在黑人中，不顾将来的浪费大部分是由压迫与奴役所造成的。

外界状况对积累的影响到处都可看到，甚至在最先进的工业国家。英国开始建立邮政储金局时，有人反对说，作为储金局对象的英国贫民是这样的浪费，他们是决不会利用这个机构的。但葛列斯顿坚持习惯是可随意改变的，只要我们提供以机会与动机，只

① 《资本的社会学理论》，第64、95—99、129页。雷氏所述罗马利率的根据是鲍辙尔所著《高利贷史》，第25页。

② E. R. A. 薛里格曼：《经济学原理》，1907年伦敦版，第404页。

要给以时间让模仿原理得到发挥作用，花费的风气就可以为储蓄的风气所代替。英国邮政储金局的经验证实了他的预见。[①]

雷氏批评中国建筑物与工具的简陋脆弱，并说明这是因为中国人"考虑现在多而考虑将来少"的缘故。[②] 但是中国利率之高或许不像雷氏所认为的那样，是由于中国人天生的不勤勉、不节俭、不吝啬，这可由侨居国外的中国人积累了大量资本来证明，因为他们在国外就不受专横的统治者的勒索和大家庭制度的压制了。可以设想，浪费与高利在中国如此的显著，最主要的是由于贫困与不确定性的关系。

因为，正如同以前各章所强调指出的，现在财货优于将来财货的偏好率，不单纯是个人特性的问题，它还决定于一个人收入川流的性质；决定于它的数量大小、时间形态、构成与确定性等。关于数量大小，我们的理论主张，收入愈大，在习惯、远见与自制等其他条件相等的情形下，现在财货优于将来财货的偏好率愈低。如果这是不错的，我们可望发现贫困与高利、借贷、花费、易坏工具相联系，而富裕则与低利、放款、储蓄、耐久工具相联系。不容否认，上述特征一般讲来是正确的。

当然不错，贷给穷人的数额是小的，因为每笔个人借款必定是小的，但这类借款的数目是很大的，而穷人借贷的欲求，当有这种欲求时，也是很迫切的。这是通则，许多显然的例外情况要从其他方面来说明。也往往有这样的情况，穷人不是借款人而是贷款人，

① H. G. 布朗：《节约的发展》。

② 《资本的社会学理论》，第 88—89、92 页。

但在这种情形下，或者他们具有异常的远见、自制、关怀子女与其他造成这种倾向的品质，或者他们的收入川流具有这样的时间形态，从而鼓励放款而不鼓励借贷。同样，也有许多有钱的人不是贷款人而是借款人，他们处于相反的情况。一般讲来，富人之所以借贷，并非由于缺乏自制与远见，而是因为特别有利的投资机会，包括维护和扩展已有投资的机会在内。

然而通常穷人要比富人更迫切地需要借款，他们往往不得不光顾当铺这类地方，那里的利率是非常高的。穷人的住所与其他工具一般都极不坚固。他们选择衣服也必然地更着重于价廉而不着重于耐穿。这种不经济的花费往往是不可避免的，它反映了对现在财货较之对将来财货具有极高的评价。借款人贫困愈甚，他被迫担负的利率也愈高。甚至当铺也非极端贫穷的人所能利用，而只有中等的穷人才能光顾。极端贫穷的人不能提供当铺所要求的那种保证。因为这个缘故，他们遭受甚至更高利的盘剥，而以火炉、桌子、床铺与其他家具作为借款的抵押。这类借款可以分期偿还，从而利率很少低于每年 100％。①

现在我们从社会阶级转向各个国家，值得注意的是，在收入高的国家里，我们发现利息低，倾向于借款而又放款，花费而又积累，制造耐久的工具而不制造易坏的工具。在收入低的国家里则有相反的情况。例如在美、荷、法、德、英等国，收入多，利息也相对低，

① 关于这种性质的十三类借款的详情，参阅美国劳工局公报，第 64 期，1906 年 5 月，第 622—633 页。例如“第一类借款”为 143％，“第三类借款”为 224％，“第七类借款”为 156％。至于更近的事实，参阅李安，“高利贷与高利贷法”，与罗塞尔小额贷款智慧基金的刊物，特别是拉比著《典当业的管理》。

而在爱尔兰、中国、印度、爪哇、菲律宾与其他比较不发达的国家情形则相反。譬如说，在爱尔兰，特别是19世纪初叶，利率是高的。贫农经常负债，他的茅屋与其他工具是最不坚固的。① 又在菲律宾，有良好保证的借款利率往往高达每月2%、4%，甚至10%。放款的中国人经常利用菲律宾人的贫困来谋利。② 在这种种情形中，有许多可全部或部分地用其他原因来解释，例如上节讲到的那些原因。

18.4 收入构成影响的事例

关于收入构成的影响，就更难得到重要的统计证明。用食物形式表现的实际收入的数量变化，与总收入本身的变化对利率的影响是一样的。例如食物缺乏倾向于提高利息，食物丰富倾向于降低利息。在巴黎被围期间，利率是高的，虽然这无疑地主要是由于缺乏面包以外的其他原因。固然这样的时期好像没有什么利率统计，但目睹的人一致证明，比利时在第一次大战期间遭受饥饿的威胁时，利率是非常之高的。同样，德国在被封锁期间食物非常紧张时，据说利率也是非常高的。

① M. 朗费德：普鲁宾所著《各国租地制度》一书中的爱尔兰租地制度。

② E. W. 凯末尔教授写给作者的一封信；又参阅他的一篇论文，发表在《商业月刊》，彼兹堡，1907年4月，第2页。

18.5 风险影响的事例

关于不确定性或风险的影响,我们要获得正面归纳出来的例证,也遇到同样困难。但是一般讲来,风险倾向于提高商业利率和降低纯粹利息,这方面的例证却是很多的。这一定理的第一部分是有目共睹的事情,我们不需要特别去搜集事实。每一贷款人或借款人都知道,利率是与风险成正比的。手中的一只鸟要相当于丛林中的两只。

这一原理不仅适用于借贷契约中标明的利息,而且也适用于占取一切资本时所暗含的利息。收入所有主如果即刻花费他的收入,他确定能得到享用,但如果是为将来而储蓄起来的话,他能否享用得到就不确定了,在这种情形下,就必须有可能获得极高的将来报酬,才能诱使他进行储蓄。值得注意的是,农作物在战争期间要遭受无情的破坏,从而消费财富的所有主倾向于能享用时就享用。在政治老是不稳定的社会里也有同样的情形。① "在任何地方,利率与投资安全都是成比例的。因为这个缘故,我们发现普通借款利息在朝鲜达到每月 2%—5%。要提供适当保证,一般并不困难,那么人们不免要问,为什么对放款这样不放心呢。其答案是不信任朝鲜的司法……在这样一个贿赂公行的国家里,除非有某种势力的支持私人权益就没有多大价值,因而表面上好像是最可

① 关于印度生活的不稳定性,参阅雷氏:《资本的社会学理论》,第 69、70 页。

靠的保证，一旦债权人赖以保证取偿时，它就成为不可靠的东西了。”①

至于风险定理的第二部分，即风险倾向于提高危险放款的利率，但同时又倾向于降低安全放款的利率。大多数人并不熟悉这一定理。政治情势紧张和危险的时候，我们发现十分安全放款的利率如此之低，往往觉得惊奇。这种实例很多。例如南北战争的某些时期，情况极不确定，有适当保证的借款取息轻微，银行存款因为缺乏充分的安全投资出路而不断积累起来。大战期间欧洲也有同样情形。公众信心动摇时，它不仅表现为不安全放款的高利，也表现为胆小的投资人努力为他们的储蓄寻求安全的处所，即使是牺牲一部分或全部利息。他们甚至将储蓄贮藏在袜子里和保险库中。我们有时甚至发现这种情形，就是寻取保存资本的安全方法如此困难，而要求保存又如此迫切，以致利率成为负的。这时投资人将他的资本信托给别人时，能获得不至于减少的保证，他已经是非常感激，更用不着说增加了。

18.6　时间形态影响的事例

我们还需要举例证明利率理论的最根本部分，这就是，利率通过不耐率而决定于收入川流的时间**形态**。时间形态可由于自然的原因或人为的原因，或由于所采取的选择，这一选择取决于投资收获率的高低。如果这个理论是正确的话，我们应能发现，在其他条

① H. B. 赫伯特：《朝鲜的衰亡》，1906 年纽约版，第 283 页。

件相等的情形下，不论哪一个社会，当居民的收入川流增高时，利率也高，收入川流降低时，利率也低；当收入川流交替地时高时低时，利率也就交替地时高时低，依借款的时期而定。

收入川流增长的最显著事例见之于新兴的国家。我们可以说，第一次世界大战前的美国几乎始终是属于这一类。假如能将美国收入数量用精确的统计或图形来表现的话，自殖民地时代以后，美国收入无疑地显示出稳定的增长。这方面所需要的有关统计数字，例如美国国势普查中每人平均财富的数字，还有主要商品的生产与消费统计，进出口统计等现在都有(虽然不很精确)。我们从这些统计以及一般人的观察与历史学家的叙述中，得到的结论是，二百年来美国的收入一直在增长着。在这个收入增长的时期，利率高也是实在的。这些事实最简单的解释是，美国人由于开发广大的天然资源，抱有伟大的希望，他们在这种伟大希望的经常影响下，往往欣然愿将预期中将来丰富收入的相对大的部分换为现在收入相对小量的增加，正如同一个人预期不久得到一笔财产，就希望借得款项来使这笔财产能够提早获得实现。

在这个收入上升时期，不仅美国比其他国家的利率高，而且与高利率具有同等意义的其他某些情况也可作为证明。例如这个国家曾经欠有别国的债务，显然是个债务国。向欧洲借款的所得表现在美国进口的增加和出口的减少，从而造成所谓贸易逆差。这些现象通常是以对资本的需求来表示的，但是，我国天然资源的开发固然需要铁路的建筑与其他形式的资本，而这种需求的事实若用收入来表示就更妥当些、更充分些。我们所需要的，不是铁路与机器本身，而是它们所生产的将来享用物品。劳动用于制造这些工具,必定趋向减少这个国家的目前享用收入,而增加预期的将来收入。就是为了平衡目前收入与遥远收入的不均,所以才进行借款。采取什么形式来获得国外借款是没有什么关系的,它可采取机器与其他生产工具的形式,或者采取生活资料的形式,用来维持我们的生活,而我们自己就可从事工具的制造。在任何一种情形下,基本事实是收入川流的变形,而不是资本的需要;资本不过是达到收入目的的一种手段罢了。

在美国这一发展时期,我们不仅看到利率高与向国外借贷的现象,而且所制工具的性质大部分确是属于不坚固的与赚得快的类型。J.雷曾经指出,我们的公路差不多就是砍掉树木与搬掉石头以后的天然地面;我们的铁路只是略为铺些道碴,多是窄轨,弯弯曲曲以免开凿山路与隧道;我们最早的建筑物是简陋而不坚固的。每件东西都不是为了遥远的将来而做成耐久的样子,而是为了节省浩大的创建成本。

到了上一代,情形改变了。一般地讲,美国的利率低于过去时期,也低于其他国家,其他许多国家的利率上涨了。我们不再是个债务国。我们从国外买回了我们所发行的许多证券,第一次世界大战以后反而开始购买外国证券了。这是通过我们丰富的产品出口超过外货的进口来实现的。现在我们贷给欧洲数十亿元。欧洲变成了借款人,这主要是因为它在恢复大战的创伤时收入川流正在增长。在恢复战争所造成的收入缩减的过程中,欧洲有些地方的收获超过成本要大于美国,这个事实再加上欧洲的贫困,就产生了高利。

1920年后,美国的利率下降了。这与我们的理论符合一致,至少没有矛盾，我们的理论指出，提高国民收入的水平，在其他条件相等的情形下，倾向于降低利率。

还有，美国过去这些时候所制造的工具多属于最坚固的类型。钢轨早已代替了铁轨；铁路由于有了费钱的隧道、桥梁、山路而变直了；住所与其他建筑物也建造得更坚固了；旧的泥土道路很快就被碎石路取而代之，随后又被水泥路取而代之；任何方面都呈现这样一种显著的趋势，即投下浩大的创建成本，为的是减少将来的维持费用。

18.7 上升的收入意味着高利率

于是我们看到，美国与欧洲的情况在很大的规模上证明了下列理论的真实性，即上升的收入川流提高利率，下降的收入川流降低利率，这种种形式的收入川流还通过其他类似方式表现出它们的影响。

在美国各个地区也可看到同样的因果关系，特别是那些变化迅速的地方，例如矿产地区。譬如加利福尼亚州，自 1850 年至 1870 年发现金矿后的二十年间，收入川流以惊人的速率增长，而它与外界却处于隔绝状态，它同东部的铁路交通直到 1869 年才告完成。在对外隔绝与收入上升的时期，“……投资机会是不计其数的。因此利率是异常的高。‘早期’的流行利率达到每月 1.5%—2%……据说节俭的 M. 瑞斯慷慨捐赠给加利福尼亚大学一笔款项，后来有点懊悔了，他感叹地说：‘嗳！但我损失了不少利息。’当利率高达每年 24%时，这种懊悔是很自然的。”[①]1869 年铁路交通完成后，东部的贷款开始流入。1870—1880 年的十年间是个过渡时期，在这一时期，高利率刺激了向外界的借款，而向外界的借款又造成利率的下降，尽管收入川流仍在继续增长。结果利率自 11%跌至 6%。[②]

利率高的现象也同样存在于科罗拉多州与克伦带克。这两个地方在从贫困到富裕的过渡时期中，也有许多情况可以作为我们的例证，例如借款利率高达每年 50%以上，而借款人还认为获得这样低的利率是幸运的。而且，这些地区最初建造的建筑物与器械极不坚固，这种情况也是很突出的。简陋的膳宿室一天之内就造成了。所以高利息、借款、不坚固的资本工具，是这些社会在迅速发展时期所特有的现象。

尼瓦达州在 70 年代时，矿产增加，居民收入上升，这时利率高而人民负债。单只该州所发行的公债债务就达到 50 万元，利息为 15%。[③] 在以后的十年间，所有情形完全相反。矿产衰减，[④]利率下跌，州与地方债务大部分清偿。[⑤] 在这种情形下，利率的下跌不可能是由于外界的贷款，除旧欠依较低利息偿还者外；新的借款不多，因为这个州已不再是新投资的好场所了。约在 20 世纪开始

① C. C. 普林：《略论加利福尼亚州的利率》，《美国统计学会季刊》，1899 年 9 月号，第 351、352 页。

② 普林，第 353 页。

③ 参阅《尼瓦达州州长的咨文》，1879 年。

④ 《矿山与石矿》，1902 年，《美国国势普查特别报告》，第 255 页。

⑤ 参阅尼瓦达州州长的一些最近咨文。

时,尼瓦达州产金区域的新矿又开采起来。贷款重新流入,上面所叙述的历史遂又重演一遍。

出产木材的社会也往往经历大略相类似的循环。当森林处女地初开采时,它倾向于迅速增加开采人的收入川流,随后便是收入衰减时期。譬如密歇根州,二三十年前木材公司发现了有利的投资,它们就借款来开采森林。开采完成后,森林耗尽(往往是由于恣意的掠夺),这些地区就不再是投资的合意场所,而所有主所处的地位不是接受投资而是另寻投资出路了。

自密西西比河流域通向东部的铁路干线建成后,便产生了借款的巨大需求,用来开发这一区域的肥沃耕地。利率时常是10%,12%,甚至更高一些。在这期间,西北互济人寿保险公司到1880年的全部抵押放款总额为1 000万元,其平均利率几达10%。纽约与康涅狄格州各人寿保险公司的经验也可作为中西部各州借款需求的另一显著证明。1880年前,纽约制订一条法律禁止本州人寿保险公司在州外进行以不动产作抵押的放款。康涅狄格州却没有这种限制,该州的公司就在西部大量放款。结果这两州的公司抵押放款所获利率就不同了。拿1860—1880年这一整个时期来看,康涅狄格州公司所获利率大于纽约公司1.2%。1880年后,中西部各州发展速度减缓,从而耕地贷款的利率也就降低一些。

澳大利亚可作为另一例证,这个国家通过运输工具的改良以及因此而产生的大量投资机会,创造了借款的巨大需求。在50年代时,有可靠抵押的借款利率是相当低的。后来利率上涨,一直到

70 年代，普通是 7%，8%，9%。1880 年后利率便下跌了。[①]

英国或者也可作为一个实例，它与我们在尼瓦达州所看到的现象相同，虽然程度比较轻些。譬如尼瓦达州的贵金属矿产已经耗尽，同样英国的煤铁资源也处于耗尽的过程。由于煤铁是英国商业势力的基础，煤铁的耗尽必然带来本国工业所提供的收入川流的减少。一些英国经济学家特别是哲逢斯注意到了这个事实，他们感到相当的惊慌。但这并不一定表示，英国人的经济实力将会大大地衰退，或者将有丝毫的削弱。它的意义在于英国将成为一个投资国的趋势。那些有财产的人，他们的矿山或其他投资提供有限期的收入，就不应将全部产品用作收入，而应将一些早期收入进行再投资，以便保持资本。英国人曾经这样做，而且还正在这样做，由于国内不能进行足够的满意的投资，他们就向全世界各地实行放款。

英国本国提供给他们的收入川流也许注定是要低落的，除大战后恢复时期的几年或几十年外，一定不会大量增长。但将下降的收入储蓄起来，投向加拿大、美国、南美洲、澳大利亚、南非洲及其他地区，那里的天然资源正在开发，收入正在增加而不是减少，这样英国人仍可保持他们的资本完整，甚至还能有所增加。吉汾提供的数字表明，英国国民收入几十年来都在增长，可是 1875—1885 年的十年与 1865—1875 年的十年比较，增长的速度是减缓了。在早期的几十年间，各方面收入呈现普遍的增加，而在晚近的

① L. W. 萨特曼：《人寿保险公司的投资》，1906 年纽约版，第 103 页。

十年中,却有许多项目的收入减少了。[①] 最显著的是矿与铁制品。[②] 增加最多的是国外投资。[③]

18.8 灾难对利息的影响

然而收入川流的时间形态,一部分也决定于天然资源以外的其他原因。在这些原因中,灾祸占有重要的地位,它造成收入川流的暂时低落,即是说,它所给与的时间形态是始而下落继而上升。收入暂时低落的结果,使低落时期的目前收入,较之低落时期过去以后所预期的收入,有更高的评价。我们在私生活中通常都可观察到,借款的原因往往是由于个人的灾祸。典当商与穷人中小额借款情况[④]的调查表明,借贷的主要原因是家中人口的出生与死亡、长期的疾病,所需费用即使为数不过 10 元或 20 元,但若没有借款,则日常生活需要就要遭受严重损害了。

这一原理的更大规模的作用,我们可见之于以下事例,如旧金山的地震,毁灭横滨与东京的地震,消灭俄国许多整个城市的瘟疫,中国的饥荒等。若没有那些较幸运的城市与国家予以救济的话,在俄国与中国遭受灾害的一些城市与省份中,收入川流将会降到这样低的水平,以致没有人能够活下来。除了许许多多的捐款救济外,还获得大批借款使得灾区能够重建起来。不论这些借款

---

① 吉汾:《资本的增长》,第 44 页。

② 同上书,第 35 页。

③ 同上书,第 40—42 页。

④ 参阅美国劳工局公报,第 64 期,1906 年 5 月号,第 622 页以下。

用于生产粮食(这是直接收入)或用于支付重建与替换已毁资本财货的成本(这是支出),结果都是一样的;它们总归是用来弥补收入川流的暂时低落或损失。这些灾难对利率的长期影响是轻微的,因有外界大批借款的机会。倘若没有这种借款的机会,那么收入川流的低落就无从减轻,利率也不免要上升到相当于原始时期或淘金热时期所流行的水平了。

一国的收入川流遭受战争的影响,差不多也是一样的。但在这种情形中,影响要更复杂一些,这是由于:第一,和平恢复前战争所引起的不确定性要素;第二,战争似乎比其他大多数灾祸更为持久。根据前面的说明,战争的影响应当是,当战争开始时,危险性放款的利率将是高的。短期借款尤其如此,因为它不会比战争更为长久。另一方面,就安全放款讲,短期的利率要降低,长期的利率要提高。在战争初期的情形下,短期借款是与下降的收入曲线相联系的。借款是在收入预料更少于借款的时候偿还的。我们已经看到,收入曲线的下降,或不确定性的要素,倾向于降低安全放款的利率。另一方面,由于长期借款要比战争继续得更久,利率似乎要高些,因为还款时的收入川流可望大于借款时的收入川流。

战争结束后,和平恢复,战争所引起的不确定性要素从而消失,这时短期借款的利率,与一般人的看法相反,也将是高的,因为这个国家现在要像它过去曾经进行的那样开始重新建设,在这里,造成利率高的原因是与所有新兴国家一样的。

当战争的影响包括有贬值纸币的发行时,利率所受影响多少要更复杂一些,这时它还受到货币贬值的影响,这种影响所依据的原理在第 2 章中已有说明,在第 19 章中又进行了统计分析。

18.9 收入周期性影响的事例

我们已经考察了收入川流变化对偏好率的影响的假想事例，收入川流的这些变化是由于自然资源的成长或衰竭以及灾祸与发明的暂时影响。现在尚待考察的是，周期性或季节性收入川流比较有规律的变化的事例。虽然大多数人并未注意到这种事实，但一年四季的更迭造成收入川流一年一度的循环，却是毋庸置疑的。农业特别是这样。谷物、水果、蔬菜、棉花、羊毛以及几乎一切有机产物都是依照不均等的速率来自土地，它们的生产也要求在一年的不同季节进行不均等的加工。消费统计表明，人们所享用的收入一般符合于季节的周期性。粮食产物通常在温暖月份农作物成熟时才上市；大木料在冬季运出森林，春季流向工厂，夏季作成木材。

但是，季节的周期性变动趋势，因为有商品存货顺利度过青黄不接的时期而减弱了。冬天的冰可储存到夏天使用，夏天的水果可用罐装保藏到冬天消费。只有当这种储存与保藏困难而费钱时，或使这样保存下来的物品质量受到损坏时，或因物品的易坏性质而无法储存或保藏时，享用的收入才仍保有这种季节性的变化。不同的产业和人口中的不同阶级有不同的循环。农场主或者是整个国家当中最典型的。对他来讲，最低潮在秋天，这时他因收割与销售农作物要突然花费劳力或花钱来支付别人的劳力。他要度过这个时期，说不定就需要借债。其他事业，特别是与运输有关的，收入川流也经历相应的波动。用华尔街的话来说，需要钱来使农作物动起来。这时利率倾向于上涨。

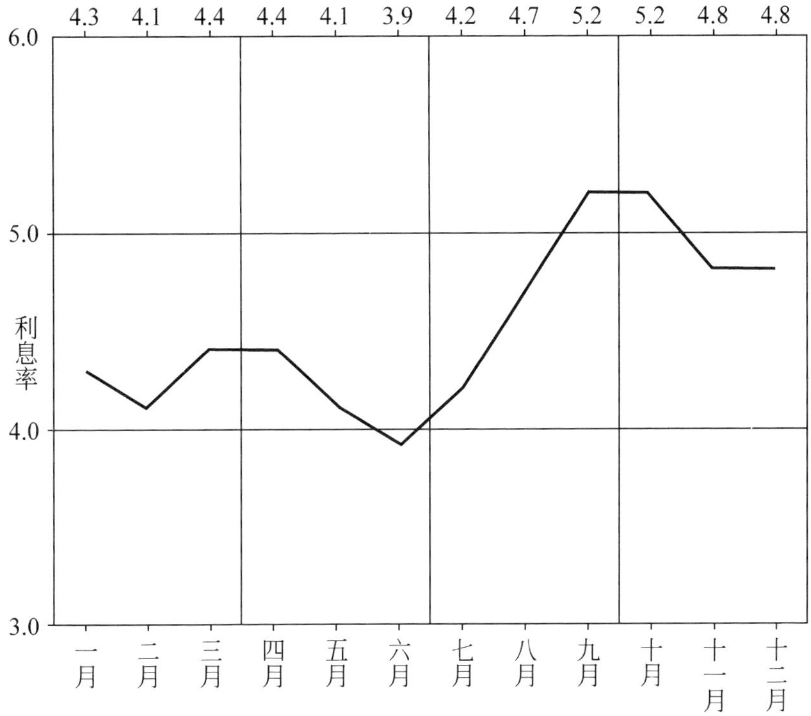

图 18.1 纽约每月平均贴现率

图 18.1 表明 1869—1905 年时期两人背书之 60—90 天期头等票据的每月平均利率。[①]

W. L. 克拉姆教授的一篇论文《商业票据利率的循环》中,[②]讨论了 1874—1913 年期间商业票据利率的逐月变动,这篇论文证实了上述理论,即利率随季节而变动,在晚夏与秋季各月份上涨,在

① 图中所绘每月平均利率,是根据金融评论发表过的每日利率编制的。

② 《经济统计评论》,1923 年 1 月号,第 17—27 页。

冬季与初夏各月份下跌。

图 18.2 是克拉姆教授所用图的复制品，它表明 1874—1913 年期间逐月利率与每年平均月利率间的离差。要注意的是，图 18.2 所表明的变动与图 18.1 所表明的几乎相同。各种利率的比较是不可能的，因为图 18.2 只表明高于或低于平均年利率的逐月离差，而图 18.1 是表明各种真实利率的平均数。两图都表明二月低，三、四月回升，六月更低落，九、十月涨到高峰，接着就是暴跌，因为秋季需要货币与信用来处理农作物的时候已经过去了。

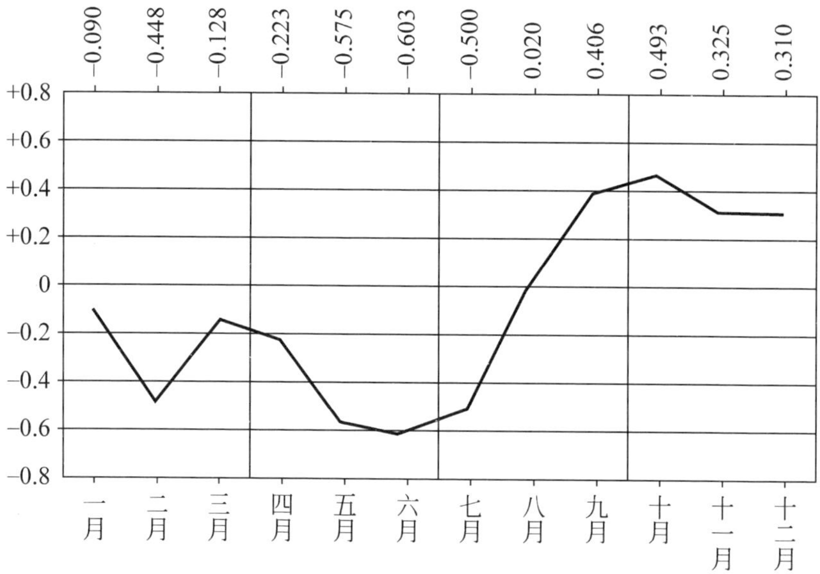

图 18.2 利率季节性变动指数

在耕种以外的一些产业占支配地位的社会中，循环就不同了。各种利率当然是个组合，在这一组合中，制造商与其他要素的循环盖过了农场主的循环。制造商的循环稍迟于农场主的循环，它将高利率自秋季移到冬季。因此在英国，它是更加受制造商支配的，其循环虽然类似方才看到的美国循环，但却略为往后移一点，见图 18.3。[①]

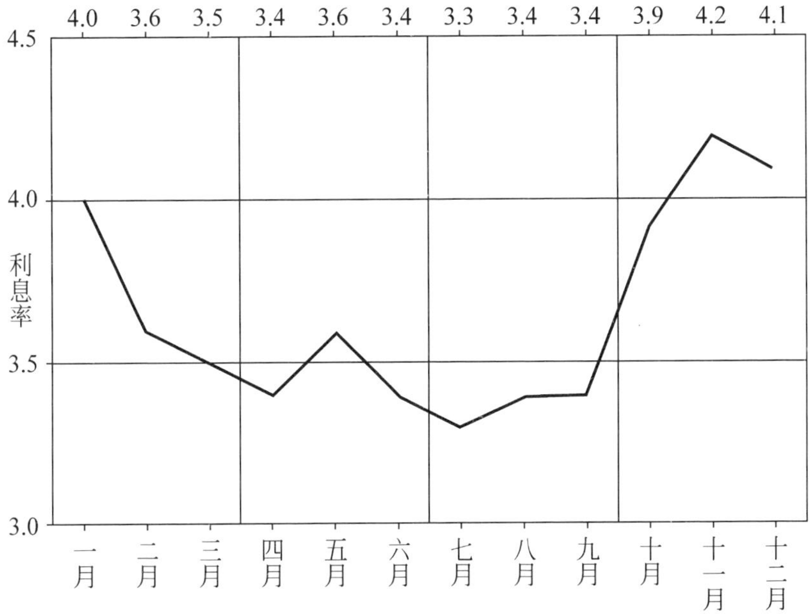

图 18.3　英格兰银行每月平均贴现率

18.10　提　要

虽然本章所述的一些事实并未证明前几章所述的理论，但这些事实却并不与它矛盾。根据前述的理论，如果有高度的远见、自制、关怀后裔和收入巨大、食物丰富，或有收入递降的时间形态，那么在其他条件相等的情形下，其趋势是利率低，资本将要积累起

① 参阅巴格里夫:《银行利率与金融市场》，第 97 页。

来，这一社会将贷款给其他社会，它所创造的工具要更加耐久些。在实际生活中，我们发现有这些结果，同时上面所举的前提条件也是存在的。在相反的情形下，我们发现相反的结果。当然，这些统计证明是很一般化的，因为我们绝不能说“其他条件相等”，从而把任何一特定因素隔绝起来进行衡量，像物理学中更精确的归纳推理那样。

19. 利息与货币和物价的关系

19.1 物价变动与利率

在经济学中,没有别的问题比物价水平与利率关系的问题争论得更热烈了。这些问题是这样极端的重要,所以我花了不少时间和金钱把能够找到的有关材料加以整理、比较与分析。本章即将说明这些比较的主要结果。

利率与货币购买力间关系的一般理论,已经在第 2 章中扼要讲过了。本章主要目的在于探讨一般物价水平,如果对市场利率有影响的话,实际上影响到什么程度。

因为第 2 章的理论预先假定远见的存在,所以一开始就发生了这样一个问题:借款人或贷款人怎么能够预见到一般物价水平的变动以及因此而产生的货币购买力的涨跌?货币价值变化是很不容易决定的。很少生意人对这点有任何清楚的观念。如果我们问一个商人他是否把货币价值的增值与贬值考虑进去时,他将说,他从来不曾听见过这种事情,“1 元就是 1 元!”在他的心目中,其他东西可以用货币来表示它们的变化,而货币本身却不改变。大多数人容易发生所谓“货币的错觉”,本能地认为货币是不变的,不能有增值与贬值。但是他们至少在一定程度上,即使是不自觉地,考虑到一般物价水平变动掩盖下的货币购买力的变化，这也许是实在的。如果物价水平下跌到这种地步，以致他们预期所获利润差距缩小的话，他们对借债将要慎重从事，除非利息下跌；而他们的不愿借债，减少了金融市场的需求，因而倾向于降低利息。另一方面，在通货膨胀继续进行的情况下，他们将感到物价要上涨，从而货币利润将增加，这会刺激他们借债，除非利率的上涨足以阻止他们；他们的借债愿望本身倾向于提高利息。

特别是在今天，远见要比以往任何时候都更清楚些、更普遍些。生意人作出一定的努力来展望将来，不仅是展望他自己的营业，而且是一般的商情，包括物价趋势。

物价水平的预期变动确对货币利率有一定的影响，这种证据可从几个来源来获得。在 1895 年与 1896 年银币自由铸造热的时期，许多自治市能依比通货债券更优越的条件来出售金债券。贷款人则有强烈的希望，要在他们的契约当中加入一项黄金条款，而且为了能在契约中把这种黄金条款订进去，他们不惜在利率上作些让步。

当南北战争通货膨胀时期，加利福尼亚州也曾经突出地表现出同样的趋势。[①] 有一个时期黄金条款不能执行，结果利率异常的高。

---

① B. 摩西：《加利福尼亚州的法币券》，《经济学季刊》，1892 年 10 月号，第 15 页。

19.2 美国硬币公债与通货公债

在两种本位同时使用的地方，可以作更明确的试验。这种情况有一个极好的例子，那便是美国曾有两种公债券，一种用硬币偿付，另一种用通货偿付，我们可以把它们拿来比较一下。从这些债券在市场上出售的价格，我们就能够计算出投资人所获得的利息是怎样的。通货债券就是大家知道的六厘通货公债，1898 年与 1899 年到期。我们选来进行比较的硬币债券是 1907 年四百厘债。表 19－1 表明两种本位所获得的利率，连同以黄金计算的贴水。

表 19－1　到期日期所得的利率①

	硬币	通货	金价[a]		硬币	通货
1870 年 1 月	6.4	5.4	119.9	1879 年 1 月	3.7	4.5
1870 年 7 月	5.8	5.1	112.2	1880 年 1 月	3.8	4.0
1871 年 1 月	6.0	5.3	110.8	1881 年 1 月	3.3	3.4
1871 年 7 月	5.8	5.0	113.2	1882 年 1 月	3.0	3.5

① 这个表是根据通常经纪人的债券表制成的。在通货债券的情形下，只需从喊价中减去所生利息(如果有的话)并在表中查出相应的利率，它相当于这样得到的价格与到期的年数。这就求出了以“通货”表示的利率。在硬币债券的情形下，因为行情是用通货定出的，须要先将喊价除以金价，从而求得它们以黄金(即“硬币”)表示的价格，然后再依上述方法进行计算。这样我们得到以“硬币”表示的利率。债券与黄金价格的行情是所指各月的“开盘”价格，采自《金融评论》以及它的每年提要、商业与金融新闻，1895 年(纽约)银行家杂志与银行家年鉴。自 1884 年后，一月份行情就不一定都可利用了。

（续表）

	硬币	通货	金价[a]		硬币	通货
1872年1月	5.3	4.9	109.5	1883年1月	2.9	3.3
1872年7月	5.6	5.0	113.9	1884年1月	2.6	2.9
1873年1月	5.7	5.1	111.9	1885年5月	2.7	2.7
1873年7月	5.4	5.0	115.3	1886年1月	2.6	2.6
1874年1月	5.0	5.0	110.3	1887年1月	2.3	2.6
1874年7月	5.1	4.9	110.7	1888年3月	2.3	2.9
1875年1月	5.0	4.7	112.6	1889年1月	2.2	2.6
1875年7月	5.1	4.4	117.0	1890年5月	2.1	2.6
1876年1月	4.7	4.4	112.9	1891年7月	2.4	3.0
1876年7月	4.5	4.2	112.3	1892年1月	2.6	3.1
1877年1月	4.5	4.4	107.0	1893年3月	2.8	3.1
1877年7月	4.4	4.3	105.4	1894年11月	2.7	3.5
1878年1月	5.0	4.6	102.8	1895年8月	2.8	3.6
1878年7月	3.9	4.4	100.7	1896年8月	3.2	4.3

a　1879年恢复了硬币支付，从此以后金价当然是100。

这个表有几点值得注意。在1870年，投资人获得以黄金计算的利息为6.4％，但却愿意接受仅仅5.4％的通货报酬。为什么金债券这样不如纸债券呢？这根据第2章所说的理论就容易理解了，这意味着恢复的希望。正因为纸币贬值到金币以下，它有上升到平价的机会，所以与金币比较，纸币价值有大涨的希望。直到1878年，即恢复期的前夕，当进一步上涨的希望消失时，两种利率的相对地位才倒转过来了。到1879年恢复期后，当纸币达到黄金的平价时，两种债券利率非常接近于相等，这样保持了好几年，一直到绿背钞票主义与银币自由铸造主义所引起的通货膨胀恐惧再度造成这两种利率的背离为止。1894 年、1895 年与 1896 年的行情表明，两种本位的利率都高于以前几年，而通货本位的利率又大大高于硬币本位的利率。两者的对比是，1894 年为 2.7% 与 3.5%，1896 年为 3.2%与 4.3%。两种利率的背离可用对布里安的银币自由铸造建议怀抱恐惧的影响来解释，这一建议是列在（1896 年 7 月）民主党的竞选纲领中的。假如白银的自由铸造依 16 对 1 的比价恢复的话，因为债券持有人可以任意选择要求用黄金或白银偿付，所以，可以设想硬币债券依然意味着与金债券无异。因此投资人对这些债券准备接受低于通货债券的利息。

19.3 金债券与卢比债券

我们已经比较了纸债券与硬币债券的利率，其次可以比较一下金证券与银证券的利率。这种比较要有价值的话，必须是关于同一市场同一证券的金契约与银契约间的比较。幸运的是，这样的契约在伦敦政府证券的市场上可以找得到。印度公债一部分是按黄金发行的，一部分是按白银发行的，这两种形式的证券在伦敦都有市价。[①] 银债券的利息，说得更恰当些，卢比债券的利息，是用在印度兑付的汇票来支付的。按英国货币实际收得的金额决定于外汇率的情况。银本位利率是依第 2 节所示硬币债券的同样方

① 银债券或“卢比债券”是在印度发行的。但证券上面也规定在英国偿付，在 1893—1894 年中，登记在伦敦账上的有 2 500 万卢比。参阅伯尔得：《官方通讯员》（1894 年），第 75 页。

法计算出来的。① 其结果见表 19-2。

从表 19-2 可以看到，直到 1875 年印度外汇率开始跌落前，两种本位债券的投资人所获得的利率只有微小的差别。1875 年到 1892 年(连 1875 年及 1892 年在内)平均差数是 0.7%。在这一时期内，从 1884 年起外汇率下跌得比从前更快，于是这两种利率的差数也相应地增大了，有一年达到 1.1%。只要两种债券是同一政府发行的，具有同等程度的保证，在同一市场上同时开价，除掉它们是用不同本位来表示外，在一切重要方面都是相同的，那么上述结果提供了证据，证明外汇率的下跌(当它一旦开始后)，在某种程度上已经预先算进去了，并影响到用这些本位计算的利率。当然，投资人并无法对将来的下跌作出十分确切的估计，但在不同程度上，下跌的恐惧压倒了上涨的希望。

表 19-2　到期日期或永久年金所获得的利率②

	卢比[a]	黄金[b]	差额	对印度的汇率 每卢比折便士
1865	4.3	4.1	0.2	23.2
1868	4.3	4.0	0.3	23.0

① 例如，在 1880 年，“卢比债券”票面价值 1 000 卢比提供利息 4%，即每年 40 卢比，在伦敦支付的平均价格是 79 镑。为了求得投资人所获得的利率，我们必须将 79 镑换算成白银。1880 年的平均汇率是每卢比 20 便士。因此，79 镑等于 948 卢比。这就是，用白银来说(或更确切些，用对印度的外汇来说)，4%债券的价格是 94.8 镑，如将债券当做一永久年金的话，这个价格提供投资人 4.3%。同年印度金债券提供 3.6%。

② 本表是根据分布在每年的一些行情(通常为十个)的平均数所制成，行情采自经济学家、投资人每月手册与(伦敦)银行家杂志。第四栏是根据“印度通货委员会报告”(1893 年)中的一个表(第 27 页)，但加以修正使之适用于日历年度而不是官方年度。

（续表）

	卢比[a]	黄金[b]	差额	对印度的汇率 每卢比折便士
1870	4.3	4.0	0.3	23.6
1871	4.1	3.8	0.3	23.2
1872	3.9	3.7	0.2	22.6
1873	3.9	3.7	0.2	22.4
1874	3.9	3.8	0.1	22.2
1875	4.0	3.6	0.4	21.9
1876	4.1	3.7	0.4	20.5
1877	4.1	3.7	0.4	20.9
1878	4.2	3.9	0.3	20.2
1879	4.4	3.7	0.7	19.7
1880	4.3	3.6	0.7	20.0
1881	4.0	3.4	0.6	19.9
1882	3.9	3.5	0.4	19.5
1883	4.1	3.4	0.7	19.5
1884	4.1	3.3	0.8	19.5
1885	4.1	3.5	0.6	18.5
1886	4.1	3.5	0.6	17.5
1887	4.1	3.4	0.7	17.2
1888	4.1	3.1	1.0	16.5
1889	4.1	3.0	1.1	16.5
1890(上半年)	4.0	3.0	1.0	17.6
1890(下半年)	3.9	3.1	0.8	19.3
1891	3.8	3.1	0.7	17.1
1892	3.9	3.1	0.8	15.3
1893	3.9	3.0	0.9	15.0
1894	3.9	3.0	0.9	13.5
1895	3.4	2.8	0.6	13.4
1896	3.3	3.1	0.2	14.3
1897	3.5	3.1	0.4	15.1

（续表）

	卢比[a]	黄金[b]	差额	对印度的汇率 每卢比折便士
1898	3.7	3.2	0.5	16.0
1899	3.6	3.2	0.4	16.1
1900	3.7	3.4	0.3	16.0
1901	3.7	3.5	0.2	16.0
1902	3.6	3.5	0.1	16.0
1903	3.5	3.5	0.0	16.0
1904	3.6	3.7	－0.1	16.1
1905	3.6	3.6	0.0	16.1
1906	3.6	3.2	0.4	16.0

a　计算1895年及以后各年的利息所根据的行情，是关于3.5%的卢比债券。所有以前的行情是关于4%的卢比债券。4%债券要三个月前预先通知才偿还；这一还款通知于1894年发出，债券在年终以前就偿还了或转换为3.25%的债券。要求得所获利率，首先将伦敦的英镑行情按通行的外汇率换算成卢比，然后将债券当做一永久的年金。这样得出的结果与投资人每月手册所载的不同，因为在手册里卢比是按官价而不是按市场价值换算的。

b　1865—1880年（连1865年及1880年在内）的数字是指4%的债券，1888年10月或更迟一些偿还；1881年数字是指3.25%的债券，1931年到期；1885—1906年的数字是指3%的债券，1948年到期。

1890年是外汇率发生巨大波动的一年，最初六个月的平均数为17.6，最后六个月的平均数为19.3。银债券的黄金价格从头六个月的平均数73.8涨到后六个月的平均数83.5，而它们的白银价格只从100.6涨到103.7，这说明对白银前途信心的增加是不大的，事实上，利息的差别只从1%减到0.8%。

这次外汇率的猛烈上涨与银证券的轻微回升是与1890年7月美国佘曼法案的通过同时发生的，根据这个法案美国每月要购买450万盎司白银。无疑地，上述波动多少是由于这个法案的实施或预期到它将实施。

卢比债券与金债券的相对价格可能受政治行动的影响，这并不是唯一的例子。两种利率的最小差别之一发生在 1878 年，这是布朗得法案通过与第一届国际金融会议举行的一年。

1893 年 6 月 26 日印度造币厂停止铸造白银后，外汇率从 14.7 涨到 15.9，卢比债券的黄金价格从 62 涨到 70，因此，它的卢比价格从 101.2 涨到 105.7。

从这点以后，外汇率再度下跌，这大半是由于某些人的蛊惑，他们推测国家所制定的金银平价将按照每卢比 16 便士的新法定比率兑换。关于法定比率不能有效实行的原因，曾有不少的讨论。主要的原因好像是，造币厂白银铸造的停止，促使其他来源的白银，特别是国内的历年窖藏白银流通起来了。然而不到几年，这一供应来源枯竭了，于是 1898 年达到了法定平价，此后一直保持着，仅只受到由于运输现金的成本而引起的外汇率微小变动的影响。

两三年后的经验证明，平价事实上很稳定，但在这以前，公众对金银再度平行流通并没有信心。他们的缺乏信心，表现在 1893—1898 年过渡时期和其后两三年内金证券与卢比证券利率的不同。1893 年到 1900 年这几年里，两种利率平均相差 0.5%。1901 年到 1906 年这几年里，平均只相差 0.1%，[①]这说明对卢比的黄金价值的信心已经建立起来了。

① 上面的比较只是用来确定两种本位间的预期背离对利率的影响，但未提供这一影响的确切衡量。为了衡量投资人把银价下跌考虑进去到什么样的程度，需要考察各个特定时期内所获得的利率。著者在“增值与利息论”一书中曾经做过这样的尝试，一次不十分满意的尝试（关于前面美国金债券与“通货”债券的例子和后面印度金债券与“卢比债券”的例子），但在这里不拟转载了。

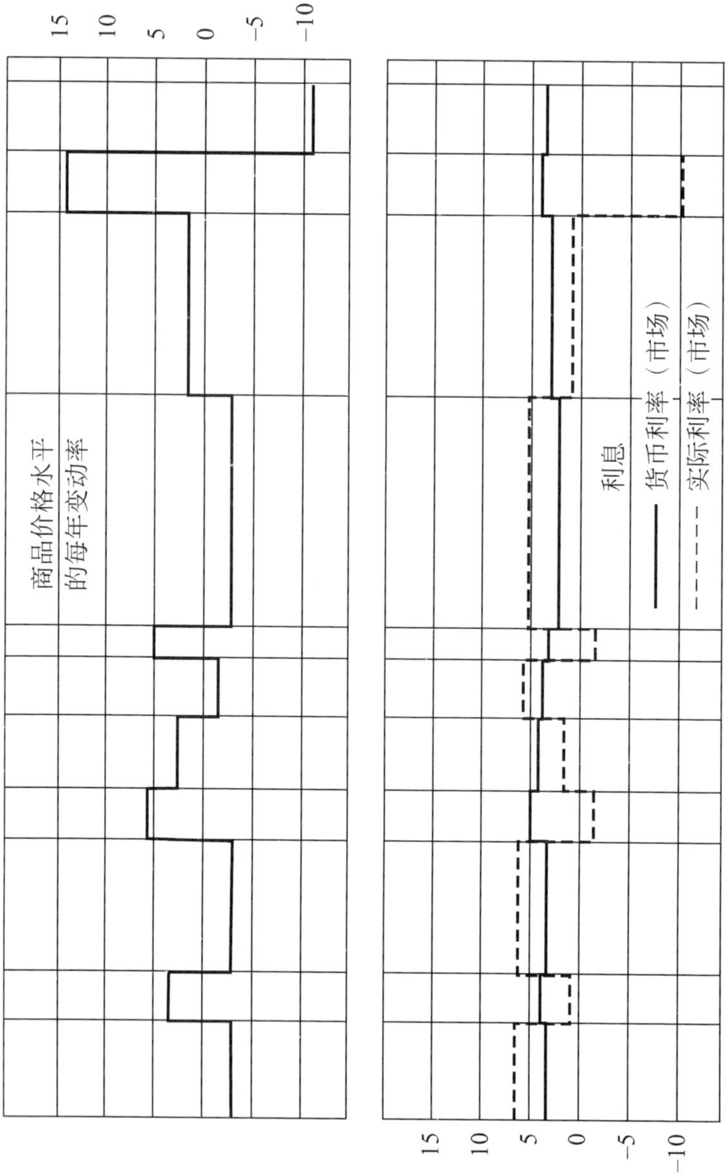

图 19.1 物价水平的每年变动率与利率

19.4 货币利息与实际利息

前面的比较是关于同时存在的利率，这些利率用两个对比的货币本位来表示，而其中每个货币本位都是实际上在契约中所采用的。现在我们转入第 2 章所述的货币利率与实际利率间的比较。不幸的是，用实物标准即商品标准表示的契约，没有可资引证的资料。我们能够做的，只是注意物价水平的变动，将用货币表示的真实利率转变为实际利率，并比较连续的各个时期。这样的比较不很满意，因为没有两个时期、甚至连续的各个时期在工业上完全相同，从而使我们能够说，它们仅仅在货币本位方面是不同的，而这种不同反映在物价指数上面。当然，货币变动以外的力量也影响到利率。

我们是用商品批发价格来计算实际利率的，虽然生活费指数更适合于现在的目的，也更符合我的收入理论。但在我们所谈的这个时期中，却没有生活费指数可资引用。

图 19.1 表明 1825—1927 年时期伦敦市场上商品价格水平的每年变动率(上部)，与市场利率(下部)的比较。图中虚线代表实际利率，但现在这可略而不论。

我们可以看到，这一整个时期可分成为若干小时期，这些小时期是与我们连续进行对比的甚为明确的物价运动符合一致的。我们可以这样来选择这些小时期，即是说，我们的选择，可以做到使得每一时期在物价变动率方面，与前一时期和后一时期比较，能显示出明显的变化。时期的选择根本不考虑或者根本不知道这一选择对所要做的比较会有怎样的影响。举个例子,1825—1834 年时期是这样一个时期,这时商品的批发价格依每年 3%的平均(年)率下跌;这就依通常方法用一条横线绘于图中零线下 3.0 的地方。在 1834—1839 年时期,物价每年的上涨率是 3.3%;这就用一条横线绘于图中零线上 3.3 的地方。

对图 19.1 的简单观察可以看出,当物价变动率从一个时期到其次一个时期是下跌时,货币利率通常也下跌;当物价变动率上升时,利率通常也上升。我们可以把每一时期与下一时期的比较,称为是一个序列。在伦敦,关于银行利率的这种序列十个当中有八个、关于市场利率的序列十个当中有九个证实了我们的理论,即货币利率与物价水平的变动是同方向的。

对纽约、柏林、巴黎、加尔各答与东京等地,我们也做了物价变动率与利率的比较。所有这些比较的结果,两者变动方向相同的与不同的,都总计在表 19-3 中了。

表 19-3 物价变动率与利率序列的比较

	伦敦	柏林	巴黎	纽约	加尔各答	东京	总计
两者变动方向相同的	17	10	0	4	6	1	38
两者变动方向不同的	3	2	1	3	3	3	15

在所比较的序列中,有 38 个证实了我们所提出的理论,有 15 个是与之抵触的。于是符合上述理论的序列的数目,等于不符合上述理论的序列数目的二倍半。这是压倒的多数,特别是当我们考虑到,统计资料有很多不精确的地方,除物价水平变动外,还有很多的原因影响到利率。

同一结果也可用相关系数来表示。当我们测度重要工业国家(英、德、美)中利率与物价变动之间的关系时,得到相当高的相关系数(约为+0.7)。当我们测度其第一差的相关,即利率的变化与物价变动率的变化的关系时,也同样表现出相当高度的相关,这是和我们的理论相符合的。然而根据所有国家资料合并起来计算而得的相关系数,就不显著了。就我们所研究的一切国家讲,得出物价变动率与利率的相关系数为+0.036;其相应的第一差的相关系数为-0.165。可以看到,各主要国家意义显明的物价与利率的变动,大部分被那些经济重要性较小的国家的变动所抵消了。要对所研究的相关,获得更有决定性的证据,需要借助以下各节所进行的精密分析。

从本节比较中所获得的证据,说明了一个极为显著的趋势,虽然它是微弱的,即当物价上涨时利率高,物价下跌时利率低。这种调整是不完全的,而且是有点不规则的,但在大多数情形下,这一趋势是显而易见的。

19.5 实际利息的变动大于货币利息

如果有充分远见的话,继续上涨的物价不是与继续上涨的利率相联系,而是与持续的高利率相联系的;下跌的物价不是与继续下跌的利率相联系,而是与持续的低利率相联系的;不变的物价水平是与不变的利率相联系的——在这每种情形下,我们假定物价变动以外的影响没有变化。

假定有充分的远见,在理论上利率与物价水平间的理想的关系见图 19.2，它表明物价上涨时利率高(不是上涨)，物价下跌时利率低(不是下跌)。在这里所假定的理想情形下，实际利率将保持不变，譬如说保持在 5%。

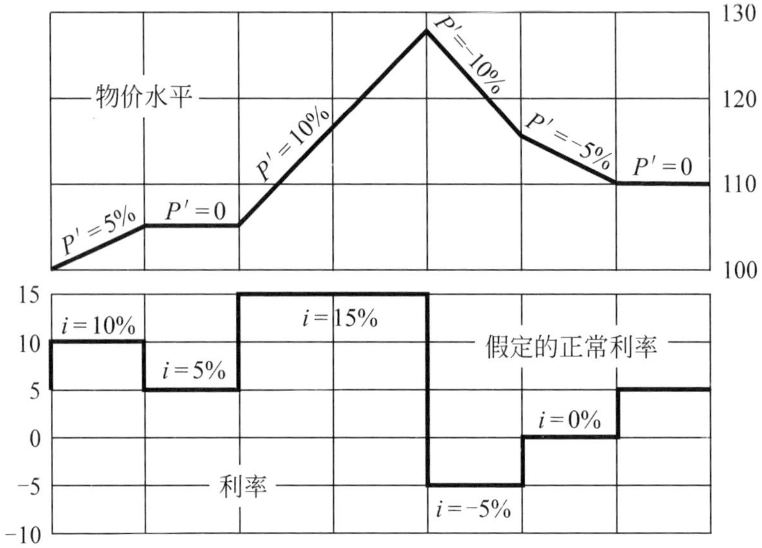

图 19.2 物价水平(P)与利率(i)之理论上的关系

在这个图中，i 代表利率，P'代表物价变动，但是上面的线表示物价水平。当第一个时期物价水平上升时，物价变动(P')率假定为每年 5%。在其次一个时期，物价水平没有变化，所以物价变动率为零，余依图示类推。下面的曲线表示对利率之理论上的影响。在第一个时期，它高于正常利率 5%；在第二个时期，它是正常的，余类推。

像这样理想的迅速而完全的调整，其明显的结果无疑地是，货币利息的可变性要远比实际上的为大，当它化成为实际利率时，这个实际利率将是比较稳定的。然而事实上我们所发现的恰恰相反——实际利率较之货币利率具有很大的不稳定性。

然而图 19.1 虚线所代表的实际利息,由于缺乏远见与调整,与货币利息依相反的方向变动。读者可注意到伦敦 1852—1857 年时期,在这一时期内物价上涨非常迅速(这就是货币贬值),它是同时随着、主要也是因为黄金大量生产而发生的。市场利率平均为 4.7%,这要高于以后或以前的任何时期。可是在这个利率显然是最高的时期中,贷款人为他们的储蓄所获得的实际利率小于零。又在 1914—1920 年通货膨胀时期,银行利率达到了最高峰,即 5.2%,而平均市场利率为 4.4%,仅略低于 1852—1857 年时期。可是用实际商品来表示时,那些有储蓄并按银行利率或市场利率存款或投资的人,并没有为他们的节欲或牺牲获得报酬,反被掠夺了 9%到 10%。但在下一个时期,1920—1927 年,储蓄者与贷款人却捞回了他们或他们的前辈在前一时期的所有损失。1920 年与 1921 年物价的惨跌将实际利率提高到 15%以上。由此可见,在严重的通货膨胀或通货紧缩中,计算出来的实际利率是极端反常的。

图 19.2 表示物价变动与利率间之理论上的关系,图 19.3 则是用另一种方法来表示这种关系。在图 19.3 中,物价变动(P')不是用一条线的斜度来代表,而是用零线以上或以下的距离来代表。于是当物价水平依每年 5%的速率上升时,P'是用零线上 5%的一条横线来代表。当物价不动时,P'降到零,余类推。如果人们有充分远见的话,他们将要调整货币利率使之恰好平衡或抵消物价水平变动的影响,从而使实际利率继续保持在正常利率的水平。

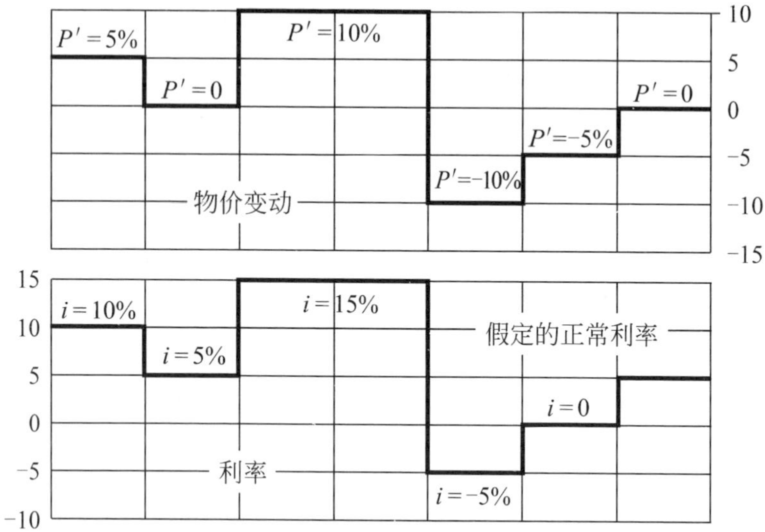

图 19.3 物价变动(P')与利率(i)之理论上的关系

表 19-4 表明计算出来的实际利率离平均数的标准差要远比真实利率的标准差为大。

表 19-4 货币利息与实际利息的标准差

	时期数	标准差	
		市场利息	计算的实际利息
伦敦	11	0.62	6.1
纽约	8	1.07	8.5
柏林	7	0.73	5.0
加尔各答	11	0.57	7.5
东京	5	0.69	7.0

上表表明以商品表示的实际利率较之以货币表示的市场利率，其可变性要大到七倍至十三倍。这意味着人们根本不能够或不愿意正确而迅速地调整货币利率，使之适合于改变了的物价水

平。如果契约是依复合商品标准缔结的话，则负的实际利率就简直不可能发生。实际利息的反常情形，显然是由于契约依不稳定的货币缔结时，金融市场因“货币的错觉”而玩耍的一种把戏。计算出来的实际利率在纽约 1860—1865 年时期是负 7.4%，而在 1915—1920 年时期还要更低一些。在德国通货膨胀最快的时期，实际利率几乎是负 100%。

这种不完全调整的另一象征是这样一件事实，即调整是很慢的。当物价开始上涨时，货币利息几乎不受影响。要使利率确定的升高，就需要物价长期的上涨或显著上涨的累积效力。如果没有“货币的错觉”，如果利息的调整是完全的，不受未曾预见到的货币购买力的将来变化的阻碍，或不受习惯、法律以及其他障碍的限制的话，我们所看到的情况，就会完全两样。

19.6 利率与物价变动率

到现在为止关于利率与物价变动只做了个概略比较，这就迫使我们对这个重要问题还要做进一步的研究。为了更精密的比较，我们采用了英美两国物价与债券收益的统计，这是手边现有唯一可靠的统计，可能用来进行长期趋势的比较。

因为我们所探讨的理论是，利率与货币价值依相反的方向而变化，即是说，它与物价变动依相同的方向而变化，所以我们要做的第一个分析，与用比较粗糙方法所做过的一样，是物价变动与利率的比较。

关于物价变动率，最初是把通常的环比法用于 1890—1904 年时期美国季度资料的初步研究。但是，为了保证与几年前我对物价变动与贸易变化的有关研究做充分的比较，我们从头到尾都采用对称式 P'（每年物价变动率）这个符号。P' 在数学上的精确推演，见拙著"我们的不稳定金元与所谓商业循环"一篇论文。[①]图 19.4 的上部表示相关系数（r），它是由计算英国统一公债收益所反映的长期利率与物价变动百分率间的关系求得的，这一物价变动百分率系根据索尔伯克与统计学家杂志编制的英国批发指数计算出来的。[②] 图的下部表示美国债券收益与物价变动百分率的相关系数（r）。[③]

在英国，1820—1924 年的物价变动可分为三个很明确的时期，即 1820—1864 年，这是物价波动的时期，但没有物价显著上涨或下跌的趋势；1865—1897 年，这是物价下跌的时期；1898—1924 年，这主要是物价上涨的时期，包括 1915—1920 年的大繁荣、后来的崩溃以及 1922 年后比较稳定的物价。

对以下各图极其简略的分析表明，除英国 1898—1924 年外，在所研究的任何一国的任何时期中，物价变动与利率间都没有什么相关或没有显而易见的相关。就英国 1820—1864 年时期计算，我们得到在 i 没有落后的情形下的最大负相关 -0.459。就 1898—

① 参阅《美国统计学会杂志》，1925 年 6 月号，第 81 页，注③。

② 这里所用的英国债券收益录自 A. H. 吉布森的一篇论文，《高级投资价值的前途》，《银行家、保险公司经理与经纪人杂志》，1923 年 1 月号，第 15 页，这篇论文修改后重新发表于《观察家》，1925 年 3 月 7 日。

③ 这里所用的美国债券收益录自标准统计公司的统计公报，1928—1929 年。物价变动百分率系根据美国劳工统计局的商品批发价格指数计算出来的。

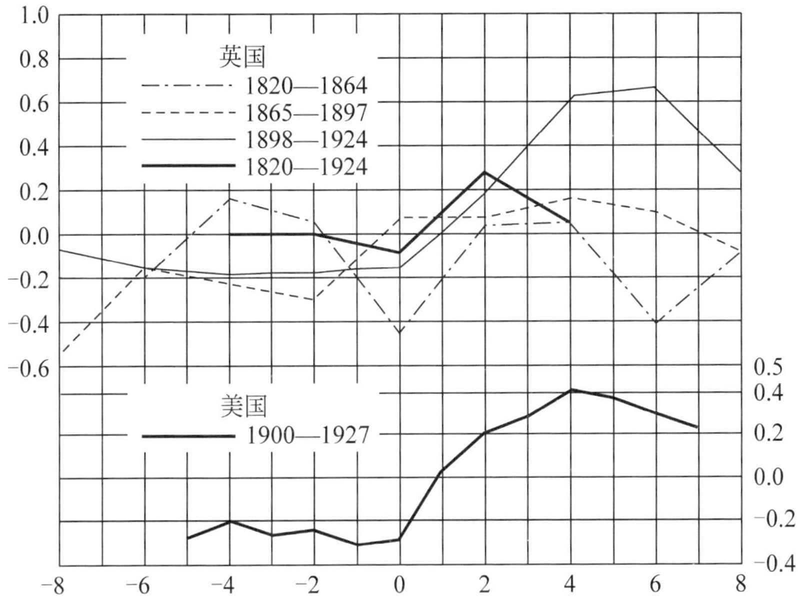

图 19.4　利率落后于物价变动的年数

P'与 i 间各个不同落后的相关系数(英国,1820—1924 年;美国,1890—1927 年。年度资料)

1924 年时期计算,当 i 落后四年时,我们得到最大相关＋0.623,当 i 落后六年时,我们得到＋0.678。落后的意思是指物价变动与相联系的利率变动间的时间间隔。图 19.4 表明两方面的结果,一是利率落后于物价变动,另一是物价变动落后于利率。就美国来讲,依没有落后求出 $r=-0.289$;最高程度的相关是当 i 落后四年时,其相关系数为＋0.406。这些结果意味着 P'与 i 间不存在有任何实际意义的直接一贯的联系。

相关系数 r 因落后年数的不同而表现出来的变化,也许是由于我们所分析的相关资料中,存在着曲曲折折的循环的缘故。

我们从 r 的最大数值可以确切地断定，i 的变动落后于相应的 P' 的变动，这是个很大的特点。r 的数值小，意味着这两现象间的关系只能很模糊地由 P' 与 i 直接表现出来。但是我们稍加思考就可想到，P' 或 i 的影响可假定为分布于一段时间——事实上，显然任何影响必定都是这样的。这一假定在我几年前的研究中证明很有用处，如果我们希望避免因果关系的话，分布影响的理论，可称之为分布落后的理论，我在那一研究过程中曾经做了详细的论述。①

读者要了解详细内容，可参阅注中所引的几篇文章。在这里只要指出 P' 是怎样化为推演出来的数量 $\overline{P}'$（计算各个 P' 的分布影响）的中心内容就够了。在算术上，$\overline{P}'$ 只不过是各个连续 P' 的某种加权平均数〔参阅注内所引的（甲）和（乙）〕。在任何特定问题当中，平均数 $\overline{P}'$ 所包括的各连续 P' 的数目，决定于这一段时间的长短，在这段时间内，假定任何 P' 的影响都是察觉得到的。所用的权数则是按照某种函数形式而变化的，一般是偏斜的机率曲线，于是在应用这一原理时，至少牵连到两个参数：（1）影响期间的长短（这决定复合变数 $\overline{P}'$ 所包括的 P' 的数目），与（2）权数变动的形式。前页注所引的第二篇文章表明，权数变

① 分布影响与分布落后的理论，是我在研究物价与贸易关系的过程中附带论述的，这些研究的结果在几篇论文中发表过了。参阅（甲）《商业循环多半是“金元的跳动”》，《美国统计学会杂志》，1923 年 12 月版，第 5 页，第 1 段；（乙）《物价水平的变动》，见 W. M. 皮尔逊、W. T. 福斯特、A. 赫亭哲合编的《商情预测问题》，1924 年波士顿版，第 50—52 页；特别是（丙）《我们的不稳定金元与所谓商业循环》，《美国统计学会杂志》，1925 年 6 月版，第 179—202 页。

动的形式恰恰就是——但顺序相反——各连续期内 P' 的分布影响逐渐削弱的形式。①

① t_m 月份的物价变动 P'_m 产生一种影响 $F(t_{m+\lambda})$，它的深度在 t_{m+3} 时与 8 成比例，在 t_{m+4} 时与 7 成比例，……在 t_{m+10} 时与 1 成比例，在 t_{m+11} 时与 0 成比例。

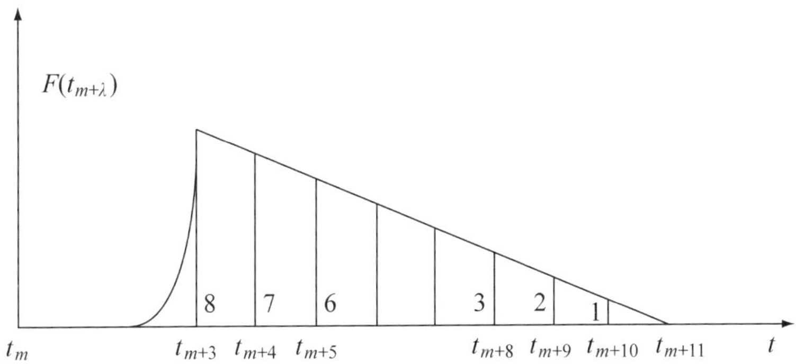

(甲)在 t_m 月份以后的时间内 P'_m 影响的分布

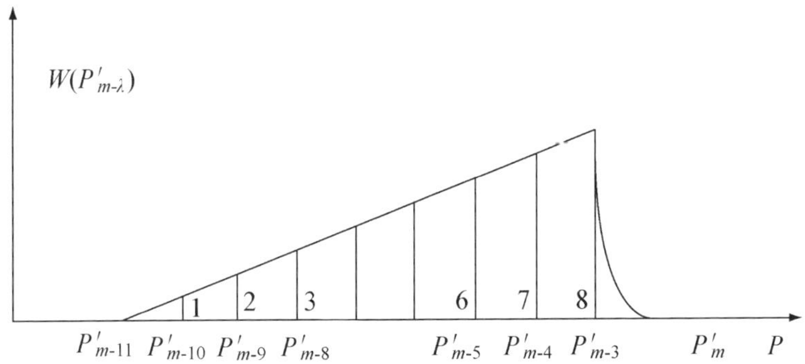

(乙)依 $\bar{P}'_m$ 所包括之各连续 $P'_{m-\lambda}$ 求得的“权数”

相反地，在 t_m 月份对有关变数的总影响，在于所包括的各个 $P'_{m-\lambda}$，它们是依算术级数递减的下列权数加权计算的；P'_{m-3} 所用权数为 8，P'_{m-4} 所用权数为 7，……，P'_{m-10} 所用权数为 1，P'_{m-11} 所用权数为 0。这一复合影响的数值是：

$$\bar{P}'_m=\frac{1}{36}[8P'_{m-3}+7P'_{m-4}+\cdots\cdots+1P'_{m-10}+0P'_{m-11}],$$

除数 36 是权数的总计，即

$$36=8+7+\cdots\cdots+1+0。$$

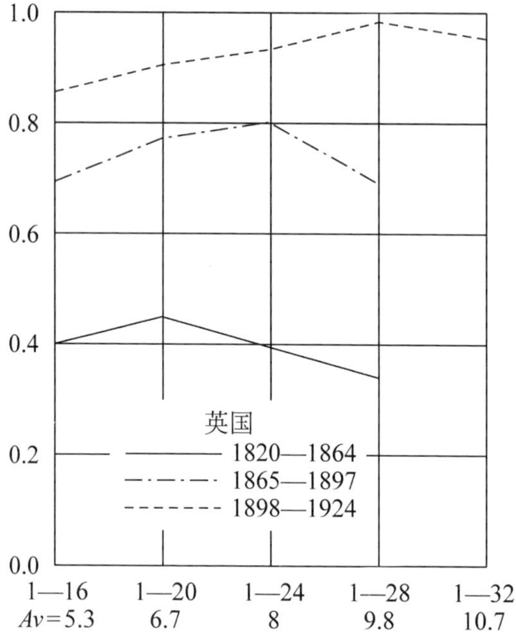

图 19.5　i 落后于 P' 的年数(分布落后)

依落后的不同分布所得 $\bar{P}'$ 与 i 间的相关系数。$\bar{P}'$ 是任何时间内以前各 P' 依分布的落后所产生的联合影响(英国,1820—1924 年,年度资料)

在目前的研究中,我们的考察必须只限于一种类型的影响分布与权数变动。我们所选择的形式是简单直线函数或算术级数,这在 1925 年我的研究当中证明是最有效的和最容易计算的。我们试用了几个时期的影响范围。根据英美年度资料所得的结果见图 19.5 与图 19.6。

图 19.5 与图 19.6 下边数字是测度 P' 与 i 相关时所包括的物价变动影响的年数。举例来说,图 19.5 中 1—16 的数字表示物价变动的影响假定开始于发生变动后的第一年而终于第 16 年年底。分布落后的加权平均数是 5.3 年。图右端分布最长久

的是从 1—32 年,或加权平均数为 10.7 年。

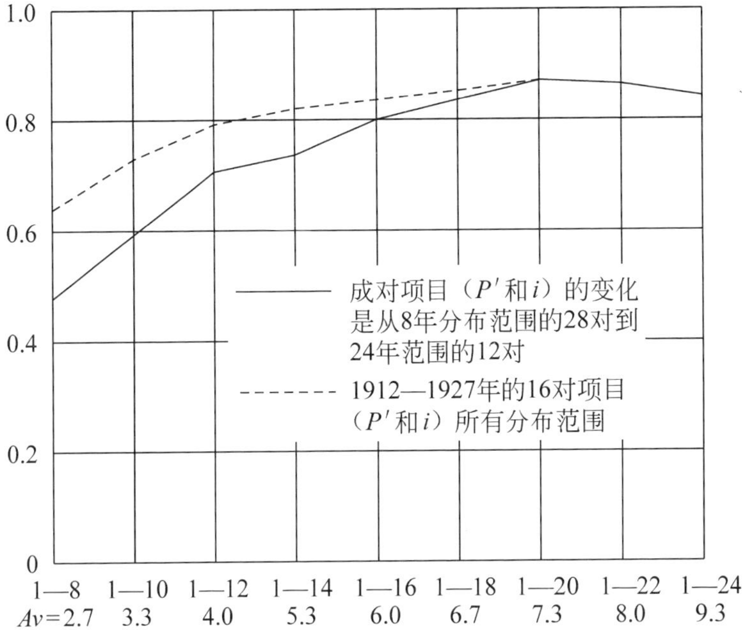

图 19.6　i 落后于 P' 的年数(分布落后)

依落后的不同分布所得 $\overline{P}'$ 与 i 间的相关系数。$\overline{P}'$ 是任何时间内以前各 P' 依分布的落后所产生的联合影响(英国,1900—1927 年,年度资料)

图 19.6 仅仅表明利率落后于物价变动时分配落后的影响。

试验证明,当物价变动落后于利率变动的分布影响时,相关系数就微不足道了。

以上各图所示高度的和一贯的相关,与前面直接测度 P' 与 i 相关时所得结果有显著的不同。这表明所作的假定,即物价变动发生于一年,它对利率的影响也终止于同一年或另一单独年份,是十分错误的,这正是我们可以料想得到的。我们最初所得的相关似乎表明 P' 与 i 间的关系极为微小,或者是被其他因素所掩盖住了。但当我们作更合理的假定时，即假定物价变动的影响不限于单独的一年，而是依递减的深度散布于一个长时期内(时期的长短因具体条件而不同)，这样我们就发现极其显著的关系，特别是包括第一次世界大战的时期，这时物价发生了剧烈的变动。

英国1820—1864年的数字，是本书中所有相关中最小的数字。其所以数字小，可能一部分是由于早期各年的物价指数不够准确。值得注意的是，美国1900—1927年时期的相关系数显然低于英国1898—1924年时期。而且有趣的是，就英国1898—1924年来讲，假定物价变动的影响分布于28年内，或加权平均数为9.3年时，得到r的最大数值为$+0.980$，而在美国，当物价变动的影响分布于20年内，或加权平均数为7.3年时，r的最大数值为$+0.857$。

图19.7表示分布在各个不同时期内的P'的均匀的影响。

依上述形式假定物价变动的影响分布在几年之内，那么物价变动与利率间的关系原来在最初的直接比较中表现得模糊不清，现在就很清楚地显现出来了。数值大的相关系数是用P'与i的影响分布法求得的，这表明我们的理论，经过本章的检验后，十分符合于现实，特别是在物价显著变动的时期。

而且，上述结果以及其他证据都表明，至少在长时期内利率是跟随着物价变动的。一些作者所主张的相反关系，好像得不到什么证明。根据美国短期利率所做的试验，用来检验利率(不是物价)的分布影响的另一假定，也没有得到什么显著的结果。由此，我们的考察令人信服地证实了我们的理论，即在P'与i间有直接关系，通常物价变动在前，它引起了利率的相同的变化。

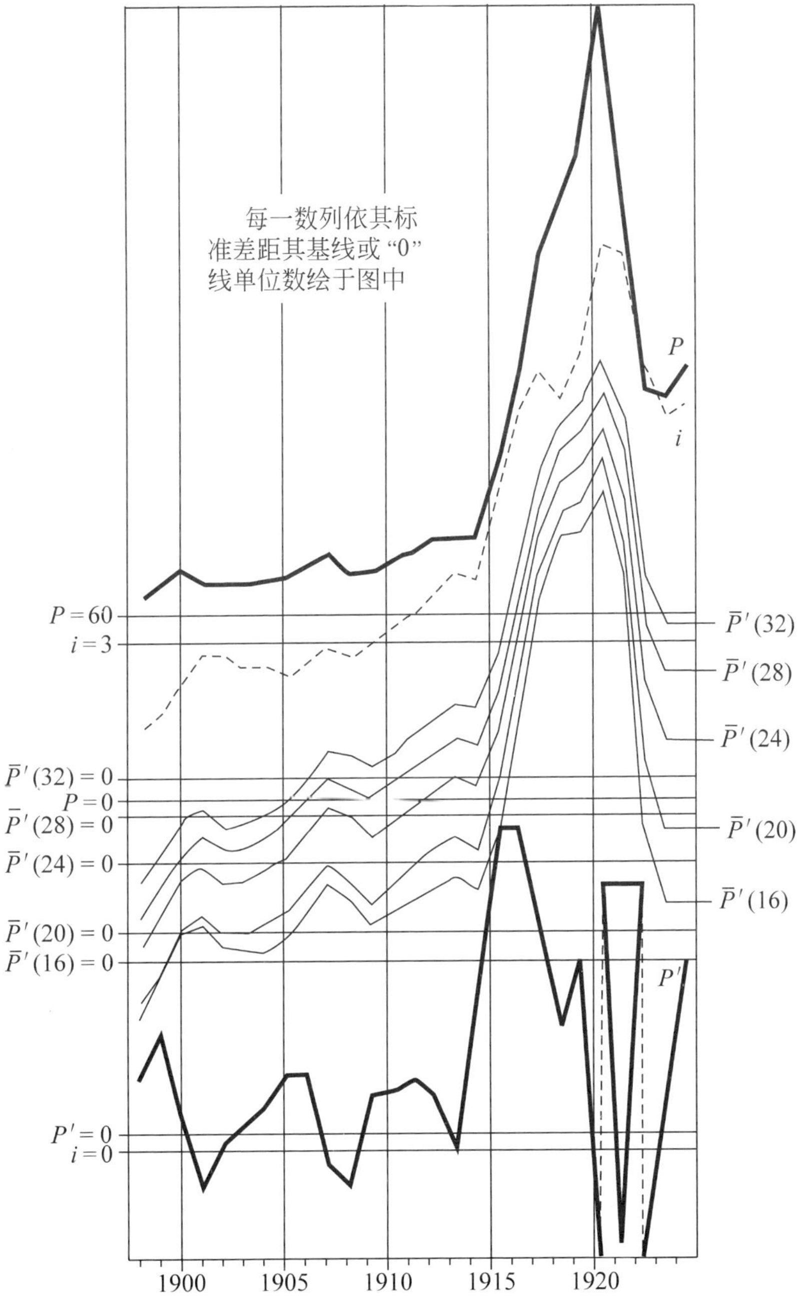

图 19.7　表示 P、P'、$\bar{P}'$与 i 的各曲线（英国，1898—1924 年，年度资料）

19.7　美国短期利率与物价

对短期商业票据利率与短期物价变动间关系的研究，证实了我们测度长期利率与物价变动的相关所获得的证据。我们曾经测度纽约短期商业票据利率与季度批发物价指数变动的相关，后者是从美国劳工统计局关于1890—1914年时期与1915—1927年时期的月份指数计算出来的。①

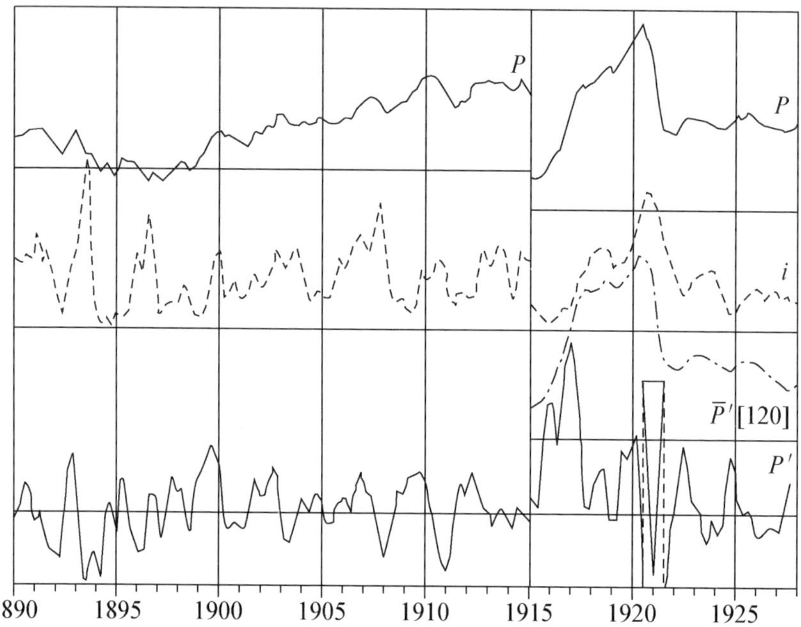

图19.8　表示P、P'、$\overline{P}'$与i的各曲线（美国，1890—1927年，季度资料）

① 利率采自标准统计公司的统计公报，1928—1929年。物价指数是从美国劳工统计局的月份指数计算出来的。

图 19.8 中所绘曲线表示季度物价指数以及从这些指数推演出来的 P' 与 $\bar{P}'$，连同 1890—1927 年整个时期的利率。$\bar{P}'$ 包括 120 个季度或 30 年。

这些根据季度资料绘制的曲线与图 19.7 中代表英国年度资料的曲线表现出差不多相同的情形。$\bar{P}'$ 显然较 P' 与 i 更为密切符合一些。

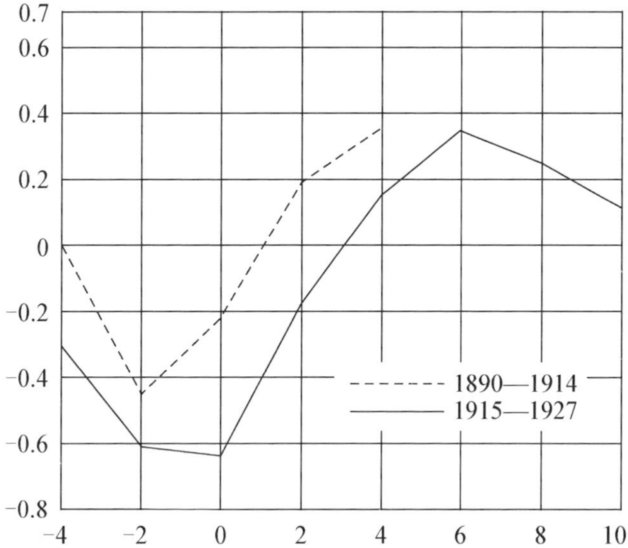

图 19.9　利率相对于物价变动落后的年数

P' 与 i 间各个不同落后的相关系数（美国，1890—1927 年，季度资料）

图 19.9 表示 r 的反常变动，r 是从 i 与 P' 直接计算出来的，没有将物价变动的影响分布开来。

相反地，图 19.10 和上图成为鲜明的对照，它表示 r 的稳定增长，r 系根据 i 与物价变动计算，而物价变动的影响则分布于 20—120 个季度。本图表示 1915—1927 年时期，只有当物价变

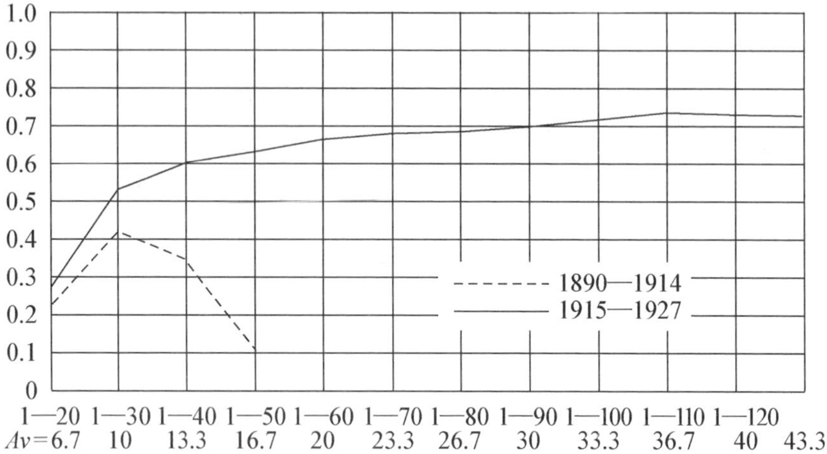

图 19.10　i 落后于 $\bar{P}'$ 的季度数(分布落后)

依落后的不同分布所得 $\bar{P}'$ 与 i 间的相关系数。$\bar{P}'$ 是任何时间内以前各 P' 依分布的落后所产生的联合影响(美国,1890—1927 年,季度资料)

动对 i 影响的时期总共包括 120 个季度或 30 年时,r 的数值才是最大的(+0.738)。

我们对物价与利率的长期与短期变动的研究,得到极其相似的结果。在这两种研究中,直接测度 P' 与 i 的相关时,只要我们忽略物价变动影响是分布于许多年份的这一事实的话,则不论有无落后,所求得的各个 r 都是微不足道的。但若考虑到物价变动影响的分布时,各个 r 便有完全不同的情形,具有全新的意义,特别是在物价变动迅速而又剧烈的第一次世界大战时期。于是物价与利息的变动似乎是受一个规律支配的,而不是像过去认为的那样,短期和长期的变动是受两个对抗的规律所支配。

乍看起来,说上一世纪发生的事情会影响到今天的利率,这似乎是太离奇了。然而依 P' 的分布影响所得的相关恰恰表明这一点。读者稍加思索应该承认，小麦的丰收、革命性的发现与发明、日本的地震、密西西比河的大水以及类似事件，对物价和利率所发生的影响，要延续到将来许多的年代，甚至延续到原来的偶然事件已被忘掉之后。[①] 我只需提醒不相信的读者，1920 年通货紧缩对农场主的经济影响，直到现在(1929 年)还是相当深刻的，它使得农业救济成为迫切的政治问题，可以预期这些经济影响还会延续到今后的许多年代。利率落后于物价变动的这样意外长久的时间，进一步的可能解释是，在物价变动与利率之间还插进了第三个因素。这就是用交易数量来代表或衡量的商业。物价变动影响到商业，后者又转而影响利率。

19.8 利率与物价指数

到现在为止，我们已考察了利率与物价水平的**变化**之间的

① 在本书采用的影响分布的形式中，遥远的物价变动在复合变数 $\bar{P}'$ 中所占分量比较小。举例来说，在包含 20 项的影响范围直线分布情形下，

$$\bar{P}'_{90}(20)=\frac{1}{19+18+\cdots\cdots+2+1}\times$$

$$[19(P'_{89})+18(P'_{88})+\cdots\cdots+2(P'_{72})+1(P'_{71})+0(P'_{70})]。$$

非常明显，而且我也做过周密的试验，如果把分布的后半部的尾巴取消，则复合变数 $\bar{P}'$ 只有微小的变化。这样，上例中的分布将成为，

$$\bar{P}'_{90}[(20)-(10)]=\frac{1}{19+18+\cdots\cdots+11+10}\times$$

$$[19(P'_{89})+18(P'_{88})+\cdots\cdots+11(P'_{81})+10(P'_{80})]。$$

根据美国 1890—1927 年年度资料计算，影响范围为 20 年时，i 与 $\bar{P}'$ 的相关是 $r=+0.857$。这一分布经切除后 1/4 而缩小时，$r=+0.843$；切除后半时，$r=+0.798$；切除后 3/4 时，$r=+0.439$。

关系。尚待研究的是物价水平本身对利率的关系。我们仍用前节那些基本资料，但现在是直接测度英美两国物价指数与利率的相关。

图 19.11 表示英国长期利率（债券收益）及 1820—1924 年各年份的批发物价指数。

显而易见，图中所绘 P 与 i 两条曲线是非常的一致。而且，如果利率落后一年时，就获得可能得到的最高度的一致。根据美国相应的资料绘在后面图 19.16 中的曲线（其中 i 不落后），也表明 P 与 i 间同样密切的关系。

就英美两国 P 与 i 求得的相关系数曲线，绘在图 19.12 中。

英国 1820—1924 年整个时期中的各个 r 并未表现在图 19.12 中，因为它们并不比短时期的各个 r 能显示出更多的东西。这些非常显著的相关似乎确切地肯定，在各长时期内，高或低的利率跟随着高或低的物价跑，两者约相差一年。

关于 1890—1914 年时期，短期利率与季度指数的比较，没有得到显著的结果。相反地，比较 1915—1927 年时期各数列所得，r 数值很大；没有落后时，$r=+0.709$；落后一季，$r=+0.829$；落后两季，$r=+0.891$；落后四季，$r=+0.838$。在这两个时期中，当 P 落后于 i 时，相关系数愈来愈小，但 i 落后于 P 时，相关系数就愈来愈大了。对短期资料分析的结果，虽在某些方面有所不同，可以说证实了比较长期资料所得的结果。

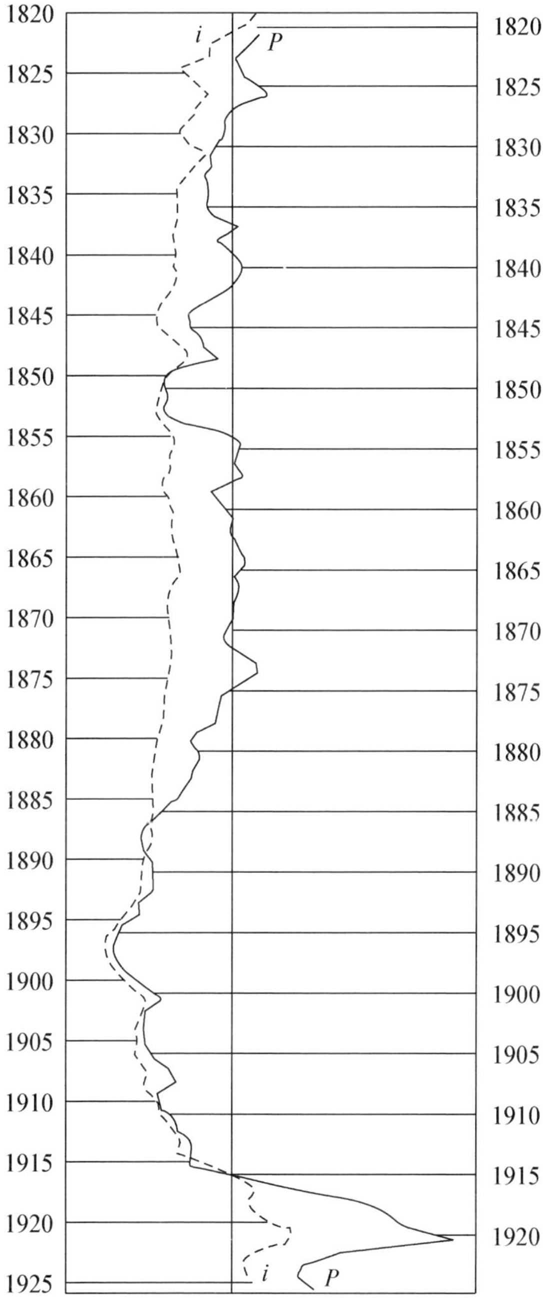

图 19.11 表示 i 落后 P 一年的曲线(英国,1820—1924 年,年度资料)

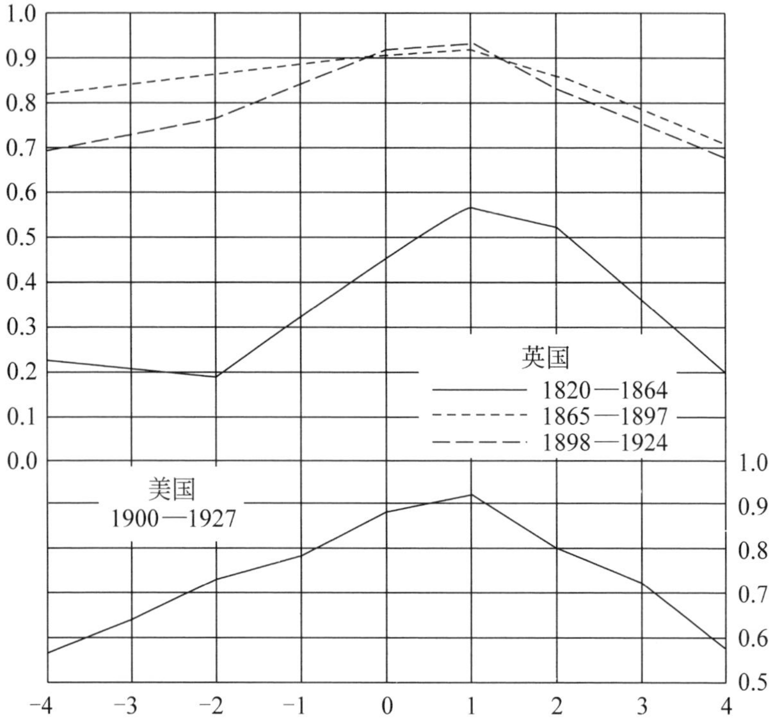

图 19.12　利率落后于物价的年数

P'与 i 间各个不同落后的相关系数(英国,1820—1924 年;美国,1900—1927 年。年度资料)

19.9　趋势因素的消除

这些高度的相关并不一定意味着,物价高时利率总归是高的,物价低时利率总归是低的,但是这样一种趋势是可以确切肯定的。

从考察所有时期及各小时期所得的相关程度都是非常高的。但我们必须防止这种可能性,即这些系数或许是人人知道的所谓荒诞无稽的一类相关系数,它们之大是一种假象,可能有**长期趋势**

的力量存在，因而影响了 P 和 i。关于这个问题应如何解决，统计学文献中，也有一些公认的方法，例如"消除长期趋势"及"季节"变动的方法。这些方法我也曾充分考虑到。分析时间数列的一般方法论还在形成的过程中。长期趋势分析的一些具体问题多半还没有解决。[①] 但现在的例子是否包含有长期趋势的力量而需加以消除，尚属疑问。在以上物价变动与利率的所有比较中，我们的目的只是要发现在长期内利率与物价有怎样的确切的关系。在长期相关的研究中，要消除 i 与 P 的长期趋势因素，这就好像演汉姆莱特的戏而没有汉姆莱特一样，因为长期趋势因素在长期相关中是最重要的，往往也起着决定性的影响。

然而预料到可能有人对这个问题有意见，以及上述分析中可能发生的错误，我们对消除物价与利率的长期趋势因素后的结果，也曾加以研究。进行这种附带研究也是为了另一更重要的目的，就是要发现所谓物价短期循环变动是否影响长期利率，像上述长期物价变动所起的作用一样。为了简单起见，我们采用最小二乘法的直线趋势与抛物线趋势。这很足以解决我们目前要研究的问题。此外，我们并把三次曲线趋势应用在美国 1900—1927 年时期的年度资料和英国同一时期的资料。

图 19.13、19.14 和 19.15 表示英国 1820—1924 年时期物价水平与利率的曲线，绘出直线趋势和抛物线趋势，而图 19.16 则表

① 参阅皮尔森与埃得吞合著：《变项差数法》，《生物统计》，第 14 卷，1923 年，第 281—309 页；W. M. 波森斯：《统计与经济理论》，《经济统计评论》，第 7 卷，第 13 期，1925 年 7 月，第 179—197 页；安得生：《统计数列的成份分解》，《皇家统计学会杂志》，第 90 卷，第三部分，1927 年，第 548—570 页。

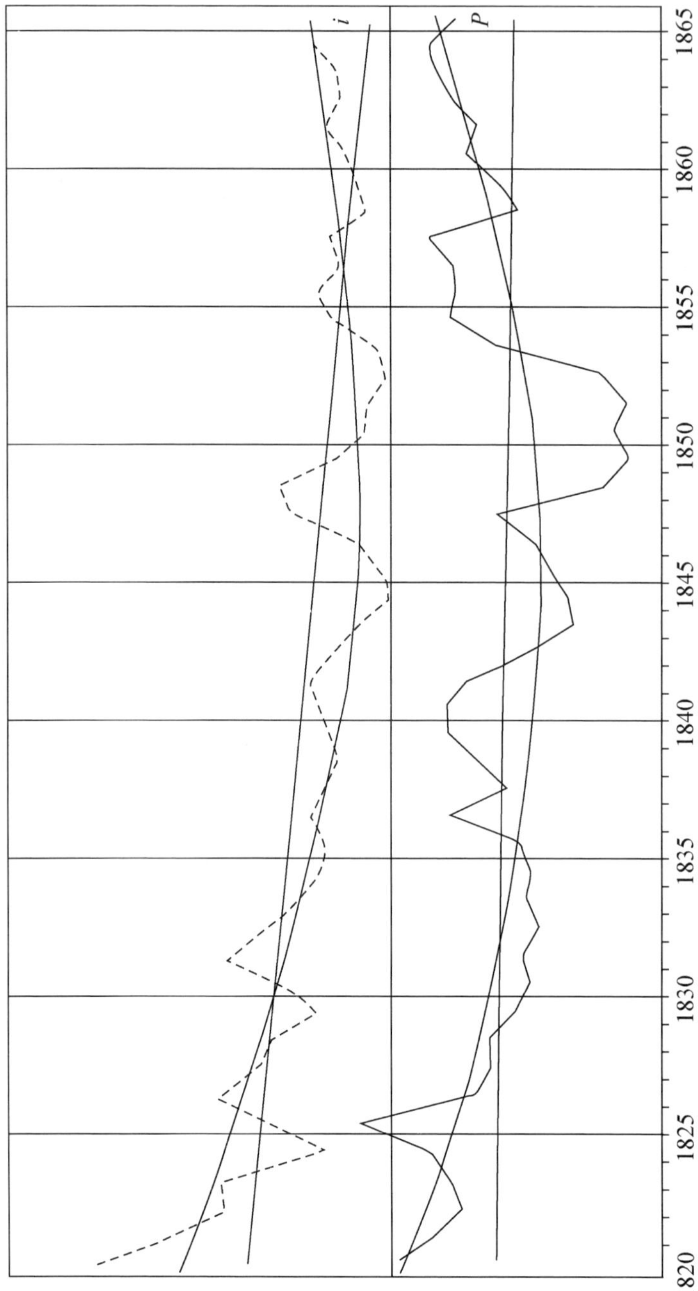

图 19.13 表示 P 与 i 直线趋势与抛物线趋势的曲线（英国,1820—1865 年,年度资料）

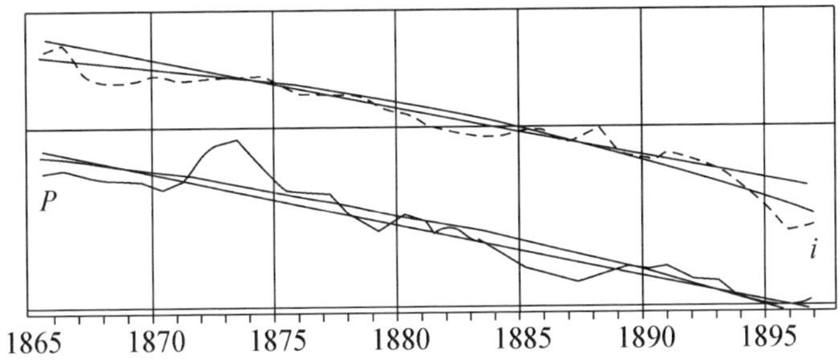

图 19.14 表示 *P* 和 *i* 直线趋势与抛物线趋势的曲线

(英国,1865—1897 年,年度资料)

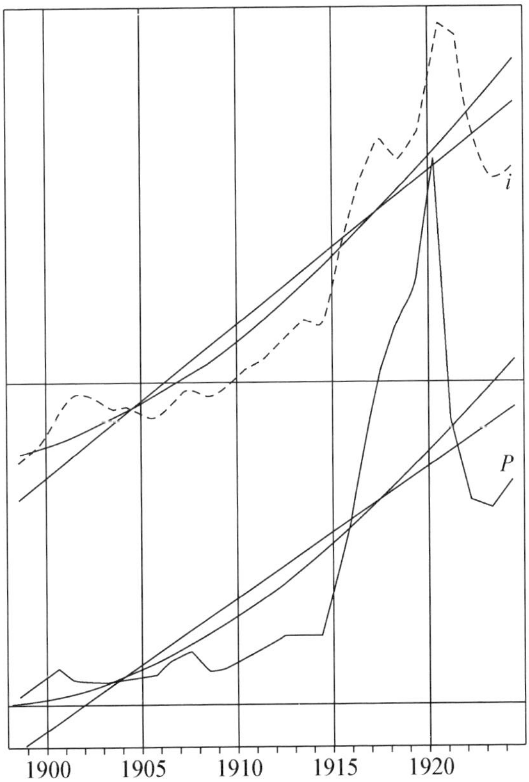

图 19.15 表示 *P* 和 *i* 直线趋势与抛物线趋势的曲线

(英国,1898—1924 年,年度资料)

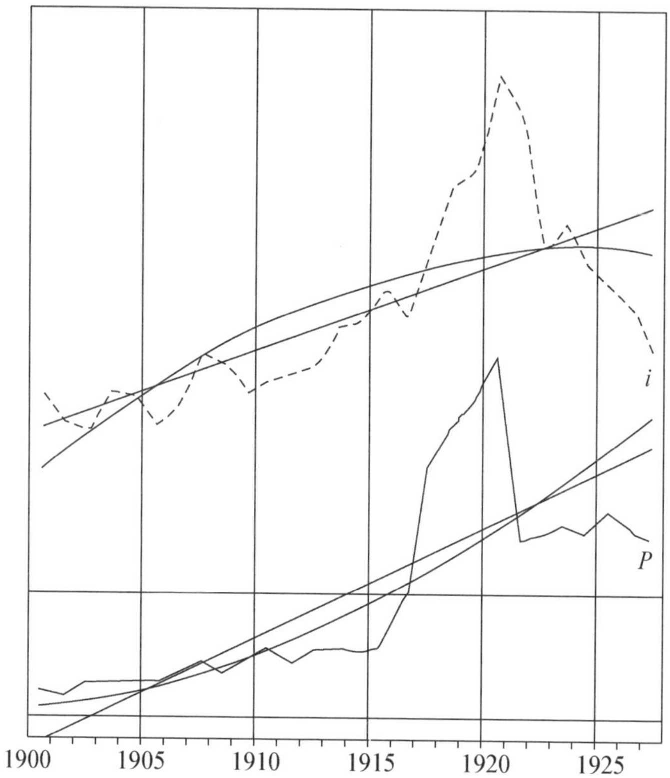

图 19.16　表示 P 和 i 直线趋势与抛物线趋势的曲线

（美国，1900—1927 年，年度资料）

示美国 1900—1927 年时期的相应曲线。

消除长期趋势因素后，所得结果是有趣的、令人诧异的。消除直线趋势因素后的相关系数自然比包括有这些趋势因素的相关系数要小些，但除英国 1865—1897 年时期外，它们的数值还是大得非常显著。在大多数情形下，利率落后物价大约一年时相关程度最大，这是一个很大的特点。

为了进一步看看上述的比较是否正确，我们还把最近时期（这一时期终于 1920 年 P 和 i 的高峰点）对抛物线趋势的离差，计算出来，并绘在图上，这些图在这里就从略了。我们或许会设想，自剧烈变动的数列中消除抛物线趋势因素后，就只会剩下 P 与 i 两曲线的乱七八糟的波动，两者之间很少一致性或没有一致的地方。可是我们研究的结果，清楚地表明即使将巨大的长期影响与循环影响消除之后，物价水平与利率还是极为密切相关的。根据截至 1920 年为止的这一时期的资料，消除抛物线趋势因素后所得相关系数约为＋0.70，这肯定地表示物价与利率的循环趋势和长期趋势以及逐年变动一般是在同一方向。测度 P 与 i 的相关，消除直线趋势因素后所得的相关系数绘于图 19.17 中。

读者可以看到，最近一个时期的各个 r 远远大于其他时期。英国 1898—1924 年时期，依 i 落后一年求得 r＝＋0.851。美国 1900—1927 年的相应时期，我们依 i 同样落后一年求得 r＝＋0.806。我们用不着依 P 落后于 i 来绘制各 r，因为一看就明白，依 P 落后所得之 r 是要减小的。

当抛物线趋势因素消除后，各个循环的相关系数，除包括第一次世界大战的时期外，就微不足道了。根据英国 1820—1864 年资料，依 i 落后一年所得 r 的最大数值是＋0.319；根据 1865—1897 年资料，依 i 落后二年所得 r 的最大数值是＋0.045；根据 1898—1924 年资料，依没有落后所得 r 的数值是＋0.829，依 i 落后一年所得之系数是＋0.817。根据美国资料，依没有落后所得 r 的数值是＋0.695，依 i 落后一年所得之系数是＋0.876。即使自 1898—1924 年消除三次曲线趋势因素后，各 r 的数值还是大得非常显著，即依没有落后得到，r＝＋0.794，依 i 落后一年得到 r＝＋0.790。关于

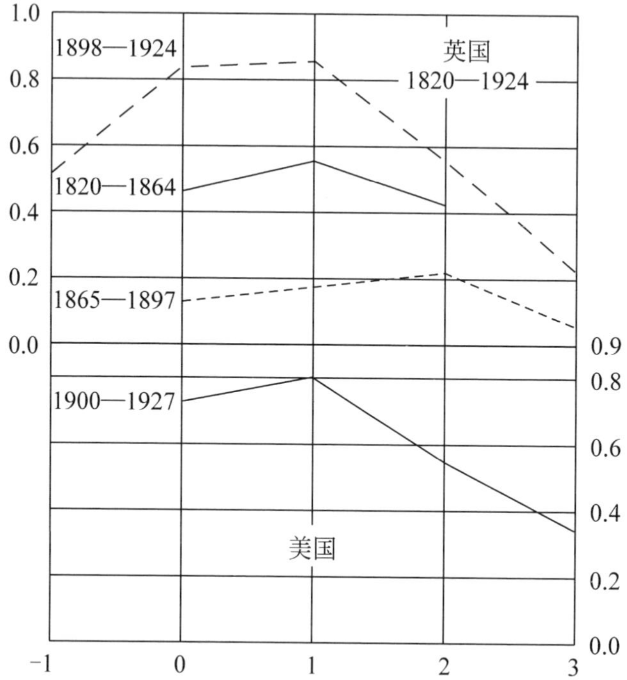

图 19.17　利率落后于物价的年数

消除直线趋势因素后 P 与 i 的相关系数（英国，1820—1865 年；1865—1897 年；1897—1924 年。美国，1900—1927 年。年度资料）

美国，依没有落后得到 $r=+0.525$，依落后一年得到 $r=+0.769$。

自以上的比较中，消除长期趋势因素后，就使得 P 与 i 的相关完全决定于较短时期或循环时期的相类似的变动了。以上证明，即使没有汉姆莱特，这出戏还是异常生动有趣的，我们已得到十分确切的证明，在物价发生显著变动的时候（像第一次世界大战时期那样），物价变动对利率的影响是很快的，甚至就长期债券收益来讲，也是如此。

19.10 物价与利率关系的说明

P、P'与$\overline{P}'$对i关系的研究表明了四种关系：

(1) 物价水平上涨时利率一般有增高的倾向，物价水平下降时利率一般有降低的倾向；

(2) 利率落后于P'，因而进行直接比较时，两者间的关系往往变得模糊不清了；

(3) 利率与$\overline{P}'$的相关是极显著的，$\overline{P}'$代表落后的分布影响。就英国最近几年来讲，依i落后于P'和P'的影响分布于28年中求得$r=+0.98$，这表明相关程度很高；

(4) 物价水平高时利率也肯定地倾向于高，物价水平低时利率也肯定地倾向于低。

我们也已看到，前三组的事实和我们所提出的分析是相吻合的，第一组事实符合(只是大致上符合)于完全远见与完全调整的理想假定；第二组与第三组符合于比较合乎实际的假定，即假定不完全的远见与延迟的(但是累积的)调整。

我认为，现在有两件事实可以完全肯定下来。第一，物价变动影响交易数量，这在早些时候我所做的研究中已经论证过了。[①]

① 特别参阅《我们的不稳定金元与所谓商业循环》，《美国统计学会杂志》，1925年6月，第181—202页；《失业与物价变动间的统计关系》，《国际劳工评论》，第13卷，第6期，1926年6月，第785—792页。

第二,交易数量影响利率,这也由C.施奈得[①]、L.爱尔斯上校、[②] W.F.米契尔教授[③]和其他人论证过了。

以上两种关系的证明,不止是合乎经验,而且也合乎理性。上涨的物价提高真实的与预期的利润,从而追求利润的人扩充他的企业。他那扩大的或上升的收入川流要求融通资金,从而增加借贷的需求。

在我对所谓商业循环的研究中,当P'的影响分布于25个月的范围时,交易数量T落后于物价变动的时间间隔的众数数值为9½个月。C.施奈得按简单的落后求得i落后于T10—15个月,L.爱尔斯求得的约为14个月,W.F.米契尔求得的约为6½个月。

如果将我求得的T较P'的落后整个的说来约为25个月和施奈得及爱尔斯求得的i落后于T14个月相加,我们得到i落后于P'的总的落后为39个月。按简单加法算出来的总的落后远远小于按上项计算所发现的落后,不论是年度物价变动或季度物价变动与i的相关。显然,依T较P'为落后和i较T为落后的双重分布所得结果,要大于按简单加法计算所将得到的落后。

上述第四种关系,在我看来必须看做是另外那三种关系的偶

① C.施奈得:《利率对商业循环的影响》,《美国经济评论》,第15卷,第4期,1925年12月,第684—699页;《利率与商业循环》,《美国经济评论》,第16卷,第3期,1926年9月,第660—663页。

② 爱尔斯:《克里夫兰信托公司》,《商业公报》,1928年6月15日与1928年8月15日。

③ 米契尔:《利息成本与商业循环》,《美国经济评论》,第16卷,第2期,1926年6月,第209—221页;《利息成本续论》,《美国经济评论》,第16卷,第3期,1926年9月,第451—452页。

然结果。无论如何，要根据任何合理的理论来将它解释为独立的关系都似乎是不可能的。在长期内，由先前通货与信用膨胀所引起的高物价水平，与较膨胀发生前低物价水平时为高的利率，这两者之间不应有所联系，这肯定是合理的。举例来说，我们不能想象：法国和意大利因为法郎和里拉贬值就应当永久倾向于更高的利率，或者德国或俄国的亿万倍通货膨胀，在币值稳定后还要相应地永久抬高利息。这与下面的假定是同样可笑的，即假定美国利率将会提到更高的水平，如果1元变成1分，从而物价水平上涨一百倍的话。物价水平，就它本身而论，显然不能对利率发生永久的影响，除非是从一个水平或平顶向另一个水平或平顶的过渡情形，才会发生这种影响。

从一个物价水平向另一个物价水平的过渡，可能而且的确造成了混乱，像我们所已经看到的那样，这种混乱是随后发生的，其时间落后的分布极为广泛。结果是，在通货膨胀时期，利率累积地上涨，因而到膨胀时期终了时，物价水平高，利率也高。无疑地，如果这一新的高物价水平能保持下去的话，利率在适当的时候是要回到正常状态的，但是这种情形很少发生。通常物价达到顶点后随即下跌。在下跌时期，利率受到累积下降的压力，因而物价下降终了或近乎终了时，利率是低于常态的。所以在物价的顶点时利息高，这不是因为物价水平高，而是因为利息一直是在上涨；在物价的低水平时利息也低，这不是因为物价水平低，而是因为利息一直是在下跌。

关于物价水平高利息高、物价水平低利息低的密切联系，还有一个理由似乎可以考虑，这样我们的说明就完整了。这就是银行有必要来应付随着通货膨胀与通货紧缩而产生的失调。R. G. 霍屈莱先生在给我的一封信中曾经强调这点，我差不多是用他自己的话将他的观点撮要如下：

> 当信用膨胀时，上升的物价水平与高额的利润引起高的利率。当膨胀达到黄金存量所允许的限度时，利率则提得更高，以便使物价水平下跌。当物价跌落见效时，低利率就成为适当的了；当信用已经紧缩到这样深的程度，以致黄金供应累积过多时，利率还要压低，为的是使物价水平重新上涨。于是高利率始而相当于上涨的物价，继而相当于下跌的物价，所以它是与高物价同时发生的。低利率始而相当于下跌的物价，继而相当于上涨的物价，所以它是与低物价同时发生的。

通货膨胀过程抬高了物价与利息，直到银行为了停止过分扩张又将利息进一步的提高，于是就出现了物价的顶点以及这个顶点时和顶点前后的高利率；相反地，通货紧缩过程降低了物价与利息，直到银行为了终止萧条又将利息进一步的压低，于是就出现了物价的低水平，以及低水平时和低水平前后的低利率。

这些理由似足以说明我们常常发现的高物价与高利率、低物价与低利率同时出现的原因，否则这种现象就难以理解，而且表面看来是不合理的。

我能想到的唯一的另一解释是，高的或低的物价水平，并不是一个货币和名目方面的问题，而是一个真实商品的问题。有时高物价是与穷困密切联系的，像方才引证的法意两国的情况那样。如果说高物价水平通常象征着财货的真正缺乏——低收入川流——而低物价水平通常象征着相对的富裕，那么我们就能用收入川流大小对时间偏好的关系来说明我们的难题了。但是一般事实好像不能证实这样一种解释，[①]尤其是美国在第一次世界大战时期相关程度最高的时候，这种说法是说不通的。在那一时期，收入高速度的增加，利率也同程度的上涨。

19.11 利息与商业和物价的关系

我们方才所谈的银行政策，含有 P' 与 i 是相互关系的意思。i 的变动无疑对 P' 有一定的影响，正像 P' 对 i 的影响一样。我们的分析表明，在有决定性的大多数情形下，物价变动总是发生在 i 的变动之前。这并不是说，利率变动绝不能用来预测物价以及商业活动的变动。[②] 事实上，任何时候 i 的任意提高确有压低一般商品价格水平的倾向，而 i 的压低有提高 P 的倾向。这是已经十分确定的事实，各中央银行也据以制定它们的银行与信用政策。

利率变动对物价与商业活动的影响也被商情预测机构利用来

① 参阅拙著《货币的错觉》，1928 年纽约版，第 41—42 页。

② K. 魏克塞尔教授是最早承认利率影响物价的人们当中的一个。参阅他的著作《利息与价格》；A. 马歇尔教授、G. 加塞尔教授、伦敦密德兰银行经理 G. 麦堪那、英国财政部的 R. G. 霍屈莱先生以及许多其他有名的经济学家、银行家与生意人都曾经强调指出，通过贴现率的运用，便可影响而且可以控制商业活动。

预测最近将来之商业与物价动态。[①] i 随 P' 变动的事实，在长期与循环期的大多数情形下，与下述另一事实是没有矛盾的，即 i 的每次涨跌都引起 P 的相反变动。在一定限度内，利率下跌可以而且往往几乎是促使物价即刻地上涨、商业活动即刻地增加。这种影响可以延续到好几个月，一直到上涨的物价又占取了优势，从而再度提高利率为止。

在利率是因、物价变动是果的情形下两者的一致，与在物价变动是因、利息变动是果的情形下发生的一致是正相反的。

本书只限于影响利率理论的事情，因而要充分说明利率与商业间所有极其复杂的关系就不在本书的范围以内了。在我的办公室里已经完成的或正在进行的研究显示出一些有趣的结果，我希望以后将它发表出来。

不幸的是，这一领域内的许多学者好像认为下面的论点是理所当然的，即确定的循环有一个，而且只有一个，或循环是受一个确定的力量、而且只有一个确定的力量的控制。我关于商业循环提出了几个表面上不一致的理论，因而被指摘为前后矛盾。事实上，我从来没有全面研究所谓商业循环问题。我所研究的只不过是商业循环的几条原理或几个方面而已。[②]

---

① 举个例子，K. G. 卡尔斯登夫妇在他们所做的预测中，就是利用商业票据利率来推测批发价格和商业活动的。他们由(1)P'的对数与(2)债券收益所得商业利率的离差的对数求得 r 为-0.98。

② 举个例子，《我们的不稳定金元与所谓商业循环》，《美国统计学会杂志》，1925年6月，第179—202页。

19.12 利率与银行准备

银行准备与银行贴现率间存在着一定的关系，这或者是用不着说的。每个银行家和生意人都知道这一点。J. P. 诺尔吞[①]发现了这种相关，差不多有关商业银行的每本论著都对这种关系有所表述。

这一关系进一步扩展到商业票据所规定的利率。W. 仰道夫·伯尔哲斯先生[②]曾经研究过商业票据利率与银行准备间的关系，他简单地叙述这一关系如下：

> 在这个国家，银行是货币的管理人。当银行家有许多钱要贷放的时候，**货币利率就倾向于松动**；当他们没有什么钱要贷放的时候，货币利率就倾向于紧俏。一个银行家能够贷放的数额决定于他的准备情况。所以，全国各银行的准备情况决定了短期货币利率，而货币利率变动的原因应求之于各银行准备情况变动的原因。

伯尔哲斯先生比较 1904—1909 年时期短期货币利率的变动与纽约市票据交换所各会员银行准备平均盈亏的变动后，对这一理论提供了深刻的归纳证明。

他又发现，在联邦准备制度下，二十三家纽约市银行准备的盈

① 《纽约金融市场的统计调查》，第 7 章与第 8 章。

② 《影响短期利率变动的因素》，《美国统计学会杂志》，新第 22 卷，第 158 期，1927 年 6 月，第 195—201 页。

亏与周内通知存款收盘利率间存在着同样的关系，周内时期即联邦准备银行调整准备金的间隔期间。就更长一点的时期来讲，4—6个月期的头等商业票据的公开市场利率与联邦准备银行对会员银行贴现的每天平均票据也表现出类似的关系。

联邦准备法规定会员银行必须将准备金缴存于联邦准备银行。这些准备平均起来必须达到法定的最低要求，该项准备金，各大城市每周调整一次，其他地方每月调整两次。所以在这一制度下，准备金的盈亏最多不能超过两周以上。但是，银行对金融市场利率的影响现在是通过联邦准备银行的借款来实施的。所以在国民银行法下，凡是会员银行向联邦准备银行借款的时期，就它对金融市场的关系来讲，便反映了它们是处于准备不足的时期，会员银行偿还联邦准备银行借款的时期便相当于准备有余的时期。

L.爱尔斯上校关于克里夫兰信托公司的最近调查也表明商业票据利率与黄金准备间有着类似的一致关系。[①]

十分奇怪的是，银行准备与利率间这一熟知的和正确的关系，往往与一条完全不同、一般也不正确、然而普遍都相信的定理混淆起来了，这条定理是，货币较少时利率高，货币较多时利率低。这种思想好像是这样的，如果利率叫做货币价格的话，那么结论自然是货币充裕，像小麦或其他任何东西充裕一样，使得它的价格低；货币稀少使得它的价格高。

但是就利率的意义讲，货币的价格是一种极为特殊的价格。我们知道，它是现在货币的价格用将来货币表示时距平价的离差。

① 《克里夫兰信托公司》，《商业公报》，1928年6月15日。

它与小麦价格不很类似。与小麦价格真正类似的不是利率而是货币的购买力。就这个意义讲，说货币缺少时它的价格高、货币充裕时它的价格低，这是完全不错的。但就另一个意义讲，这就不正确了。而且我们已经看到，就货币购买力的意义讲，当货币的价格低时，即是说，当物价水平高时，并假定货币数量很大时，我们却不曾因此而发现利率低，像上述理论所要求的那样。相反地，我们发现高物价水平是与高利率相联系的。

然而短期利率与银行准备成反比却与我们有关实际收入的利息理论是吻合的。除其他原因外，银行准备低是社会收入一般将要增长的象征。当商业乐观时，这意味着，当将来收入稳然趋向扩大时，而且投资能够获得资金供给的话，那么人们渴望把将来的巨额收入折现并将现在的收入用于投资使之更加扩大。显然，其直接影响是增加银行借款，从而增加存款。以上的结果倾向于减低银行准备对于负债的比率。于是银行家跟着就提高利率。这好像利率的上涨只不过是反映银行家的准备情况。但在准备情况的后面是对借款的需求，在借款需求的后面是更基本的东西——上升的收入川流，一个日益繁荣、发明与进步或大量融通资金的时期。高利率是由于这种种的变动而来的，并非单纯由于表面上的银行情况。

由此可见，银行家只是记录日益扩大的收入川流的影响。相反的情况，即下降的收入川流、缩减的投资机会、缩减的借款与存款，就倾向于准备的过剩和低额的利息。

在正常的情形下，银行对利率所起的作用，只不过是传播收入川流的影响。假如我们能够科学地调节银行准备的根本来源，即世界上对货币黄金的供给，则实际情形基本上也就是这样的。如果世界黄金供给能加以调节，使得那些黄金的购买力从而货币单位的购买力能保持不变的话，我们就能依靠银行适当地，即或是不自觉地，调节利率使之适合于一国的收入情况。

不幸的是，我们还没有这样科学的通货制度，我们仍然遭受金块市场上每次风波的袭击。结果反常的信用活动加在正常信用活动的上面，银行机构本应使利率保持正常，现在反常的信用活动却通过它而歪曲了利率。

这样，银行实际上就不只是记录根本的经济影响，不单是促进这些影响，而且是一个最强大的独立力量。所以实际上银行机构往往是干预而不是传播社会收入情况的正常影响。如果世界上金矿生产枯竭了，则黄金准备就不足以支持正在增长的倒置式信用金字塔，这种信用金字塔是建立在黄金准备的基础上的，也是社会日益扩大的收入所需要的。这时银行家根据法律的规定除了提高利率以自保外，就没有其他的选择了。结果是，信用需要膨胀时信用反而收缩了；正在需要货币利率低的时候，物价下跌而银行利率反而提高了。于是实际利率是双重的高——它是高的，因货币利率高所以它高，又因货币贬值，它就更加高了。

所谓商业循环多半是由于这种种失调的缘故。当失调严重时，不仅引起灾难性的后果，而且市场利息大小也不足以标志根本收入情况的影响。① 这时利率反而标志着银行机构的阻塞或妨害

① 这一类情形增加了对于影响市场利率的制度因素进行充分研究的重要性，如A. W. 马尔格特先生1926—1927年在哈佛大学教授会提出的博士论文《借款资金》里面所做的研究。

作用了。当恐慌深刻化时，货币稀少的本身就提高了利息。这种时候，任何种类货币流入市场都将消除紧急状态并降低利率。过去美国为了消除银根吃紧情形，曾经用预付债券利息的办法来将货币抛进各种商业的孔道，票据交换所则用发行票据交换所存款证的办法来达到同样的目的。

联邦准备制度的建立，稳定了美国的物价与利率，虽然1914—1921年战争的动乱破坏了原有的物价水平以及实际利率与货币利率间的正常一致关系，这种正常一致关系的破坏是过去所不曾有过的。

现在，联邦准备制度起着正常化的影响，它好像在摸索稳定原理的应用，这些稳定原理是魏克塞尔、加塞尔和其他经济学家许多年来不断提出的。

即使这种种的努力终于使我们免于物价和实际利息的动荡，然而这些努力本身对收入情况的自然影响还是有轻微的干预。重贴现率提高时则限制信用并停止物价暴涨；降低时则解放信用并停止物价暴跌。因为在任何一种情形下，人为的些微提高或降低重贴现率，其效果有累积的倾向，所以对事件的正常进程只需要轻微的干预，几乎是微末的干预。在通常情形下，也许较理想的正常利率只要相差0.5%就足够发生作用了。这种离开正常利率的偏差如果能保持相当长久，就可防止我们的货币本位发生极不正常的偏差。

轻微的干预是任何银行制度所固有的，它不仅是为了防止通货膨胀和通货紧缩这种最重要作用所必然发生的，而且也是银行制度本身的存在所必须支付的代价。每家银行为了保持其资金流动的状态以及防止破产的风险，有时就不得不使它的放款政策稍微脱离收入情况的理想要求。

但是，随着我们的银行技术与政策逐渐趋于完善，我们就愈来愈接近本书所述利率完全反映收入影响的情形。货币利率与实际利率大体上将是相同的，银行家的行动之能够称为是干预而不是记录基本经济情况，也就没有什么关系了。

19.13 提 要

从测度 P' 与债券收益和短期利率的相关，我们获得了一般的与具体的例证，证明了物价变动之影响于利率. 一般地而且显然地，的确是按着先验的理论所指明的方向。但由于预见是不完全的，所以其影响要小于理论的要求，而在某些时期还大大落后于物价的变动。当物价变动对利率的影响分布于几年时，我们得到非常高的相关系数，这说明利率在程度上是密切跟随物价而变动的，可是在时间上却有相当的距离。

最后的结果是，一部分由于远见、一部分也由于缺乏远见的缘故，物价变动经过几年的时间，再加上利润与商业活动变动的穿插，的确对利率发生极为深远的影响。事实上，本书主要目的是要表明在货币购买力稳定的情况下利率的动向是怎样的，然而从来没有一个长时期能满足甚至近乎满足这样的条件。当这样的条件不能满足时，货币利率，尤其是实际利率，所受货币不稳定的影响就要大于那些有关收入不耐以及投资机会等更基本的和更正常的原因，而收入不耐与投资机会正是本书从事研究的主要对象。

20. 对一些反对意见的考虑[①]

20.1 引 论

自1907年"利率论"出版后，有许多研究利息问题的学者发表了他们的评论、反对意见和批评。我曾经在各种刊物上利用机会直接回答了大部分的批评。在这个地方转载这些个别的答复是没有什么必要的。在这一章，我将说明一下我对这些批评的理解，并在似有必要答复的地方提出答复。这种做法有两个好处：第一，它将提供读者以各种不同的观点，以便能从我的观点以外来观察利息问题。第二，它使我有机会对利息理论中的主要争论问题陈述一下我的看法，这些争论问题在经济学界依然是悬而未决的。[②]

20.2 收入与资本

我在前面已经说过，收入是所有经济理论中、特别是利息理论

① 关于各种利息理论的历史发展和详细批评，读者可参阅庞巴维克：《资本与利息》。简单的历史摘要见加塞尔：《利息的性质与必要性》，第1章，第1—67页。

② 我在本书中只是泛泛陈述一些观点，有关这些观点的作者意见，我尽可能写在注内。我希望这种做法将可避免我企图对别人的利息理论做详尽批评的印象。

中最重要的因素，它最后归结为一个时期当中精神享受或精神满足的流量。虽然这个概念是理想，但为了客观起见，我们能够逐步接近这个理想，同时设法使收入概念具有不同程度的可衡量性，这就是用下面任何一种来代替精神收入：实际收入、用来衡量实际收入的生活费用或货币收入。

对于用收入的精神概念作为利息理论的基础，有一种反对意见，认为它太狭隘太局限了。他们认为从这个概念出发的利息分析，"就会把利率变动的原因完全归之于现在消费财货量与将来消费财货量之间的变动的比率，"然而"利率市场是资金市场，而并不是机器、原料或现在消费品的市场。"①

"我们也不十分清楚，"这位批评家又接着说，"为什么费雪认为消费的前景含有关于一切设备借款契约中利息的规律，而不是相反的情形，像庞巴维克似曾主张的一样。为什么两种需求在对于最后借款所进行的利息调节中，不可以看做具有同等的因果作用？"②

我的答复是，我并未拒绝予"设备借款契约"以应有的考虑，但是我主张这种居间性借款是为了将来获取更大的收入，而更大的收入则意味着更多的消费。所以进行生产借款只是为了将来消费的打算。因此，为取得居间财货的借款虽然在借贷市场上占压倒的优势，但是这些借款仅仅由于它在改变将来收入与现在收入比

① H.J.戴文波：《利息论与利息的各种理论》，《美国经济评论》，第17卷，第4期，1927年12月，第636—656页。

② 同上书，第650页。

较时的相对数额，才有影响利率的力量。

关于另一批评，即把收入的消费概念作为利息理论的基础时，仅只是供求因素的一种局部的分析，而对决定利率起作用的还是供求因素。我的答复是这样的：利率既不是对资本财货也不是对资本价值供求的结果——资本价值有时被当做可贷资金，除非它们象征收入的供求。所谓资本的投资恰恰是收入的牺牲，为了预期其他更大、更迟的收入。这是改变收入川流的情形，即减少现在收入或早期的将来收入，来增加比较遥远的将来收入。在利息问题中极关重要的收入川流，包括一切来源的收入。它包括土地、机器、建筑物以及所有其他产生收入的要素所提供的服务价值。有关土地、机器、建筑物等的估价，便是决定于这些服务依通行利率折现的价值。实在可以称为资金的，便是这个收入川流或一部分收入川流的估价。所以，通过收入川流与收入供求来考察利息问题，就为这个问题提供可能有的最广阔的基础，这应当是显而易见的了。

认为我的收入概念太狭隘的第二个指摘，否定了我关于储蓄不是收入的论点。有一位作者提出批评如下："作为一个金融事实，非先有对所储蓄的收入的财产权——这一收入是用货币计算的（金融现值）——就不可能有储蓄和资本价值的增加。因此，否认货币储蓄是货币收入，依简单的常识讲，就是否认既成的事实；这等于假定结果先于它的原因而存在。"①

① F. A. 费特尔：《克拉克对资本概念的革新》，见《纪念 J. B. 克拉克经济论文集》，第 151—152 页，第 153 页注；又弗拉克斯：《费雪论资本与利息》，《经济学季刊》，第 23 卷，1909 年 2 月，第 307—323 页。

就我们在这里的分歧只是辞句问题来讲，也许我所用的术语是错误的。我用收益一词包括资本收益，我用收入一词指资本所提供的服务的价值。如果我们愿意放弃下面的说法，即资本价值是预期收入的资本化价值，我不反对改变这一术语。这样我们就能断言资本收益是收入了。但是，如果收入仅仅包括那样一些要素，资本价值就是决定于对这些要素的预期，这就非常有力地说明资本价值的增加不是收入了。[①]

我在对一位批评家的答复[②]中指出，这个批评似乎忽略了或取消了贴现与利息的相互关系，这种相互关系便是我所谓资本与收入概念存在的理由。主要是因为储蓄在这贴现关系中不是与其他收入项目处于同等地位，所以它不包括在我所说的收入概念以内。我不认为单单术语上的理由就足够证明收入应该包括储蓄在内。但是，如果将储蓄包括在收入的概念里的话，就必须用其他名词来代替我所说的收入了。要证明我这些说法是否正当，应该根据我所写的一些著作和以后有关这个问题的一些论文。

但有人认为，即使不谈储蓄与收入的关系，把收入概念作为服务来看待是完全没用的。服务既不同质又不能加以衡量，[③]它们

① 参阅我的一些论文：《储蓄是收入吗？》，《美国经济学会杂志》，第 9 卷，第 1 期，1908 年 4 月，第 1—27 页；《费特尔教授论资本与收入》，《政治经济学杂志》，第 15 卷，第 7 期，1907 年 7 月，第 421—434 页；《评普林教授的演说》，《美国经济评论》，第 14 卷，第 1 期，1924 年 3 月，第 64—67 页；《从经验角度来看收入的概念》，《魏沙诞辰纪念论文集》，英文版，第 3 卷。

② 《对批评家的答复》，《经济学季刊》，第 23 卷，1909 年 5 月，第 536—541 页。

③ 费特尔：《利息理论的今昔》，《美国经济评论》，第 4 卷，1914 年 3 月，第 68—92 页。

不能相加成为服务的存货，它们不能堆在一起好像都是一样的东西。

研究一下我所著《资本与收入的性质》一书（例如第121页），将会看到，我并不曾把所有服务都看做一样的，因而可以将它们加在一起。我曾经强调说，必须将每一服务乘以它的价格从而将所有服务化为共同的分母之后，各种各样的服务才可以加在一起。

对我的收入理论的这一批评好像忽略了下面的事实：虽然享用服务（精神收入）与客观服务本身是不可衡量的，但是它们的价值并非不能加以衡量的。而且，当它们的价值相加全部完成时，物质要素的价值就自行抵消，余下的净数就只有精神要素的价值了。

也许有人反对说，在这个过程的某一个阶段里，收入似乎与金钱花费的关系较之与金钱领受的关系要更密切些，可是这样的说法似乎与普通所谓收入的概念脱节了。其实如果我们考虑到借方与贷方的话，则货币收入与享用收入之间的这种表面的矛盾是容易解决的。当金钱花费时，不错，花费本身是支出，要记入所买商品的借方。但是这些商品随后给我们提供某种满足，这便是提供了一种收获。这些满足确定不是花费，而是领受。金钱的花费究竟是与支出相联系抑与收入相联系，完全决定于我们是着眼于金钱的丧失上面还是金钱花费所得财货与服务的收益上面。

这些构成收入的服务，它与资本有几方面的关系。作为服务收入讲，它们来自人与物质环境，或由人与物质环境产生的。当我起初研究收入与资本时，我阐述资本的概念是指一个时间内存在的财富的存量，收入的概念是指一段时期内财富的流量，这个概念是我在 1896 年提出的。[①] 到 1897 年我觉得有必要修正我的收入概念,我这样叙述了自己的看法。[②] 从此以后,我觉得没有理由再做进一步的修正,不论是作为一个时间内存在的财富的存量的资本概念,或作为一段时期内服务的流量的收入概念,它们的价值则称为资本价值与收入价值,往往简称资本与收入。

有人反对说,"我们不可能想象在某一瞬间有这么一个服务的存量;我们却能够把它们的现值想象为一个时间内的金融基金。服务(用于财富或人的使用意义上)在想象中是可以延迟或提早的,然而就它们的性质讲,它们是一个'流'量;它们不能堆集起来成为服务的存量。它们至多只能像通常发生的那样'结合'到耐久形式的财富中。如果这是不错的话,为什么要费这么大劲去区别服务的流量与另外一些东西的基金呢?这些是旧概念的残余,费雪不得不放弃的。"[③]

我虽然承认这种资本(看做财富的基金)与收入(看做服务的流量)概念是与利息理论不相适应的,但是,《资本与收入的性质》(这本书是作为利息理论的引论)里面所着重的是资本价值而不是资本财货,若由此得出结论说,我在 1896 年所强调的资本财货概念已经没有用处从而束之高阁,那就错了。

首先,财货概念本身就是形成价值概念的一个步骤,其次,《资

---

① 《什么是资本》,《经济学杂志》,第 6 卷,1892 年 12 月,第 509—534 页。

② 《资本在经济理论中的作用》,《经济学杂志》,第 7 卷,1897 年 12 月,第 511—537 页。

③ 费特尔:《克拉克对资本概念的革新》,见《纪念 J. B. 克拉克经济论文集》,第 152 页。

本与收入的性质》一书要涉及的不是资本与收入间所有四种不同的关系，而只是其中的一种关系，即收入价值与资本价值的关系，这对利息理论是非常重要的。

在我看来，资本的估价概念对解决利息问题是必要的，它并不把土地与“为进一步生产而制造出来的生产资料”区别开来。持有后一种资本概念的一些作者[①]争辩说，我把土地当做一般资本的典型，使我得到错误的结论。

特别是有人说我对天真的生产力说的批评之所以站不住脚，就是由于这个缘故。但是，像我从前写过的一样，[②]“我对普通生产力说的抨击，并不决定于突出‘土地’作为一切形式资本的典型”，也不决定于我所用过的资本的特殊定义，它基本上只是把庞巴维克对普通生产力说的抨击概括起来说的，庞氏关于资本的定义是不包括土地在内的。换句话说，这些批评是站得住脚的，不论土地是否包括在资本的概念之内。

然而我虽然认识到土地与所谓人为资本间的一些差别，可是这些差别只是程度上的不同，并不像信奉这种资本概念的人在经济理论的各方面都讲得那样重要。J. B. 克拉克教授关于土地与其他耐久要素间的同一性与差别性曾经做了详尽的和适当的表述，[③]所以我在这里不想重复这个问题。不过这种比较里面有一

① 席格尔：《利息的不耐说》，《美国经济评论》，第 2 卷，第 4 期，1912 年 12 月，第 834—851 页；H. G. 布朗：《经济学与公共福利》。

② 《利息的不耐说》，《美国经济评论》，第 3 卷，第 3 期，1913 年 9 月，第 610—615 页。

③ 克拉克：《财富的分配》，第 338—344 页。

个方面则很重要。有人[1]认为土地是不能制造的，所以没有生产成本，他们断言支配土地价值的因素是与决定那些能制造出来的生产要素价值的因素完全不同的，而那些能制造出来的生产要素的生产则包含有生产成本。

总之，这个争论点是，我的理论所根据的估价的贴现原理或资本化原理只适用于土地，因为土地价值不受生产成本的影响。有一位批评家写道："如果天赋有限的土地是资本的真正代表，那么费雪的论证就无懈可击了。"[2]

但是，这位批评家的意思是：土地既然不是资本的代表，它不包含有生产成本，所以适用于土地的估价方法不适用于那些"为进一步生产而制造出来的生产资料"，后者在生产时是要花费成本的。因此，我们现在就来考察生产成本与资本价值关系的问题。

20.3 生产成本作为资本价值的一个决定要素

有几位作者[3]提出批评说，我对于生产成本与资本价值关系的见解是不能成立的，因为我把土地作为资本的典型。这一批评的最具体形式，便是指我所举的一个例子，在这个例子中我认为一个果园价值 10 万元，因为这一金额代表果园预期收入每年 5 千元的贴现价值。但是，即或我们将果园改为机器、房屋、工具、船只

---

① 举个例子，席格尔与布朗，前引书。

② 席格尔：前引书，第 844 页。

③ 席格尔、布朗与弗拉克斯，前引书；又洛里亚《费雪的利率论》，《政治经济学杂志》，第 16 卷，1908 年 10 月，第 331—332 页。

（这就是"为进一步生产而制造出来的生产资料"）的话，任何东西的价值就是它的预期收入的贴现价值这一原理仍是颠扑不破的。这并不等于说生产成本没有影响。但过去成本对资本财货的现值不发生影响，除非那些成本影响到它提供的将来服务的价值以及将来的成本。将来成本影响资本财货的现值更直接些，因为它们本身要依现行贴现率而折现。如果资本财货的再生产成本降低的话，它们的生产将要受到刺激，它们提供的服务的供给将要增加，这些服务的估价，即是说，这些资本财货的单位收入将要减低，所以，完全撇开对贴现率的影响不谈，缩减了的收入的资本化也将有下降的倾向，这肯定是不错的。而且，资本财货价值的下跌，通过机会原理的作用，将要达到一点，这时它等于资本财货的新生产成本加上代表利息总量的差额。

但是，这虽然是不错的，却有人表示反对说，根据供求的分析，一种商品供给增加时它的价值将要降低，一切财货供给增加时情形就不同了。"交换价值与价格是财货之间的关系。一种财货的供给增加，它与其他财货或货币相交换的比率将变得对它不利。然而如果你同时增加所有财货（包括标准货币材料的黄金在内）的供给，你就同时影响所有交换比率的左右二方，因而各个比率基本上仍和先前一样。庞巴维克的用语，'现在财货对将来财货之技术上的优越'，或比较熟悉的用语'资本的生产力'正是表明所有各种各样财货的增加。承认了资本的物质生产力（费雪并不怀疑这一点），我以为，资本的价值生产力，或者说得更确切些，由于资本帮助生产所造成的总价值产品的增加，就是逻辑上的必然结果了。……因为假定所有工具的生产力提高一倍就将引起工具生产费用的巨大变化，这是完全没有道理的，所以主张生产力的理论家一定要断言在这种情形下，利率如果不是加倍的话，也必然会有极大的增长。”[①]

我除重述1914年我对这一批评[②]所作答复的一部分外，或许没有更好的办法了。“资本生产力的提高，将引起这一资本的产品的价格或单位产品价值的降低。此外，如果，比如说，它只能按照收获递减律或成本递增律再生产的话，资本的生产费用也许会增大。显而易见，资本价值的净收获将不至于永久增加。总之，一方面生产的费用，另一方面资本的产品价格乘以增多了的产品，倾向于彼此调节直到互相适应并适合于利率的地步。但依据我的哲学，这一利率最后终归要下降而不是永久提高，因为资本生产力的加倍意味着社会收入最后要大大超过从前，收入的增多倾向于降低收入所有人的不耐。当利率还没有下降到与较低不耐率符合一致的时候，生产资本的再生产继续有利可图，直到调节完成为止——究竟是降低产品的价格、增加资本的成本、抑或两者兼而有之，这是没有关系的。在任何一种情形下，这一调节必定是通过降低利率而不是提高利率，因为，如果不耐率没有提高的话，利率是不会提高的；如果（根据我们的假定）收入川流数量增加而其他方面却没有变化的话，则不耐率是不会提高的”。

我和席格尔教授的争论，极可能是各谈各的，因为在过渡时

① 席格尔，前引书，第842—843、847页。

② 《利息的不耐说》，《美国经济评论》，第3卷，第3期，1913年9月，第614—615页。

期,当生产力加倍时,利率可能会提高。这在我的理论中已充分考虑到了。但即使在过渡时期,要使利率上涨,除了生产力的增加之外,还需要其他的条件;造成这一变动所需的成本必须在收入川流中算入并减掉。仅仅物质生产力是不够的。

我的见解已经说过了,H. G. 布朗教授曾经给我一个例证说明他对这个问题的见解,现在将它引用来,也可以更清楚地说明我们意见的分歧:

> “斯密是个渔夫。他的船(他的生意所必需的资本)损坏得简直不能再用了。一般讲来,他每周捕 40 条鱼,每条鱼卖 1 元,每周 40 元。他也是一个好木匠,能在一周的时间为他自己造一只船。但这样做时,他就必须放弃他能够捕获的价值 40 元的鱼,或卖鱼所得的 40 元钱。对他来讲,造一只船的成本是 40 元。如果他自己造船的话,这就是船在**牺牲**意义上的**成本**,即斯密必须以其劳动的其他产品(鱼)所作出的牺牲。
>
> “琼斯有一只已经造成的完全相同的船,要卖给他 150 元。斯密至多只肯支付 40 元。因为其他渔夫也是如此,所以对于这只船的这种**需求**的情况,使得琼斯得不到 150 元。于是事实便是这样的:斯密预期在**本**周从捕鱼所能得到的收入(40 元),影响了琼斯从已经造好的船(资本财货)所能索取的价格(价值)。价值 40 元的鱼,并不是**我们打算估价的这只船**的收入。它肯定不是那一收入的价值或**它的贴现价值**。它也不是**要估价的这只船的将来成本**。
>
> “你认为‘包括’在你的理论(资本价值的贴现原理)中的

成本是，举例来说，替换一个损坏的或破烂的椅子、破烂的桨架等等的预期成本（譬如说今后五年）以及油漆的每年成本。但是，斯密仿造琼斯的船所需的成本只是40元，这将使斯密不愿支付150元，纵然依据你的理论（就理论本身来讲）许可他这样做——因为他必须要有一只船。如果这40元成本对他的影响只是通过使他首先想到将来的服务要多些从而价值要低些的话，他的想法就很离奇了。这40元成本对他的出价有直接的影响，不只是因预期将来服务的重估价值而产生的影响。

“你不能使渔夫斯密的心理适合于你的理论的公式。你最好是制定一个公式使之适合于斯密的实际想法。”

我完全接受布朗教授的论证与结论，但他不能应用到我身上。他的争论点，即仿造现有资本的成本将影响到那一资本的价值，是完全正确的，但贴现公式也同样是完全正确的。

这两者不是矛盾的。如果它们是矛盾的话，依据同样逻辑，那么在每一经纪人的写字间里计算债券价值所依据的一般公认的公式，每当有更低廉的债券出现在市场时，就要天天发生矛盾了。经济学的首要原则自然是用最便宜的方法来取得一切，不论是自己制造、购买代替品或其他方法，在布朗教授的论证中，只因另有比较便宜的方法，这才引起了所谓混乱。

这一论证看来太过分了。假定琼斯要依某一价格卖给斯密一张债券，斯密不肯，因为他能够用较少的钱买进另一张同样的债券。他要选择比较便宜的，如果较小成本对他的影响只是通过使他首先仔细考虑贴现过程的话，他的“想法就很离奇”了。他只需要知道，如果琼斯的债券值得他索取的那个价格，那么比较便宜的一张显然就更值得了。琼斯将会发觉这种情形，可能就会减低他的价格。

这样，依据布朗教授的理解，这个便宜货不只是对预期服务的重估价值有影响，而且对琼斯的债券的价格有“直接的”影响。但我们不能由此得出结论说，债券价格的普通数学公式是不正确的。

在经济学与商业的整个领域里，没有比我们所提到的公式更明确更普及了。它是每天都应用在经纪人的写字间里，它是根据利息——票面上的利息与到期的时间——求得债券的价格。它是资本化原理在理论与实际上的最高典范。它不因市场上的贬价竞争而受到损害。

在经济上，船是高级的债券。如果琼斯要卖给斯密 150 元，而斯密能更便宜地买到，贴现原理并不因此就宣告无效。仅仅船舶市场要有重新的调整，像债券市场一样。并且，在个别交易中，人们不能重复这一交易而达到边际点——只有一只船而不是一系列的船——所以在广大的范围内买主获得他的消费者剩余，卖主获得他的生产者剩余。只有在一系列连续的船只或债券的情形下，我们才得到边际情况的圆满事例，在边际上，消费者地租消失了，相等代替了不相等。

在孤独的例子中，我们说斯密将不会支付多于资本化的价值就足够了。在平常一系列船只的情形下，资本化原理与成本原理都可适用于边际船。譬如说第七只船，斯密不论自制或购买都要花费 100 元。琼斯与其他船主要自 150 元减低他们的价格，斯密也将发现造这许多船就要花费 100 元而不是 40 元，姑且不谈一个重要事实，即他必须等待的时间要大大超过一个星期。

所有这些要点在我的论述中都提到了，布朗教授所举的事例只不过是交替机会的无数事例当中的一个罢了。斯密，像其他每个人一样，将采取最便宜的方法，即依市场利率计算选择劳动与满足的收入川流之具有最大现值的。

布朗教授注意到利息问题的机会部分，没有人比我更着重这一部分了。但在完全市场的分析中（在这种市场中个人是微不足道的因素），与投资机会交织在一起并且彼此一致的还有一条原理，即每个资本都是依其预期服务与成本的贴现价值来估价的。

我无意低估成本概念的重要性。它在我的心目中所占的重要地位是不能用我的各本书中论述它时所用的页数来衡量的，这些书的主要目的是研究收入的资本化。我以为，戴文波教授[①]对成本所抱的态度一般讲来是正确的。在这里我想试图指出的是，这些具有两面性的事件，即我所说的相互作用，在社会簿记中总是要复记的，记入贷方与借方，它们既不是最后的成本，也不是最后的收入。我也极力强调过，成本，当它是将来成本时，是与收入同等地参加资本化的。过去成本只是间接地影响现在的估价，因为它影响到将来的预期收入和成本。

没有人会主张一部陈旧的机器，即使情形良好，也能够根据它的成本来评价。只有在价值也等于依将来预期收入所估计的价值时，成本（连同利息）才等于价值；但这时把成本作为价值的决定要

① 戴文波：《价值与分配》。

素，等于是画蛇添足。的确，成本因限制供给而影响价值，从而影响将来服务的数量与价值，这是没有疑问的。当然，生意人不需遵循这一迂回的关系，他是直接将成本与价值联系起来的。然而经济学家却没有理由不全面分析这一错综复杂的关系。

20.4 不耐作为利率的一个决定要素

《利率论》一书的某些特点在许多读者中[①]引起了不幸的推论，说我把不耐看做利率的唯一的和完全的决定要素了。虽然我在本书中尽力防止对我的理论会引起同样的误解，虽然现在似乎不可能再有读者加我以纯粹不耐论者的罪名，但研究一下这个问题所涉及的各个因素是有好处的。

我们可引用费特尔教授的著作来说明利息的生产力说与时间偏好说之间的争论问题所在。他肯定地说，时间偏好是利息的唯一原因，虽然他假定物质生产力对价值生产力的产生是不可缺少的。[②] 他宣称他的理论是新的，不同的地方在于使资本化比契约利息居于优先地位，对“所有剩余现象给予统一的心理解释，这一剩余是当低估了的预期收入将近到期时出现的，这一剩余全部来自享用（直接的）财货的价值；而不是对生产财货与消费财货分别

① 参阅席格尔与弗拉克斯，前引书，特别是弗特尔所著《利息理论的今昔》，《美国经济评论》，第4卷，第1期，1914年3月，第69—72页。

② 费特尔：《利息理论的今昔》，《美国经济评论》，第4卷，第1期，1914年3月，第74、76、77页。

提出两个独立的理论。”[①]（着重点是我加的）

单就时间偏好的作用与影响来讲，我对这种说法提不出什么批评。我以为它相当符合我在第一近似理论中所论述的。那里假定收入是存在的，在数量与时间上是固定的，我们用不着问它们是怎样产生的。自然界并没有提供收入川流相互代替的选择。一个人只有经由借贷来修改他的收入川流。在这种假定的情形下，时间偏好将说明利息的存在，不需借助于任何收获超过成本率。但是这种假定在现实世界中绝不会有也绝不可能发生。

当然，固定不变的物质生产力，提供不变的物质收入川流，这是与我们看到的生活现实相抵触的，正如同说每个人的时间偏好，在任何时候和任何情形下都不变，一样是可笑的。在现实生活中，人们有在许多任意的收入川流中选择的机会。当这种机会存在时，时间偏好并不而且不能单独说明利息的出现。作为数学问题来讲，在第二与第三近似理论的情形下，不引进机会或生产力因素，利率是不确定的。[②]

生产力就是增加收入川流现值的可能性，它引进一些新的变数，这是必须作为利息问题的一部分来确定的，而每一新的变数需要一个新的方程式或新的条件。

碰巧作者们没有应用这一数学原理，所以往往认为他们关于

---

① 前引书，第77页。

② 如果我们愿意的话，我们能够用其他的变数来表示某些变数，如关于生产力或机会的变数（也即是收获超过成本率），好像将它们消去一样，这在求解联立方程式时总归是可能的。在我所写的第一本书中，基本上我是这样试图通过不耐率来表达收获超过成本率，或当时我叫做的牺牲的收获率。但是我们也同样能消去时间偏好而用收获率来表示它。

利息的解释有很大的分歧，大于彼此间的真正分歧。主张生产力的理论家与主张资本化或时间偏好的理论家曾经发生了争论。参加战斗的每一方，似乎都认为他自己的、而且只有他自己的解释是正确的和完备的，所以任何其他的解释就必定是错误的。事实上，生产力主义者与时间估价主义者的意见里面，他们所肯定的部分基本上是正确的，而他们的否定意见就不对了。由此，这些表现为敌对的和互相排斥的理论，事实上却是和谐的和互相补充的。

20.5 生产力作为利率的一个决定要素

当我们掌握住收入概念的真正性质时，将会发现它包括有许多特例，这在各个作者解释利率时已经提出来了。在我看来，只有仔细分析不耐与机会这些概念并确定它们各自对收入川流的影响，才能精确理解它们对利率的关系。通过这样的程序，我们得到了不耐性质以及把收入用来投资所得收获的根本解释，从而看到这些百分率，经由收入川流的变动，如何使之符合于利率。

我总觉得约翰·雷要比任何一位早期的作者更接近于掌握利息问题的所有要素。据雷氏说，一切资本工具都可按照收获超过成本率而依次排列。这等于说，任何工具的形成，既增加了又减少了生产者的原有收入川流，它的成本是减少的项目，收获是增加的项目。根据雷氏的说法，一件资本工具对一定的生产成本将提供一定的收获，这只不过是我的说法之另一形式而已。我的说法是，伴随着现在收入之一定的减少，必定有将来收入之一定的增加。目前减少与将来增加之间的关系可有广大范围的变化，在这个范围内选择将落在符合于一般利率的那一点上。

阿道夫·兰椎在他所著《资本的利息》一书中也理解到这一关系。他说道，决定利率的许多条件之一是“资本的生产力”，他给予这一用语以一个特殊的意义，[①]而实际上便是指收获超过成本率。

我以为，对我所著《利率论》一书的许多批评，赞成的与不赞成的，都根据于一个错误的假定，即所谓生产力要素在我的理论中是没有地位的。对我的理论的许多误解，也许是由于我的第一本书缺少一个适当名词来表示利息的生产力因素这一概念而产生的。

结果有一位批评家席格尔教授写道，我不承认庞巴维克所谓“现在财货对将来财货之技术上的优越”，或其他作者简单称为“资本的生产力”，对现在满足与将来满足间的比较有任何的影响，他认为利息之完全的和最后的解释须求之于这种比较。

这一批评继续说，“关于他这种表述利息各因素的方法，最显著的事实是他将他的讨论与财富生产的说明完全割裂开了。仔细阅读一下他的《利率论》和他的《基本原理》最后几章以外的全部（他开始讨论利息问题后的各章），读者或许很容易得到一种印象，即致富是一个纯粹心理作用的过程。这好像假定收入川流像山中的溪流一样是从自然的山坡上自发地喷射出来的，利率的决定完全是靠那些幸而取得收入的人们的心理反应。……全部生产过程被忽略了（或像作者所要说的那样，是当然的），然而没有生产，人

① 兰椎：《资本的利息》，第66—95页。

们就没有收入川流可资运用了。"[1]

我的见解与他这里所讲的完全相反。我在1913年写道：[2]

> "席格尔教授所说的'生产力'或'技术'要素，在我的理论中绝没有略而不谈的那回事，它是我的理论的基本特点之一，我还自以为我在这方面的论述是创造性的！事实是，我写作《利率论》的主要理由是，我以为庞巴维克和其他人都不曾发现'生产技术'在利率决定中的真正影响。我以为'技术'的一环在以前的解释中是不健全的，我与席格尔教授同样深切地感到这一环的绝对必要性，所以我就从事挖掘这一环的任务。关于这方面的必要性，我全然赞同庞巴维克的意见。"

除第一近似理论的暂时假定外，我不曾假定"收入川流像山中的溪流一样是从自然的山坡上自发地喷射出来的"，这是暂时假定的，正如同物理学家在研究落体现象时，暂时假定一个真空的情况一样，或用一个更好的但仍不完全的类比，正如同我们研究供求时，在引进供给表或供给曲线以前先假定供给是固定的。这一假定在第二与第三近似理论中就改为现实世界中比较复杂的情形了。像通常一样，我在这里的阐释方法是一步一步来的，意即每走一步引进一组变数，都是暂时假定所有其他情形不变。我也了解到这不是唯一的方法，它也许不是最好的方法，但它至少是正当的

① 席格尔：《利息的不耐说》，《美国经济评论》，第2卷，第4期，1912年12月，第835—837页。

② 《利息的不耐说》，《美国经济评论》，第3卷，第3期，1913年9月，第610页。

方法。

另一方面，我不认为利息理论要求对生产过程、社会分工、土地的利用、资本与科学管理等进行冗长的讨论，问题要限于发现生产对利率有怎样的关系。

然而不应根据上面所讲的就以为我是认为所有的生产力说都是正确的。在第3章中我曾提到，“天真的”生产力说主张利息的存在只是因为自然、土地与资本是生产的。

20.6 现在财货之技术上的优越

有些人已意识到把时间偏好或不耐作为利率的唯一决定要素是不全面的，庞巴维克便是其中的一个。可是他却把他的理论叫做利息的贴水说，因为他发现利率的实质在于现在财货与将来财货交换时对现在财货的贴水。

庞氏明白有力地提出了贴水说，亦即本书所谓不耐说或时间偏好说，并澄清了过去与之联系在一起的粗糙而不正确的见解。在我看来，恰恰在他试图用他的特殊论点，“现在财货对将来财货之技术上的优越”，来说明贴水的发生时，他犯了很大的错误。

他把利息论分为两个问题：(1)为什么会有利息存在？与(2)某一特定利率是如何决定的？

在回答第一个问题时，他实质上是说，这个世界的本质就是我们大多数人宁要现在财货而不要同一种类和同等数量的将来财货。照他的讲法，这一偏好来自三种情况：(1)“憧憬中对未来的低估”，意思是指这样的事实，就是人们对将来财货的认识是模糊的，所以争取将来财货的决心不如争取唾手可得的财货的决心来得大;(2)满足现在欲望的供应与满足将来欲望的供应比较时是相对不足的(一般地都是这样),换言之,现在财货与将来财货比较时是相对缺少的;(3)现在财货对将来财货之"技术上的优越",这就是庞氏所想象的迂回的或资本主义式的生产过程,比起提供目前收获的生产过程来,要更加有利。

这三种情况中的前二种无疑是恰当的,我用稍许不同的形式纳入本书中了。我所要试图说明的是,第三种情况——所谓现在财货对将来财货之技术上的优越——包含有根本的错误。

然而我对第三个论点的批评,并不在于否定利息中"技术"要素的存在或重要性,像有些人暗示的那样,而在于否定庞氏应用它的方式的正确性。正是为了表述我所看到的这一要素的真正性质,我才在本书第 7、8、11 与 13 各章这样强调机会原理。

照庞氏的讲法,劳动投在长的生产过程所提供的收获要大于投在短的生产过程。换个说法,劳动之投于迂回生产过程者,将给予使用那一劳动的人以技术上的利益。在庞氏试图证明这一技术上的优越所依据的论证中,有三个重要的步骤:第一步是假定一"平均生产时期",代表这个社会的生产过程的长短;第二步是平均生产时期愈长产品愈多的定理;第三步是结论,即长的生产过程生产率高,所以现在财货对将来财货具有技术上的优越。

虽然这三个步骤中的前两个是次要的,但对它们作以下的评述是适当的。我以为平均生产时期的概念过于武断和不确定,不足以作为庞氏试图据以论证的基础。它至多不过是个特殊的、极端想象的例子,不够一般化来包括全部技术情形。

庞氏本人在答复我最初的批评时声称，他同意我关于第二个步骤的争论点，即长的生产过程一般比较短的生产过程生产率高并不是普遍的真理。在无数可能的较长生产过程中，将只会选择那些比较短的生产过程生产率高的生产过程。[①] 我们在第11章中已经注意到这一点，那里表明 O 曲线是凹形的，只是因为曲线在最凹进的部分上面跳过去了！

对于现在财货之技术上的优越的理论，即长的生产过程给予现在财货（或现在劳动）所有主以特殊技术利益的理论，上述第三个步骤是有决定性的。庞氏断言，这种利益产生了现在财货优于将来财货的偏好，且不去考虑由于现在供给不足所引起的偏好，那是另外一个问题。现在假设生产时期的概念是确实的并且时期愈长产品愈多，我们仍能证明不会有这种技术上的优越随之而来。庞氏认为这一部分是他的全部理论中之最根本的，他一再说，这一部分的正确与否是决定这一理论能否成立的关键。

庞氏搞了一大套的表做例子，[②]来证明他关于有技术上的优越存在[③]的论断。每张表都是要说明在某一特定年份中可使用的

---

① 《资本正论》。"我那个论点只是这样的：这种效果只有在'适当选择的'长生产过程中才显著，超过这样长的生产过程，那就可能发生例外，虽然它适用于一般的、或像我在第一版中所说的大多数情况。"补编一，第3页。

"在这里，假如费雪像我在补编一第3页中那样认为，并不是任何较长的迂回生产单单由于迂回较长便具有更高的生产力，那么我们的意见就完全一致了。"补编四，第105页。

② 关于庞巴维克之技术上的优越论用表所提供的证明的确实性，在《利率论》中有详尽的分析。读者对这一分析感兴趣的可以参阅那本书，所以这里不需重复，但是提出在那里得到的结论还是适当的。

③ 《资本正论》，第266页。

一个月的劳动用于投资的各种可能性。他用每一连续年份递增的产品单位数,来表示生产过程愈长则生产率愈高。当每年的收益获得时,其边际效用是用递减的数列来表示,因为一堆财货的边际效用是随这一堆财货所包含的单位数的增加而减少的。他把1888年作为起点,即将劳动进行投资的第一年,所以代表有关各年任意产品的边际效用的一系列的数字,经由贴现而化成为一个数列,这个数列就代表1888年投资的每年收益的边际效用。他将每年收益的单位数乘以它的减低了的边际效用求得1888年投资的每年收益的主观价值。

把任一特定年份可使用的一个月的劳动进行投资时,当然就要它能提供最大的现值。然而将任何一年的表与依次连续的一年的表比较时,便知一个月的劳动能够愈早使用,则所选取的最大主观现值就愈大。

举个例子,从庞氏的表中可以看到,1888年可使用的一个月的劳动投在为期两年的生产过程最为有利,即于1890年能提供840最大主观现值。但1889年可使用的一个月的劳动要投在1893年完成的生产过程,才能提供最大的现值。然而在后一情形中,最大现值只有720,而1888年可使用的一个月的劳动所能得到的最大主观现值是840。

庞氏于是得出结论说,1888年可使用的一个月的劳动,其生产率比1889年、1890年或任一连续的年份可使用的一个月的劳动都高。换言之,照他的讲法,现在财货对将来财货之技术上的优越是固有的性质,完全不依赖于憧憬中对将来的低估和现在的供给不足。

他写道[1]:“这个结果不是偶然的,不是由于我们假设的特定数字而偶或产生的。根据较长生产方法一般有较多产量这个唯一的假定,它必然会得出这样的结果;不论各不同年份的产品数量与单位价值是用什么数字来表示,都必定会得出一模一样的结果。”

但庞氏的错误在于把这一结果全部归之于这个事实,就是比较长的生产过程生产率高。他的那些表里面是假定**其他两个**因素中有一个存在或两者都存在——即假定现在供应与将来比较时的相对不足,及因缺乏理智的想象或情感的自制而发生的憧憬中对未来的低估。正是这些要素,而且只有这些要素,产生了他的表中所显示的现在财货优于将来财货的利益。

这个结果全然不是来自“较长生产方法一般有较多产量这个唯一的假定”,它与这个假定没有任何关系;如果我们采取与庞氏相反的假定,即假定生产过程愈长收获愈小,就能够清楚地看出这一点。这样仍将得到和上面完全相同的结果。劳动仍将在尽可能早的时机进行投资。换句话说,将代表产品单位的数字改为递减的,而不是递增的。其唯一的不同之处是,1888 年可使用的一个月的劳动现在将投在本年能提供收获的生产过程,而不是像上面那样投在两年的生产过程。如果对每年进行计算并比较所得的结果,我们可以看到,1888 年的投资提供最大的收获,正和以前的假定下所得的结论一样。

而且,如果所有各表中的生产力始而增加继而减少或始而减少继而增加的话,也将得到同样的结果。只要代表减低了的边际

① 《资本正论》,第 268 页。

效用的数字减小时,“产品单位”可以是任何的种类,一点也不影响根本的结果,这就是一个月的劳动愈早使用,它的价值也便愈高。

另一方面,如果情形反转过来,减低了的边际效用不是减小的话,较早可使用的劳动将不会有较高的价值,不论“产品单位”的性质是怎样的。

然而庞氏明确地否定了这一点:[①]

> “现在生产资料之价值上的优越,系根据它们的技术上的优越,不是借助于这些情况(即憧憬中对未来的低估与现在供给的相对不足);即使这些情况全然不存在时,它也将因其本身的力量而表现出来。我之所以在假定中引进另外两种情况,只是为了使它比较接近于现实生活,或使它不至于十分可笑。譬如说,从例证中完全取消憧憬中对未来低估的影响。”

不错,在他的表中,现在可使用的一个月的劳动的估价,是要高于较晚时期可使用的同样一个月的劳动的估价。但是庞氏在他的例证中,却小心翼翼地保持那另外“两种情况”中的一种,即将来供应的相对过多,据他告诉我们,这是可以放弃的。使两种情况中的一种继续有效,而不是使两种都继续有效,只不过是稍微改变一下“减低了的边际效用”的数列。只要数列仍然是下降的,特定数字的变动就不十分重要了,不论下降是由于憧憬中对将来的低估,还是现在供应的相对不足,或两者兼而有之,这是没有关系的。

① 《资本正论》,第268页。

庞氏的第三个因素——所谓现在财货对将来财货之技术上的优越——的独立性之唯一公正的检验方法，是把另外那**两个**要素（低估将来与将来供应相对过多）除掉，以便使边际效用不是累进的减少；换言之，使代表“减低了的边际效用”的数字全都相等。可是为了某种原因，庞氏迟迟不愿这样做。他说道：①

> “但是，如果我们也将不同时期供应情况的差别抽象掉的话，情形就极不像是真的，甚至是自相矛盾的了。”

即使这是对的话（我看不是的），仍然没有理由不把探讨进行到底。可是这样做以后，各个年份产品现值的数字就变成绝对一样的；因此，前者的最大值（如果有最大值的话）必定与后者的最大值相同。

虽然庞氏在他的表中不曾考虑这种情形，他在正文里却简单谈到了，他似乎因此有点感到困惑。他说道：②

> “如果产品单位的价值在所有时期，不论多么遥远，都是一样的话，那么最充裕的产品自然同时就是最有价值的。但由于最充裕的产品是用最长的与迂回的生产方法获得的——或者延伸到几十年——因而所有现在生产资料的经济重心，在这个假定下，都将处于极遥远的时期——这与我们的所有

① 《资本正论》，第 269 页。

② 同上。

经验完全抵触。”

庞氏在这里所发生的混乱，大概由于他坚持产品随生产时期的延长而无限的增加。事实上，我们应该假定产品在这一数列的某点是要减少的。这样，今年可使用的劳动与明年可使用的劳动完全平等，我们将能对这个事实给予更实际的说明。

结论是，如果我们取消“另外那两种情况”（对将来的相对低估与供应相对过多），我们也就完全取消现在财货比将来财货所具有的优越。假定中的第三种情况，技术上的优越，就庞氏的意义讲结果是不存在的。

事实是，任何一个人宁要今天投下的一个月的劳动的产品，而不要明年投下的一个月的劳动的产品，其唯一理由，在于今天投资要比明年投资收获得早。[①] 如果一棵果树今天种植、四年结果的话，人们宁要今天可用于种树的劳动，而不要明年可用的同等数量劳动，因为种植如果延迟一年，产品也同样要延迟一年，即要在从现在开始的第五年而不是第四年结果实。它并不改变若干种不同投资的可能性这一基本事实。不错，今天的一个月的劳动可用于种植成长慢的树或成长快的树，但明年投下的一个月劳动同样也可以。所谓现在财货对将来财货之技术上的优越，像庞巴维克所想象的那样，其全部意义在于任何生产过程的早期收获优于晚期收获的偏好。

① 这在庞氏表中所暗含的假定下是不错的，即产品除其可利用的时间外都是一样的，这就是说，代表“产品单位”的数字数列是相同的，如表所示。

然而庞氏却试图用下述论证[1]来证明，他的第三种情况——所谓现在财货之技术上的优越——实在不依赖于头两种情况：

> “……如果财货之用于将来时期，不仅在技术上而且在经济上都比用于现在或最近的将来收获更多的话，当然人们要将他们的一堆财货大部分从现在的使用转向收获更多的将来使用。但这立即使现在的供应衰减，将来的供应充沛，于是将来就会有双重利益：更大量的生产工具转向将来的使用以及那些工具用于收获更多的生产方法。这样，供应情况的不同本可暂时消失的，却又自动发生了。”
>
> “但是，恰在这一点上我们得到最好的证明，就是我们所谈论的优越不依赖于供应情况的不同：决无必要借助这种供应不同的力量或作用，相反地，它能在必要时引起这种供应的不同。……我们必须论到剩余价值的第三种原因，这一种原因不依赖于前述两种原因中的任何一种。”

庞氏在这里的论辩是，如果产生利息的“其他两种情况”，即对将来的低估与现在供应的不足，暂时消失的话，它们将因选取迂回生产过程而不得不继续存在。换句话说，现在财货之技术上的优越之所以能产生利息，仍须假定另外那两种情况存在。但这等于承认技术上的优越实际上是通过其他两种情况的存在而取得它的力量，它不是独立的。基本事实是，单有技术上的优越而没有其他

① 《资本正论》，第269—270页。

两种情况存在时，并不产生利息。[①]

虽然庞氏在他的《资本正论》第三版以及补编中用了许多篇幅来答复我的批评，[②]但在他的答复中我找不到足以影响上述主要论辩的东西。[③] 我在这里省略了我原来的一些次要批评，对于这些批评庞氏已经答复过了。

由此，庞氏企图正确地系统阐述"技术"特征是没有效果的，关于他的失败，也许最有趣的一点是，"技术"特征实际上比他所想象的要简单得多。它不需要那么一大套的表格和表中各栏的比较。他的表中第一栏代表选择任意收入川流的许多形式之一，这里就暗含有真正的"技术"特征。这一栏表示一系列长短不同的生产时期所能生产出来的一系列的产品数量。这个数列完全类似本书图7.1 中表示不同时期可自森林获得木材的一系列纵坐标。在这个数列或曲线上有一点，在这一点上，如果再将时间延长一年，那么

① 参阅布特克维兹：《庞巴维克利息理论的根本错误》，见德文《政法年鉴》，工商管理与国民经济部分，1906 年，第 61—90 页。

又参阅沙波斯尼可夫：《庞巴维克的利息理论》，见《经济与统计年鉴》，耶那，古斯塔夫·费雪公司出版，第三续编，第 33 卷(LXXXVIII)，第 433—451 页。

② 《资本正论》第 3 卷与《资本正论补编》。特别参阅补编四与补编十二。

③ 庞巴维克宣称，仅仅找出一特定问题中发生作用的因素并不等于说明那些因素。他认为，我的利息理论只有在这个问题经由联立方程式的数学解答与他所谓"原因的"解答相同或至少有些相似时，才算是适当的。

当然，这两种解决方式是不同的。原因的解答不能简单地想象为一个因素单纯是因、另一因素单纯是果。一切科学的发展要求放弃这种简单化的因果关系概念，而采取比较实际的均衡概念。

在本书中，所有因素都看做变数。一个因素的搅乱对所有其他因素发生反作用，而其他因素的变动又对原来搅乱的因素发生反作用。利息问题经由联立方程式的数学解答，承认利息问题中所有因素的相互依赖关系，同时又为利息问题提出确定的解答。

所增加的产量较前一年产量的增长率(即将提供的收获超过成本率,收获与成本均以实物计算)将与利率符合一致。说来奇怪,庞氏并没有在他的表中提到这一导数。如果他的表不仅包括一个100天劳动的定量,而且扩展到许多这样的定量,并将"劳动"与"产品"化为公分母,就能提出另一比较接近庞氏显然所要摸索的形式。这样,边际劳动的产品将是收获,劳动本身将是成本,由此就能推算出超过成本的收获。但庞氏实际采用的比较却搞错了。

20.7 利息作为成本

我希望从前面的批评与讨论中可以看到,我在本书中充分认识到生产力、生产技术与成本等要素,我反对其他许多作者关于这些要素的论述,主要是因为他们的论述不合适,使得利息问题不确定,或简单地由于他们没有将利息问题归结为最简单的概念。

特别是,我们已经注意到,最后的经济成本是劳动,所有穿插在劳动与满足间的货币支付与企业活动等,从广大的范围来看,都是可以消除的。我曾尽力用各种方法依健全的会计原理来表述利息理论,即使对利息理论不致发生重大的损害,也不因此而让不健全的会计掺杂进来。

照我看来,把等待看做成本,是把不健全的会计插进这个讨论的最坏的例子。

这种情况的产生,是由于他们有一个共同的倾向,便是用成本来说明一切经济价值。当我们不能找到成本时,我们发明出一个成本来。我们深深感到必须用成本才能充分说明利息现象。当我们发现生产资本的成本或管理资本、组织资本或投放资本的成本不能够完全说明问题时,就转而投靠等待、节欲或劳动的储蓄了。

不错,一些作者使用这些字句所表示的意思和我所用的不耐或时间偏好这种用语中所包含的意思没有什么出入。在这种情形下,问题只不过是术语的问题。然而在很多的情况下,我认为节欲说或等待说与不耐说不只是字句上的不同,而且是实质上的不同。这一学说假定节欲或等待是作为生产成本中的一个独立项目而存在的,可以加到其他成本上面并与它们同等看待。

如果节欲、等待或劳动的储蓄在某种意义上是成本的话,它肯定与前面我们看作成本的所有其他项目意义极不相同。举个实例就会弄清楚真实成本与纯粹虚构的或发明的等待成本间的区别。依据等待说,等待是成本,如果种植小树成本是价值 1 元的劳动,在 25 年的时期内不再花费劳动或其他成本(除等待之外),这棵小树值 3 元,这 3 元钱恰是生产这棵树的全部成本的等值。据说这一成本中的项目是,价值 1 元的劳动与价值 2 元的等待。

然而依照本书的理论,生产这棵树的成本是、而且只是价值 1 元的劳动。树的价值 3 元,超过成本的剩余是 2 元,这就是利息,我们的任务正是要说明利息的存在。劳动成本与等待根本不同,从而不能等量齐观,虽然每一项与其他一项都是同样意义的成本。

对于等待成本我们既不能脱离所等待的项目,在时间上确定它的位置,也不能像其他项目一样予以贴现,因为它本身就是贴现。如果我们将贴现予以贴现的话,我们还必须将贴现的贴现再予以贴现,从而无限地重复这一过程。

如果我们坚持把等待或节欲叫做成本的话,我们就会把所有经济会计变成十分可笑的事。尤其是最简单最纯粹类型的收入——一永久的年金，根据这种会计方法，将变成为全然没有收入的了。

有一位能干的批评家兼记者承认这一事实后简单讲道，“有什么关系呢?”

好！也许对利息理论本身是不重要的。但因那终归是本书的唯一论题，所以我将留待附录中讨论它对会计有什么关系的问题。[①]

20.8　经验与制度对利率的影响

任一特定市场利率是如何完全决定的问题，是一个错综复杂的、难以解决的问题，正如同要充分说明任何一个历史事实的问题一样。本书并未自称是分析对利率起作用的每一可能影响所必需的一本不朽著作。本书的目的，只是将利息问题中发生作用的根本的或基本的力量隔离起来研究。

如果你愿意的话，这可叫做理论的、理性的和哲学的研究，而不是统计的、经验的或数量的研究。固然不错，在讨论本书的理论部分时，我们也采用了经验的证明，但这种分析是对所阐释的或检验的原理的补充，它不是独立的。

所以，根据这样的研究目的，就必定要撇开无数次要的因素，以便集中分析有关的主要因素。纯粹经济理论就是关于后一种因

① 参阅本章附录。

素的，而本书则旨在纯理论的研究。

因此，本书最终目的在于说明利率在真空状态或所作假定的理想作用下是如何决定的。在这一范围外，还有简直无数的其他力量，我们必须对这一些力量先加以分析或考虑进去，才能够对一个真实的市场利率进行适当的解释。

于是在第 2 章中提出货币价值变动对利率的理论关系后，我们假定此后（一直到第 19 章为止）货币价值不变，因而不存在货币价值变动的影响。可是我们知道，这样的假定在通货不断膨胀与紧缩的现实世界中是难得实现的。

虽然纯理论的研究法与科学研究整个范围内所使用的方法是一致的，对有些人说来它也许不免会遭到这样的批评，认为：就实际工作讲它是不真实的，如果不是无用的话，也得认为是有缺陷的。[①] 由于各人研究这个问题所循的途径不同，我们虽然不可能简明地叙述环绕这一点上的许多批评意见，但也可举些例子来说明这种种批评的一般内容与性质。

举例来说，T. 凡勃仑教授断言，在商业和货币信用经济不曾达到高度发展以前，利息是不存在的。他争辩说，信用经济引起利息经济，而信用经济“只存在于相对短暂的文明阶段，在这以前，几千年的文化发展过程中，从来不觉得有利息这种东西的存在”（见凡勃仑《费雪的利率论》，第 299 页）。

① 凡勃仑：《费雪的利率论》，政治学季刊，第 24 卷，1909 年 6 月，第 296—303 页。马尔格特：《借款资金》，哈佛大学的一篇博士论文，1926 年；熊彼得：《经济发展的理论》，第 363 页。读过本书原稿的有几个人在私人通信中也有类似的批评，特别是 L. D. 伊迪，B. H. 伯卡尔特与 C. O. 哈迪教授等。

“总之”，他继续说道，“利息是条商业命题，只有用商业来说明，而不能像费雪先生企图做的那样用生活来说明”(见凡勃仑《费雪的利率论》，第299页)。他承认商业也许是谋得生活的主要的或唯一的方法，但又断言商业收益不能转变为消费的感觉，他认为这是我的理论所要求的(见凡勃仑《费雪的利率论》，第299、300页)。可转变性或等值的争论是荒谬的，因为“习惯的活动方式与关系已经成长起来，并通过习俗而融合到制度的结构中了”(见凡勃仑《费雪的利率论》，第300页)。

如果我们一开始时便假定，在货币或信用经济中对货币借贷所确定的市场利率，是唯一存在的利率，我们就面临一个问题，需要说明为什么会有这样的利率存在。制度本身不能说明它。像商业一样，制度与习俗是人们创造出来的，它不是为了与人们生活和感觉无关的某种无从说明的目的，而是为了要增加他们从生活中所得到的满足。制度不能使人们的言行有所异于人。人所建立的和运用的制度，只不过是人所设计的一些工具，用来为他取得更容易、更丰富的满足罢了。

根据我的分析，我发现人对今天享受所感到的不耐，和为了提供将来的享受而争取机会进行投资的愿望，是收入与利息之所以发生的根本原因。把商业制度作为起点并企图把利息的存在说成是银行产生的现象，就好像试图把价值说成是产品市场与证券交易所创造出来的东西一样。

不耐与机会是通过商业制度的运用而发生作用的，人们从事有关现在收入与将来收入间的选择的活动时，就不免受这种冲动和情势的支配。所以利息不能局限于明显的、契约的现象，而必定是一切买卖、一切有关现在与将来的交易和人的活动所固有的。

虽然我不能接受因理论脱离实际而不要理论的见解，但是我深刻了解这一事实，即这样的理论并未原原本本说明实际的利率。纯理论是不需要这样做的。

然而在纯理论下了定论之后，仍有广阔的园地可以对省略了的因素从事经验的研究。当我们假定不稳定的金元保持稳定而不搅乱决定利率的根本力量时，我们也知道，实际上货币价值的变动对这些力量的搅乱是巨大的——由于“货币的错觉”关系。

法律、黄金移动、证券交易所投机、银行惯例与政策、政府财政、公司实务、投资信托以及许多其他因素对所谓金融市场都发生一定的影响，而利率就是由金融市场决定的。实际上，这些问题是与基本理论同等重要的。换句话说，理论假定海是风平浪静的，而现实生活则代表一个波浪滔天的大海。

20.9 结 论

在研究像利率这样一个复杂的和多方面的问题时，自然(事实上也很必要)应有许多不同的研究、观点和方法。然而遗憾的是，这种互不相同的解释和分析的自由，常常引起误解、混乱和非本质差别的夸大。

我在这一章企图提出和分析对《利率论》的批评中所包含的一些问题，我认为这些问题是比较重要的，而且研究利息问题的学者在这方面还存在着重大的分歧。

在我看来，有许多问题是由于对我的利息理论的误解。这类批评对我有很大的帮助，使我看到在我说明这一理论的初步尝试中所存在的缺点。我希望我现在所做的努力，即更显明更清晰地提出利息问题的一个解答，将能使这些次要的问题从属于基本理论中更重要的争论。

这样做后，我确信经济理论家们将会发现，他们在基本理论问题上的分歧，并不像他们的著作外表显示的那样大。当他们达到互相了解时，无疑将会发现他们之间的分歧往往是表面的而不是实质的，主要是在于研究和分析方法的不同而已。

附录：等待作为成本

如果等待像其他成本一样也是一种成本的话，那么它要受贴现规律的支配，按照贴现规律，一种财富的资本价值等于它的预期收入的贴现价值减去它的预期支出的贴现价值。上面所说树的价值，在第 14 年年终时实际上约为 2 元，这是树在第 25 年年终所将提供的 3 元收入的贴现价值。根据我所相信的正确理论，这 3 元就是这一事例中包含有的唯一将来项目。但是根据我在这里进行批评的理论，情形就不同了。除 11 年后的 3 元正项收入外，我们还必须计算 11 个负项，就是分布于这 11 年中的所谓“等待”，它相当于利息——第 1 年约为 0.10 元，逐渐增加到最后 1 年的 0.15 元。如果这些等待项目是**真实的**逐年成本的话——譬如说，像修剪树枝的真实劳动成本一样——那么贴现方法当然对它们也是适用的。这就是说，如果等待成本当真存在的话，它们也应当进行贴现，应当从 3 元预期收入的贴现价值中减去它们的贴现价值。但是这样一来，我们就必须确定树的价值，不是正确的 2 元数字而是一个小得多的不正确数字了。所以我们不能像一切真正成本那样来将所谓“等待”成本予以贴现，这个事实证明，即使我们坚持把“等待”叫做成本，它也是与真正成本根本不同的。[①]

如果我们要有一个合乎逻辑的、有用的、前后一致的收入与资本理论，所有收入项目，正的或负的——负的是“成本”——都必须是可以贴现的。

但是，节欲理论家为答复这一反对意见，也许要争辩说（据我所能想到的，这可说是他们的最好的争论），等待成本肯定是不可贴现的成本，然而将它们包括在成本单内，其他成本或收入项目就没有贴现的必要了。如果一切收入与所有成本项目，包括等待在内，都按照全部价值计算——全不贴现——资本就可简单地按照它们的净数来估价。这样，将“等待”算做成本好像是另一巧妙的记账方法。我们采取这种制度，显然能够避免贴现而单将各个项目进行加减就行了，不管它们发生在什么时间。这个程序应用于资本价值时，固可消除对成本节欲说的非难，但应用于收入时，它仍不免受到同样强烈的反对。如果等待是真正经济成本的话，它必定要列入收入账的支出方面。就树的成本来讲，这将如何应用，见下表：

树的收入账（如果等待是成本） （元）

	真正收入	所谓支出	所谓净收入	年终时真正资本价值
第 1 年	0.00	劳动　1.00		

① 参阅庞巴维克：《关于利息的近代文献（1884—1899）》，第 35 页。

（续表）

	真正收入	所谓支出		所谓净收入	年终时真正资本价值
		等待	0.05		1.05
第 2 年	0.00	等待	0.05		1.10
第 3 年	0.00	等待	0.05		1.15
⋮	⋮	⋮	⋮	⋮	⋮
第 14 年	0.00	等待	0.10		2.00
⋮	⋮	⋮	⋮	⋮	⋮
第 25 年	3.00	等待	0.15		3.00
总　计	3.00		3.00	0.00	

根据这种会计方法我们看到，小树种植的那一年，它的成本是年初花费的 1 元劳动与第 1 年中价值 0.05 元的等待。第 2 年差不多需要同等数量的等待成本，每一连续年份依此类推，等待成本逐渐增加，像表中依复利计算的那样，第 14 年为 0.10 元，第 25 年为 0.15 元。于是 25 年的总成本是 3 元，最后种植人卖树所得也是 3 元。因此，如果我们从开始施工到最后卖树这一整个时期来看，净收入等于零。这个结果至少有点不可思议，但从下述另外一些例子更加看出应用这种簿记的结果是不可思议的了。

假定一个人享有每年 100 元总共 10 年的一笔年金。按照普通记账方法，他的收入就是这每年的 100 元。但是，如果把等待算做成本的话，我们将发现每年收入要少于 100 元。设利率为 5%，这笔年金的享有人在第一年中必须遭受“等待”的牺牲达 39 元；因为这是他的年金在该年由于等待年金的将来各期收入而增加的价值。[①]

① 这是显而易见的，因为他这笔年金的价值依 5%资本化，在第 1 年年初计算时为 772 元，而在年终计算时为 811 元（在第 1 年的 100 元未支付前）。

于是根据这种会计，他在第1年的净收入不是100元，而是100元减39元，即61元。在第2年的时候，他的第2年收入要稍大些，因为“等待”成本只有35元。所以他的净收入是100元减35元，即65元。依同样方法算出以后各年的收入有如下表：

一笔年金的收入账（如果等待是成本） （元）

	真正收入	所谓支出		所谓净收入	年终时真正资本价值
第1年	100	等待	39	61	772
第2年	100	等待	35	65	711
第3年	100	等待	32	68	646
第4年	100	等待	29	71	578
第5年	100	等待	25	75	507
第6年	100	等待	22	78	432
第7年	100	等待	18	82	354
第8年	100	等待	14	86	272
第9年	100	等待	9	91	186
第10年	100	等待	5	95	95
	1 000		228	772	

引进一个新的、特殊的成本要素的结果，使领受年金人的净收入不是他实际收得的100元（这在常识上也认为是来自年金的收入），而是表中所列的一些奇怪数额，即61元、65元、68元等等，这是好簿记吗？[①]

① 说来有趣的是，这个错误是一个更普通错误的反面或补充，根据后一错误的主张，净收入是100元减去“贬值”。第1年贬值是772元减711元，即61元，所以“收入”是39元。当不是贬值而是升值或储蓄时，这种会计方法将使储蓄变成收入而不是资本了。我写了两篇文章对储蓄或贬值的错误论点特别加以讨论，即《储蓄是（接下页注）

为了进行彻底的批评，让我们最后考察一下每年 100 元的永久年金。在这种情形下，我们将发现每年的“等待成本”就是全部的 100 元，因为这种年金的价值，依 5%计算，在每年年初为 2 000 元，年终为 2 100 元。如果每年 100 元的等待成本看做是负项收入，并像其他成本一样须从正项收入中减去，那么我们必定得出这样的结论：这一永久年金的享有人每年都得不到任何的收入！因为，如果我们从 100 元正项收入中减掉 100 元的等待成本，每年就没有剩余了！然而永久年金却是收入的最简单的、最纯粹的情形。

现在非常清楚，把“等待”叫做成本的理论不攻自破了。如果认真地对待它并引用到会计制度中去，它不是破坏贴现或资本化原理，就是曲解甚至消灭最简单、最典型形式的收入——永久的年金。它错误地把资本估价的公式简化了。

一件物品的价值或价格应等于它的成本的思想，似乎迷惑了不少经济学者。庞巴维克曾根据类似上述的论证充分揭露了它的虚伪性。如果我们考虑到，这种簿记方法应用于将来收入又应用于过去收入时会得到怎样的结果，它的逻辑结论极为荒谬，是显而易见的。它是一个恶劣的规则，不是两面可用的。把这一规则应用于将来预期收入与支出时，就得出奇怪的结果，即任何物品的资本价值不是小于而是等于它的预期收入。现在我们再回到种树的

(接上页注)收入吗?》(美国经济学会杂志，1908 年 4 月)和《从经验角度来看收入的概念》，它已成为热烈争论的问题。一些经济学家在他们的体系中一部分犯了储蓄是收入、贬值是支出的错误，另一部分又犯了等待是成本的错误。两者都不可能正确。这都是对资本与收入缺乏牢靠的概念所产生的恶果。如果我们要迷恋于这种假借的说法，“我是用等待的‘成本’来获得它的”，我们就难免于不正确了。这些所谓“成本”只不过是假借的说法而已。

例子,计算它在第 14 年年终的价值。那时它值 2 元,用节欲理论家的话来说,这等于它以前的生产成本,即价值 1 元的劳动加上价值 1 元的 14 年的等待。同样,它也等于它所提供的将来收入,即第 25 年年终卖树的实际收入 3 元减掉等待这 3 元的成本 1 元。

同理,方才所说的 10 年年金领受人在开始时有一笔价值 772 元的财产。根据正当的簿记,这是每年 100 元总共 10 年这一将来收入的贴现价值,这笔收入的总数是 1 000 元。但是根据节欲说的逻辑推论,上面说过,年金领受人在整个 10 年内所得的收入不是 1 000 元而是 772 元,恰等于财产的价值。[①] 我们采用极限法,发现这一定理也适用于永久年金的享有人。根据真实的、普通的计算方法,这种年金的总收入是无限大,虽然它的现在资本价值只有 2 000 元。但节欲理论家却认为收入本身不是无限的,只不过 2 000 元罢了。

根据节欲理论家们的公式,资本价值不是大于而是恰等于过去的生产成本,这里又牵连到另一相反的命题,即任一将来预期收入的资本价值不是小于而是恰等于那一收入,凡醉心于前一公式之简洁可爱的人们不至于为后一命题之异常简化所迷惑吧。

节欲理论家的错误在于一个简单的事实,就是等待不能作为"成本"而独立存在。要不是首先知道其他更真实、更实质的成本,

① 这个结果似乎与上面指出的事实相矛盾,即根据节欲理论家的虚伪计算,每年净收入都是零;免得不熟悉数学的读者弄不懂,我们必须记住,零收入是不断反复产生的,当我们论到无限大时,我们只有用极限法才能获得可靠的结果。熟谙数学的读者不难用极限法表明,还有一个"剩余项",这在假想的会计中使分布于无限将来的总收入恰等于资本价值 2 000 元。

我们既不能确定它的时间,也不能估计它的数量。除非有要等待的物品,等待就没有什么意义了,等待成本只能按照要等待的物品量的比例来估计。要等待的是支付或构成收入或支出的其他事件。但对收入或支出的等待本身并不就是收入或支出。

当我们愈接近于构成真正收入的项目时,价值的单纯增值既不是收入也不是支出,而是资本收益。我们应当记在心中的典型景象是条锯齿状的曲线,它是交错地时而沿一贴现曲线逐渐上升,时而随收入的取得而陡然下降。这一景象中的唯一收入是一系列的陡然降落部分,所有其余的东西都是随它们为转移的。每个锯齿的逐渐上升部分并不是收入,否则它将使真正收入(大部分)重复了。它也不是支出,否则它将使真正收入(大部分)消失了。

在债券按照面值出售的情形下,这些交错的上升部分与降落部分是相等的,我们漫不经心地都把它们叫做利息或收入。但当债券高于或低于面值出售时,我们立刻可看出其中的区别。如果我们把刚才所说的贯彻到底的话,我们就不至于误入迷途了。

甚至对那些没有正式接受利息成本说的人来讲,在某种意义上利息本身似乎也是一种成本,而在大多数经济学著作中,利息不论怎样解释,总是看做生产成本之一。不错,就支付利息的债务人来讲,利息对于他是真实的成本,要记入他的账簿的借方。但是,我们只要回想一下本书第1章所讲的复式簿记就可看到,这一项目在债权人的账簿中冲销掉了,对于他,利息绝不是成本,相反地,它是一项收入。所以就整个社会来讲,纵使利息是明白支付的,也不能说它构成生产成本。在一个人运用自己资本的情形下,这一说法的真实性就更加明显了。有些经济学家说,独立的资本家也必须把利息作为他的生产成本支出，他们似乎忘掉这种自付自的利息还必须作为收入支还。劳动牺牲就完全不同了。它是真实的成本，从来没有一种簿记能够将它勾销掉。把利息假定为成本的错误，无疑是由于从“企业家”的观点来看待生产的习惯。因为企业家常常**支付**利息，从而把它纯粹看做成本了。

节欲说不只是字句的问题，它与行得通的收入理论是抵触的，就这方面讲，我花了很大篇幅来进行驳斥，因为它的错误是如此的微妙、隐蔽，以致许多最优秀、最谨慎的经济学家都受到它的欺骗。

21. 提　要

21.1　利息与货币购买力

我们已经看到，在理论上利率可以有表面的变动与真实的变动，表面变动是与价值标准的变动相联系的，真实变动是与其他更深刻的经济原因相联系的。

关于利率的表面变动，我们发现，在理论上，用来表示利率的价值标准与某一别的标准比较，如果升值1%时，将使依前一标准计算的利率较依后一标准计算的利率约减低1%；相反地，1%的贬值将使利率提高同等的数值。利率的这种变动只不过是用来表示利率的数字的变动，而不是根本上的真实变动。可是在现实的实务中，由于缺乏这种完全的理论上的调整，货币本位的升值或贬值的确对利率产生了真实的影响，这是一个极为恶性的影响。这种影响，在货币购买力发生巨大变动的时期，是对实际利率的所有影响中最为重大的一个。这个影响是由于货币利率虽多少要按照第2章与第19章所述理论而变动，但通常它的变动不足以充分补偿货币的升值或贬值。利率调整的不足，造成债务人的意外损失和债权人的意外收获，或依情况不同而发生相反的情形。当物价水平下跌时，利率表面上是轻微的下跌，实际上是大大的上涨；当物价水平上涨时，利率表面上是轻微的上涨，实际上是大大的下跌。因此，在对利率进行统计分析时，要确定每一情形中货币本位变动的方向，还必须记住利率真实变动的方向，一般是恰与表面上变动的方向相反，这是极端重要的。

我们也必须注意，当货币利率因货币购买力的变动而进行调整时，它基本上是(1)落后的与(2)间接的。我们已经表明，这个落后的分布范围达好多年。货币购买力的间接影响多半是来自影响商业利润与交易数量的一些中间步骤，这些中间步骤依次又影响到借贷的需求和利率。很少由于远见而进行直接的、有意识的调整。凡是远见显著的地方，像德国通货膨胀的后期，其影响的时间落后是比较小的。

21.2　六条原理

但是，更基本的利息理论就预先假定稳定的货币购买力，因为这样就可以使实际利率与名义利率一致。在这种情形下，利率在理论上是由六组方程式或条件决定的：两条机会原理；两条不耐原理与两条市场原理。最后一对原理可以说包括有表面上的供求。

(甲)市场必须平衡——每一段时期都要平衡。(乙)债务必须偿付。

其他两对原理代表供求背后的两组力量，一组是客观的，另一组是主观的。主观的一对原理表示人性不耐或时间偏好的影响。

(甲)时间偏好率决定于有关各个人的特征和每个人的预期收入，它的数量大小、时间形态和风险。(乙)每个人的时间偏好率，在选择的边际上，倾向符合于市场利率。人对花费与享用收入的不耐就具体化为市场利率。

客观的一对原理表示投资机会的影响。

（甲）每个人都有大量的机会来改变他的预期收入川流的性质。（乙）在选择的边际上，一个人在以更早收入为成本所获得的将来收入的增加，就是超过那一成本的收获，这一收获超过该成本的百分率也具体化为市场利率。

所以利率既反映即刻花费收入的不耐，又反映延迟花费来增加收入的机会。

于是从主观与客观两方面便产生出市场利率的种种原始形态，每个人有一个这种原始形态。

利率 i 等于每个人的不耐程度亦即时间偏好率 f，同时也等于他的投资机会率或收获超过成本率 r。

可是这些方程式，如果没有表示其他四组决定条件（平衡市场、偿还借款、不耐与投资机会之经验上的相倚）的方程式，还不足以使问题有解。

若单从主观方面，即通过时间偏好，或单从客观方面，即通过投资机会、“生产力”或“生产技术”，就更不可能决定利率了。

要全面的说明利率现象，就需要主观和客观两方面的条件（还有市场原理），以便使问题中的独立方程式的数目与未知的变数的数目相等。而且，利率不只一个，而是有许多个，每一段时期一个。但即使这样，我们说上述的理论是完全的，也只是指在所假定的理论条件下而言。如果我们越出预先假定条件的范围，以便能更接近现实世界的话，我们就会发现，要使问题有解，还需要越来越多的方程式，这些方程式也带有越来越多的经验性质，特别是在下述的情形下尤其如此：(1)当我们引进了风险连同它的不计其数的和普遍存在的分支，这就特别涉及多种多样的利率，即使是在同一时期；(2)扩大我们的观察范围，除利率外还容许所有其他价格的变动，这就涉及一般经济均衡，不只是借贷市场，而且是所有的市场，它们彼此是互相影响的；(3)扩大我们的观察范围，从理论上的市场转移到整个世界的现实市场，这就涉及一切国际贸易关系；(4)考虑前面所不曾论述的其他因素，以便考虑其他的影响，特别是一切"制度的"影响，诸如法律、政治、银行实务、政府财政等直到最后一种影响。

在经济世界中，像天文学一样，每颗星是与其他各星相互作用的。从实际的观点看，我们不能忽视许多扰乱的原因。但从理论的观点看，如果我们可以假定某些其他条件不变，从而将我们的规律局限于整体的一小部分，例如太阳系，我们的分析就显得简单、明确而且美观得多了。

从这样的观点看，最有启发的是第二近似理论，而不是第一近似理论，因为它排斥了投资机会这一重要的因素，也不是第三近似理论，因为它过于复杂、模糊，不便进行全面的理论阐述。

21.3　投资机会的性质

在第二近似理论中——我们方才已经提到，它包含有利率理论中所有最典型的部分——其突出的因素便是收获超过成本率，即投资机会率。这也是最难于描述、难于隔离并且最不容易和它所帮同决定的利率分解开来的因素。所以在讲述方法上将它们分清楚是很重要的。投资机会率与市场利率或借款利率性质不同，因为投资机会与借款是性质不同的。这里所用的投资机会，并不包括按照市场利率的单纯借款，也不包括单纯在市场利率的基础上进行的其他买卖交易。我们对投资机会所下的定义，便特别考虑到使它能排除单纯的借款。它是一个人修改他的预期收入的机会，按照市场利率的单纯借贷（或和它相等的——买卖）除外。

在这一定义与这一理论所设的假定下，某一准备进行的交易究竟算是投资机会，还是市场借贷或购买，那是没有疑问的。在市场借贷或购买的情形下，一个人不能用他的任何行动来改变利率，就好像他能够改变他的交易数量那样。在我们所假定的完全市场的前提下，他对市场利率的影响是无意识的、微小的，因而在我们的分析中可以完全略而不论，可是他的原动力却是这一分析中所必不可少的。另一方面，在投资机会的情形下，经由改变他的投资数量，他是能够改变收获率的。

关于个人的行动，一个在理论上是不变的，另一个是可变的，其间显著的不同是由于这一事实，即在公共市场中，个人是微不足道的要素，而投资机会对于他或他的集团来讲却是比较私人的或个人的。前者可拿自由公债或其他标准证券的购买作为代表，后者可拿建造工厂、改进销售组织、挖深矿井作为代表——这是边际收获率在个人控制之下的一些情形，因为他决定了收获率的边际。

当然不错，几乎所有这种活动都含有买卖的要素，市场利率就是这种买卖中的暗含成分，但当这种活动不独是单纯的市场利息事件而且含有其他成分时，利率就随活动的范围而改变，从而叫做收获超过成本率了。在这里,我们关心的是其他的成分,这些成分产生了可变性,从而使收获率不同于市场利率。它们是非商业的或非交易的成分;它们关系到的是生产与技术而不是交易。它们不是与市场打交道,而是与自然、环境以及我们周围难以驾驭的外界状况打交道,这些外界状况阻碍了我们获取收入的努力。即使没有市场,而当一个鲁宾逊、一个隐士或一个与世隔绝的牧场工人为了他每天所需的面包而与土地和自然力进行斗争时,它们总是存在的。

所以在收获递减律下,收获超过成本率是比利率更为基本的、更为原始的,不论收获率怎样被现代市场情形中所产生的其他要素所掩盖,它依然是我们问题当中的基本客观条件。

由此,收获超过成本率不同于利率的在于:(1)它改变一个人的投资范围;(2)它是一个人有意识认识到的,因而是个人可以加以改变的[①]和可控制的;(3)所以它是个人的、个别的问题,全然不是公共市场的问题;(4)它直接关系到生产而不是交易。

21.4　整个社会的投资机会

在现代社会中,隐士与自给自足的牧场工人是很稀少的,因而我们不能发现重要的事例,在这样的事例中投资机会采取纯粹原

① 不错,在硬面包的例子以及前面考虑过的一些其他极端的和假设的例子中,我们曾经假定 O 曲线在某一间隔阶段是直线的。要包括这种理论上的假想例子,正文中的说法需有稍许的修正。但这种极端例子即使在理论中也不是典型的,也许实际上从来不曾有过。

始的形式而不与交易混合在一起。事实上,最典型的投资机会不仅充满这样的混合物,而且是与市场金融活动紧密结合着的。差不多每一巨大投资机会都是与生产借款相配合的。

当我们把社会看做一个整体而不是一群个人时,就可得到一巨幅投资机会的最好图景,尽可能排除一切附带的市场特征。

作为一个整体的社会,就不能像个人那样进行借债或放款。举例来说,这个世界不能用别处获得的借款来增加今年的收入并从将来的收入中减掉这一数额连同应付的利息。可是它能够而且的确是按照投资机会来改变和控制总的收入川流的。

整个社会在今年与以后各年间进行安排、修改、调节它的总收入川流,这一巨幅图景是我们对投资机会所能够描绘的最重要图景,不仅因为它自动丢开了借贷或买卖,而且因为它自动将收入归结为根本的东西,即实际收入,或我喜欢叫做的享用收入以及它的反面,劳动痛苦。我们不需这样清清楚楚地来考虑货币项目或中间过程,像在个人情形下那样。于是我们能够毫无困难地集中我们的注意力于最后消费。整个社会像鲁宾逊一样摘食他的浆果,不论在采摘的劳动与食用的享受之间穿插进来多么复杂的过程。

社会可以在现在或将来的任一时期随意增减它的收入川流。但超过某一点时,某一个时期的增加必须要以另一时期的减少作为代价。如果将来收入有所增加,这一增加额就是以较近收入的减少额做为成本所得的收获。于是收获超过成本率是具有重大意义的社会现象。社会要影响现在成本与将来收获,有两个而且只有两个方法。它可经由支出更多的现在劳动或节约更多的现在消费来影响现在成本;它可采取更多的将来消费或更少的将来劳苦的形式来实现超过那一成本的将来收获。

现在和将来的调节都是借改变资本工具(包括土地与人在内)的利用方法来进行的。即是说,社会的劳动、土地和其他资本可以有许多随意的使用方法,特别是投入较近的或较远的将来。

我们已经看到,如果社会上的资本工具带有这样的性质,即能提供广大的选择范围,那么利率就倾向于稳定。如果选择范围狭小的话,利率就倾向于变化不定。如果选择范围是,将来收入比较更早的收入相对丰富,利率就倾向于高。如果选择范围倾向有利于目前收入(与更遥远的将来收入比较),利率就倾向于低。

例如,美国在上一世纪的资源就具有这样的性质,即有利于将来的收入。每一未开发的国家都是如此,至少是有这样一个时期;我们已经看到,那种地区的利率通常是高的,其主要的原因就在于此。从战争创伤中恢复的国家也是这样的。譬如说,今天的德国类似一个新开发的国家,它的现在收入必定是低的,但是它的前景是很远大的,即在几年之内将有更高的和日益增长的收入。所以选择范围是受"今天低明天高"所支配的。

任何一个社会的选择范围将随时间的进展而有许多的变化,这主要是由于以下三个原因中的一个或几个:第一,资本之累进的增或减;第二,发现新资源或旧资源的开发方法;第三,政治情况的变化。

关于第一类,可以英国的情况为例,哲文斯和其他作者曾经指出英国煤的供给将近耗竭。这倾向于减少来自岛上的收入川流,至少要减低遥远的将来收入,而这依次又倾向压低那里的利率。在第二项下,川流不息的新发明,由于牺牲目前收入来扩大将来的收入川流,倾向于提高利率。然而这一影响只限于利用新发明的那个时期,在这之后就要继之以相反的倾向。上半世纪斯蒂文森机车发明的利用,倾向于提高利率,由于它提供一种可能性,即用现在相对小的牺牲成本来获取相对大的将来收入。当广泛的铁路建筑将近结束的时期,这一影响逐渐消失,因而就这一特定的影响来讲,利率倾向于下跌。

另一方面,汽车的发明以及电气与化学方面的发明与发现继铁路之后开辟了新的投资场所,它们要求为将来收入而对目前收入作出新的牺牲。任何一个发明的初期影响倾向于提高利率,它的后期影响是降低利率,于是当一种发明的初期影响已经削弱并转入它的后期影响时,这一后期影响说不定因新的发明的出现而抵消了。

至于第三项,对利率发生影响的政治情况,例如政治紊乱期间财产权的不安全,像最近的俄国那样,倾向于降低纯粹的或没有风险的利率。同时,它增加了大多数借款的风险因素,从而减少安全借款的数量,并增加不安全借款的数量。因此,在混乱的时期,普通借款的商业利率多半要高些。相反地,在和平与安全时期,没有风险的利率比较的高,而商业利率则倾向于低。

21.5　时间偏好

现在我们要讲到剩下的一个因素了,就是每个人的时间偏好决定于他所选择的收入川流。我们已经看到,对目前收入的偏好率(与遥远收入比较时)决定于所选的收入川流的性质,但这一相倚的方式可以有巨大的变化与变动。一个浪费的人对一收入川流的反应的方式和一个精明的资本积累者对同一收入川流的反应的方式是大不相同的。我们已经看到,一个人的时间偏好将因六个不同的因素而变化:(1)他的远见;(2)他的自制;(3)习惯;(4)他的生命的预期长短和确定性;(5)他对子孙的喜爱和对后裔的关怀;(6)习俗。显而易见,这些情况的每一个都可以改变。最可能引起这种改变的原因是:(1)提高对俗语所说的必须"未雨绸缪"的认识的训练;(2)自制的教育;(3)节俭习惯的养成,一方面要防止极度俭省,另一方面要防止奢侈浪费;(4)更好地保卫和注意个人健康,使生命更为长久、更为充沛;(5)为子孙和后代留传更多财产的动机;(6)矫正习俗,减少夸耀豪华的不经济的与有害的花费。

这些不同的因素可以相互作用,并可对现在收入优于将来收入的偏好率产生深刻的影响,从而大大影响利率。凡有这样一种教育趋向的地方,像苏格兰,自儿童时期就开始培养节约的习惯,那么利率就倾向于低。凡是拼命趋向奢侈、竞尚豪华和家庭生活解体的地方,像古代罗马的衰亡时期那样,人们没有延长收入到本人死后的愿望,利率就倾向于高。凡是一个地方,例如沙皇时代的俄国,那里财富倾向于集中,社会阶层倾向于固定,在社会的一端,绝大多数人由于贫困和贫困所引起的不顾一切,倾向于现在收入优于将来收入的高偏好率,而在社会的另一端,世代相传的奢侈生活习惯也有同样的倾向,虽然情形不同。在这样的社会里,利率可能是非常高的。

21.6 结　论

从前面的详细叙述中我们清楚地看到，利率决定于极不稳定的一些力量，其中有许多是根源于社会的结构，而且涉及严格讲来不属于经济的理由。凡倾向于影响智慧、远见、自制、习惯、人寿长短、家庭感情与习俗的原因，都将对利率发生一定的影响。

21.7 将来的展望

根据上面的叙述，我们很清楚，要估计利率可能发生的变动，概括地说我们可考虑以下三组原因：(1)社会上人们的节约、远见、自制和对子孙的喜爱；(2)发明的进展；(3)货币购买力的变动。第一个原因倾向于降低利率；第二个原因始而提高继而降低利率；第三个原因的影响是使名义利率与实际利率依相反的方向变动。

倘若能够估计这样扼要讲述的种种势力的力量，我们就可根据它们来预测利率的将来动向。然而这种预测要有价值的话，还需要对这个问题进行比过去更艰苦的研究。

不经过这种仔细的考究，任何预测都是危险的。不过我们能够这样说，货币本位变动的最近情势似乎趋向稳定，这又倾向于一般的繁荣，它的主要影响偏向于降低利率；节约、远见、自制、慈爱等的变化看来很可能是加强这些因素的作用，从而降低利率；发现与发明的进展现在表现出加速的趋势，它的直接结果是提高利率，但最后是要降低利率的。

参考书目

一、关于利息理论的文献

1. 图书：

Böhm-Bawerk, Eugen von. *Capital and Interest*. London, Macmillan and Co., 1890. xlv, 431 pp.

Böhm-Bawerk, Eugen von. *The Positive Theory of Capital*. Translated by William Smart, London, Macmillan and Co., 1891. xl, 428 pp.

Böhm-Bawerk, Eugen von. *Recent Literature on Interest* (1884—1889). New York, The Macmillan Co., 1903. xlii, 151 pp.

Böhm-Bawerk, Eugen von. *Positive Theorie des Kapitales*. Dritte Auflage, Innsbrück, Wagner'schen Universitäts-Buchhandlung, 1912. xxiii, 652 pp. Also *Exkurse*, 477 pp.

Böhm-Bawerk, Eugen von. *Kleinere Abhandlungen über Kapital und Zins*. Wien und Leipzig, Hölder-Pichler-Tempsky A. G., 1926. viii, 585 pp.

Brown, Harry Gunnison. *Economic Science and the Common Welfare*. Columbia, Missouri. Lucas Brothers, 1926. xiii, 273 pp. Especially Part II, Chapters III and IV, pp. 76—170.

Carver, Thomas Nixon. *The Distribution of Wealth*. New York, The Macmillan Co., 1904. xvi, 290 pp.

Cassel, Gustav, *The Nature and Necessity of Interest*. London, Macmillan and Co., 1903. xii, 188 pp.

CASSEL, GUSTAV. *The Theory of Social Economy*. New York, Harcourt, Brace and Co., 1924. xiv, 654 pp.

CLARK, JOHN BATES. *Distribution of Wealth*. New York, The Macmillan co., 1899. xxviii, 445 pp.

DAVENPORT, H. J. *Value and Distribution*. University of Chicago Press, 1908. xi, 582 pp.

FETTER, FRANK A. *Economic Principles*. New York, The Century Company, 1915. x, 523 pp.

FISHER, IRVING. *The Rate of Interest*. New York, The Macmillan co., 1907. xxii, 442 pp.

GONNER, E. C. K. *Interest and Savings*. London, Macmillan and Co., 1906. xv, 172 pp.

HEINZE, GERHARD. *Statische oder Dynamische Zinstheorie?* Leipzig, Dr. Werner Scholl, 1928. viii, 165 pp.

HOAG, CLARENCE CILBERT. *A Theory of Interest*. New York, The Macmillan Co., 1914. x, 228 pp.

JEVONS, W. STANLEY. *Theory of Political Economy*. 3rd edition, London, Macmillan and Co., 1888. lvi, 296 pp.

LANDRY, ADOLPHE. *L'Intérêt du Capital*. Paris, V. Biard and E. Brière, 1904. 367 pp.

PARETO, VILFREDO. *Cours d'Économie Politique*. Lausanne, F. Rouge, 1896 and 1897. Tome Premier, viii, 430 pp. Tome Second, 426 pp.

PARETO, VILFREDO. *Manuel d'Économie Politique*. Paris, V. Giard and E. Brière, 1909. 695 pp.

RAE, JOHN. *The Sociological Theory of Capital*. New York, The Macmillan Co., 1905. lii, 485 pp.

SAX, EMIL. *Der Kapitalzins*. Berlin, Julius Springer, 1916. viii, 249 pp.

WALRAS, LÉON. *Éléments d'Économie Politique Pure*. Lausanne, F. Rouge, 1900. xx, 491 pp.

2. 文章：

ANSIAUX, M. *Le Phénomène de L'Intérêt et son Explication*. Revue de L'Institut de Sociologie. Deuxième Année, Tome I, Bruxelles, 1921—1922, pp. 47—57.

BILGRIM, H. *Analysis of the Nature of Capital and Interest*. Journal of Political Economy. Vol. XVI, March, 1908, pp. 129—151.

BÖHM-BAWERK, EUGEN VON. *Capital and Interest*. Quarterly Journal of Economics. Vol. xxi, November, 1906, pp. 1—21; February, 1907, pp. 247—282.

BORTKIEWICZ, L. VON. *Der kardinalfehler der Boehm-Bawerkschen Zinstheorie*. Jahrbuch fuer gesetzgebung, Band 30, 1906, pp. 61—90, Leipzig, Duncker und Humblot, 1906.

CARVER, T. N. *The Place of Abstinence in the Theory of Interest*. Quarterly Journal of Economics, October, 1893, pp. 40—61.

CHAPMAN, S. J. *Must Inventions Reduce the Rate of Interest*! Economic Journal, Vol. XX, September, 1910, pp. 465—469.

DAVENPORT, H. J. *Interest Theory and Theories*. American Economic Review, Vol. XVII, No. 4, December, 1927, pp. 636—656.

DAVIES, G. R. *Factors Determining the Interest Rate*. Quarterly Journal of Economics, Vol. XXXIV, May, 1920, pp. 445—461.

FETTER, FRANK A. *Interest Theories Old and New*. American Economic Review, Vol. IV, No. 1, March, 1914, pp. 68—92.

FETTER, FRANK A. *Clark's Reformulation of the Capital Concept*, in

Economics Essays Contributed in Honor of John Bates Clark, pp. 136—156, New York, The Macmillan Co ., 1927.

FISHER, IRVING, *Professor Fetter on Capital and Income*. Journal of *Political Economy*, Vol. XV, July, 1907, pp. 421—434.

FISHER, IRVING. *Are Savings Income?* Journal of the American Economic Association, Vol. IX, No. 1, April, 1908, pp. 1—27.

FISHER, IRVING. *A Reply to Critics*. Quarterly Journal of Economics, Vol. XXIII, May, 1909, pp. 536—541.

FISHER, IRVING. *Capital and Interest*. Political Science Quarterly, Vol. XXIV, No. 3, 1909, pp. 504—516.

FISHER, IRVING. *Capital and Interest: Reply to Professor Veblen*. Political Science Quarterly, Vol. XXIV, September, 1909, pp. 504—516.

FISHER, IRVING. *The Impatience Theory of Interest*. Scientia, Vol. IX, April 1, 1911, pp. 380—401.

FISHER, IRVING. *The Impatience Theory of Interest*. American Economic Review, Vol. III, No. 3, September, 1913, pp. 610—615.

FLUX, A. W. *Irving Fisher on Capital and Interest*. Quarterly Journal of Economics, Vol. XXIII, February, 1909, pp. 307—323.

GONNER, E. C. K. *Considerations about Interest*. Economic Journal, Vol. XVIII, March, 1908, pp. 42—51.

GRAZIANI, AUGUSTO. *Capitale e Interesse*. Società Real di Napoli, 1925, pp. 33—92.

LANDRY, ADOLPHE. *Irving Fisher: The Rate of Interest*. Revue d'Économie Politique, 23 Année, 1909, Bulletin Bibliographique, pp. 156—159. Paris, L. Larose and L. Tenin, 1909.

LORIA, A. *Irving Fisher's Rate of Interest*. Journal of Political Economy, Vol.

XVI, October, 1908, pp. 331—332. *Reply* by Irving Fisher, same issue, pp. 532—534.

LOWRY, DWIGHT M. *The Basis of Interest*. American Academy of Political and Social Science, March, 1892, pp. 53—76.

SCHUMPETER, JOSEPH. *Eine "Dynamische" Theorie des Kapitalzinses*. Zeitschrift für Volkswirtschaft, Sozialpolitik und Verwaltung, 1913, pp. 599—639. Vienna, Manzche, K. U. K. Haf-Verlags und Universitätsbuchhandlung, 1913.

SHAPOSCHNICOFF, N. von. *Die Böhm-Bawerksche Kapitalzinstheorie*. Jahrbüchern für Nationalökonomie und Statistik, Dritte Folge, Bd. XXXIII (LXXXVIII), Jena, Gustav Fischer, pp. 433—451.

TAUSSIG, F. W. *Capital, Interest and Diminishing Returns*. Quarterly Journal of Economics, Vol. XXII, May, 1908, pp. 333—363.

VEBLEN, T. *Fisher's Rate of Interest*. Political Science Quarterly, Vol. XXIV, June, 1909, pp. 296—303.

二、关于利息的其他文献

1. 图书：

ADLER, KARL. *Kapitalzins und Preisbewegung*. Leipzig, Duncker und Humblot, 1913. 48 pp.

BECKHART, BENJAMIN H. *The Discount Policy of the Federal Reserve System*. New York, Henry Holt and Co., 1924. xii, 604 pp.

BOUCHER, PIERRE B. *Histoire de L'Usure*. Paris, Chaigneau, 1806. 215 pp.

BROWN, MARY W. *The Development of Thrift*. New York, The Macmillan Co., 1900. x, 222 pp.

CANNING, JOHN B. *The Economics of Accountancy*. New York, The Ronald Press Company, 1929. viii, 367 pp.

DICK, ERNST. *The Relation Between the Rate of Interest and the Level of Prices*. Distributed by H. R. Scott, Kodaikanal, S. India, March, 1928. 83 pp.

EDIE, LIONEL D. *Economics: Principles and Problems*. New York, Thomas Y. Crowell Co., 1926. xx, 799 pp.

EDIE, LIONEL D. *Money, Bank Credit, and Prices*. New York, Harper & Brothers, 1928. xiv, 500 pp.

FETTER, FRANK A. *Modern Economic Problems*. New York, The Century Company, 1917. xi, 498 pp.

FISHER, IRVING. *The Income Concept in the Light of Experience*. English translation of article in *Die Wirtschaftstheorie der Gegenwart*, Vol. III of the *Wieser Festschrift*, Vienna, 1927. 29 pp., in translation.

FISHER, IRVING. *The Nature of Capital and Income*. New York, The Macmillan Co., 1927. xxi, 427 pp.

GIFFEN, ROBERT. *The Growth of Capital*. London, George Bell and Sons, 1889. 169 pp.

GRIMES, JOHN ALDEN and CRAIGUE, WILLIAM HORACE. *Principles of Valuation*. New York, Prentice Hall Inc., 1928. xvii, 274 pp.

KOCK, KARIN. *A Study of Interest Rates*. London, P. S. King, 1929. 264 pp.

MONTAGNE, JEAN. *Le Capital*. Paris, Albin Michel, 1919. 253 pp.

NORTON, JOHN P. *Statistical Studies in the New York Money-Market*. New York, The Macmillan Co., 1902. vi, 180 pp.

PALGRAVE, R. H. INGLIS. *Bank Rate and the Money Market*. New York, E. P. Dutton and Co., 1903. xxiii, 237 pp.

RABY, R. C. *The Regulation of Pawnbroking*. New York, Russell Sage Foundation, 1924. 63 pp.

RYAN, FRANKLIN W. *Usury and Usury Laws*. Boston, Houghton Mifflin Company, 1924. xxix, 249 pp.

WICKSELL, KNUT, *Über Wert, Kapital und Rente*. Jena, Gustav Fischer, 1893. xvi, 143 pp.

WICKSELL, KNUT. *Geldzins und Güterpreise*. Jena, Gustav Fischer, 1898. xi, 189 pp.

2. 文章：

BIRCK, L. V. *Moderne Scholastik. Eine Kritische Darstellung der Böhm-Bawerkschen Theorie*. Weltwirtschaftliches Archiv., 24 Bd., October, 1926, Heft 2, pp. 198—227.

BONN, H. *Geld und Kapitalmarkte im Jahre* 1924. Wirtschaftsdienst, Vol. X, Feb. 6, 1925, pp. 247—248.

BURGESS, W. RANDOLPH. *Factors Affecting Changes in Short Term Interest Rates*. Journal of the American Statistical Association, Vol. XXII, New Series, No. 158, June, 1927, pp. 195—201.

CASSEL, GUSTAV. *The Future of the Rate of Interest*. Skandinaviska Kreditaktiebolaget, January, 1926. Stockholm, P. A. Norstedt & Söner, 1926, pp. 1—4.

CASSEL, GUSTAV. *The Rate of Interest, the Bank Rate, and the Stabilization of Prices*. Quarterly Journal of Economics, Vol. XLII, August, 1928, pp. 511—529.

CASSEL, GUSTAV. *Discount Policy and Stock Exchange Speculation*. Skandinaviska Kreditaktiebolaget, October, 1928. Stockholm, P. A. Norstedt & Söner, 1928, pp. 57—60.

CLEVELAND TRUST COMPANY. Business Bulletin, June 15, 1928, and August

15,1928.

CONRAD, OTTO. *Der Kapitalzins*. Jena, Jahrbücher für Nationalökonomie und Statistik, 3 Folge, Band 35, 1908, pp. 325—359.

CRUM, W. L. *Cycles of Rates on Commercial Paper*. Review of Economic Statistics. Prel. Vol. V, No. 1, January, 1923, pp. 17—29.

FETTER, FRANK A. *Recent Discussion of the Capital Concept*. Quarterly Journal of Economics, Vol. XV, November, 1900, pp. 1—45.

FISHER, IRVING. *Appreciation and Interest*. Publications of the American Economic Association, Vol. IX, No. 4, August, 1896, pp. 331—442.

FISHER, IRVING. *What Is Capital?* Economic Journal, Vol. VI, December, 1896, pp. 509—534.

FISHER, IRVING. *The Rôle of Capital in Economic Theory*. Economic Journal, Vol. VII, December, 1897, pp. 511—537.

FISHER, IRVING. *The Rate of Interest after the War*. Annals of the American Academy of Political and Social Science, Vol. LXVIII, November, 1916, pp. 244—251.

FISHER, IRVING. *Comment on President Plehn's Address*. American Economic Review, Vol. XIV, No. 1, March, 1924, pp. 64—67.

FRIDAY, DAVID. *Factors which Determine the Future of the Rate of Interest: Economic Principles of Supply and Demand*. Trust Companies, Vol. XXIII, July, 1921, pp. 9—12.

GIBSON, A. H. *The Future Course of High-Class Investment Values*. Bankers', Insurance Managers', and Agents' Magazine, January, 1923, pp. 15—34.

GIFFEN, SIR ROBERT. *Accumulations of Capital in the United Kingdom in 1875—85*. The Journal of the Royal Statistical Association, Vol. LIII, 1890, pp. 1—35.

HARGER, C. M. *Problems of Interest Rates*. Financial World, Vol. XXXII, June 23, 1919, p. 19.

INOSTRANIETZ, M. *L'Usure en Russie*. Journal des Économistes, 1893, Ser. 5, Vol. XVI, pp. 233—243. Paris, Administration et Redaction, Librairie Guillaumin et C., 1893.

JAY, PIERRE. *Call Money Market in New York City and the Interest Rates Charged Therein*. Economic World, Vol. XIX, April 10, 1920, pp. 511—513.

KEMMERER, E. W. *War and the Interest Rate*. Economic World, Vol, XVI, November 2, 1918, pp. 616—619.

KEMMERER, E. W. *Rediscounting and the Federal Reserve Discount Rate*. American Bankers' Association Journal, Vol. XII, April, 1920, pp. 582—584.

LEVY, R. G. *Du Taux Actuel de L'Intérêt et de ses Rapports avec la Production des Métaux Précieux et les Autres Phénomènes Économiques*. Journal des Économistes, March, 1899, p. 334; April, 1899, p. 28.

MAGEE, JAMES D. *Call Rates and the Federal Reserve Board*. American Economic Review, Vol. X, March, 1920, pp. 59—65.

MITCHELL, W. F. *Interest Cost and the Business Cycle*. American Economic Review, Vol. XVI, No. 2, June, 1926, pp. 209—221.

MITCHELL, W. F. *Supplementary Note on Interest Cost*. American Economic Review, Vol. XVI, No. 4, December, 1926, pp. 660—663.

MITCHELL, W. F. *Interest Rates as Factors in the Business Cycle; with a Reply by J. E. McDonough*. American Economic Review, Vol. XVIII, March, 1928, pp. 217—233.

MOURRE, BARON. *Les Causes des Variations du Taux de L'Intérêt*. Revue d'Economie Politique, 1924, pp. 45—64. Paris, Librairie de la Société du Recueil Sirey, Léon Tenin, Directeur, 1924.

PERSONS, WARREN M., and FRICKEY, EDWIN. *Money Rates and Security Prices*. Review of Economic Statistics, Vol. VIII, No. 1, January, 1926, pp. 29—46.

PERSONS, WARREN M. *Money Rates, Bond Yields and Security Prices*. Review of Economic Statistics, Vol. IX, No. 2, April, 1927, pp. 93—102.

PINSCHOF, C. L. *The World's Return to Gold: the Ultimate Effect on Rates of Interest*. Acceptance Bulletin of the American Acceptance Council, November 30, 1925, pp. 4—5.

PLEHN, CARL C. *Notes Concerning the Rates of Interest in California*. Quarterly Publication of the American Statistical Association, September, 1899, pp. 351—352.

PRICE, T. H. *Do High Interest Rates Presage Deflation!* Commerce and Finance, Vol. VIII, November 12, 1919, pp. 1511—1512.

REEVE, S. A. *Interest and Dividends; Other Features of Interest; Irrevocability of Interest*. Modern Economic Tendencies, 1921, pp. 204—231, 254—342.

RIST, CHARLES. *La Hausse du Taux de L'Intérêt et la Hausse des Pris. Revue Économique Internationale*, X Année, Vol. I, pp. 462—493. Bruxelles, Goemaere, 1913.

SCHMIDT, F. *Die Abhaengigkeit der Wechselkurse von Zinsgeschaeften und die Marktzinsdifferenz*. Schmollers Jahrbuch, 1919, pp. 339—365. München, Leipzig, Duncker und Humblot, 1919.

SEAGER, HENRY R. *The Impatience Theory of Interest*. American Economic Review, Vol. II, No. 4, December, 1912, pp. 834—851.

SMITH, J. G. *Measurement of Time Valuation*. American Economic Review,

Vol. XVIII, June, 1928, pp. 227—247.

SNYDER, CARL. *The Influence of the Interest Rate on the Business Cycle*. American Economic Review, Vol. XV, No. 4, December, 1925, pp. 684—699.

SNYDER, CARL. *Interest Rates and the Business Cycle*. American Economic Review, Vol. XVI, No. 3, September, 1926, pp. 451—452.

Tables Showing: Rates on United States Treasury Certificates Issued During 1920—21; *Rates of Discount Charged by the Bank of England and by the Open Market in London; Bank Rates of Discount Charged in Selected Money Markets; Changes in Central Bank Rates in World Monetary Centers*. Review of Economic Statistics, March, 1921, pp. 70, 73.

WESTERFIELD, RAY B. *Effect of Falling Prices and Interest on Foreign Loans and on War Debts*. The Annalist, January 4, 1929, pp. 5—7.

WICKSELL, KNUT. *Influence of the Rate of Interest on Prices*. Economic Journal, Vol. XVII, June, 1907, pp. 213—220.

YOUNG, ALLYN A. *An Analysis of Bank Statistics for the United States; III Regional Differences*: 1901—1914. Review of Economic Statistics, Vol. VII, No. 2, 1905, pp. 86—104.

人名对照表

三　画

凡勃伦 Thorstein Veblen
门格尔 Karl Menger
马可梨 F. R. Macauley
马克斯韦 Maxwell
马歇尔 Alfred Marshall
马尔格特 Arthur W. Marget
马伯尔 Walter Mahlbery

四　画

巴格里夫 Palgrave
比鲁哈姆 Howard Berolzheimer

五　画

卡尔斯登 K. G. Karsten
卡纳基 Carnegie
布里安 Bryan
布洛芝 Ivan Bloch
布特克维兹 Von Bortkiewicz
布朗 Harry G. Brown
白芝浩 Bagehot Walter
包德温 Baldwin
兰宁 Lanin
兰椎 Landry
汉姆莱特 Hamlet
弗拉克斯 Flux
尼克松 J. Shield Nicholson
皮尔逊 Warren M. Person
加尔伏 Carvel
加伏尔 Carver
加塞尔 Cassel

六　画

吉布森 A. H. Gibson
吉汾 Giffen
亚里士多德 Aristotle
乔治 Henry George
优塔 Utah
华拉士 Walras
伊迪 Leonad D. Edie
伊诺斯川尼兹 Inostranietz
米克 H. B. Meek
米克尔 Royal Meeker
米契尔 Waldo F. Mitchell
安得生 Anderson
约翰逊 Johnson
约翰·雷 John Rae

七　画

坎宁 John B. Canning

坎南 Ediwin Cannan
李安 Ryan
李斯特 Richard A. Lester
克伦带克 Klondike
克拉克 John Bates Clark
克拉姆 W. L. Crum
别勒尔 A. G. Buehler
伯卡尔特 B. H. Beckhart
伯尔哲斯 W. Randolph Burgess
伯尔得 Burdett
伽利略 Galileo
怀特克 Benjamin P. Whitaker
第布鲁 Ernest F. Debrul
沙波斯尼可夫 Von Schaposchnicoff
谷诺 Cournot
阿奎那 St. Thomas Acqurnas

八　画

耶那 Jena
范德毕准将 Commodore Vanderbilt
奈特 Frank H. Knight
凯末尔 E. W. Kemmerer
拉比 Raby
罗培图斯 Rodbertus
罗棱斯 J. S. Lawrence
庞巴维克 Böhm-Bawerk
法尔 William farr
法克 Oswald T. Falk
波森斯 W. M. Persons
郎费尔德 Longfield

九　画

柏拉多 Pareto
费雪 Herbert W. Fisher
哈迪 C. O. Hardy
饶朴 Clara Eliot Raup
施米特 F. Schmidt
施奈得 Carl Snyder
施威奈 Henry W. Sweeney
洛克菲勒 Rockefeller
洛里亚 Loria
洛锐 Lowry
费林 Edwardy Filene
费特尔 Frank A. Feter

十　画

泰德 Tarde
格兰第夫人 Mrs. Grundy
莱费森 Raiffeisen
荷姆 George R. Holmes
哲逢斯 Jevons
爱尔斯 Leonard Azers
席尔哥 Daniel T. Shelko
席格尔 Henry Seager
席蒙斯 Henry Simons
朗格 R. C. Long
诺尔吞 J. P. Norten
诺斯 O. W. Knauth
都伯林 Louis I. Dublin

十一画

培根 Roger Bacon
萨苏里 Max Sasauly
萨特曼 Lester W. Zartman
勒文 Leven

勒吉那尔德·麦堪那 Rt. Hon. Reginald Mckenna
勒邦 Le Bon
龚诺 Gonner
第玛尔 Alexander Del Mar

十二画

奥斯匹茨 Auspitz
斯坦普爵士 Sir Josiah Stamp
斯侩尔少校 Major General George O. Squier
斯徒姆 Renneth Van Strum
斯蒂文森 Stephenson
斯密 Edgar L. Smith
葛列斯顿 Gladstone
舒尔兹 Henry Shultz
鲁宾逊 Robinson Crusoe
温克 Rip Van Winkle
富兰克林 Benjamin Franklin
普林 Carl C. Plehn
普鲁宾 Probyn

十三画

福特 Henry Ford
福斯特 William T. Foster
瑞斯 Michael Reese
鲍辙尔 Boucher

十四画

赫伯特 H. B. Hurlbert
赫亭哲 Albert Hettinger
赫姆厚茨 Helmhotz
赫兹 Hertz
赫胥黎 Huxley
熊彼得 Schumpeter

十五画

摩门 Mormon
摩西 Bernard Moses
摩里斯 Maurice
黎本 Leiben

十六画

霍布金 Francis W. Hopkin
霍屈莱 R. G. Hawtrey
薛里曼 Edwin R. A. Seligman

十七画

戴文波 H. J. Davenport

十八画

魏尔支 Ranald B. Welch
魏克塞尔 Knut Wicksell

名词对照表

二　画

人类资本 Human capital
几何差 Algebraic difference

三　画

三次曲线趋势 Cubic trend
工业股票 Industrials
工科基金会 Engineering Foundation
大调查 Great Investigation
个人借款 Personal loan
飞旋器（澳洲土人所用之武器，用坚木制成、投出后仍能飞还）Boomerang

四　画

以太波 Ethereal wave
开发性投资 Investment involving exploitation
天真的生产力说 Naive productivity theory
支出 Outgo
无差异线 Lines of indifference
不完全市场 Imperfect market
不耐 Impatience
不耐线 Impatience line
长期趋势 Secular trend
公司财务 Corporate finance
分布范围 Distribution range
分布落后 Distributed lag
分布影响 Distributed influence
丹尼・葛真哈姆航空促进基金会 Daniel Guggenheim Fund for the Promotion of Aeronautics
比较利益 Comparative advantage
比较损失 Comparative loss

五　画

正切 Tangent
正切的坡度 Tangential slope
平分线 Midway line
平滑曲线 Smooth curve
平衡市场 Clear the market
平衡利率 Equalizing rate
古典学派经济学家 Classical economists
布朗得法案 Bland act
可贷资本 Loanable capital
卢比票据 Rupee paper
卢比债券 Rupee bond
生产手段 Means of production
生产者剩余 Producer's surplus

生产经济学 Production economics
生产借款 Productive loan
生产率 Rate of productivity
包络线 Envelope
市场线 Market line
永久公债票 Perpetual government bond
对称式 Symmetrical expression
加权平均数 Weighted average
边际成本 Marginal cost
边际收获超过成本率 Marginal rate of return over cost
边际效用 Marginal utility
边际欲求 Marginal desirabilities
边际欲望 Marginal want
出货,生产 Output
节欲 Abstinence

六　画

机率 Probability
再投资 Reinvestment
有解 Determinate
成对项目 Paired items
同欲求线 Iso-desirability line
任意点 Optional points
价值生产力 Value productivity
价值收获 Value return
价值收获率 Rate of value return
自由公债 Liberty bond
负收获 Negative return
负服务 Negative services
企业家 Entrepreneur
多样均衡 Multiform equilibrium
交易 Transaction
农业抵押市场 Farm mortgage market
收入川流 Income stream
收入不耐率 Rate of income-impatience
收入收益 Income gain
收入报酬标准率 Standard rate of income return
收入地位 Income position
收入组合 Income combination
收入情况 Income situation
收入债券 Income bond
收获渐减的投资 Investment with diminishing returns
收益 Outcome
收益 Earnings
观察家 Spectator
红利 Divident

七　画

连续方程式 Continuous equations
连续计算 Continuous reckoning
连续曲线 Continuous curve
志愿线 Willingness line
志愿率 Willingness rate
进货 Input
投资机会 Investment opportunity
投资机会线 Investment opportunity line
投资机会率 Investment opportunity rate
劳动经纪人 Labor-broker

抛物趋势 Parabola trend
时间交换 Time-exchange
时间形态 Time-shape
时间偏好 Time-preference
财货 Goods
财富 Wealth
财富的存量 Stock of wealth
财富的流量 Flow of wealth
财富的基金 Fund of wealth
附加的抵押品 Colateral security
近代经济变化委员会 Committee on Recent Economic Changes
辛迪加 Syndicate
序列 Sequence
证券 Security
改变过程 Varying process
纯粹利息 Pure interest
韧性 Flexibility
极限法 Method of limits

八　画

环比式 Link relative expression
现在总欲求 Present total desirability
现金差额 Cash balance
担负风险的人 Risk-takers
明显的利息 Explicit interest
罗塞尔智慧基金 The Russel Sage Foundation
国民银行法 National Banking Act
国际金融会议 International Monetary Conference
购买力投资 Investing in purchasing power
货币本位 Monetary standard
货币流 Flow of money
货币数量 Stock of money
供应 Provision
金债券 Gold bonds
使用基金 Sinking fund
物质生产力 Physical productivity
季节变动 Seasonal fluctuations
采掘工业 Extractive industries
所有主 Possessor
所有权 Ownership
股东 Stockholder
服务 Service
服务收入 Income services
居间借款 Intermediate loan
周内时期 Intra-week period
变数 Variables
享用收入 Enjoyment income
定义方程式 Equation of definition
实际收入 Real income
实际利率 Actual rate of interest
实际标准 Real standard
实现的收入率 Rate of realized income
组合 Combination
经纪人 Broker
经济收益 Economic gain
经验方程式 Empirical equations

九　画

选择线 Option line
政府证券 Government security
标准差 Standard deviation

相关系数 Correlation coefficient
耐久财货 Durable goods
按人分配 Personal distribution
竖板 Riser
贴水 Premium
贴现价值 Discounted value
贴现,折现 Discount
贴现曲线 Discount curve
贴现票据 Discount paper
重估价值 Revaluation
重置 Replacement
信用联合 Credit Unions
便利借款 Convenience loan
贷款人 Lender
食利者 Rentier
美国余曼法案 Sherman Act
美国劳工统计局 United States Bureau of Labour Statistics
美国经济研究所 National Bureau of Economic Research
美国政治与社会科学研究会 American Academy of Political and Social Science
总曲线 Aggregate curve
统一公债 Consols
复式簿记 Double entry bookkeeping

十 画

原点 Origin
逐步近似 Successive approximation
顾主 Employer
耗费 Ingo
荷币(荷兰的银币)Florins
套汇 Arbitrage
损耗,负服务 Disservice
租金 Rent
积累的有效欲求 Effective desire for accumulation
借贷市场 Loan market
借贷线 Loan line
借款资金 The loan fund
债券 Bond
债券持有人 Bondholder
离差 Deviation
部分导数 Partial derivative
高利贷者 Loan-shark
准备比率 Reserve ratio
消费者地租 Consumer's rent
消费借款 Consumption loan
消费财货 Consumer's goods
消费倾向 Propensity to spend
消费者剩余 Consumer's surplus
消灭工业浪费管理委员会 Engineering Committee on Elimination of Waste in Industry
家庭经济学 Home economics
资本工具 Capital instrument
资本化 Capitalized
资本化的收入 Income capitalized
资本价值 Capital value
资本收益 Capital gain
资本财货 Capital goods
资本财富 Capital wealth
资源 Capital source
能线 Can line
预备服务 Preparatory service

通货债券 Currency bonds
通知放款市场 Call loan market

十一画

票据 Note
票据交换所存款证 Clearing house-certificate
职能分配 Functional distribution
累进所得税 Progressive income tax
银币自由铸造 Free silver
银币自由铸造主义 Free-silverism
偶然性 Chance
偏斜机率曲线 Skew probability curve
欲望 Wantability
商业票据市场 Commercial paper market
商品标准 Commodity standard
清理 Liquidation
第一差 First difference
第一近似理论 First approximation
第二近似理论 Second approximation
第三近似理论 Third approximation
绿背钞票主义 Greenbackism
族 Family

十二画

联邦准备政策 Federal reserve policy
趋势因素的消除 Elimination of trend
硬币债券 Coin bonds
确定性 Certainty
量、大小量 Magnitude
最大量市场价值 Maximum market value
最大量欲求 Maximum desirability
储蓄银行 Saving bank
等高线图 Contour map
等待 Waiting
象限 Quadrant
剩余 Surplus

十三画

解值 Solution value
零利息线 Zero interest line
暗含的利息 Implicit interest
微分术 Differential calculus
微分系数 Differential quotient
数列 Series

十四画

稳定会计 Stabilized accounting
稳定金元 Stabilizing the dollar
精神收入 Psychic income
精神感受 Psychic experience

十五画

摩西律法 Mosaic law
摩里斯计划 Morris plan
踏面 Tread

图书在版编目(CIP)数据

利息理论/(美)欧文·费雪著;陈彪如译.—北京:商务印书馆,2017
(汉译世界学术名著丛书:120年纪念版:珍藏本)
ISBN 978-7-100-14087-4

Ⅰ.①利… Ⅱ.①欧… ②陈… Ⅲ.①利息—理论研究 Ⅳ.①F032.2

中国版本图书馆CIP数据核字(2017)第138718号

汉译世界学术名著丛书
(120年纪念版·珍藏本)
利 息 理 论
〔美〕欧文·费雪 著
陈彪如 译

商务印书馆出版
(北京王府井大街36号 邮政编码100710)
商务印书馆发行
南京爱德印刷有限公司印刷
ISBN 978-7-100-14087-4

2017年12月第1版 开本710×1000 1/16
2017年12月第1次印刷 印张30¾
定价:145.00元